EL NUEVO PARADIGMA DE LA PNL

Peter Young

El nuevo paradigma de la PNL

Metáforas y patrones para el cambio

URANO

Argentina - Chile - Colombia - España
Estados Unidos - México - Uruguay - Venezuela

Título original: *Understanding NLP. Metaphors and Patterns of Change*
Editor original: Crown House Publishing Limited, Carmarthen, Reino Unido
Traducción: David Sempau

Aribau, 142, pral. - 08036 Barcelona
www.mundourano.com

ISBN: 978-84-7953-507-0
Depósito legal: B. 25.394 - 2008

Fotocomposición: Ediciones Urano, S.A.
Impreso por Romanyà Valls, S.A. - Verdaguer, 1 - 08786 Capellades (Barcelona)

Impreso en España - *Printed in Spain*

Dedicatoria

Deseo dedicar este libro a George H. Anderson, mi tutor de teatro en la Flinders University de Australia Meridional. Él me enseñó a pensar de forma diferente.

Índice

Prefacio

Explorando el Corazón Rojo

En Australia, a principios del siglo pasado, William Burnside, un tipo que buscaba aventuras, se puso a explorar el interior del país en coche. En aquellos tiempos, los vehículos a motor constituían aún una novedad, y no estaban ciertamente diseñados para resistir el calor y el polvo de la Australia central. Cuando su automóvil le dejó finalmente tirado en medio de la nada, Burnside, que carecía de cualquier noción de técnicas de supervivencia, decidió dar marcha atrás sobre su propios pasos y seguir las huellas de sus ruedas en dirección a las edificaciones esparcidas ante las que horas antes había pasado. Durante un buen trecho las huellas estaban claras, pero Burnside no había tenido en cuenta los fuertes vientos que habían borrado el resto de sus rodadas.

Mientras se encontraba parado, mirando al horizonte y preguntándose qué hacer, percibió unas siluetas oscuras que se aproximaban. Aunque no podía comprender lo que aquellos aborígenes trataban de decirle, estaba claro que se habían percatado de su situación, por lo que se pusieron a buscar agua en medio de aquel territorio aparentemente uniforme. Burnside no tenía ni idea de cómo lo lograron, pero al poco le habían proveído de lo indispensable para subsistir y le guiaban hacia su mundo conocido. A medida que iban avanzando, se dio cuenta de que aquellos hombres podían ver cosas que a él le resultaban imperceptibles. Aquí señalaban unas dunas que a él le parecían como todas las demás, o más adelante distinguían restos de antiguas huellas que para William eran absolutamente invisibles. Aquellos aborígenes parecían capaces de navegar por un territorio que a él le resultaba completamente ilegible. Todas sus habilidades urbanas eran allí inútiles. Para sobrevivir en aquel territorio inhóspito, tendría que aprender a mirar con ojos nuevos. Cuando por fin llegaron a distinguir el primero de los edificios, los misteriosos acompañantes de Burnside se esfumaron, dejándole que completara el camino en solitario.

De vuelta a su vida urbana cotidiana, William Burnside se empeñó en saber más acerca del modo en que los aborígenes conseguían vivir en aquel desierto árido e inhóspito. Cuanto más descubría sobre ellos, más capaz era de comprender su mundo desde su punto de vista. Posteriormente realizó múltiples viajes de exploración por el interior de Australia, y aunque en alguna ocasión se volvió a perder, fue desarrollando la habilidad necesaria para encontrar su camino. Al cabo de algunos años había completado una serie de mapas de sus viajes, que permitirían que otros encontraran también su camino en aquella vasta y «desconocida» tierra.

Los viajes proporcionan oportunidades de ver el mundo con nuevos ojos, desde puntos de vista alternativos, desde la perspectiva de quienes viven una vida distinta a la nuestra, de modo que acabamos aprendiendo a ver aquello que siempre estuvo allí, pero que antes nos resultaba invisible.

Mi primer encuentro con la Programación Neurolingüística o PNL se produjo en ocasión de un viaje a Nueva Zelanda en 1984, después de leer *Frogs into Princes**, la obra pionera de Bandler y Grinder. En resumen, la PNL es una forma de pensar acerca de la experiencia humana que nos capacita para estudiar el modo en que procesamos la información para crear una sensación de realidad en nuestra mente. Una vez que sabemos *cómo*

* Las obras de las que existe traducción al español se listan en la Bibliografía al final del libro. *(N. del E.)*

representamos mentalmente nuestra experiencia, estamos en condición de descubrir formas eficaces de modificar el *significado* y la *emoción* de esa representación.

Explorar la PNL fue un viaje que decidí emprender. Aquellas herramientas originales y aquellos mapas para el cambio eran incitadores —como lo fueran las descripciones que William Burnside hiciera del interior de Australia—, pero resultaron ser incompletos. Eran necesarios más viajes, hacía falta visitar otros territorios, además de los ya cubiertos por los textos y las orientaciones existentes sobre PNL. Exploré visiones alternativas de la realidad y fui creando nuevos mapas, a medida que avanzaba por el territorio. El ámbito de la mente es a la vez fascinante y frustrante; algunos secretos tan sólo se me revelaban cuando me abandonaba y era capaz de percibir con ojos nuevos lo que tenía ante mí.

Como le ocurriera a William Burnside, en mi horizonte aparecieron personas cuando más las necesitaba. El viaje de mi vida se ha visto inmensamente enriquecido por influencias procedentes de múltiples fuentes, y me siento muy agradecido a todas esas personas implicadas en viajes distintos al mío, cuyas ideas han constituido para mí un estímulo adicional para encontrar mi propio camino. Si quería aventurarme cada vez más en el «interior», necesitaba nuevas formas de ver lo «no inmediatamente aparente». En ese viaje no fueron los aborígenes quienes me encontraron, sino el libro *Paths of Change*, de Will McWhinney. Sus ideas me enseñaron a comprender la experiencia humana desde una perspectiva más profunda, capacitándome para poder revisar en profundidad mis mapas y mis diarios de viaje. Aunque el viaje de Will haya tenido lugar en una disciplina distinta, su apoyo inquebrantable y su constante estímulo han constituido una parte muy valiosa de mi continuada exploración e interpretación de mis propios descubrimientos.

Mi primera formación formal en PNL estuvo a cargo de John Seymour Associates. Luego trabajé para International Teaching Seminars, y estoy particularmente agradecido a Ian McDermott por haberme enseñado los *cómos* de la PNL, en particular el proceso del metaespejo. Aprendí también mucho del enfoque iluminador y humorístico de John Hicks sobre la naturaleza humana. Su aportación desde la filosofía oriental ha añadido asimismo algo extra al modo occidental de hacer las cosas.

Más cerca de casa, quiero expresar también mi agradecimiento a mi hermano John por traducir del español el poema de Machado, así como a mi amiga y compañera Alison Lang, por su apoyo incondicional y su constante preocupación por llevarme de nuevo a tierra.

Gracias también a Alison Lawrence por su lectura de los primeros borradores, al igual que a Martin Roberts y Bridget Shine, de Crown House Publishing, por ayudarme a completar esta parte de mi viaje.

Exeter, diciembre del 2000

Programa

Este libro es un esbozo del mapa de mis viajes. Aunque queden muchas zonas en blanco, o algunos de los detalles parezcan haber sido dibujados con un lápiz despuntado, hay en él mucho sobre lo que otros puedan tomar el relevo y experimentar sus propias aventuras en esta tierra relativamente «desconocida».

El libro se despliega en múltiples niveles. Sin embargo, verás que al final todo encuentra su explicación. Para que tengas una idea de lo que puedes esperar, he aquí una breve guía:

1. **Mil viajes**
   Partiendo de donde estamos ahora, diseñaremos el marco estudiando nuestra comprensión actual y siguiendo un curso intensivo sobre el lenguaje y los conceptos que tendremos que manejar más adelante.

2. **Preparativos para el viaje**
   Cada cambio que seguimos tiene su consecuencias. Todo viaje requiere acceso a determinados recursos, por lo que necesitaremos reconocer nuestras capacidades y habilidades actuales.

3. **La sintonía**
La esencia de la buena comunicación es la sintonía. Sin ella, nuestra comunicación no puede tener éxito. Aunque se trata de una habilidad natural, puede intensificarse cuando aprendemos a prestarle la debida atención. Para tomar modelo de la excelencia de otros, el punto de partida más fácil consiste en imitar su aspecto físico, tratar de colocar nuestro cuerpo como el suyo en cuanto a postura, gestos, movimiento, etc.

4. **Explorar el metaespejo**
La PNL es eminentemente práctica. El ejercicio del metaespejo constituye un medio excelente para tratar con las relaciones conflictivas, proporcionándonos al mismo tiempo un modelo básico de práctica de la PNL. La técnica del metaespejo es fundamental en la PNL, por lo que nos encontraremos con ella en diversos momentos del libro.

5. **¿Qué es la PNL?**
Las definiciones tienen su lugar. Nos sirven para explicar nuevos conceptos con términos que ya conocemos, es decir, con descripciones metafóricas. Toda metáfora proporciona su propia comprensión intuitiva, pero también se presta a asociaciones no deseadas.

6. **Las cuatro realidades**
Una introducción al modelo de las cuatro realidades de Will McWhinney, y cómo puede ser aplicado a la PNL. Este modelo nos proporciona una base de trabajo para clasificar la experiencia humana.

7. **Sintonía con las cuatro realidades**
Cuando sabemos de dónde venimos y de dónde vienen los demás, podemos armonizar con ellos y generar sintonía, o bien no hacerlo y generar un conflicto potencial.

8. **Los tres niveles**
Las técnicas de PNL suelen servirse de la separación espacial como metáfora física para provocar cambios. Podemos mo-

vernos por un solo nivel, o bien desplazarnos hacia un nivel superior o inferior para experimentar distintas clases de percepción. Esta práctica se formaliza mediante dos modelos metafóricos superpuestos: los tres niveles de comprensión y las cinco posiciones perceptivas.

9. **Las categorías de Satir**
Estos tipos de personalidad deben su nombre a Virginia Satir, que fue uno de los notables terapeutas tomados como modelo por Bandler y Grinder. Están relacionadas con las cuatro realidades y con otros tipos de personalidad descriptivos. Aprenderemos cómo utilizarlas y cómo se relaciona cada una de ellas con las demás.

10. **Resultados, caminos y problemas**
Decidir qué quieres que cambie es una parte crucial de la PNL, y se trata de algo que deberás hacer a conciencia si aspiras a lograr lo que deseas. Analizaremos esta forma de pensar a la luz de los modelos previamente estudiados.

11. **Codificación del lenguaje**
El primer reto de la comunicación estriba en codificar la experiencia en palabras o símbolos que otros puedan entender. Sugiero que el modo primario de transmisión es el relato y que, a falta de pruebas concretas, nos fabricamos nuestras propias historias para extraer sentido de lo que los demás nos comunican.

12. **Descodificación del lenguaje**
El segundo reto consiste en interpretar el lenguaje de los demás. La PNL tiene mucho que decir acerca de los patrones de lenguaje, y sobre cómo clarificar comunicaciones confusas. Además de explicar el modelo de lenguaje de la PNL y sus violaciones, presentaré algunos patrones de lenguaje adicionales que también afectan al proceso de comunicación.

13. **Problemas y soluciones**
Los problemas están a menudo íntimamente relacionados

con las palabras concretas que utilizamos para describirlos. Examinaremos algunas metáforas corrientes utilizadas en la descripción de problemas, y presentaré modos de escapar a esas limitaciones. También sugeriré que algunos problemas podrían ser irresolubles.

14. **Un modelo de modelos**
    Aquí entraremos en la explicación de los modelos que hemos estado utilizando. Demostraré cómo se pueden emplear para comprender «variaciones sobre un mismo tema», para completar las piezas que faltan y para generar nuevas técnicas y nuevos procesos.

15. **Una pausa antes de iniciar el siguiente viaje**
    Al final del viaje llega el momento de detenerse y contemplar no sólo adónde hemos llegado, sino también adónde queremos ir después.

Apéndice A
   Detalles sobre cómo contactar con el autor para obtener información adicional, junto con direcciones y sitios en Internet relevantes.

Apéndice B
   Algunos consejos y pistas sobre cómo sacar el máximo partido de la práctica de ejercicios de PNL en grupos de tres personas.

1

Mil viajes

> Casi la totalidad de nuestros infortunios en la vida se deben a los conceptos erróneos que tenemos acerca de lo que nos acontece. Conocer a los hombres en profundidad y juzgar los acontecimientos sensatamente constituyen, por consiguiente, grandes pasos hacia la felicidad.
>
> STENDHAL,
> *Diario* (10 de diciembre de 1801)

Conocer en profundidad

¿Cómo puede un libro de unas cien mil palabras ayudarnos a dar estos pasos hacia la felicidad?

Las palabras son símbolos para nuestros conceptos acerca de lo que nos acontece. Son el *Lego* de la conciencia, cuyas piezas combinamos entre sí para formar verdades únicas y significativas. Pero la verdad no está *en* las palabras. Es necesario que suceda algo que nos haga comprender su significado, de modo que a través de ellas podamos comprender la realidad que nos rodea. La máxima aproximación a esa explicación de la realidad de la que somos capaces son las metáforas, instrumentos lingüísticos diseñados para describir el mundo a partir de aquello que ya conocemos.

Utilizamos el lenguaje para codificar nuestros pensamientos y nuestras creencias acerca de la experiencia. Una vez que hemos conseguido aprender las reglas que rigen el uso de las palabras, así como los patrones que las convierten en significativas, estos símbolos nos informan sobre nosotros mismos y sobre los demás. Reciclables hasta el infinito, las recreamos continuamente para engendrar con ellas nuevos significados. Las palabras nos transforman: tienen el poder de hacernos reír o llorar, de abrir nuestra mente a otras realidades, de responder nuestras preguntas acerca del significado de la vida... o cuando menos de incitarnos a pensar en ello.

En estas cosas iba yo pensando en uno de mis viajes, mientras recorría a pie el camino que discurría entre una concurrida arteria ferroviaria, con sus trenes silbando agresivamente y pasando junto a mí a toda velocidad, y un ancho mundo de marismas, humedales y pájaros. Transitar por esta tierra intermedia me proporciona espacio para pensar, para encontrar respuestas a las preguntas más recientes que inquietan mi mente. Un proverbio chino dice: «Un viaje de mil leguas comienza con un solo paso». Jugando con las palabras, esa idea se convirtió en: «Para dar un solo paso, uno tiene que hacer mil viajes». «¡Ajá! —me dije—. Cuán cierto es eso. Aunque tengamos experiencias similares una y otra vez, no extraemos de inmediato su lección. Tal vez nunca lleguemos a extraerla. Acumulamos gigabytes de datos, pero seguimos haciendo lo mismo de siempre como si nada.»

El aprendizaje viene de la transformación de la información en sabiduría, proceso aún hoy desconocido por la mente. Si lo único que nos interesa es la acumulación de datos, o si prestamos atención tan sólo a los aspectos superficiales de la realidad, probablemente no nos percatemos de la existencia de patrones subyacentes, o ni siquiera consideremos la posibilidad de que pueda haber algo «más profundo». La comprensión se debe a la consideración consciente de lo observado, junto con el modo en que hemos procesado esa observación. Interpretamos nuestra vida según cómo hayamos organizado nuestras percepciones. Afortunadamente, si no nos gusta el resultado, podemos cambiar nuestra interpretación, y con ella, nuestros sentimientos en relación con el mundo en que vivimos.

Este libro trata de cómo realizar este cambio. Al examinar nuestra experiencia y reorganizar lo que sabemos, podemos vivir una vida mucho más útil y satisfactoria, con una mejor comunicación y unas relaciones más plenas. La pregunta es: «¿Cómo puedo asimilar información, incorporarla y obtener así sabiduría?». Este viaje de autodescubrimiento se centra en lo siguiente: «¿Qué tiene que suceder para que yo pueda dar un paso, un verdadero paso, hacia la felicidad?». La respuesta está relacionada, en parte, con nuestro modo de conectarnos con el mundo que nos rodea.

Para conocernos en profundidad a nosotros mismos, necesitaremos dejar de hacer lo que estemos haciendo y «tomarnos tiempo» para darnos cuenta de dónde estamos en este momento. Deberemos ser más curiosos y aprender a ver las cosas desde multitud de puntos de vista distintos, lo cual, a su vez, suele conducir a nuevas percepciones. Deberemos planificar cómo queremos que cambien las cosas. Todo ello requiere esfuerzo y compromiso por nuestra parte. ¡Ni siquiera en la evolución personal existe nada totalmente gratuito!

Mirando retrospectivamente, tal vez veas tu vida como una serie de pasos significativos. Quizás un motivo para que estés leyendo este libro sea que estás considerando el siguiente paso en el viaje de tu vida. ¿Es hora de cambiar? ¿Te vendría bien obtener ayuda o consejo sobre cómo vivir de una forma más fácil y eficaz? ¿Te gustaría pasártelo mejor y sentir que fluyes con la vida y la comprendes de un modo más profundo?

De dónde procedo

Llevo más de una década aprendiendo y practicando PNL (Programación Neurolingüística) y reflexionando sobre ella; he viajado a través de ese «territorio» numerosas veces, tratando de comprender cómo encaja todo ello, preguntándome *si* hay un patrón. Curso tras curso y libro tras libro de PNL, conseguí familiarizarme con los conceptos básicos. He redactado centenares de folletos para cursos, he escrito numerosos artículos y he revisado libros de otros autores. Puesto que algunas cosas no tenían sentido para mí, mientras escribía he cotejado constantemente mi experiencia personal con el material disponible sobre PNL. Necesitaba ordenar de algún modo toda esa información, aunque sólo fuera en aras de mi paz mental.

Me apasioné con la idea de tratar de esbozar una especie de teoría unificada, un compendio que pudiera explicar por qué las cosas son como son. Por lo que sé, ninguno de los intentos precedentes fue plenamente satisfactorio. Me impulsaba la idea de que tal vez *pudiera* existir una teoría que lo reuniera todo. La PNL tiene que ser algo más que una mera colección de ideas, técnicas, procesos y modelos interesantes, reunidos simplemente porque «funcionan». En palabras de W. Edwards Deming: «Sin teoría la experiencia carece de significado, no hay preguntas que formular, y por consiguiente, no hay aprendizaje». Esa era mi búsqueda. Ahora quería dar el siguiente paso.

Muchas de mis ideas han surgido de lo que otros han hecho, dicho o escrito. Algunas veces mi respuesta ha sido el deleite, la inspiración o incluso el éxtasis. En otras ocasiones he experimentado dudas, desacuerdo e incluso escepticismo. Cualquier respuesta es válida. A menudo, una respuesta como: «¡Vaya montón de basura!» desencadena la creatividad. Si aquello que se me presenta no me satisface, me pregunto: «¿De qué va eso *realmente*?». En mi insaciable curiosidad sobre cómo funcionan las cosas, busco la esencia: los niveles más profundos de explicación, el «sustrato». Es fundamental plantearse las preguntas adecuadas. Convencido de que tiene que existir una teoría o modelo general que organice el material de la PNL, he buscado por todas partes explicaciones convincentes del comportamiento humano.

En mis días de universidad como estudiante de psicología aprendí a entrenar a ratas para que accionaran palancas. Cuando los psicólogos no entienden algo, le ponen un nombre complicado. Lo que yo quería era aprender cómo comprenderme mejor a mí mismo y cómo comprender mejor a los demás, pero nadie parecía quererse ocupar de eso. Me pasé al teatro y al cine. Mi tutor, George H. Anderson, plantó en mí muchas semillas e hizo que comprendiera de otro modo el papel del actor y el del director y lo que sucede en una obra teatral o en una película. El cine y la televisión nos ofrecen «mil viajes». A pesar de haber presenciado múltiples obras, seguimos dejándonos atrapar por cada nueva historia: por la acción excitante, los efectos especiales, las relaciones emocionales, etc. Sin embargo, suele pasarnos desapercibido *cómo* contar una buena historia o *cómo* escribir un guión que funcione. Puestos en el aprieto, es muy improbable que consiguiéramos crear un serial de televisión o una película de éxito. Hemos leído numerosas novelas apasionantes, pero nos resultaría prácticamente imposible escribir nuestro propio éxito de ventas. Aunque tenemos toda la información ante nosotros, no sabemos cómo describir o explicar el proceso que la creó. El éxito de un artículo bien terminado consiste, en parte, en que *no* nos demos cuenta de cómo está hecho. Todo ello se resume en el lema que preside la entrada principal del Footlights Club de Cambridge: «El arte consiste en ocultar el arte».

Sólo cuando algo no funciona, cuando una cosa va mal —tramas inverosímiles, chistes malos, personajes de cartón—, cambiamos de canal o nos levantamos de la butaca. Sin embargo, en lugar de ello podríamos indagar en el proceso, preguntarnos qué es lo que falla y cómo corregirlo. Incluso podríamos tratar de fijarnos en lo que sí funciona, para aprender a hacer lo mismo también nosotros.

Modelar la excelencia

El objetivo de la PNL siempre ha sido desvelar la «magia» de las personas que han logrado el éxito en la vida. Estamos rodeados de personas que parecen demostrar excelencia como «sin proponérselo», pero carecemos de los medios adecuados —lenguaje, modelos o teoría— para modelar esa excelencia. Por consiguiente, nos resulta difícil conseguir los cambios que deseamos, simplemente porque no sabemos *cómo* hacerlo. Incluso es probable que lleguemos a la conclusión de que no podemos cambiar.

Una forma evidente de modelar la excelencia sería preguntarle al experto: «¿Cómo lo haces?». Sin embargo, es muy probable que ni él mismo lo sepa: «Simplemente, lo hago». O tal vez no pueda expresarlo en palabras: «Pues... no tengo ni idea». O aún peor, tal vez crea que lo sabe y nos inunde con información sobre cómo cree que lo hace, que nos sonará a chino porque no sabremos cómo relacionar sus descripciones con nuestra experiencia vital, o porque se trate de algo demasiado vago o esotérico como para que podamos ponerlo en práctica: «Tienes que estar en la zona». Tal vez nos ofrezca alguna heurística (reglas empíricas) útil, como: «Mantén la mirada en la pelota» o «Controla el centro de la tabla», pero eso no nos dice nada sobre cómo encajan esas partes en el conjunto de la habilidad.

Por mi interés en las artes escénicas, indagué sobre qué se había escrito acerca del arte de ser actor. En este ramo, lo que haces *tiene* que funcionar o te quedas pronto sin trabajo. Sin embargo, son pocos los actores que explican lo que hacen o cómo lo hacen. De hecho, hay un buen número de supersticiones del tipo: «Si lo explicas, lo pierdes». Keith Johnstone, creador de Theatre-sports, es una excepción a esa regla. Sus libros *Impro* (1979)* e *Impro for Storytellers* (1999) son para mí una fuente de deleite cada vez que los leo. En ellos nos explica lo que *hacen* los buenos improvisadores, para que también nosotros podamos hacerlo. A pesar de que ambos libros tratan ostensiblemente sobre cómo improvisar acción y diálogo con otros actores, un poco en la línea del *show* televisivo *Whose Line is it Anyway?*, van mucho más allá. Básicamente Johnstone nos dice que, para disfrutar de las relaciones y la comunicación, es necesario *aceptar* lo que los demás nos ofrecen, en lugar de adoptar la respuesta típica de nuestra cultura, consistente en rechazar todo lo nuevo. Recomiendo ambos libros a cualquiera que desee vivir más alegremente, pasárselo mejor y disfrutar de mejores relaciones con los demás, o lo que es lo mismo, establecer una buena sintonía con la gente. Me basaré en parte de la sabiduría de Johnstone para llenar algunos «huecos» de la PNL convencional.

Patrones de vida

Mi formación escénica me enseñó a buscar los subtextos, los temas comunes y los patrones profundos en toda clase de actividad humana, no tan sólo en el teatro, el cine o la televisión, sino tam-

* En lo sucesivo, el año entre paréntesis, al igual que los números de páginas, remiten a la edición original de la obra *(N. del E.)*.

bién en los negocios, la mitología o la terapia. Cuando sabemos qué buscar, podemos descubrir patrones similares en contextos dispares. Explorando estos patrones, he ensamblado una teoría «unificada» del cambio. Con ello quiero decir que el «modelo» (una combinación de modelos, en realidad) que propongo generará la mayoría de técnicas de cambio utilizadas en la PNL.

En esta línea de pensamiento, varias docenas de técnicas distintas pueden ser substituidas por un solo proceso básico, con múltiples opciones y variantes. El patrón básico puede ser adaptado para cada nueva circunstancia. Como resultado de ello, la PNL dejará de ser una colección de técnicas y procesos aislados, para convertirse en un todo unificado.

Ha hecho falta mucha reflexión para llegar a una comprensión del patrón lo suficientemente clara para poder explicar cómo funciona. ¡Tú, lectora o lector, lo tendrás mucho más fácil! Se trata más bien de un ejercicio de reinvención que de «creatividad absoluta». He redescubierto y actualizado algunos patrones básicos que recorren la historia de nuestra civilización, los he reunido y los he aplicado a aquello que conozco sobre los procesos de cambio. Se trata de patrones arquetípicos que, bajo aspectos diversos, nos han acompañado a lo largo de milenios. Subyacen en la «trastienda» de muchas técnicas de cambio y formas de terapia.

Este trabajo ha transformado mi comprensión de cómo actúa el cambio. Cada nueva idea ha significado repensar y reestructurar todos los mejores esfuerzos precedentes. Cuando das un verdadero paso, las cosas nunca pueden volver a ser como antes. Observa que cada descripción de la realidad es una *metáfora*, que puede ser expresada en palabras de múltiples formas diferentes. Como comentara Sigmund Freud: «Vaya donde vaya, me encuentro con que un poeta ya estuvo allí antes que yo».

La PNL en acción

En el capítulo 5 hablaré sobre qué es la Programación Neurolingüística y cómo llegó a serlo. Si ya la conoces, te sorprenderá la facilidad con que puede ser reestructurada y explicada. Si, por el contrario, la PNL es algo nuevo para ti, aprenderás los fundamentos que te permitirán cambiar tu modo de comunicarte y relacionarte con los demás. Estos modelos te proporcionarán también una nueva forma de comprender el conflicto entre las personas. Sin embargo, leer simplemente un libro no puede reemplazar la aplicación real de las ideas que expone en tu vida. Para comprender cómo funcionan en la práctica los modelos que propongo, será necesario que realices los correspondientes ejercicios. He incluido muchos en el libro. Algunos los podrás hacer por tu cuenta, pero la mayoría requieren la participación de una o dos personas más. Necesitarás a alguien con quien trabajar. También te ayudará disponer de otra persona que lea las instrucciones sin involucrarse en la realización material del ejercicio, que pueda actuar asimismo como observadora, que se percate de lo que sucede, que mantenga el curso de los ejercicios y que aporte estímulos. (El apéndice B incluye algunas sugerencias prácticas para la realización de los ejercicios.) La principal habilidad al trabajar con otras personas consiste en «mantener el tempo», en prestar atención y percatarse de los cambios cuando se producen. El cerebro humano trabaja deprisa. Si lees una instrucción y luego miras a tu cliente para ver qué pasa, ¡probablemente llegues tarde para verlo! Al final de cada ejercicio, es conveniente tomar nota de lo sucedido. Estas observaciones te permitirán recordar la experiencia más adelante, proporcionándote asimismo el modo de evaluar tu proceso de cambio.

Si te interesa leer sobre materias relacionadas, este libro te señala dónde buscar, no sólo en relación con la PNL, sino también acerca de cómo se han relacionado los seres humanos con el cambio en toda suerte de experiencias vitales. Te animo a que emprendas tus propios viajes una vez que hayas asimilado los fundamentos, que te servirán como útiles filtros a través de los cuales ver el mundo y te incitarán —espero— a plantearte una serie de preguntas interesantes. Son numerosas las personas que, después de haber seguido algún curso de PNL, han cambiado su vida, han dado un «paso» importante. Pero no todas. Otras sólo tienen más información, pero su vida sigue siendo prácticamente igual. Tu capacidad para dar ese paso depende de ti. No se puede ganar en sabiduría a través de la experiencia de otra persona. Si necesitas más estímulos, o simplemente quieres hablar de tus avances con alguien, puedes contactar conmigo (véase el apéndice A).

De dónde partimos

Hay días en que nos damos cuenta de lo mucho que nos parecemos. Otras veces, en cambio, nos irritamos ante nuestras diferencias. Saltamos del «Todos somos iguales» al «¡Qué rara es la gente! ¡No hay quien la entienda!». Nuestra frustración puede tener sus orígenes en nuestra ignorancia de la realidad, en gran parte desconocida, en la que la otra persona habita, o bien en una confusa maraña de detalles. A pesar de todo nos comunicamos, influimos sobre los demás de forma significativa, de modo que deben existir algunos puntos de encuentro que la humanidad comparte. Partiendo de nuestra propia experiencia personal, podemos generalizar para crear reglas o teorías sobre lo que significa ser humano. Aspiramos a la igualdad y a la previsibilidad; para que las reglas funcionen debemos asumir que ciertos aspectos del mundo son inmutables. Creamos sin cesar escenarios para tratar de comprender lo que sucede, así como historias para interpretar el comportamiento de los demás. Sin embargo, cuanto más sabemos de la vida en general, más cuenta nos damos de lo diferentes que somos unos de otros. Este libro trata de cómo podemos comenzar a introducirnos en la realidad de otra persona para saber cómo es, de modo que podamos ajustar nuestro propio comportamiento para armonizar con ella.

Capacidades humanas básicas

¿Qué hay en nuestra naturaleza que sea «innato» e inmutable? ¿Existen capacidades fundamentales de las que dispongamos para el resto de nuestros días? ¿Qué podemos cambiar y cómo? Al parecer hay cierto número de cosas que, como bebés, podemos hacer de forma bastante natural: reconocer rostros, aprender a desplazarnos, primero a gatas y luego sobre dos pies, etc. Nadie tiene que enseñarnos todo eso. Tenemos también una insaciable necesidad de comunicarnos unos con otros, de modo que bien pronto incorporamos el lenguaje de quienes nos rodean y aprendemos a hablar de forma gramaticalmente correcta (véase Pinker, 1994). Hay quienes sugieren, incluso, que comenzamos a percatarnos de los patrones de lenguaje de nuestra madre cuando aún estamos en su seno. Una vez en contacto con otras personas, desarrollamos nuestra capacidad de comunicación, tanto verbal como no verbal, hasta el punto en que podemos convertirnos en hábiles e influyentes manipuladores.

Tendemos a poner tanto énfasis en el lenguaje que, en ocasiones, llegamos incluso a confundirlo con la experiencia que trata de describir. En ese caso, nos sentimos ofendidos por las palabras ásperas o incluso «blasfemas» de una persona, anhelando el tono amable de la voz de la persona amada. Desarrollamos también una sed de historias, y estamos dispuestos a hacer cuanto sea necesario para garantizarnos el suministro a través de los libros, los periódicos, la televisión y el cine.

Ser humano

La tarea a la que se enfrenta todo ser humano consiste en sacar sentido de un vasto e incesante flujo de información. La mala noticia es que ese flujo aumenta todo el tiempo. La buena es que la mayoría de nosotros disponemos de varias décadas para practicar la identificación y selección de los fragmentos de información relevantes. La mala noticia es que nadie nos enseña a hacerlo. La buena es que nacemos con la capacidad «preinstalada» de procesar, destilar y condensar cantidades ingentes de datos, así como de extraer su esencia. Ello nos permite comprender el mundo en que habitamos y operar en él, así como servirnos del lenguaje para comunicar nuestras experiencias a otras personas. Aprendemos a hablar de forma natural simplemente por estar rodeados de personas que hablan. Otras capacidades lingüísticas, como la lectura y la escritura, requieren un aprendizaje específico. A pesar de que el debate sobre si nuestras capacidades lingüísticas y gramaticales son innatas o aprendidas sigue abierto, lo que aquí nos interesa es *cómo* utilizamos el lenguaje, y los efectos de utilizarlo del modo en que lo hacemos.

El lenguaje constituye nuestra forma de extraer sentido de la experiencia, lo cual incluye comprendernos a nosotros mismos a través de nuestra conciencia reflexiva, es decir, somos capaces de pensar *sobre* la experiencia. La capacidad para conocernos mejor a nosotros mismos nos permite mejorar el proceso en marcha: podemos percatarnos de lo que no funciona y hacer algo distinto. Por ejemplo, darnos cuenta de que nuestra forma de comunicarnos genera confusión o aburrimiento, en nosotros mismos o en los demás, nos conduce a dar un paso atrás, tanto física como metafóricamente, y prestar atención a *qué* es exactamente lo que estamos haciendo para que eso suceda. Podremos entonces optar por tal técnica o cual proceso, que nos ayuden a generar una atención y una comprensión más adecuadas. A través de la práctica vamos incorporando nuevas formas de pensar y de hacer, hasta que se convierten en habituales.

Generalización

Generalizar, percatarnos de la consistencia, la continuidad, los patrones y la estabilidad del significado en aquello que nos interesa de nuestro mundo, constituye una capacidad vital para nosotros. Tampoco nadie nos la enseña, sino que generalizamos desde los albores de nuestra vida, explorando el mundo que nos rodea, aprendiendo a comunicarnos y a utilizar el lenguaje, y tratando de predecir lo que ocurrirá.

Puesto que a menudo nos equivocamos —particularmente cuando nos involucramos en la más humana de las actividades humanas, a saber, tratar de comprender a los demás—, esta capacidad para generalizar es percibida a veces como negativa e indeseable. Es más recomendable considerar las generalizaciones como «hipótesis por comprobar» que como declaraciones definitivas del tipo: «Así es como es». Exploraremos el modo en que el lenguaje nos ayuda a generalizar sobre la realidad, así como la forma en que nos limita, cuando nos olvidamos de que hemos sido nosotros mismos quienes hemos creado estas generalizaciones en primer lugar.

La metapercepción

Para comprender cómo funcionan las generalizaciones, necesitamos generalizaciones aún más abstractas, es decir, *hipótesis* o *teorías*. Denominamos «metapercepción» al proceso consistente en dar un paso atrás para darnos cuenta de dónde estamos. El prefijo *meta* procede del griego y significa *más allá*, *con*, *junto a*, *después de*. Constituye un término útil, que denota la actividad mental consistente en cambiar de punto de vista al salirnos de los límites existentes y convertirnos en observadores «neutrales».

Lamentablemente, se trata de un prefijo utilizado en exceso en PNL, donde abundan sustantivos tales como metamodelo, metaprograma o metaestado. El prefijo es utilizado a veces de manera doble (*meta-meta*) para designar un segundo paso atrás, e incluso de manera triple... Tal abuso tiende a alejar a la gente y a reducir su comprensión. Sin embargo, se trata de términos que existen, por lo que conviene conocerlos. Hay, no obstante, otras formas más claras de utilizar el lenguaje. Como mi deseo es que disfrutes de este viaje, trataré de utilizar un lenguaje tan corriente como sea posible.

Este es un libro de «hágalo usted mismo» acerca del cambio. Una vez que hayas asimilado algunas teorías fundamentales, podrás comprobarlas en tu propia experiencia, y verás cómo eso te lleva a una mejor comprensión de ti mismo, de otras personas y de la sociedad en general. Tendrás la oportunidad de considerar tus propias experiencias vitales y el modo en que te percibes a ti mismo. Descubrirás procesos para cambiar aquello que no te gusta. Todo eso no significa que *tengas* que cambiar. El título del presente capítulo sugiere que la sabiduría nace de la realización de múltiples viajes, de la exploración de percepciones diversas, de reflexiones novedosas, de ideas creativas y de ensayar actividades nuevas. Gradualmente te darás cuenta de cómo el universo —tu visión del mundo— va cambiando de formas nuevas y sugerentes.

Aun cuando consideres que algún cambio es deseable, no es seguro que vayas a poder realizarlo. Un sencillo ejemplo: supongamos que tienes un hábito que quisieras perder, como fumar, morderte las uñas, comer en exceso o chismorrear. Si la vida fuera realmente sencilla, todo cuanto tú mismo, el terapeuta o un buen consejero tendríais que hacer sería decir: «¡Deja de hacer eso!», y asunto concluido. Pero no suele suceder así. Simplemente desearlo no garantiza que las cosas vayan a cambiar; es necesario tomar en consideración otras partes del sistema.

A menudo las personas buscan el cambio porque desean resolver un problema, que describen en palabras. Sin embargo, es posible que el modo en que utilizan las palabras para codificar la situación en su mente sea, precisamente, parte del problema. Este es el aspecto lingüístico de la PNL. Necesitaremos conocer cómo utilizan las personas el lenguaje, así como el modo en que éste afecta a sus percepciones y su comprensión de la realidad. Las metáforas constituyen nuestro medio principal de interpretar el mundo.

Metáforas

Este término tiene igualmente su origen en el griego. Como ya hemos visto, el prefijo *meta* significa *más allá*, mientras que la palabra *pherein* quiere decir *trasladar*. Así pues, la metáfora equivale a «trasladar más allá». Al utilizarla, *transferimos* el significado de una experiencia cotidiana común para explicar algo nuevo y abstracto. Se trata de una comparación que ayuda a la comprensión. Empleamos metáforas continuamente. Este mismo capítulo utiliza la metáfora APRENDER ES UN VIAJE. (Algunos textos de lingüística comparten la convención de imprimir las metáforas en LETRAS VERSALITAS). Toda metáfora acarrea gran cantidad de significado. Las asociaciones correspondientes al *dominio origen* —el viaje— se trasladan al *dominio destino* —aprendizaje—. Sabemos mucho acerca de viajes físicos, y este conocimiento nos ayuda a manejar un concepto abstracto como «aprendizaje». Parte del significado resultará apropiado para nuestro propósito, mientras que otros de sus aspectos tal vez sean inadecuados. En el caso de nuestro ejemplo, probablemente nos interesen menos los equivalentes a aspectos tales como el gasto de combustible, la indumentaria adecuada o el entretenimiento durante el vuelo.

Al utilizar la metáfora APRENDER ES UN VIAJE, probablemente describiremos los problemas como «retenciones» u «obstáculos». Construiremos puentes para unir islas de conocimiento, cruzaremos fronteras y nos adentraremos en nuevos territorios. Si nos encontramos nuestro camino bloqueado, corremos el peligro de desviarnos o de perder la dirección; nos detendremos para orientarnos, buscaremos indicadores o trazaremos rutas alternativas. Si seguir esta metáfora nos conduce a un callejón sin salida, descubriremos que utilizando otra el problema se «disuelve» o, simplemente, desaparece. El modo en que utilizamos el lenguaje para describir las dificultades es importante. Por consiguiente, trataré de guiarte a través de este territorio, familiar y engañoso a la vez, proporcionándote continuamente señales de referencia y sugiriéndote otras excursiones que tal vez te apetezca realizar.

Comprender de dónde viene alguien implica percatarse del lenguaje que utiliza para describir la situación o el contexto en que se halla, y darse cuenta de aquello a lo que presta atención. La utilización que hagamos del lenguaje y de las metáforas para describir la realidad nos conduce a la alegría o a la tristeza, a los problemas o a las oportunidades. Empleo el término «realidad» para referirme a la experiencia global que cada cual tiene de su forma de estar en el mundo. Emplearé también los términos «cosmovisión», «modelo de realidad» y «modelo del mundo» de forma indistinta.

Toda metáfora tiene implicaciones y consecuencias que pueden o no ser las deseadas. Por ejemplo, la metáfora «modelo» podría implicar que las personas son máquinas o artilugios mecánicos que se rompen, se desgastan o dejan de funcionar, que pueden fundirse o quedarse sin vapor, o a los que alguien puede ponerles bastones en las ruedas.

Así pues, ¿cómo cambiamos?

He aquí una gran pregunta, que no tiene ciertamente una respuesta fácil. En realidad, cambiamos todo el tiempo, probablemente sin darnos cuenta de cómo estamos cambiando, del mismo modo que respiramos y hacemos que la cantidad adecuada de sangre nos llegue al cerebro. Lo que creemos que queremos es cambiar conscientemente. Sin embargo, producir cambios reales y duraderos no suele ser fácil. La PNL adopta como presuposición de trabajo que *todo cambio tiene lugar en un nivel subconsciente*. Por consiguiente, es necesario crear primero las condiciones adecuadas para el cambio, y dejar después que la mente inconsciente haga el resto.

Cuando una persona confiesa que se siente atascada, perdida, confundida, incapacitada para funcionar o para dirigirse en la dirección deseada, es necesario respetar su descripción metafórica. La clase de lenguaje que utiliza nos proporciona información muy útil sobre su visión del mundo, de modo que es necesario estudiar sus palabras y sus metáforas hasta averiguar qué significado tienen para ella. Eso nos ayuda, además, a establecer y mantener la sintonía con esa persona. Cualesquiera que sean sus expresiones, para ella tienen sentido, de modo que hay que tratarlas con respeto reconociendo su verdad, en ese momento y en su realidad. El primer paso consiste siempre en reunir información. Pero también hay que asegurarse de entender su significado. Los cambios vendrán más tarde, mucho más tarde.

Al realizar los ejercicios emplearás tu percepción y tu pensamiento de un modo más «universal». No te será entonces posible afirmar: «Este es el elemento más importante», porque lo único que cuenta es la experiencia como un todo. El modelo de cambio que aquí propongo consta de tres fases. En ocasiones, realizar tan sólo la primera fase —percatarse, prestar atención, reunir información— es suficiente. Tu mente hace entonces el resto del trabajo integrando la información del modo habitual, por lo que comenzarás a comportarte de forma diferente. La segunda fase —cambio perceptivo, cambio de posición, pasar a la acción— te permitirá verificar. Requiere creatividad y flexibilidad. La tercera fase está relacionada con la aceptación y la integración. No es algo que hagamos normalmente de forma consciente, pero cuando lo hacemos así, parece que se «aceleran las cosas».

¿Haces esto para ti mismo o para otra persona?

Mucha gente quiere cambiar... ¡a condición de que sea otro quien cambie! Son los demás quienes tienen «el problema»; lo que hay que cambiar es su comportamiento represivo, limitador o lo que sea. Al echarle la culpa a otra persona, te quitas poder y limitas tus propias capacidades. En lugar de ello, asume la responsabilidad de ti mismo y de lo que haces. El lugar más fácil por donde empezar eres tú. Si esperas que sean los demás quienes cambien, esperarás largo tiempo y tu frustración no hará más que aumentar. Líbrate del «Tan sólo con que X cambiara, todo iría bien». Reconoce y valora tu propio poder personal.

En el templo del dios Apolo en Delfos, famoso por su oráculo, podía leerse la inscripción: «Conócete a ti mismo». Pero conocerse a sí mismo no es una acción puntual, sino un proceso en marcha. Con el conocimiento genuino viene la aceptación. Cuando somos *dueños* de nuestras capacidades, podemos ser uno con el mundo que creamos a nuestro alrededor, podemos vivir con una mayor conciencia y una consideración más grande para nosotros mismos, para con los demás y para con el universo.

Repaso general

> El aprendizaje no es algo añadido, sino la reorganización de lo que ya es.
>
> MILTON ERICKSON

¿Estás preparado para reorganizar tus ideas y tus creencias? Convertir el aprendizaje en parte de tu viaje vital significa, esencialmente, reconocer la excelencia y encontrar el modo de conseguirla para ti. Eso implica comprender a otras personas, entrever su mundo y su realidad, descubrir qué las hace vibrar, de modo que podamos utilizar nosotros mismos su experiencia. La PNL es un valioso intento de descubrir el modo de lograrlo. Este libro es mi propio intento de explicar cómo la PNL tiene éxito en este empeño. Sin embargo, no es más que un «informe temporal» sobre cómo pienso ahora, en el año 2001.

Desde que comencé a explorar todas estas ideas, se han ido haciendo para mí cada vez más relevantes y significativas. Ya no me resulta posible escuchar un argumento o un debate en un programa informativo sin revaluarlos en términos de los modelos y patrones aquí analizados. Sin embargo y de momento, aun cuando arrojen luz sobre la naturaleza del desacuerdo, no ofrecen necesariamente una solución. Nuestra historia está repleta de conflictos y paradojas, así como de intentos por explicar la naturaleza de la realidad. ¡Al menos podemos entender ahora por qué algunos conflictos son irresolubles! Disponemos asimismo de algunos indicios sobre cómo aprender a pensar de formas que nos conduzcan a la tolerancia y la comprensión.

Puesto que esta clase de pensamiento es sistémico —todo está interconectado—, es posible comenzar por cualquier sitio. Dado que disponemos de una teoría subyacente que nos ayuda a organizar las cosas, gradualmente los fragmentos que vamos identificando comienzan a tener más sentido, se van integrando en una unidad coherente. Cada conexión que establecemos nos brinda la posibilidad de un nuevo paso en el camino.

A medida que avancemos en este viaje, iremos creando nuevas metáforas que nos ayuden a comprender. Percibiremos puntos de vista alternativos sobre la Vida, el Universo y la Humanidad; aspectos diversos de nosotros mismos y de los demás. Tal vez vislumbremos también mundos desconocidos. En esta nueva visión de la PNL, introduciré e integraré ideas y procesos procedentes de otros sistemas y terapias para el cambio, así como del arte escénico, de la narración de historias y de la mitología. Vivimos en una cultura que bulle con relatos sobre la experiencia humana. No resulta sorprendente que hallemos ejemplos de lo que funciona en libros, películas, radio y televisión. Todo ello forma parte de nuestra experiencia colectiva. Todos los medios de comunicación pueden verse como reflejos del modo en que pensamos como sociedad. Junto con multitud de oportunidades perdidas, en ocasiones nos encontraremos con algunos excelentes ejemplos de cambio eficaz. Lo cierto es que, si deseas mejorar tus habilidades de comunicación, no tienes que buscar muy lejos. La sabiduría y la experiencia nos rodean por doquier. Se suele decir que la PNL no es nada nuevo. Muchas de las citas de este libro tienen más de un siglo de antigüedad. Lo realmente nuevo es una forma sistémica de investigar sobre la condición humana. De modo que mira a tu alrededor: cada ser humano es interesante. Lo único que tienes que hacer es despertar tu curiosidad y prestar atención.

Como resultado...

- Podrás entender la PNL como una disciplina unificada, dotada de una teoría subyacente.
- Dispondrás de una forma mas fácil de manejar nueva información, así como de extraer nuevas ideas de cuestiones que, hasta este momento, no podías resolver porque carecías de un modelo adecuado para explicarlas.
- Estarás en mejores condiciones de percibir patrones, conexiones y analogías, así como de crear nuevas metáforas, de percatarte de las «piezas que faltan» y de saber dónde encontrarlas.
- Serás más capaz de crear tus propias técnicas para el cambio, desarrollar los ejercicios y procesos adecuados y aplicarlos en las circunstancias apropiadas, todo ello basándote no ya en simples «recetas» estereotipadas, sino en tu propia comprensión de los principios generales de los que aquí hablaremos.
- Estarás en condiciones de generar nuevas ideas y progresos, pasando a ser una parte activa de la evolución de la sabiduría humana.
- Dispondrás de mejores medios para comunicarte, ser y vivir. Comprender cómo funciona todo ello conduce a la sabiduría. A través de la aplicación práctica de esa sabiduría, darás un gran paso hacia una mayor felicidad.

Al comenzar un viaje con una pregunta, éste se convierte en una búsqueda. Implicarnos en una búsqueda significa que hay algo que realmente nos importa, que nos motiva a la acción. Una búsqueda requiere datos, planificación, recursos, ideas, imaginación y acción, es decir, hacer todo cuanto sea necesario para conseguir lo que deseas. También requiere medios que te permitan determinar si realmente estás logrando eso que deseas. A lo largo del presente viaje encontrarás algunas de las respuestas a tus preguntas. Es probable que no estén en el libro, sino en tu propia vida.

2

Preparativos para el viaje

> George dijo: «Creo que nos estamos equivocando. No deberíamos pensar en las cosas que podríamos utilizar, sino en las cosas de las que no podemos prescindir».
>
> J. K. JEROME,
> *Tres hombres en una barca* (1889, cap. 3)*

Comienza el viaje... ¿O no?

Todo viaje implica cambio personal, convertirse en cierta medida en algo distinto. Antes de partir debemos considerar lo siguiente: «¿Y por qué hacer este viaje, después de todo?», o incluso: «¿Quién seré en el futuro?». A menudo nos dejamos motivar por alguna clase de «problema»: alguien nos está molestando, aburriendo o incordiando, existe alguna clase de necesidad desatendida. Siempre es una buena idea clarificar qué es lo que genera estos sentimientos en nosotros mismos, qué es lo que despierta en nosotros las ansias de cambio. Nuestro entorno es a menudo el desencadenante de la acción, el contexto en el que esa acción tiene lugar, y nos proporciona información sobre el modo en que el mundo cambia como resultado de nuestra acción.

Ejercicio 2.1: Tu queja preferida

Cuando nos sentimos «incómodos» o «infelices», tendemos a quejarnos. Toma nota de los comentarios negativos que hayas

* El año entre paréntesis remite a la fecha de publicación del original. *(N. del E.)*

estado haciendo últimamente: cosas que te hayas dicho a ti mismo o hayas dicho a otras personas sobre ti y tu mundo (quejas, agravios, decepciones, juicios negativos o afirmaciones sobre tus limitaciones). Completa las siguientes frases: «Debería...» y «Si tan sólo...».

Toda insatisfacción puede convertirse en un aguijón para la acción, en una buena razón para el cambio que te proporcione, además, una posible dirección a seguir. Considera el problema de Alicia cuando trata de navegar por el País de las Maravillas y le pide ayuda al gato de Chesire:

> —¿Podrías decirme, por favor, qué camino debo tomar desde aquí?
>
> —Eso depende de adónde quieras ir —respondió el gato.
>
> —No me importa demasiado... —le dijo Alicia.
>
> —Entonces, da igual el camino que tomes —sentenció el gato.
>
> —Siempre que me lleve a *alguna parte* —concluyó Alicia, a guisa de aclaración.
>
> —Oh, eso es seguro —afirmó el gato—, a condición de que andes lo suficiente.
>
> LEWIS CARROLL,
> *Alicia en el País de las Maravillas*, cap. 6

Partir simplemente hacia lo desconocido ya puede ser por sí mismo apasionante. Si no sabes adónde vas y tampoco te importa demasiado, todo lo que te encuentres te resultará una interesante fuente de aventuras. Sabes que todo lo que hagas tendrá algún efecto, que el mundo cambiará de algún modo, por poco que sea. Pero esta estrategia significa que deberás hacer muchas adaptaciones y aprender muy deprisa. Deberás ser consciente de *todo* cuanto te rodea, porque cada detalle puede ser crucial para tu supervivencia. Cada vez que llegues a un lugar nuevo, no podrás estar seguro de qué cosas son o no adecuadas. Cuando no te importa adónde vas, no puedes desviarte del camino: todo sendero es tan bueno como cualquier otro.

Otra estrategia consiste en planificar un poco antes de partir. Planificar significa decidir qué es lo que consideras que vale la pena conseguir, cuál es el objetivo de tu búsqueda. Pero antes tendrás que tener claro dónde te encuentras ahora mismo: ¿De dónde partes? ¿De qué recursos dispones? ¿Qué te hará falta a lo largo del camino? También necesitarás saber en qué te habrás convertido al final, así como mantener la motivación y el compromiso con la acción que te conduzcan a la consecución de tu objetivo. Tus esfuerzos no tan sólo cambiarán el mundo, sino que tendrán consecuencias en tus relaciones con los demás, que deberán aprender a tratar con tu nuevo yo.

Aprender PNL es un viaje a través de un territorio desafiante, aunque no del todo desconocido. Sin embargo, si alguien te preguntara: «¿Qué es la PNL?», tal vez te costaría darle una respuesta satisfactoria, puesto que aún no tienes claro qué es realmente. Conocer la historia de la PNL, saber en qué orden fueron incorporándose a ella las ideas que hoy en día la componen, no constituye necesariamente el mejor modo de comprender cómo se integran en un todo coherente los conceptos, percepciones, técnicas y procesos actuales, inteligibles por sí mismos. Una buena metáfora sería tener las piezas del puzle, pero carecer de la caja con su correspondiente dibujo de la imagen completa. Está claro que algunas piezas combinan para formar ellas objetos y motivos, pero seguirías sin saber dónde están los bordes, cómo combinan entre sí esos fragmentos completos, ni siquiera si forman parte de un mismo puzle.

Uno de los principales propósitos de este libro es ofrecerte una visión general de la PNL, presentándote las piezas que la componen y sugiriéndote *una* de las formas posibles de combinarlas. Si ya conoces la PNL, este libro te servirá de guía para *reordenar* esas piezas. A tal fin, «dispondré algunos sistemas»: maneras de comprender que te harán posible incorporar nueva información cuando te llegue. Comenzaremos por lo más general y consideraremos los modelos del mundo que utilizan las personas, las distintas realidades de las que proceden, las cosmovisiones que condicionan sus opciones, así como sus creencias y sus formas de responder a la vida, el universo y los demás.

Para comprender la visión del mundo de otra persona necesitamos conocer:

- A qué presta su atención: de qué le importa darse cuenta y de qué *no*.
- Qué le motiva: qué aspira a conseguir y por qué.
- Cómo aprende, cómo comprende su propia vida: cómo procesa la información que le devuelve el universo, cómo extrae sentido de lo que acontece.

En este libro te encontrarás a menudo con los conceptos, metáforas y estructuras básicos, de modo que cuando se mencionen explícitamente ya estarás familiarizado con ellos. Mi objetivo es que llegues a poder reconocer los patrones que subyacen en el contenido y lo unifican. Lo que a ti te concierne es tu propio objetivo o intención. De modo que vamos a echarle valor y formular la más útil y problemática de las preguntas:

¿Qué es lo que quieres?

Sí, sí, te lo pregunto a ti: ¿Qué es lo que *tú* quieres? Aquí no se trata de contentar a los demás, de hacer realidad los sueños de tus padres ni de librarte del maleficio que te echó aquella bruja cuando naciste... Aquí se trata de que te tomes el tiempo que necesites para reflexionar sobre cómo puede beneficiarte aprender a cambiar del modo en que tú quieras. No puedo hacerlo por ti, pero puedo guiarte en el camino hacia tu propia respuesta. De momento, la respuesta quizá sea: «No lo sé». Si es así, este viaje te parecerá sumamente interesante. Después de todo, ¡tal vez lo que realmente quieres es descubrir qué quieres! Podrás descubrirlo, o averiguar al menos qué es lo que *no* quieres. La cuestión es que, una vez que sepas lo que quieres, las técnicas de la PNL pasarán a la acción y te ayudarán a encontrar el mejor modo de conseguirlo. Para eso sirve la PNL.

Ejercicio 2.2: Tu objetivo
Este es un ejercicio que puedes realizar siempre que quieras. Lo coloco aquí para estimular tu pensamiento ahora, en el inicio de tu viaje. No se trata de conseguir la «respuesta adecuada», sino de dejar que tu mente deambule por el futuro y se pregunte cómo podría ser éste para ti. La pregunta es la siguiente: ¿Para qué lees este libro? O, para plantearlo de forma un poco más específica:

- ¿De qué modo quieres que cambie tu vida como resultado de aprender PNL?
  Deja un momento el libro y piensa en lo que esperas haber ganado para cuando hayas llegado a la última página, hayas hecho todos los ejercicios, hayas obtenido un conocimiento profundo de todas sus ideas, etc. Pueden ser días, semanas o meses, quién sabe.
- Imagina que te encuentras ya en ese punto del futuro, que ya has logrado lo que deseabas. Mira lo que ocurre a tu alrededor.
- Sal ahora de esta visión y contempla a tu yo futuro, ese que ha sido capaz de hacerla realidad.
  Observa qué diferencias hay entre tu yo actual y ese yo futuro, qué ha cambiado en tu modo de hacer las cosas.
- Completa la frase: «Ahora soy capaz de...».
  Asegúrate de que tu respuesta sea significativa y tenga poder para ti. ¡Sé atrevido! Confía en tu imaginación. Ella quiere que tus esperanzas y tus expectativas se hagan realidad. No hace falta que se las confieses a nadie más que a ti mismo, pero es de suma importancia que seas absolutamente sincero. Es recomendable que anotes lo que acuda a tu mente, que plasmes tus pensamientos sobre el papel. Tener una visión es el primer paso para alcanzar el éxito.

La mayoría de las personas que nos parece que han cambiado el mundo, como Walt Disney, la madre Teresa de Calcuta, Henry Ford, Richard Branson, Bill Gates, Steven Spielberg, etc., tuvieron una visión de cómo querían que fuera el mundo, junto con la suficiente motivación como para realizarla.

La pregunta «¿Qué es lo que quieres?» debes hacértela a ti mismo y hacérsela a los demás con frecuencia, preferiblemente el resto de tus días. Con ella centrarás tu atención de forma mucho más objetiva que con un simple «Qué bueno sería que...». Cuanto más claro seas acerca de lo que realmente quieres, más probable será que lo consigas. Te recomiendo que, mientras continúes aprendiendo, te susurres al oído constantemente la pregunta: «¿Qué es lo que quiero en este momento?».

Y la respuesta es...

¿Cuál ha sido tu respuesta? Puede ser cualquier cosa. He aquí lo que suele responder la mayoría de la gente:

- Estados a alcanzar: tener más confianza, ser más positivo o más asertivo.
- Habilidades y comportamientos a adquirir: poder comunicarse y relacionarse mejor con los demás, mejorar en la dicción, en la organización, en la planificación, etc.
- Una mayor comprensión de uno mismo y del mundo: saber quién es uno y por qué está aquí; tener un mayor sentido de identidad, propósito o misión personal.

Se trata de deseos bastante generalizados. Tal vez en tu lista haya algunos específicamente tuyos. Sin embargo, si se tratara de deseos de cosas materiales, como coches, yates o casas, será necesario que averigües qué representan esas cosas para ti. ¿Qué actividad de índole más general te permitiría obtener esos objetos materiales? Por ejemplo, ser un empresario de éxito, un negociante habilidoso o un negociador experto te recompensaría haciendo que puedas adquirir todo eso que deseas.

Hablaremos con más detalle sobre marcarse objetivos y resultados en el capítulo 10. De momento, anota aquello que sea cierto para ti ahora. Pon fecha a esta información. Cuando hayas terminado el libro, te resultará interesante mirar atrás y ver hasta qué punto se han cumplido tus deseos y hasta qué punto has cambiado *tú* en el transcurso del proceso.

Ecología personal

Reflexiona sobre algunas de las consecuencias posibles de cambiarte a ti mismo. Sea cual fuere el cambio, habrá sin duda efectos inesperados. A menudo nos engañamos pensando que sabemos lo que va a suceder, luego prestamos atención únicamente a lo que ya creíamos que sucedería y nos convencemos de que nuestras predicciones eran acertadas. Al hacerlo nos olvidamos de los efectos de rebote, así como de las consecuencias imprevistas en el mundo que nos rodea... hasta que se vuelven tan intrusivas o evidentes que nos vemos obligados a prestarles nuestra atención. Viajar hacia lo desconocido implica prestar atención a *todo*..., lo cual, de todos modos, es siempre recomendable.

Ejercicio 2.3: Las consecuencias del cambio

Cuando pienses en esos cambios que deseas, considera también lo siguiente:

- ¿Estás realmente abierto del todo al cambio? ¿Es posible cualquier cosa?
- ¿Hay algunas áreas prohibidas? ¿Cosas que desde luego *no* deseas?
- ¿Hasta qué punto estás dispuesto a cambiar? ¿Estás simplemente «pellizcando» el sistema, o buscas cambios de verdad, pasos de gigante hacia lo desconocido? ¿O tal vez algo intermedio?
- ¿Estás preparado para las consecuencias? ¿Qué respuestas, resultados o soluciones serían aceptables? ¿Cuáles no lo serían? ¿Serás capaz de manejar los resultados que *no* deseas?
- ¿Estás de veras listo para el cambio? ¿Puedes responder con un «sí» inequívoco, o hay dudas...?
- No eres un ser aislado. Hay otras personas a tu alrededor —familia, amigos, compañeros de trabajo, etc.— que se darán cuenta de que has cambiado, y que responderán de algún modo. ¿Cómo cambiarán tus relaciones con los demás como resultado de tus propios cambios? Puede que no todas esas relaciones vayan a ser maravillosas. Proba-

blemente tendrás que salir de la «zona de comodidad» de algunas amistades. Habrá personas que no se adaptarán a tus cambios. Algunas relaciones simplemente dejarán de importarte.

- ¿Cómo afectará todo eso a tu profesión, a tus compañeros de trabajo, a tus clientes?

Anota tus respuestas a todas estas preguntas.

Por supuesto, en este momento desconoces cuáles serán las consecuencias futuras, aparte de saber que, en términos generales, «las cosas serán diferentes». Sin embargo, al tomar en consideración las consecuencias probables, tu subconsciente prestará más atención a cualquier indicio pertinente que te informe acerca de tus posibles futuros. No es probable que puedas responder con un «sí» inequívoco a cada cambio, incluso en el caso de que lo consideres deseable. Si pudieras hacerlo, ¿cuál sería el propósito de tu vida? Para la mayoría de las personas, lo importante es identificar «áreas problemáticas», puesto que ahí es donde recogen las mayores recompensas por haber pasado a la acción.

Ejercicio 2.4: ¿Qué vas a necesitar para tu viaje?

¿Qué clase de viajero eres cuando vas de vacaciones, o incluso cuando sales de fin de semana? ¿Qué te llevas contigo? ¿Viajas ligero de equipaje, o cada viaje es una mudanza?

- En un viaje de aprendizaje, ¿qué vas a necesitar? ¿De qué no puedes prescindir?

Permíteme que te sugiera que ya tienes todo lo que necesitas, las tres cualidades básicas: curiosidad, apertura y aceptación. En otras palabras, tu voluntad y tu capacidad de aprender de la experiencia. Es algo que has estado practicando desde la infancia. No necesitas gran cosa en cuanto a equipaje físico. Lo único que necesitarás será recordar tus talentos naturales, así como utilizarlos con mayor concentración, a medida que prestes atención a lo que se te vaya presentando. Ser aventurero significa aprender a percibir el mundo de forma diferente.

Ejercicio 2.5: Tu forma preferida de aprender

Ya has aprendido un montón de cosas. Tómate unos minutos para reflexionar sobre cómo lo hiciste: qué funcionó y qué no salió bien cuando aprendías todo eso. Pregúntate:

- ¿Cuál ha sido mi mejor *estado* de aprendizaje? Por ejemplo: condiciones físicas, entorno, etc.
- ¿Qué es aquello a lo que respondo bien? Por ejemplo: diagramas, esquemas mentales, debatir con otras personas, hacer pausas, dar un paseo, etc.
- ¿Qué me impidió aprender? Por ejemplo: actitudes de los enseñantes, falta de propósito, etc.

Puede que te sea más fácil aprender por las mañana temprano y que necesites silencio, o tal vez todo lo contrario, tarde por la noche y con música de fondo. Quizá prefieras aprender con otros, en grupo, en conferencias, o tal vez te inclines por navegar por Internet o sentarte tranquilamente con un libro.

Nada cae nunca en el vacío

> El Dedo Movedizo escribe, y una vez que ha escrito,
> sigue moviéndose: ni toda tu Piedad ni toda tu Astucia
> podrían convencerle de borrar tan sólo media línea,
> ni todas tus Lágrimas borrar una sola Palabra.
>
> *Rubaiyyat*, Omar Khayyam (1859)

El pasado ya pasó, ¿no es así? Y por consiguiente, es inmutable. Bueno, eso es cierto dentro de un modelo de la realidad objetivo, científico, de causa y efecto. Pero en términos de tu propia realidad subjetiva, existe un modo más útil de ver el «pasado» (utilizado frecuentemente en PNL), que consiste en considerar que toda tu experiencia vital está disponible para ti en el presente. Por ejemplo, si te sientes mal por algo que sucedió en algún momento del pasado, tiene que haber algo de ese pasado que aún está presente en ti para que pueda «causarte» ese sentimiento. A menudo la gente dice que quisiera «librarse del pasado», lo que implica que siente que éste sigue revoloteando sobre su cabeza como un albatros. Muchas técnicas de PNL para el cambio parten del principio de que, si algún acontecimiento del *pasado* está creando en ti en el *presente* una respuesta que no deseas , cambiando el modo en que *representas* ese acontecimiento en tu mente alterarás esa respuesta.

Puesto que te has pasado toda la vida aprendiendo, dispones de una enorme base de datos. La buena noticia es que aún puedes seguir aprendiendo de tu experiencia «pasada». Esos recuerdos están disponibles *ahora*, aunque pienses en ellos en términos de tu «historia» personal. Examinar esos recuerdos requerirá un poco de puesta al día. Simplemente darte cuenta de cómo te representas esa experiencia alterará probablemente su significado y, por consiguiente, tu manera de entenderla. Tu estado presente de conocimiento y sabiduría influirá en tu forma de interpretar esos recuerdos, con lo que sacarás provecho de esta «mirada atrás». El truco consiste en no olvidarse de la puesta al día.

Ejercicio 2.6: Busca en la base de datos de tu mente

¿Tienes buena memoria? Sea lo que sea lo que pienses de ella, te aseguro que funciona perfectamente. En realidad, lo que tendría que preguntarte es: ¿Cuán bueno eres tú accediendo a tus recuerdos? Disponemos de una capacidad asombrosa para que nuestro cerebro nos proporcione ejemplos apropiados cuando lo necesitamos, utilizando cualquier tipo de criterio de búsqueda. Es algo que hace a menudo con sorprendente velocidad, aunque en ocasiones, cuando tratamos de recordar un nombre, éste tarde un poco en aflorar a la superficie.

Por ejemplo, evoca recuerdos de:

- Momentos en que te sentiste a gusto estando a solas.
- Momentos en que descubriste que alguien en quien confiabas te estaba engañando.
- Momentos en que te sentiste molesto por tener que dejar de hacer algo con lo que realmente estabas disfrutando.

Tal vez no te hayas planteado nunca antes buscar en tu memoria esta clase de experiencias, pero casi seguro que habrás dado con los recuerdos apropiados.

- Ahora recuerda aquellos momentos de tu vida en los que aprendiste algo realmente bien.

Examina esos recuerdos y considera lo siguiente:

- ¿En qué situaciones aprendiste mejor? ¿Eran formales o informales?
- ¿Qué fue lo que hizo que te resultara fácil aprender?
- ¿Qué fue lo que hizo que aprender fuera divertido?

Un buen modo de hacer este ejercicio consiste en comparar y contrastar diversos recuerdos, para detectar en ellos cualquier factor común. Es lo que se conoce en PNL como «análisis de contraste». Toma nota de ello para utilizarlo en el seguimiento de tus progresos y de tu aprendizaje.

Las personas suelen afirmar que su aprendizaje era más fácil, eficaz y divertido:

- cuando había una buena razón para aprender: realmente querían saber aquello;
- cuando podían incorporar la nueva información a lo que ya comprendían, de modo que lo aprendido tuviera sentido;
- cuando el aprendizaje era una experiencia práctica;
- cuando se lo pasaban bien aprendiendo, o perdían la noción del tiempo, de modo que el aprendizaje «simplemente ocurría» o tenía lugar, en gran medida, de forma inconsciente;
- cuando podían probar cosas, ensayar nuevas ideas y habilidades antes de incorporarlas a su bagaje personal;
- cuando recibían una realimentación inmediata y positiva, que les permitía saber si estaban o no en el buen camino;*

* En lenguaje sistémico, los adjetivos «positivo» y «negativo» en relación con la realimentación carecen de cualquier connotación cualitativa, refiriéndose exclusivamente a si aumentan o reducen el efecto del estímulo inicial. En este caso, el autor se refiere a una realimentación que incrementa la información sobre si el que aprende va o no por buen camino. (*N. del T.*)

- cuando se daban cuenta de que lo que estaban aprendiendo podía desarrollarse o ampliarse de forma interesante.

Sea lo que fuere lo que a ti te funciona, utiliza activamente esa información en el aprendizaje del presente material, tanto si aprendes solo como si lo haces en grupo. Con ello no tienes nada que perder y sí mucho que ganar. Este conocimiento es un recurso en el que puedes confiar.

Recursos

El término «recurso» suele dejarse sin especificar en PNL, asumiendo que cada cual lo interpretará a su modo y encontrará sus propios recursos, sean éstos los que fueren en cada momento. Es una actitud de respeto, que ayuda a mantener la sintonía. De poco serviría tratar de decirle a otra persona lo que creemos que necesita. En caso de hacerlo, probablemente lo rechazaría. Es el viejo juego de: «¿Por qué no...?» — «Sí, pero...» que Eric Berne definiera en *Games People Play* (1964, cap. 8). La gente suele rechazar esta clase de ofrecimientos.

La mente subconsciente «accede» a cada recurso del modo más apropiado. Te sorprendería saber lo que eligen las personas a modo de recurso. Puede tratarse de conceptos abstractos como «fuerza» o «confianza», palabras que actúan por sí mismas como desencadenantes de recuerdos de los momentos en que la persona disfrutaba de esas cualidades, pero también de personajes reales o ficticios, como la madre Teresa o Superman, que personifiquen las cualidades deseadas. Tal vez creen una visión de sí mismas poseyendo ya esas cualidades potenciadoras, una especie de maestro particular, mentor o «ángel de la guarda». El recurso puede ser también un objeto físico con apego emocional, como el osito de peluche de la infancia; un objeto mágico, como un anillo o una capa de un mundo de fantasía; quizás un lugar como un bosque o una cascada, que inspire determinadas emociones, o esa sensación de expansión que experimentas cuando miras al horizonte más allá del estuario, con el mar y el cielo al fondo.

El poder de un recurso pude ser activado por una palabra, un símbolo, un icono, un emblema o un fetiche. El recurso de una persona tiene sentido para ella, aunque los demás no podamos saber de qué se trata. La cuestión es: ¿le funciona? En caso afirmativo, nada que objetar. Sabrás si funciona porque verás a esa persona cambiar cuando accede al poder que le confiere ese recurso. Incluso aunque utilizaras para tu propia experiencia ese mismo recurso, nunca podrías saber qué significa para la otra persona, puesto que cada cual tiene su propia y exclusiva forma de sacarle sentido.

Disponer de creencias positivas y sustentadoras puede también conferir poder. Si existiera un modo fácil y rápido de cambiar las creencias de la gente, estaría sin duda en cabeza de la lista de técnicas de cualquier terapia, pero, hoy por hoy, no existe semejante técnica universal garantizada. Lo que cuenta es que creamos que disponemos ya de los recursos que necesitamos, así como que éstos nos sean accesibles en cualquier momento. Lo que pasa es que, cuando los necesitamos, no solemos estar en el estado adecuado para acceder a esos recursos: ¡hemos de cambiar de estado para cambiar de estado...! Es un círculo vicioso. Por consiguiente, en lugar de caer en esta trampa paradójica y quedarnos sin poder, debemos aprender cómo acceder a los recursos cuando más falta nos hacen. Un modo de lograrlo consiste en preparar las cosa con antelación, de modo que el dispositivo se active de forma automática cuando se presente la necesidad, lo que sucederá sin duda a condición de haber practicado antes.

Ejercicio 2.7: Consigue poder

Además de «recordar aquella vez que...», puedes aprender a acceder a un estado con más recursos cambiando tu postura corporal y gestos. Este es un ejercicio físico, de modo que tendrás que estar de pie. Asegúrate de disponer de espacio suficiente a tu alrededor, de modo que puedas extender al máximo los brazos. Llevar indumentaria suelta y cómoda te ayudará a moverte con facilidad.

El objetivo de este ejercicio es «abrirse más», tanto física como mentalmente. Expande tu cuerpo extendiendo los brazos hacia arriba y hacia fuera, abriendo el pecho y profundizando la respiración. Cuidado: *pensar* simplemente en la descripción en palabras de una actividad no es lo mismo que experimentarla con todo el cuerpo. Realizar *de verdad* este ejercicio te aportará la experiencia de sentirte más amplio, de expandir tu conciencia hasta «llenar el universo». Como es probable que todo eso aún no tenga sentido para ti, lo mejor será que dejes el libro, te quites los zapatos y te pongas de pie.

- Coloca las plantas de los pies bien asentadas sobre el suelo, separadas a la anchura de los hombros, con el peso del cuerpo repartido equitativamente sobre ambas extremidades.
- Lleva la respiración a la parte baja del abdomen: centra la atención en el área situada debajo de las costillas e imagina que ahí está la fuente de tu respiración. Al respirar con la parte baja del pecho, el diafragma moverá el abdomen hacia dentro y hacia fuera.
- Comienza con las manos unidas por las palmas, en posición baja, y súbelas lentamente hasta el pecho, frente a los ojos y por encima de la cabeza. Inspira mientras observas el movimiento ascendente de tus manos.
- Cuando tus manos lleguen al punto más elevado, por encima de la cabeza, deja que se separen de forma natural. Es un gesto como de «embudo», de apertura a todo cuanto hay por encima de ti.
- Continúa bajando las manos hacia ambos lados, espirando lentamente. Cuando tus brazos estén en posición horizontal, abre ligeramente las manos hacia el frente, en un gesto de apertura total.
- Deja que tus manos sigan bajando lentamente y cuando se aproximen al punto más bajo, vuelve a unir las palmas, cerrando así el círculo y volviendo a la posición inicial. Hazlo despacio y con tranquilidad, centrando la atención en las sensaciones que el ejercicio genere en ti.
- Repite el ciclo varias veces en un movimiento continuo y fluido.

¿Cómo te sientes? ¿Cómo te relacionas ahora con el mundo? Si haces el ejercicio en grupo, observa cómo cambia en la sala la sensación de «energía». Probablemente se asiente más y se vuelva más tranquila y equilibrada. Realiza el ejercicio siempre que necesites una pausa, sosegarte, reconectarte o inspirarte. Constituye un modo de acceder a un estado más inventivo, relacionado con lo que denomino conciencia de nivel III.

Ser más grande

Una vez que te hayas familiarizado con este ejercicio de apertura, podrás referirte a la experiencia con términos tales como «abrirse», «expandirse» o «ser más grande». Utiliza estas palabras con cuidado: no estás dando órdenes en el patio del cuartel, sino sugiriéndole algo a tu mente inconsciente. Bastará con que pienses en abrirte o crecer para que ello suceda. Imagina mentalmente que expandes tu conciencia para que abarque un espacio mucho mayor. Sigue creciendo, de modo que sientas que ocupas todo el universo. Crece aún más... Aunque al principio te parezca raro, te recomiendo que comiences a acostumbrarte a ello, puesto que te proporcionará un gran estado de cambio, permitiéndote disponer de muchos más recursos.

Quiero dar las gracias a John Hicks por haberme dado a conocer el concepto de «ser más grande». John es acupuntor y profesor de PNL. Sentirse más grande no tiene nada que ver con el tamaño de tu cuerpo, sino con el modo en que te sientes a ti mismo. Es una forma de recordarte que eres mucho más que tu cuerpo, tus emociones, tus problemas y lo que crees que eres.

Ejercicio 2.8: Expansión interna

Recuerda una de tus quejas preferidas, alguno de los problemas o inconvenientes menores del ejercicio 2.1. Cuando tengas uno en mente, repítete a ti mismo: «Soy más grande que eso». Para ayudarte a sentirlo, utiliza los brazos como has aprendido a hacerlo en el ejercicio anterior. Observa cómo te sientes al hablarte a ti mismo de este modo. Prueba con: «Soy aún más grande».

Muy bien. Ahora ya sabes que siempre que quieras puedes acceder a este estado más abierto y más grande, que te proporciona más recursos. Vale la pena disponer de él para el viaje de tu vida. También vas a necesitar...

Curiosidad

Los seres humanos somos curiosos por naturaleza. Sin embargo, nuestra curiosidad infantil va siendo gradualmente suprimida en aras de la conformidad. Muchos profesores y adultos en general quieren controlar a los jóvenes para mantenerlos «a salvo», para hacer de ellos buenos ciudadanos, etc. Esta actitud acaba por convertirse en demasiado precavida, al evitar toda clase de riesgos. Nuestra sociedad parece cada vez más una «niñera» que trata de protegernos de los innumerables supuestos peligros que la existencia física comporta.

Una de las consecuencias de imponerle restricciones a la curiosidad consiste en que nos vamos socializando en base a *no* darnos cuenta, *no* observar, *no* preguntar, *no* llamar la atención sobre el «nuevo traje del emperador». Se nos seduce a aceptar el orden establecido, a formar parte de la masa. El mensaje es: «No destaques. Confórmate. No molestes. No vayas a tu aire ni seas curioso, porque eso sería malo para ti y para nosotros, malo para todos». ¿Te suena todo eso? Somos suficientemente prudentes como para enterrar nuestros instintos, pero eso tiene su coste. Nos limitamos a nosotros mismos, creando barreras que nos impiden desarrollar nuestro pleno potencial. También dejamos de divertirnos. Si esto te parece cierto, tal vez haya llegado la hora de «volver a los orígenes» y reavivar en ti esa curiosidad infantil. Espero que algunas de las ideas de este libro estimulen tus ganas de jugar, incrementen tu conciencia de ti mismo y de los demás y te animen a aceptar lo que el universo te ofrece. Para volverte más curioso, lo único que tienes que hacer es «apartarte de tu propio camino». Deja a un lado las reglas de la sociedad educada y el conformismo social, sigue tus impulsos manteniendo al mismo tiempo una perspectiva adulta con preguntas como: «¿Resulta eso apropiado en el presente contexto?», «¿Cuáles serán las consecuencias?», «¿Me importan?».

Hacer preguntas

La curiosidad implica formular preguntas. En lo concerniente a crear la vida que quieres para ti, las mejores preguntas suelen ser del tipo: «¿Cómo podría yo...?», referidas a aquello que te interese en cada momento. ¿Has asistido a alguna conferencia que te haya inspirado, que te haya hecho sentir ganas de hacerlo igual de bien? ¿Has presenciado un *swing* maestro de golf, un servicio impecable de tenis? ¿Has disfrutado con alguna película realmente buena? ¿Te gustaría contar una historia con el mismo acierto? Si es así, tal vez tu pregunta sea: «¿Cómo puedo alcanzar la excelencia en lo que hago?».

He descubierto que formularme preguntas del tipo «¿Cómo podría yo...?» en mi vida cotidiana da resultado. Plantéate esas preguntas justo antes de dormirte, pero no esperes respuestas inmediatas; no creo que el universo funcione así. Al inconsciente le gusta que le vayan de frente, sin rodeos. Formular una pregunta específica centra la mente, de forma que ésta comienza a prestar atención y encuentra la respuesta. A menudo, ésta procede de partes inesperadas y desconocidas de tu entorno, por cuya razón es imprescindible que seas más consciente de todo lo que ocurra a tu alrededor.

Utilizando como metáfora LA VIDA ES UN TEATRO —«El mundo es un escenario»—, en el que eres director, actor, diseñador, etc., es decir, en el que tienes muchos papeles que desempeñar, pregúntate: «¿Qué es lo importante de que esté aquí?», «¿Cuál es mi objetivo general?», «¿Qué tengo que hacer?», «¿Qué trato de conseguir?», «¿Qué quiero que hagan los demás personajes?». Cuando un actor está en el escenario, el personaje que interpreta tiene que tener una buena razón para estar en esa escena. Hay algo que quiere que suceda. Lo mismo se aplica a cada encuentro a lo largo de toda la obra. Sin una buena razón para el personaje, el actor está de más. Así de sencillo. Cada aparición tiene que ser pertinente, coherente y significativa.

Es relajante desconectar de vez en cuando, disponer de tiempo para «no hacer nada». Pero sobre las tablas del escenario de la vida, gratifica mucho más moverse en la dirección de los propios objetivos. Disponer de intenciones determinadas cambia el modo en que interpretamos nuestro papel. No obstante, es fácil perderse en el contenido u «olvidar el argumento». Por consiguiente, es importante dar de vez en cuando un paso atrás y examinar *cómo* estamos haciendo lo que hacemos, revisar el *proceso* hacia la consecución de nuestros objetivos.

Motivación: ¿Para qué molestarte en hacer el viaje?

Ya has considerado lo que deseas con la lectura de este libro, algunos destinos posibles para tu viaje. Ya sabes que tienes acceso a los recursos que necesites. Hablemos ahora de tu motivación: ¿Por qué vale la pena hacer este viaje? ¿Estás suficientemente convencido como para partir? ¿Qué es para ti lo importante de realizar este cambio? Si vamos a acabar cosas, necesitamos una buena razón para haberlas comenzado. En términos de objetivos, es más útil tener algo hacia lo que quieras ir, que algo de lo que desees alejarte.* También necesitarás motivación suficiente para seguir en el camino. Si aspiras a producir cambios significativos en tu vida, necesitarás constancia y medios para volver a motivarte cuando las cosas se pongan feas. Si tu viaje es importante, «pero no tanto», te sugiero que te sacudas la pereza mental y vayas a por algo más estimulante, algo que esté más allá de lo meramente «seguro». Así pues, ¿qué es lo que *realmente* quieres?

* El autor se refiere aquí a las dos grandes categorías de motivación con las que trabaja la PNL: «hacia» (aquello que deseamos) y «lejos de» (aquello que queremos evitar). *(N. del T.)*

Necesidades humanas

Tenemos necesidades distintas en momentos diferentes. El psicólogo Abraham Maslow (1954, cap. 5) creó una jerarquía de necesidades humanas (cuadro 2.1). Aunque parezca que forman parte de una secuencia, en realidad actúan de forma simultánea. Es tan importante autoactualizarse como disponer de agua y alimento. Los prisioneros de guerra que poseían alguna convicción más grande que ellos mismos tenían más probabilidades de sobrevivir que los que no. De hecho, Maslow considera los dos últimos puntos de la lista —la necesidad de libertad de búsqueda y de expresión y la necesidad de conocer y comprender— como requisitos previos esenciales para la satisfacción de las otras cinco categorías de necesidades.

Cuadro 2.1: Jerarquía de necesidades de Maslow

Jerarquía de necesidades de Maslow

1. **Necesidades fisiológicas:**
   Alimento, agua, luz solar, sexualidad y demás cuestiones básicas para la supervivencia humana.
2. **Necesidad de seguridad:**
   Protección de las amenazas procedentes del entorno, de animales o de otras personas.
   Refugio, seguridad, orden, previsibilidad, un mundo organizado.
3. **Necesidades sentimentales:**
   Relaciones, afecto, dar y recibir amor, sensación de pertenencia.
4. **Necesidad de estima:**
   Fuerza, logro, adecuación, confianza, independencia, reputación, prestigio, reconocimiento, atención, importancia, aprecio y una evaluación elevada y estable, basada en la propia capacidad y en el respeto de los demás.
5. **Necesidad de autoactualización:**
   Desarrollo de la propia capacidad hasta su pleno potencial.

6. **Necesidad de libertad de búsqueda y expresión:**
   Condiciones sociales que permitan la libertad de expresión y estimulen la justicia, la equidad y la honestidad.
7. **Necesidad de conocer y comprender:**
   Obtener conocimientos del entorno y sistematizarlos, curiosidad, aprendizaje, filosofía, experimentación y exploración.

En nuestra sociedad occidental relativamente opulenta, la mayoría de las necesidades de supervivencia están atendidas. La mayor parte del tiempo no vivimos en el mundo objetivo y fáctico de los sentidos, sino en otro mundo de apariencias e ilusiones, en el que creemos que las cosas «han salido mal», en el que nos dolemos, en el que hemos perdido el contacto con nosotros mismos y con nuestra razón de vivir. Tales creencias se nos antojan como muy reales y pueden ser dolorosas. Las necesidades más comúnmente expresadas tratan de las relaciones y la estima. Deseamos ser queridos y valorados, necesitamos saber que estamos haciendo algo valioso y perdurable, que dejamos una huella en el mundo, que cumplimos con nuestro destino.

Por desgracia, no podemos ir por ahí simplemente esperando ser más amados y valorados, por mucho que eso nos gustara. Se trata más bien de comenzar a hacer eso mismo con los demás —amarles y valorarles— sin pensar para nada en uno mismo. Si bien no puedo garantizarte que la lectura de este libro te haga más estimable, sin duda te ayudará a desarrollar mejores maneras de relacionarte, a apreciar más a los demás y a respetar el modo en que han elegido vivir.

Consideremos algunas formas de dar satisfacción a nuestras necesidades:

Nivel práctico:

Deseamos comprender cómo funciona el mundo, «encontrar sentido» a lo que sucede a través de nuestra percepción sensorial del mundo natural que nos rodea. En los ámbitos de la ciencia y la tecnología queremos conocer datos, entender realmente cómo «está montado» todo, qué es lo que hace que las cosas ocurran y cómo predecir las consecuencias de nuestras acciones.

Fritz Perls, fundador de la terapia Gestalt,* solía decir: «Pierde la cabeza y recupera los sentidos». Sal de tu mundo interior y comienza a prestar atención a ese otro mundo que te rodea. Pregúntate: «¿Qué hay de obvio ahí fuera?». Partiendo de tal base podemos tomar decisiones racionales sobre qué hacer. La PNL ha adoptado este énfasis en la atención prestada a los aspectos sensoriales de nuestra vida, en términos de lo que vemos, escuchamos, palpamos, olemos y saboreamos, como forma predominante de trabajar.

Nivel social:

Como parte integrante de la sociedad, como miembros de la comunidad, deseamos mantener buenas relaciones con los demás. Nuestros sentimientos acerca del mundo, así como los valores a los que aspiramos, tanto personal como colectivamente, implican que tengamos que decidir qué consideramos importante, tanto para nosotros mismos como para los grupos a los que pertenecemos. Experimentamos la necesidad de cambiar y mejorar nuestras capacidades de comunicación, así como el modo en que expresamos nuestras necesidades y valores. Priorizamos nuestras necesidades, defendemos nuestros valores y hacemos aquello que consideramos ético y más conveniente para los intereses del grupo.

* Término que en alemán denota la forma orgánica. Fue utilizado por primera vez a principios del siglo XX por el filósofo Christian von Ehrenfelds, en el sentido de una pauta perceptual irreductible. Este sentido vino a impregnar y dar nombre a toda una corriente dentro de la psicología que, partiendo de los psicólogos Max Wertheimer y Wolfgang Köhler, desembocaría en los años 60 en toda una escuela de psicoterapia, conocida hoy bajo el nombre de *terapia Gestalt*. Dicha terapia enfatiza la integración de las experiencias personales en conjuntos significativos. Asimismo, la caracterización de *Gestalt* de von Ehrenfelds como un todo que es más que la suma de las partes sentaría las bases conceptuales para la posterior emergencia del pensamiento sistémico. *(N. del T.)*

Nivel creativo:

Vivimos gran parte del tiempo inmersos en nuestros propios pensamientos, pensando, imaginando y rememorando, completamente desconectados de la realidad física exterior. Es como si estuviésemos en una especie de «trance», hablando interiormente con nosotros mismos, fantaseando sobre aquello que podría ser o haber sido, creando alternativas a lo que es, etc. La filosofía hindú Vedanta se refiere a esta condición con el término *maya*, que significa «ilusión». Utilizando esta modalidad «mágica» de pensamiento creamos nuevas ideas, inventamos formas alternativas de hacer las cosas, desarrollamos nuevos modos de comprensión. Nos permite crear recursos y visualizar consecuencias. La fantasía es parte fundamental de cualquier proceso de cambio.

Nivel formal:

De forma natural hacemos generalizaciones a partir de nuestras propias experiencias, creamos reglas y leyes que definen el modo «correcto» de hacer las cosas, así como principios sobre lo permitido y lo prohibido en nuestra sociedad. Estas reglas se convierten en ortodoxia, nos comprometemos con ellas y las seguimos en nuestros quehaceres. Algunas de estas generalizaciones se convierten en nuestras verdades, que ejercen sobre nosotros el poder que les hemos conferido como tales. Damos forma al modo en que nuestra sociedad interpreta estas verdades, y asistimos a otros en el aprendizaje de cómo hacer las cosas correctamente. La sociedad establece sanciones para los «herejes» y para quienes no actúan según las reglas. Toda organización estructurada se basa en reglas. La PNL tiene procedimientos para aprender PNL, para realizar ejercicios, etc. Proporciona asimismo un conjunto de presuposiciones —pautas más que verdades— basadas en la sabiduría procedente de la experiencia humana en relación con lo que «funciona». La PNL sugiere que actuemos «como si» fuesen ciertas y observemos qué resultados obtenemos con ello.

La mente

Somos más que nuestra mera naturaleza física. Tenemos sentimientos, intuiciones, ideas y fantasías. Nuestro rico mundo interior se ve reflejado por el mundo exterior. El universo nos proporciona la realimentación de nuestros sueños y deseos, de modo que es necesario que prestemos atención a lo que sucede ahí fuera. Hemos de desarrollar la flexibilidad necesaria para navegar entre la «ilusión» y el mundo de la evidencia sensorial, de modo que podamos comprobar cómo nuestro pensamiento *crea* nuestra realidad, y comprender el modo en que estamos sistémicamente conectados con todo lo demás. Incluso a pesar de que la «realidad» sea una ilusión, una metáfora, al asumir la responsabilidad por el modo en que son las cosas, podemos cambiarlas.

Por consiguiente, para dar un paso adelante en la vida, necesitamos ser conscientes de lo que estamos haciendo mentalmente. Es un tópico decir que «la acción sigue al pensamiento». En términos de nuestra evolución personal, necesitamos aprender a pensar de forma diferente, así como a prestar atención al modo en que representamos la experiencia en nuestra mente, de lo cual la PNL se ocupa específicamente.

Conocimiento práctico

La PNL nos proporciona medios para reaprender aquello que hemos olvidado percibir. A medida que nos vamos conociendo mejor a nosotros mismos, podemos vivir de forma más satisfactoria en términos de plenitud personal, de mejor comunicación y de relaciones más ricas. Para poder seguir el mandato «Conócete a ti mismo», necesitamos comprender la realidad en la que vivimos. Saber dónde estamos constituye un requisito previo para el cambio. Saber de dónde proceden los demás constituye la base sobre la que poder establecer sintonía con ellos: prestarles atención en *su* propio modelo del mundo, en *su* propia realidad, que con toda certeza serán distintos de los nuestros. No se trata, pues, de dar por sentado que ya sabemos, sino de extraer información sobre su propia experiencia.

Establecer y mantener la sintonía es esencial para relacionarnos con los demás. Sucintamente, significa armonizarnos con su forma de ser incorporando ciertos aspectos de su psicología, de su manera de hacer las cosas..., cualquier elemento que podamos percibir por medio de los sentidos. Al hacer eso, comenzamos a tener alguna sensación de lo que sería ser esa otra persona, de la realidad en la que habita. Podemos entonces encontrarnos con ella en su realidad y compartirla en cierta medida. La sintonía nos proporciona la mayor oportunidad de influir en los demás.

Uso y mal uso

> El único modo de estar absolutamente a salvo consiste en no probar nunca nada por primera vez.
>
> MAGNUS PYKE

En ocasiones, «influir» se interpreta como «manipular». ¿Cuál es pues la diferencia? Toda comunicación tiene como objetivo conseguir que la otra persona preste atención a lo que tenemos que decir o haga lo que queremos que haga. En otras palabras, queremos influenciarla positivamente en nuestra dirección. Lo que decimos tiene como intención informar, motivar o al menos entretener. La manipulación no tiene en cuenta los intereses de la otra parte. Mientras que la influencia construye relaciones, la manipulación puede llegar a destruirlas.

Las ideas y técnicas de este libro son muy poderosas, y funcionan. Todo lo que puedes usar para algo bueno, también puedes usarlo mal, y ello tendrá sus consecuencias. Si utilizas las técnicas del cambio de un modo manipulador, es probable que la otra persona se dé cuenta. El abuso de poder, al final, conduce a la propia perdición, porque aquellos de quienes hemos abusado pronto comprenden lo que ha pasado y sienten resentimiento. Entonces, encuentran la manera de evitarnos y sugieren a los demás que hagan lo mismo. Por lo tanto, cuando empleemos las ideas y técnicas de este libro, consideremos las cuestiones éticas implicadas.

También nos influimos a nosotros mismos mediante nuestro «diálogo interno» de la mente. Se trata de una forma muy poderosa de afectar a nuestro propio comportamiento, para lo mejor o para lo peor. Por consiguiente, necesitamos conocernos mejor —mantener una mejor sintonía con nosotros mismos—, de modo que podamos comenzar a influenciarnos de forma positiva y sustentadora. Aunque podamos engañarnos hasta cierto punto, nuestra mente parece disponer de ciertos dispositivos de seguridad que nos impiden «manipularnos» en contra de nuestros intereses. Estos dispositivos pueden manifestarse en forma de resistencias, o tal vez de bloqueo de determinados recuerdos. Cuanto más nos conozcamos a nosotros mismos, cuanto más confiemos en nuestro inconsciente, más abiertos estaremos.

En desorden

Tal vez te estés diciendo: «¡Seguro que estoy en sintonía conmigo mismo!». Bueno, no necesariamente. ¿Has tenido alguna vez la sensación de que tiran de ti desde distintos ángulos? La metáfora de vernos a nosotros mismos compuestos de partes es habitual en nuestra forma cotidiana de expresarnos: «Una parte de mí quiere ir a la fiesta, pero otra desearía quedarse en casa para disfrutar de una velada tranquila». No siempre pensamos en nosotros mismos como un «todo». ¿No has sentido nunca que algo «te hacía pedazos»? ¿O que te «desparramabas»? ¿No te han dicho nunca que deberías «organizarte»? ¿No forma parte de ti algún comportamiento inconfesable o indeseable del que te gustaría librarte? ¿Restringe el conflicto interno tu capacidad para tomar decisiones? ¿No haces nunca cosas que «realmente no son tú»? Todo eso indica que no estás del todo en sintonía contigo mismo.

La metáfora LA MENTE ES UN SISTEMA implica una organización compuesta de partes que trabajan en común. Podemos usar esta metáfora en beneficio nuestro: algunos procesos de cambio de la PNL presuponen partes con funciones específicas, como la «parte creativa», la «parte con recursos» o la «parte que organiza a las otras partes». Mediante la capacidad para reubicar mentalmente nuestra visión, también podemos adoptar diferentes puntos de vista o posiciones perceptivas: «salir» de nosotros mismos, ponernos «en la piel del otro» o ver las cosas desde la posición de «la mosca en la pared». Esta capacidad para separar, desplazar y expandir nuestra percepción es crucial para el cambio. El ejercicio siguiente te proporcionará una base sólida para esta forma de pensar.

Ejercicio 2.9: Incrementa tu percepción corporal

Utiliza este ejercicio para ser más consciente de tu propio cuerpo. Supongo que estás leyendo más bien inmóvil, probablemente sentado. Sin hacer nada nuevo, comienza simplemente a prestar atención a las diferentes partes de tu cuerpo:

- Comienza por los pies y ve subiendo. Presta atención a la sensación de tus pies. ¿Están cómodos o tal vez hay algo que te gustaría cambiar?
- Ahora las piernas. ¿Cómo las sientes? ¿Alguna presión, alguna tensión, algún dolor? Limítate a observar esas sensaciones, a darte cuenta de lo que es real para ti.
- Presta ahora atención a tus nalgas, al contacto entre tu cuerpo y el objeto sobre el que estás sentado. ¿Qué sientes? ¿Se trata de una sensación de comodidad o quizá te gustaría cambiar de posición?
- Comprueba ahora la zona del estómago. ¿Tienes hambre? ¿O tal vez has comido hace poco y te sientes satisfactoriamente saciado? Quizás hayas comido demasiado y ahora lo estés lamentando.
- Desplaza ahora tu atención hacia el pecho y observa tu respiración. Tal vez hasta ahora no te hayas dado cuenta de ella, pero ahora que le prestas atención, observa si respiras con la parte baja del abdomen, moviendo el diafragma, o si lo haces con la parte alta del pecho, de forma más bien superficial, subiendo y bajando los hombros.
- Presta ahora atención a tu cabeza. ¿Qué sientes ahí? ¿Algún sabor u otra sensación en el interior de la boca? ¿Qué tal los ojos, después de estar leyendo un rato? ¿Alguna pre-

sión o algún sonido en los oídos? Finalmente, el cerebro. ¿Alguna tensión ahí? ¿Jaqueca? ¿Incomodidad?

Muy bien. Acabas de dar un rápido repaso a distintas «partes» de tu cuerpo. ¿Había alguna de la que no fueras normalmente consciente? Ahora que ya lo eres, ¿notas que funcionan bien juntas, o tal vez has detectado algún mensaje al que quieras prestar atención? ¿Son algunos de esos mensajes contradictorios entre sí?

Tal vez desees repetir el ejercicio en otro momento, cuando lo puedas hacer tranquilamente, repasando tu cuerpo y dándote cuenta de lo que sucede en él, observando si te sientes «uno» o si hay alguna clase de conflicto. Por ejemplo, tal vez hayas estado haciendo ejercicio y tu cuerpo quiere descansar, pero otras personas —tus hijos, por ejemplo— te piden aún más acción, cuando lo que tú deseas es descansar...

A partir de aquí...

Si quieres cambiar el mundo, comienza por cambiarte a ti mismo: ahí es donde tienes más influencia. Querer cambiar a los demás puede ser poco ético o inapropiado; además, lo más probable es que tardes mucho en conseguirlo. ¿Y qué es lo que piensas que te da derecho a cambiarles?

Cambiándote a ti mismo, estás cambiando en cierta medida el sistema entero, lo cual significa que los demás cambiarán también. Así es como funciona. Y el mejor modo de cambiarte a ti mismo es comenzando aquí y ahora.

Mi maestro de taichi solía decir: «Si quieres saber qué tal lo haces, mira a tu alrededor...». ¿Qué te está diciendo el mundo acerca de dónde te encuentras ahora mismo? ¿Es ese mundo tuyo brillante y divertido? ¿Te levantas cada mañana deseando comenzar de nuevo y disfrutar de la vida aún más que ayer? ¿O más bien...?

Un buen modo de plantearse esta cuestión consiste en imaginar que, en algún momento del pasado, formulaste una pregunta al universo y éste te ha contestado. Ha llegado la hora de tomar nota de la respuesta. Ahora pregúntate: «Si esta es la respuesta..., ¿cuál fue la pregunta?». He aquí un reto útil. Y si lo que ves no te gusta, ya sabes lo que hay que hacer.

Conectar

Aprender consiste en construir generalizaciones, en descubrir patrones, en relacionar ideas con la realimentación, en conectar lo que se desarrolla en tu mente con lo que sucede «ahí fuera», en el mundo. Estamos a menudo tan ocupados haciendo cosas que no somos capaces de detenernos y darnos cuenta de cómo funciona todo. Este libro te ayudará a hacer un buen uso de tu tiempo, explicándote algunos de los patrones y metáforas que contribuyen a esta comprensión.

A través de los sentidos experimentamos el mundo físico. Mediante el pensamiento y el lenguaje extraemos significado de estas sensaciones. Utilizamos metáforas para relacionar el nuevo conocimiento con la experiencia básica de la vida. Creamos palabras y símbolos que nos ayuden a construir y manipular este significado. Pero, en realidad, todo es pura construcción; todo cuanto nombramos o etiquetamos es una «construcción mental». No deja de ser sorprendente que, de un modo u otro, consigamos comunicarnos con otros en el mundo que se han construido, que, como descubriremos, es incluso más diferente del nuestro de lo que pensamos.

Siendo así, ¿cómo conseguimos comunicarnos? Bueno, tenemos algo en común: el cuerpo con el que funcionamos. Armonizar con otra persona adoptando su manera física de hacer las cosas nos permitirá descubrir algo acerca de su forma preferida de ser. Establecer sintonía consiste en indagar sobre la realidad del otro, armonizar con ella y entrar de este modo, hasta cierto punto, en su forma de ser. Para ello no necesitas más que curiosidad. Así que vamos a ser un poco curiosos sobre cómo estableces sintonía con los demás.

3

La sintonía

> Cuando quiero averiguar lo sabio, lo estúpido, lo bueno o lo perverso que alguien es, o cuáles son sus pensamientos en ese momento, dibujo en mi cara, con tanta exactitud como soy capaz de hacerlo, la expresión de la suya. Espero entonces a ver qué pensamientos o qué sentimientos surgen en mi mente y en mi corazón, en correspondencia con esa expresión.
>
> EDGAR ALLAN POE,
> *La carta robada y otros relatos (1844)*

El secreto para una mejor comunicación

Ser mejores comunicadores constituye una de las principales razones que mueven a la gente a aprender PNL. Muchos de nuestros problemas cotidianos surgen del modo en que utilizamos el lenguaje para categorizar, codificar y representar en la mente nuestra experiencia. Nuestra percepción del otro está filtrada a través de nuestras preferencias y nuestros prejuicios. No respondemos directamente a la persona que tenemos delante, sino al modo en que la imaginamos. Los problemas no están, pues, «ahí fuera», sino que incumben a nuestra comprensión consciente de la realidad. Podríamos acuñar la siguiente frase, que dirás con el índice sobre tu frente: «La verdad está aquí dentro».

Convertirse en un comunicador excelente requiere flexibilidad en el modo de comunicarse con los demás. Eso se consigue prestando atención a la otra persona y colocándose —metafóricamente— en su piel. Entraremos así en su modelo del mundo y podremos imaginar cómo se ven las cosas desde su punto de vista. Con ello reconocemos al otro a un nivel muy sutil. La esencia de entrar en sintonía con alguien consiste en «compartir» su realidad, minimizando así las diferencias percibidas entre uno mismo y esa otra persona. Al estar con otros en sintonía, nos sentimos cómodos porque estamos en compañía de personas a las que vemos, en cierta medida, como parecidas a nosotros.

En las etapas iniciales de una relación, no disponemos más que de la información que nos facilitan nuestros sentidos. Ello nos permite armonizar con la otra persona en aspectos superficiales: lo que vemos, oímos y sentimos de ella; su apariencia, su postura corporal, sus gestos, su comportamiento, su forma de «lenguajear» («Lenguajear» es un término útil para referirnos al conjunto de modalidades en que una persona utiliza las palabras y el lenguaje) y su nivel de energía. Sin embargo, la sintonía no es algo que debas establecer necesariamente de forma consciente, sino que sucede de un modo espontáneo cuando las personas se comunican entre sí. En la «danza de la sintonía», una de las personas toma la iniciativa y la otra la sigue. Esta clase de liderazgo activo se conoce también como «marcar el ritmo». Las personas en sintonía cooperan armoniosamente, tienen la sensación de ser mutuamente reconocidas y saben que está bien que sean como son. La sintonía está libre de valores, no es ni buena ni mala, es simplemente una descripción del grado de armonía.

Establecer sintonía con alguien es una habilidad que se puede aprender. Para descubrir la realidad de otra persona, utiliza tu agudeza sensorial con el fin de percatarte de cómo habita su cuerpo, cómo se mueven sus ojos, sus manos, su cabeza, su cuerpo, cómo emplea su voz. Son cosas que se ven desde fuera. Lo único que necesitas es darte a ti mismo permiso para percatarte de ellas. Las convenciones sociales nos impiden a menudo observar atentamente a los demás: «Mirar fijamente es de mala educación». Por lo tanto, vamos por el mundo con la mirada baja. Tal vez tengamos así un conocimiento íntimo del pavimento o de la moqueta, pero sin duda ignoramos las múltiples claves no verbales que los demás nos ofrecen continuamente. Una preparación en PNL proporciona un lugar seguro para acostumbrarse a mirar de nuevo a los demás.

Hay una ingente cantidad de información a la que prestar

atención. Comencemos explorando la idea de la cita de Edgar Allan Poe que aparece al principio del presente capítulo. Al imitar determinadas características físicas de otra persona, puedes entrar en cierta medida en su mundo. Adoptando simplemente su postura o su forma de moverse, consigues obtener realmente una idea de la sensación que siente viviendo como lo hace.

Ejercicio 3.1: Esculpir

Este ejercicio te permitirá saborear lo que se siente siendo otro. Realízalo con al menos otros dos exploradores deseosos de aprender.

1. En un grupo de tres o cuatro personas, A es el modelo, B es el modelador y C y D actúan como «escultores».

   A elegirá un estado positivo, en el que sienta realmente que «va a por ello» o que es «él mismo». Se colocará en la postura adecuada a ese estado en que se sienta más cómodo.

   Los demás se tomarán unos minutos para observar la postura de A, el modo en que respira, dónde muestra tensiones, dónde está relajado, a qué presta atención, etc. Se trata de observar a A en términos de «qué necesito saber de esa persona para imitarla».
2. B se colocará junto a A y adoptará su misma postura. Se trata de una primera aproximación. La tarea de los escultores consiste en conseguir que B sea un clon absoluto de A, reuniendo la máxima información fisiológica sobre esta persona. Observarán la tensión muscular de A, la distribución de su peso, a qué presta atención, dónde está su «centro», cuál es su nivel de energía, etc. C y D se lo irán comunicando a B tanto en palabras como físicamente, moviendo sus extremidades y ajustando su postura, de forma que se parezca cada vez más a la de A.

   Es normal que B se sienta incómodo al principio. Después de todo, está adoptando una postura con la que no está familiarizado. Pero bien pronto se sentirá capaz de «adaptarse» y verá que el esfuerzo vale la pena. En caso contrario, serán necesarios un poco más de tiempo y algunos ajustes para que las cosas «encajen» en su sitio.

3. Una vez que B, C y D se sientan satisfechos con la imitación y el modelado, C le preguntará a B: «Si tuvieras que ir por la vida así, ¿qué es lo que sería verdad para ti?». Desde el interior de su nueva posición, B observará las cualidades, los pensamientos, las sensaciones, las creencias, etc., que esta nueva forma de estar en el mundo evocan en él. ¡Tal vez obtenga entonces alguna percepción del contenido de la experiencia de A!
4. B podrá salir de esa experiencia y volver a entrar en ella, ajustándose otra vez al nuevo estado. Con la práctica le resultará cada vez más fácil hacerlo. A puede también salir de su estado para observar a B actuando como él, lo cual le proporcionará una interesante información sobre sí mismo.

Hacer todo esto con la precisión y el detalle suficientes como para que B acabe con una fuerte sensación de lo que significa «convertirse en otra persona» requiere tiempo y observación.

Ejercicio 3.2: «Seguir al rey...»

¿No te ha sucedido alguna vez reconocer a alguien a lo lejos, simplemente por su forma de andar? «Ah, es Fulano. Reconocería sus andares en cualquier parte.» Cada persona tiene su propia forma de andar, de modo que, ¿qué tal si pruebas el estilo de otro, sólo para ver cómo cambia con ello tu percepción del mundo?

El ejercicio anterior era estático y muy detallado. Es posible hacer lo mismo de un modo «rápido y tosco» imitando la forma de andar de otra persona. Puedes hacerlo fácilmente andando por la calle, en un centro comercial o en cualquier lugar en el que dispongas de espacio suficiente. Asegúrate de estar lo suficientemente alejado de la persona como para captar una buen impresión general de su forma de moverse, y que no te pueda ver directamente, de modo que no se dé cuenta de que la estás imitando. Si sospechas que empieza a darse cuenta deténte, recuerda los puntos principales y prueba con otra persona.

Repite el ejercicio cada vez que tengas delante a alguien que ande de una forma que te parezca muy diferente de la tuya. Deja que su forma de andar despierte tu curiosidad y ponte a imitarla. Bastan unos pocos pasos para descubrir el modo de moverse por el mundo de otra persona. Luego déjalo; recuerda que sólo estás probando.

El significado de un apretón de manos

Todo encuentro te permite recopilar datos sobre la realidad del otro. A partir de lo que ves, oyes o tocas, comienzas a construir generalizaciones sobre esa otra persona. En el breve momento de contacto físico en que estrechas su mano, descubres ya cosas sobre ella: «mano de hierro», «tipo tonto», etc. Si has practicado algún arte marcial oriental, como el taichi, podrás saber muchas más cosas, como lo equilibrada y centrada que está esa persona, o cuánto «extiende el brazo». ¿Se encuentra contigo a mitad de camino, o hay alguna desigualdad? ¿Utiliza un apretón muy fuerte para rebajar tu posición?

Cuando tengas que encontrarte con alguien, colócate de antemano en un estado de recursos óptimo, manteniendo en mente un buen resultado para el encuentro.

- Estrecha su mano con la misma firmeza con que la otra persona estreche la tuya. Toma ejemplo de ella, aunque su forma de hacerlo no te guste.
- Presta atención y recuerda su nombre. Utilízalo tan pronto como puedas.
- Deja que se siente primero, porque así te resultará más fácil imitar su postura cuando te sientes.

Ejercicio 3.3: «Únete al club»

Practica la sintonía prestando atención a la posición, la manera de moverse, el tono de voz, etc., de alguien, y luego haz tú lo mismo. Es algo que sucede de forma natural entre personas que pasan tiempo juntas. No es que acaben siendo clones las unas de las otras, sino que se convierten en un grupo con una misma forma de ser, con un lenguaje, unos valores y una historia compartidos: el sentimiento de «Pasamos juntos por aquello» une al grupo.

Para pertenecer a un grupo tienes que adaptarte en mayor o menor medida a sus normas: «Así es como hacemos las cosas». Cada grupo tiene su manera de vestir, su jerga, sus actitudes, sus rituales, etc. Ser como ellos en cierta medida significa que será más probable que les gustes, que te consideren «uno de los suyos».

Tómate unos minutos para considerar los grupos a los que perteneces. Puede ser en el trabajo: tu departamento o la empresa. O tal vez en el placer: tu equipo deportivo o tu grupo artístico. Anota estos grupos y luego considera lo siguiente para cada uno de ellos:

- ¿Qué hace que seáis un grupo? ¿Qué tenéis en común en términos de?:
  formas de hacer las cosas (ritos, rituales, celebraciones, ceremonias...);
  lenguaje y jerga propia;
  indumentaria, vestimenta, uniformes;
  valores, postura ética, creencias;
  experiencias compartidas que os han unido.

  Recuerda cómo te uniste a un grupo ya establecido:

- ¿Qué tuviste que cambiar o adaptar para pasar a formar parte del grupo?
- ¿Qué tuviste que aprender? ¿Qué reglas, convenciones o procedimientos?

Si dejaste un grupo porque ya no te sentías a gusto en él:

- ¿Qué fue lo que te hizo marchar? ¿Qué es lo que no te gustaba del grupo?
- ¿Por qué decidiste ser distinto a ellos?
- ¿Cuáles de tus valores no fueron respetados por ese grupo?
- ¿Qué opinas de ese grupo ahora que ya no formas parte de él?
- ¿Qué crees que piensan de ti?

Se trata de experiencias que pueden cambiar una vida. Si dejas un grupo porque ya no te sientes bien en él, es probable que existan aún intensos sentimientos por ambas partes. Si sigues perteneciendo a un grupo fuerte, es probable que te pongas a la defensiva cuando de algún modo sea atacado o amenazado. Es algo que está en la naturaleza misma del hecho de formar parte de un grupo.

Reflexiona sobre eso en términos de aumentar la sintonía con otra persona. En cierto modo, estás aprendiendo cómo unirte a ella en un grupo de dos. El principio es el mismo: eres *tú* quien tiene que adaptarse para convertirse hasta cierto punto en algo parecido a ella. Una de las maneras más fáciles de hacerlo consiste en adaptar tu postura corporal, tus gestos y tus movimientos para que armonicen con los suyos.

Tal vez pienses que si comienzas a imitar deliberadamente a la gente, resultará tan obvio que se darán cuenta y lo comentarán. En realidad, la postura corporal, los gestos y los movimientos de alguien están normalmente fuera de su percepción consciente, de modo que no se dará cuenta de ello. En general, las personas no se dan cuenta de lo que están haciendo con su *propio* cuerpo, ¡y mucho menos de lo que otros hagan con el suyo, aunque las imiten!

¿A qué prestas atención?

He aquí algunas cosas prácticas que puedes hacer para entrar en la realidad de otra persona cuando estés conversando con ella:

Aspecto y comportamiento: postura, gestos y movimiento

Observa qué hace con su cuerpo, cómo se mueve, cómo gesticula, como distribuye su peso, hacia dónde se inclina. Imita luego la posición y el movimiento de su cabeza, sus hombros, su columna, sus brazos, sus manos, su torso, sus piernas, etc.

Muévete de forma parecida, adopta su nivel de energía, emplea los mismos gestos y la misma postura que ella al hablar.

Lenguaje

Utiliza las mismas palabras que ella: su jerga y sus términos preferidos, aun cuando pienses que está empleando una palabra «incorrecta». Lo que realmente importa es lo que esa palabra signifique para esa persona.

Imita su estilo de lenguaje: ¿Va directo al grano o habla de un modo lento y divagador? ¿Llama a las cosas por su nombre o recurre a eufemismos? ¿Cuenta historias y emplea metáforas?

Emplea frases similares y de longitud parecida: largas, medianas o cortas.

Utiliza un tono parecido: pronuncia las palabras igual que ella, en un tono elevado, normal o bajo.

Modelo de realidad, cosmovisión

¿Qué tipo de creencias tiene acerca de lo que sucede en el mundo? Encontrarás claves en las palabras que usa (como en el caso de verbos modales y expresiones verbales tales como *estar obligado a*, *tener que*, *no poder*, *debería*), en los temas de los que habla y en el modo en que piensa (hechos, valores, ideas, reglas).

Cada cual tiene su modelo de realidad preferido. Aprender a reconocerlos requiere práctica. Para cuando llegues al final de este libro, estarás en condiciones de acertar.

Conócete a ti mismo

De entre todas las cosas a las que podrías prestar atención, ¿qué es lo más destacable? En realidad, no gran cosa. Los seres humanos aprendemos a generalizar a partir de fragmentos de información pequeños pero relevantes. Percatarse de aspectos «superficiales» de la otra persona e imitarlos no dejará de crear una buena sintonía con ella. Eso es de utilidad al encontrarse con extraños, al llamar a la puerta de un posible cliente o al tratar de hacer una venta por teléfono. La sintonía se construye con el tiempo y es esencial para las relaciones duraderas. Pero en algún momento tendrás que empezar; ya irás ajustando después tu comportamiento, a medida que vayas conociendo mejor a la otra persona.

Nunca llegarás a conocerlo todo de nadie. ¿Cómo podrías? Ni siquiera dispones aún de toda la información sobre ti mismo, puesto que todavía estás creando algunos marcos conceptuales para descodificarte. La PNL proporciona gran cantidad de medios extremamente útiles para analizar lo que piensan y hacen las personas. Son herramientas «sin contenido», es decir, que se relacionan con patrones generales de comportamiento y, por lo tanto, son universalmente aplicables. Por ejemplo, algunas personas tienden a pensar en términos de «pedacitos», de detalles nimios, mientras que otras van a por el «pedazo grande», las generalidades globales. Eso podría constituir un rasgo de su «personalidad», algo que hacen constantemente a lo largo del tiempo.

Los libros que tratan de la personalidad —tanto los estudios científicos y psicológicos como los tratamientos más populares— describen multitud de características. Cada sistema de análisis ofrece un marco de comprensión distinto. Ello sugiere que nunca podremos llegar a conocer por completo el mundo de otra persona, pero sí que conseguiremos averiguar lo suficiente como para podernos comunicar significativamente con ella... ¡en un día bueno! Descubrir lo que funciona es un gran entrenamiento para la curiosidad.

Imitar o reflejar

Puedes elegir entre imitar o reflejar a otra persona. Imitar consiste en copiar exactamente su postura, sus gestos, sus movimientos. Eso quiere decir que si hace algo con la mano derecha, tu harás lo mismo con la misma mano. Reflejar significa invertir derecha e izquierda: utilizas tu mano izquierda para repetir lo que la otra persona hace con la derecha o viceversa, lo cual suele resultar mucho más fácil.

El estado general de las personas tiende a cambiar lentamente, lo que te permite esculpirte a ti mismo para emular su postura, su distribución del peso, etc. Sin embargo, la gente está continuamente moviéndose, realizando gestos rápidos y fugaces, de modo que vale la pena que recuerdes que si se te escapa algo, lo único que tienes que hacer es esperar a que aparezca de nuevo. Somos criaturas de hábitos.

Reflejo cruzado

Emular la respiración de una persona enferma puede resultar desagradable. Imitar a alguien que está andando mientras uno está sentado no es tarea fácil. En casos así recurre al reflejo cruzado. Empareja algún aspecto suyo con otro *diferente* tuyo. Por ejemplo, puedes llevar el ritmo de esa respiración o de esos pasos con movimientos de tu dedo o de la cabeza, o con la cadencia de tu voz.

Cuando copies gestos o modismos de lenguaje, espera tu turno. No imites lo que hace la otra persona al mismo tiempo que lo está haciendo. En una conversación, las personas guardan turno para hablar. Utiliza los gestos del otro únicamente cuando hables *tú* y no cuando lo haga él, de lo contrario llamarás su atención sobre ese movimiento, se preguntará qué demonios estás haciendo y eso te hará perder la sintonía. Cuando estés escuchando, coloca brazos y manos en la misma posición que lo hace la otra persona cuando escucha.

Respiración

La respiración ejerce el mayor de los efectos en el cuerpo y el estado de ánimo de una persona. Observa el ritmo, la profundidad y la ubicación de su respiración. Respirar de un modo sincronizado con otra persona es algo que sucede automáticamente. Establecer sintonía en base a la respiración es fácil cuando se está cara a cara.

He aquí cómo armonizar con la respiración de otra persona:

- Si alguien te está hablando, está soltando aire. De modo que cuando te hablen, suelta aire. Cuando tu interlocutor se detenga para tomar aire, inspira.
- Con tu visión periférica, observa si su pecho asciende y desciende. ¡No se te ocurra mirarlo directamente!

  Las personas se expanden cuando inspiran y se contraen al espirar, sea cual fuere su tamaño o su sexo. Si no detectas movimiento en su pecho, fíjate en los hombros: ascienden con la inspiración y descienden con la espiración. El movimiento puede ser mínimo, pero lo detectarás, tanto si te encuentras frente a la persona como si estás detrás de ella. Te resultará más fácil detectar el movimiento si te fijas en los pliegues de su ropa.
- Cada cual tiene su propio estilo de respiración: profunda o superficial, rápida o lenta, libre u obstruida, etc. ¿Dura lo mismo la inspiración que la espiración? ¿Respira esa persona de forma continua, o marca una pausa en algún momento del ciclo?
- ¿Con qué respira? ¿Con la parte alta del pecho? ¿Con la parte central? ¿Con el abdomen?

Imitar la voz

No sería razonable tratar de imitar exactamente cada una de las características de la voz de otra persona. Adoptar de repente un acentuado falsete con un fuerte acento regional no te aportará sintonía, sino más bien miradas de sorpresa. De lo que se trata, en general, es de moverse *en la dirección* de la forma de hablar de la otra persona, reconociéndola así a un nivel muy sutil.

Considera armonizarte con alguien con respecto a las siguientes características:

Tono	¿Es agudo o grave? ¿Se trata de un solo tono o de una voz cantarina?
Tempo	¿Con qué rapidez o lentitud habla?
Timbre	Cualidades como la resonancia y el grado de «fuerza» o «presencia» de la voz. Puede describirse como nasal, susurrante, gutural, áspero, estridente, sibilante, etc.
Volumen	¿Habla muy alto o muy bajo?
Fragmentos	¿Cuánto dice entre respiraciones? ¿Unas pocas palabras o párrafos enteros?
Ritmo	Repetición de patrones de frases, énfasis, número de sílabas.
Acento	Generalmente, no es muy buena idea imitar deliberadamente el fuerte acento de otra persona, aun en el caso de que pudieras hacerlo a la perfección. Si, por el contrario, lo que haces es acercarte de forma natural a su forma de hablar, eso es probable que resulte aceptable, porque seguirás siendo tú mismo.
Origen	¿De qué parte del cuerpo parece emanar su voz? Aunque, en última instancia, la voz salga siempre por la boca, parece originarse en otra parte del cuerpo. A pesar de que esta particular característica pueda parecer extraña, es fácil de aprender.

Ejercicio 3.4: El origen de la voz

Realiza el siguiente ejercicio interiormente. Piensa en tu cuerpo como formado por tres grandes zonas: corazón, cabeza y vientre.

Cabeza

Centra la atención en la zona de la cabeza e imagina que tu voz emerge del centro de la frente. ¿Qué tal sonaría si tuvieras que hablar alto?

Las cualidades de la voz procedente del área de la cabeza son: tono más bien agudo, volumen ligeramente elevado, más rápida, más clara, más penetrante, cierto toque de ligereza.

Corazón

Centra ahora la atención en la zona del corazón, el centro del pecho, y haz que tu voz se origine ahí. ¿Cómo suena?

Algunas cualidades típicas de la voz procedente del corazón son: más cálida, más resonante, tono y volumen medios, algo más lenta y más inclusiva.

Vientre

Finalmente, desplaza tu atención a la zona del bajo vientre, justo por debajo del ombligo, y haz que tu voz parta de ahí. Observa cómo suena.

Las cualidades típicas de la voz procedente del vientre son: tono grave, volumen bajo, más lenta, más rotunda, más interna.

Usando simplemente la imaginación, puedes conseguir que tu voz surja de donde tú desees. ¿Cómo hablaría el dedo gordo de tu pie? ¿Qué parte de tu cuerpo te proporcionaría las sensaciones más cálidas? ¿Cuál la mejor atención y la mayor precisión? ¿Cuál el estado más relajado?

Políticos y otras personalidades de la vida pública cambian deliberadamente el origen y la tonalidad de su voz para ser más «aceptables». Tratan de ganar credibilidad bajando la voz, para hablar «de corazón».

Ejercicio 3.5: Moverse desde un centro

Los mismos conceptos son de aplicación para el movimiento de una persona. Familiarízate con los centros de energía o impulso de diferentes partes de tu cuerpo.

Cabeza

En primer lugar, imagina que tu cabeza rige los movimientos de tu cuerpo. Tu cabeza y muy especialmente tus ojos van a conducirte por el mundo. Observa cómo contactas con tu entorno moviéndote de este modo, de qué te percatas y de qué no. Tal vez tengas la sensación de que tu cuerpo se ve arrastrado por tu activa y exploradora cabeza.

Corazón

Desplaza ahora tu centro de impulso al pecho, en la zona del corazón, y comienza a moverte por el mundo con esta clase de energía. Observa qué sientes, cómo respondes a las demás personas y al mundo en general.

Vientre

Ahora concéntrate en la zona del vientre. Si has hecho yoga o taichi tal vez estés familiarizado con el *hara* o *dan tien*, descrito como el «centro de poder» del cuerpo. Centra tu atención en este punto dentro de ti, situado unos diez centímetros por debajo del ombligo, y muévete desde ahí.

Observa qué pasa cuando desplazas tu centro de impulso por tu cuerpo. Juega con la idea de tener ese centro en cualquier lugar de tu cuerpo. ¿Qué pasa si te mueves desde las rodillas? ¿O desde la oreja derecha? ¿O desde la punta de la nariz? Aprendí un truco de escena para actuar como un borracho que consiste en situar el centro de energía por encima de la cabeza y rotando lentamente...

Observa cómo se mueven los demás. Localiza el lugar del que parece partir su impulso. Ensáyalo en ti mismo, imaginando que tu energía surge de ese mismo punto. Siente qué impulso parte desde ahí. Pensar en estos términos hace mucho más fácil el ejercicio de «copiar la forma de andar».

Romper la sintonía

No siempre querrás estar en sintonía. No es demasiada buena idea imitar a alguien enfermo o con dificultad para respirar, aquejado por ejemplo de asma o enfisema. Existen ciertamente momentos en los que necesitas romper la sintonía, por ejemplo, si tienes a otra persona esperando, si quieres continuar con el trabajo que estabas haciendo o si deseas escapar de alguien que te está robando el tiempo. Llegado el momento de separarse, comienza a «desigualarte» de la otra persona tanto como sea necesario. Si estabais ambos sentados, levántate. Normalmente, tu acompañante captará el mensaje. En caso contrario, puedes decir sencillamente: «Lo siento, pero me tengo que ir» con un gesto sutil de ambas manos, empujando con las palmas hacia abajo, lo cual indica realmente: «Así es como lo dejamos» o «No hace falta que se levante». Y te vas. Una buena razón para tener las reuniones en el despacho de la otra persona consiste en que siempre podrás elegir cuándo marcharte.

En ventas se recomienda romper la sintonía justo antes de que el comprador firme. Con ello se consigue que la persona deje de concentrarse en el vendedor y se concentre en el contrato. Puedes incluso decir: «Perdone, tengo que hacer una llamada», o encontrar cualquier otra excusa para dejarle firmar a solas.

«Pero...»

En otras ocasiones romperás la sintonía sin darte cuenta de ello. Por ejemplo, consultando el reloj o bostezando. «Pero» es una palabra que suele romper la sintonía rápidamente.

«Estoy totalmente de acuerdo, pero...»
«Compraría su producto, pero...»
«Me encantaría salir contigo, pero...»

Ese «pero» niega todo lo que viene antes. El verdadero mensaje es: «No estoy de acuerdo con eso» o «No quiero comprarlo, y ahí van mis razones». Hay también una entonación que es como decir: «¡Pero vamos!». Observa cómo la palabra «pero» lleva tu atención del exterior al interior. Antes prestabas atención a la otra persona; después del «pero» la diriges hacia tu interior, te concentras en lo que te interesa a ti, o comienzas a justificar tu posición, todo lo cual es garantía de rotura de la sintonía. En lugar de formular declaraciones utilizando la palabra «pero», reordena tus pensamientos y la estructura de tus frases para decir lo que tengas que decir sin esa conjunción. Emplea «y» en lugar de «pero». Observarás que la palabra «y» mantiene tu atención centrada en el exterior, preservando el contacto —y por consiguiente la sintonía— con la otra persona.

Conducir

Podemos pasar horas y horas imitando y reflejando a alguien... para no llegar a ninguna parte. Eso está muy bien si lo único que deseamos es pasar un buen rato en compañía de alguien. Sin embargo, en una reunión, es necesario que te plantees la forma de alcanzar tus propósitos. ¿Qué quieres lograr de tu interlocutor? En el contexto de los negocios hay que obtener resultados; de lo contrario, habrás perdido el tiempo.

Establecer sintonía sólo requiere un breve instante. Lo importante es darse cuenta de cuándo la tenemos y cuándo no. Haz una pequeña prueba. Realiza algún movimiento que la otra persona no suela hacer y observa si lo copia. Si quien conduce eres tú, podrás avanzar hacia tus objetivos. En caso contrario, tendrás que seguir el paso del otro durante más tiempo. Recuerda que tu intención consiste en influir de algún modo: quieres que esa persona compre tu producto o colabore en tu proyecto. Sea cual sea tu objetivo, el principio es el mismo.

En cualquier clase de creación de sintonía, primero tienes que ir al terreno de la otra persona. En cuanto sepas que lo has logrado, condúcela hacia *tu* forma habitual de hacer las cosas, haz que sea ella quien te imite a ti. Es algo que se produce de forma bastante natural, y que permitirá al otro saber qué se siente siendo tú. Por consiguiente, es importante que estés en un estado positivo, en el que le pueda gustar estar también. Si es así, seguirá tu liderazgo y vendrá contigo, puesto que no querrá perder la sintonía contigo. Mientras mantienes la sintonía, lleva a esa persona adonde tú quieres que vaya. Conseguir que alguien te siga es la prueba de fuego de la sintonía. Si no te sigue, es que no has llevado el paso adecuadamente. Tendrás que volver a hacerlo con más precisión.

Transacciones de estatus

Otro aspecto fundamental del trato con otras personas consiste en tu estatus relativo percibido. El estatus es una percepción dentro del ámbito de la realidad social (véase el capítulo 6). Evaluamos continuamente nuestro estatus con respecto a otras personas. Con el paso del tiempo, aprendemos a juzgar adecuadamente el estatus y la clase social basándonos en la totalidad de los factores que usaríamos para armonizar, dando valor a: «¿Estoy más arriba o más abajo que tú?». Te has pasado la vida haciendo eso. El paso siguiente consiste en aprender la manera de ajustar conscientemente tu estatus, de modo que puedas así mejorar la sintonía y la eficacia de tu comunicación.

Siempre que nos comunicamos con alguien, decidimos de forma instantánea (consciente o inconscientemente) si nos sentimos «inferiores» o «superiores». Sin embargo, para establecer y mantener la sintonía con otra persona, así como para conducirla, deberemos decidir si jugamos por arriba o por abajo. Si creemos que la autoridad está de nuestra parte, tal vez logremos «forzar» a la otra persona a cumplir nuestros deseos, pero no estaremos en sintonía con ella. Armonizar con alguien implica jugar a un estatus *ligeramente* inferior, reconocer su modelo del mundo e inicialmente seguir su liderazgo. Disminuimos nuestro estatus mostrándonos flexibles y adaptables. Una vez que hayamos establecido sintonía con esa persona, elevaremos nuestro estatus y comenzaremos a liderar.

Para un tratado en profundidad de las transacciones de estatus recomiendo la lectura del capítulo correspondiente de *Impro* (1979) e *Impro for Storytellers* (1999, pp. 219-231), de Keith Johnstone. Se trata de un aspecto que normalmente no queda cubierto por los cursos de formación en PNL, de modo que me vas a permitir que te ofrezca un pequeño resumen sobre cómo modificar tu estatus. Puedes rebajarlo físicamente encorvándote un poco, haciendo movimientos rápidos y bruscos, llevándote una mano a la cara y comenzando las frases con palabras que indiquen vacilación. Por el contrario, puedes elevar tu estatus poniéndote erguido, tocando la cabeza del otro, moviéndote suave y lentamente y usando términos que en realidad transmitan el siguiente mensaje: «No me interrumpas, estoy pensando». El estatus no depende del papel asignado u oficial (un vagabundo puede jugar a tener un estatus más elevado que un duque), como tampoco te puede ser impuesto si no lo quieres aceptar.

«Piensa y crece...»

Cada vez que conocemos a una persona evaluamos y ajustamos con rapidez nuestro estatus, normalmente de forma inconsciente. El estatus elegido dependerá en parte de la imagen de nosotros mismos que tengamos en ese momento, y en parte del modo en que percibamos esa relación específica. Tal vez te veas a ti mismo como «el jefe» o «el mandamás», o por el contrario te sientas intimidado ante esa persona y te consideres «un felpudo» o «socialmente inferior».

El estatus es una característica más transitoria que permanente. En una relación equilibrada, el estatus relativo irá alternando. El estatus es un juicio de valor basado en una decisión interna. Puesto que eres tú quien elige tu propio estatus, puedes elevarlo o rebajarlo, del mismo modo que puedes desplazar tu centro de energía a cualquier punto del cuerpo. No necesitas más que prestar atención a ese punto y actuar *como si* te movieras desde él. Del mismo modo, puedes percibir el equilibrio en relación con la persona que tienes delante, imaginar que tu estatus es superior o inferior que el suyo, y actuar como si eso fuese cierto. Cuando lo haces deliberadamente, tienes más control y una mayor oportunidad de conducir el encuentro adonde tú quieres que vaya, lo cual beneficia a las dos partes.

Conoce tu lugar

El estatus puede estar relacionado con personas, con cosas o con el universo en general. A menudo personificamos nuestros miedos y nuestros problemas como objetos, vivimos atemorizados por ellos, huimos de ellos o los adoramos como «sagrados». Actuamos incluso supersticiosamente atribuyendo poderes a los gatos negros o las escaleras de mano, con lo cual les conferimos poder sobre nosotros. Algunas personas optan por asumir un estatus inferior al del universo en general, viven de un modo temeroso y restringido y asumen el papel de víctimas, siempre a merced de la vida.

Todo encuentro implica una decisión sobre el estatus. Con personas a las que no conozcas, tomarás una rápida decisión en el primer encuentro. Eso significa que habrá un breve instante en el que tratarás de «afinar la puntería» para ubicarlas. Los conocidos tienen ya formadas sus percepciones recíprocas, en base a la experiencia pasada. Eso incluye el estatus relativo en cualquier clase de grupo. Cada cual «conoce su lugar». Estas percepciones sobre los demás se basan en numerosos juicios de características diversas: su trabajo, su pareja, sus hijos, a qué universidad fueron, dónde viven, qué amigos tienen, su acento, su indumentaria, cómo satisfacen tus necesidades de amistad o cooperación, etc. Se trata de juicios que también clasificamos jerárquicamente: «mejor amigo», etc.

Ejercicio 3.6: Estatus en el grupo

Piensa en los miembros de tu familia, en tus compañeros de trabajo o en cualquier otro grupo de personas con quienes te veas con regularidad.

- ¿Cómo los clasificarías en una jerarquía de estatus?
- ¿Cuál de ellos estaría en cabeza? ¿Cuál en última posición?

Elige el grupo que vas a evaluar: familia, amigos, compañeros de trabajo, etc.
- Anota los nombres de todos los miembros de ese grupo.
- Compáralos de dos en dos y decide cuál de esas dos personas tiene el estatus más alto. Trabajando así a lo largo de toda la lista, descubrirás el lugar que ocupa cada una de ellas en tu jerarquía de estatus.

Ahora reflexiona sobre tu propio estatus en relación con cada una de esas personas.
- ¿Es igual, mayor o menor?
- ¿Tiene un estatus mucho más elevado que el tuyo?
- ¿Tiene un estatus muy inferior al tuyo?
- ¿Cómo afecta la diferencia de estatus a vuestra comunicación?
- ¿Hay algo que quisieras cambiar en ese caso?

Ahora piensa en ese grupo que dejaste, sobre el que has trabajado en el ejercicio 3.3.
- ¿Cuál era tu estatus relativo en aquel grupo? ¿Te sentías cómodo con él?
- ¿Contribuyó a que dejaras el grupo el hecho de tener un estatus «equivocado»?

En ocasiones las personas anticipan el encuentro real y se imaginan una diferencia de estatus más basada en prejuicios que en hechos. Por ejemplo, cuando tienen que llevar a cabo una exposición, dan por sentado que se van a encontrar con un público hostil. Si ese es tu caso, lo primero que necesitas es modificar tu percepción sobre el «público». Te conviene más pensar que está de tu parte, que juega a un estatus ligeramente inferior: tus oyentes esperan que les hagas pasar un buen rato, y van a dejar que lleves las riendas. Esa sería una presunción razonable, ¿no te parece?

Sintonía con un grupo

¿Cómo entrar en sintonía con el público? Es obvio que no vas a poder imitar a cada una de las personas presentes, de modo que tendrás que tratar al grupo como una única entidad. Deberás también sentirte a gusto con la situación, puesto que difícilmente podrías establecer sintonía estando tenso y preocupado por ti mismo. Estar cómodo ante un grupo de personas no significa tumbarse o despatarrarse, sino estar en ese estado potenciador que exploraste en el capítulo 2. Realiza el ejercicio para «sentirte más grande» como parte de tu preparación antes de subir al estrado, puesto que no es probable que mover los brazos delante del público te ayudara a crear sintonía con él, sino que más bien reduciría tu estatus. ¡Bastará simplemente con *pensar* el ejercicio! Eso te colocará en un estado adecuado para descubrir el modo de establecer sintonía con ese grupo específico de personas. Si lo crees oportuno, haz que todo el público realice el ejercicio: os armonizaréis los unos con los otros y eso unirá al grupo.

Grupo y estatus

En términos de estatus, te elevarás primero por encima del público para dejar claro quién manda, que está muy bien que estén ahí y que van a disfrutar de lo que viene a continuación. Eso es algo que puedes conseguir sin hacer absolutamente nada, sólo estando ahí presente. En el transcurso de la exposición, es aconsejable que vayas bajando tu estatus progresivamente, dejando que la realimentación del público influya sobre ti, para servir así mejor a sus necesidades.

El líder autoritario juega a un estatus extremadamente alto. Esta clase de persona no para de dar órdenes a sus subordinados. A menos que te encuentres en un contexto en que eso constituya la norma, como en la instrucción militar (con una fuerte necesidad de conformidad por encima de todo lo demás), en líneas generales se trata de un estilo que con la mayoría de las personas no suele funcionar. Tal vez consigas una obediencia momentánea, pero no es probable que crees de este modo el mejor estado para el aprendizaje.

A lo largo de tu exposición, el estatus irá fluctuando. Uno de los propósitos de la instrucción es conferir poder. A medida que crezca la autoestima de tus oyentes y aumente su estatus, como instructor tú reducirás el tuyo y te retirarás gradualmente. De otro modo estarías dando pie a una situación en la que sólo serían capaces de aprender algo cuando tú estuvieras presente, es decir, su comportamiento sería contextualmente dependiente.

Parte del arte del buen liderazgo consiste en conferir poder a los demás, convirtiendo así al propio líder en «redundante». Lao Tse, el venerable sabio chino de la Antigüedad, lo tenía muy claro:

> Cuando la tarea se ha cumplido y las cosas han quedado acabadas, todos dicen: «Nos ha sucedido de forma natural».
>
> *Tao Te King*, XVII

Estatus y humor

En toda situación, cada cual tiene cuotas de poder variables en relación con quienes le rodean. La mayoría de actores cómicos, como Charles Chaplin, Buster Keaton o Rowan Atkinson (*Mr Bean*) juegan al estatus inferior, aparentemente a merced del universo, aunque suelen tener éxito en situar a los demás a su nivel. En el otro extremo está el pomposo capitán Mainwaring, de la serie de televisión *Dad's Army*, de Arthur Lowe, o Basil Fawlty, el personaje esnob de la serie *Hotel Fawlty*, de John Cleese, que tratan de jugar a tener un estatus superior al de todos los demás. El componente de humor procede entonces del modo en que las circunstancias rebajan su estatus. Convencionalmente, los propietarios de hoteles sitúan su estatus por debajo del de sus huéspedes. Gran parte del contenido humorístico surge de la incongruencia de la inversión de estatus.

En el contexto terapéutico, el médico o el terapeuta, con su bata blanca o detrás de su impresionante escritorio, aparenta habitualmente un estatus superior al del cliente que tiene el problema. Los miembros de la profesión médica experimentan a veces una incómoda inversión de estatus, cuando el paciente se ha informado en Internet sobre su enfermedad antes de la consulta, y trata al galeno como un técnico que le tiene que solucionar la cuestión. En el trabajo, se supone que el estatus superior corresponde al jefe, aunque tal vez se relaje y trate de ser «uno más» en algún acto social de la empresa. Sin embargo, a menos que seas un verdadero experto en algún terreno «seguro» en el que tu jefe sea un neófito convencido, ¡cuídate mucho de elevar demasiado tu estatus! Para más anécdotas, juegos y ejercicios, véase Johnstone (1979, 1999).

Repaso general

El propósito de establecer y mantener la sintonía consiste en poder penetrar en la realidad de otra persona, para percibir así algún indicio de su modelo del mundo. Sólo cuando comprendamos su visión particular del mundo —de dónde viene esa persona— sabremos cómo relacionarnos mejor con ella, particularmente si deseamos influenciarla de un modo positivo. En el capítulo 6 analizaremos la naturaleza de las cosmovisiones, las realidades personales y los modelos del mundo.

La sintonía es fundamental para una comunicación eficaz. Es la sensación de ser uno con otra persona o con un grupo. Antes de hacer cualquier otra cosa es indispensable establecer esta sintonía, y eso es algo que sólo puedes hacer *tú*. Tienes que ser lo suficientemente flexible como para poder penetrar, hasta cierto punto, en su realidad.

Cuando lo consigues, la otra persona se siente reconocida y está dispuesta a colaborar contigo.

- Puedes establecer sintonía en grados diferentes, que van desde el general al altamente específico.
- La imitación de la postura corporal y los gestos de otra persona constituye el medio más fácil para comenzar, puesto que se basa en observar y copiar.
- Imitar tonos y acentos constituye una habilidad natural para

algunas personas. Sin embargo, es un recurso que debe ser utilizado con precaución.

- Para saber qué tienes que emular, necesitas disponer antes de la preparación adecuada para observar el lenguaje corporal, para escuchar el lenguaje verbal, etc.
- La sintonía no es algo que se haga una vez y basta, sino que constituye una decisión que se prolonga a lo largo de tu encuentro con la otra persona. Es algo así como «el aceite que lubrifica la interacción humana».
- Una vez que hayas establecido sintonía, la otra persona responderá dejándose guiar por ti. Podrás elegir entre desplazarte a otra realidad para generar un cambio, o simplemente dejar las cosas como están.
- En función de tu objetivo, mantén o rompe la sintonía cuando sea conveniente.
- Si estás instruyendo a otros, comienza con un estatus elevado y redúcelo gradualmente, a medida que tus pupilos vayan ganando poder.

Aunque nos gustaría pensar que vivimos en una cultura igualitaria, la realidad es otra. Tampoco parece que eso fuera lo más adecuado para un funcionamiento fluido. Necesitamos flexibilidad para modificar nuestro estatus relativo, tanto para ser curiosos como para servir a las necesidades de los demás miembros del grupo o de la organización. Hay momentos en los que tenemos que ser asertivos y otros en los que tenemos que ser más bien parte del grupo, «uno de los suyos».

Para tratar eficazmente con otras personas necesitas ser flexible en tu comportamiento, reconocer que cada cual es un experto en sí mismo. Convierte tu vida en un aprendizaje sin fin y verás cómo se abren las puertas ante ti. Admite tu propia ignorancia y demostrarás que, después de todo, ¡eres humano!

4

Explorar el metaespejo

> Envolvemos al amado en capas de cristal, y vemos una visión en lugar de una persona durante todo el tiempo que dura el encanto.
>
> STENDHAL

Hacer los ejercicios de PNL

El presente capítulo explora un ejercicio que ejemplifica el proceso típico de cambio. Los ejercicios de PNL son muy poderosos y el mejor modo de aprender es practicando. Como sucede con otras habilidades, debes seguir las instrucciones y practicar, practicar y practicar.

Elige algún tema que sea en la actualidad real para ti, algo de tu vida que quisieras cambiar. Sería una pérdida de tiempo que trabajases en algo totalmente «seguro», porque el resultado que obtendrías sería trivial, reflejaría tan sólo tu falta de voluntad para explorar lo que realmente importa. Las únicas técnicas seguras son las totalmente ineficaces. Tampoco merece la pena que te molestes en construir hipotéticos «¿Y si...?» con el objetivo de asegurarte por adelantado de que nada cambie realmente. Realizar de verdad el ejercicio y descubrir qué sucede responderá, con toda probabilidad, tus preguntas «hipotéticas». O tal vez descubras que, simplemente, tu problema se ha esfumado.

Unas palabras de advertencia: No escojas nada profundamente traumático, como un trastorno de estrés postraumático, una fobia grave o cualquier tipo de abuso que hayas sufrido. Para estos casos necesitarás la ayuda de un profesional cualificado. Trabaja libremente con incomodidades personales, molestias y oportunidades de aumentar tu confianza en ti mismo y tu conciencia de tu forma de ser, de modo que puedas ir descubriendo por tu cuenta cómo funciona todo esto. Si lo haces por ti mismo de forma auténtica, darás vida a la teoría.

Formas de realizar los ejercicios

Hablando en términos generales, hay tres formas de realizar los ejercicios:

1. Te quedas sentado y realizas la mayor parte del trabajo activo mentalmente. Recuerdas, visualizas, evocas y captas la sensación. Luego te disocias, das un paso atrás, tomas diferentes puntos de vista y alteras las características de tu experiencia. Básicamente, estás haciendo el ejercicio con tu imaginación, en el interior de tu mente, siguiendo las instrucciones de tu «terapeuta» o de la persona que te está ayudando. Muchos de los ejercicios de la PNL original se hacían así.
2. Exteriorizas tu realidad interna recreándola en el exterior por medio de una metáfora espacial. Eso te permite moverte físicamente por ese espacio, examinando distintos aspectos de ti mismo y de otras personas que ocupan dicho espacio. Mientras te mueves por él, vas viendo las cosas desde distintos ángulos. Así puedes introducirte en diferentes «papeles» o en versiones «imaginadas» de ti mismo, o de otros, y trabajar con todo ello. Luego puedes «salirte» y examinar los resultados de los cambios introducidos. Acercándote y alejándote, puedes observar de qué forma la distancia altera una relación. Si te subes a una silla, podrás ver las cosas desde otra perspectiva. Trasladar la realidad interior al espacio exterior te permite ver lo que hay ahí y te facilita reordenar o reestructurar tu modelo del mundo.
3. El cambio también puede darse de forma más estructurada. Te formulas una pregunta, o bien otra persona implanta en tu mente una sugestión «posthipnótica» (es lo que los demás hacen constantemente contigo, sólo que ¡no te das cuenta!) y entonces las respuestas acuden a ti libremente. El

truco consiste en darse cuenta de ellas. Te encuentras con lo que buscas allí donde menos te lo esperas, o tienes ideas creativas o tomas decisiones en momentos en los que estás implicado en alguna actividad «mundana», como pueden ser ducharte o pasear al perro. De hecho, son numerosas las personas que se van a dar un paseo con el objetivo de «darle vueltas a algo», como suelo hacer yo mismo en el estuario. Para obtener el máximo de este método, recomiendo que tengas papel y lápiz siempre a mano, de modo que puedas anotar las ideas tal como acuden, estrategia recomendable porque se pierden con la misma facilidad con que acuden a tu mente. Yo acostumbro a reutilizar sobres viejos de este modo, pero también puedes destinar un bloc de notas para reflejar en él tus destellos de inspiración.

El proceso del metaespejo

El siguiente ejercicio se basa en la técnica del metaespejo que desarrolló Robert Dilts alrededor del año 1987, cuando él y John Grinder revaluaban los fundamentos de la PNL. Uno de los temas a revisar era la noción de las posiciones perceptivas y las perspectivas, así como el modo de darles cuerpo físico, en lugar de tenerlas sólo en la mente. La idea consistía en diferenciar físicamente aspectos de una cuestión ubicándolos en lugares distintos del suelo. Se trata de un ejercicio del tipo 2, descrito más arriba.

Al trabajar con este ejercicio obtendrás una mejor comprensión de su significado y sus implicaciones..., pero mejor que comencemos por la experiencia. El ejercicio es fácil de hacer con otra persona, de modo que cada una pueda guiar sucesivamente a la otra a través de los pasos a seguir.

- A modo de calentamiento, tómate un tiempo para reflexionar sobre alguna de tus relaciones —actual o pasada— que realmente te incomode.
- ¿Ya está? Muy bien. Considera ahora lo siguiente: ¿Cómo es posible que te sientas mal con respecto a una relación cuando la otra persona no está presente?

La respuesta es que no reaccionas a la persona en sí, sino a la *representación interna* que te has hecho de ella en tu mente, de modo que es ahí donde debes introducir los cambios. Tienes que predicar con el ejemplo. No basta con esperar que sea *ella* quien cambie de repente. Sin embargo, no necesitas que esta persona esté físicamente presente, ahí contigo. ¡Tampoco la vas a mandar a terapia o a hacerse cirugía cerebral!

Hace mucho tiempo que estamos más influidos por la fantasía que por la realidad, de un modo particularmente notable en el terreno del amor. Como dijera Marcel Proust en *El mundo de Guermantes*:

> Es la terrible ofuscación del amor lo que nos implica, desde el principio, en un juego que no acontece con una mujer del mundo real, sino con una muñeca imaginada en nuestra mente.
>
> PROUST (1920)

El lugar por donde comenzar es, pues, tu imagen interiorizada de esa relación incómoda, o incluso idealizada, fantasiosa. Eso se consigue alterando tu realidad subjetiva, remodelando la «muñeca de tu mente». Es ahí donde puedes realizar cambios eficaces y, por consiguiente, aumentar tu poder.

Ejercicio 4.1: El proceso del metaespejo

El proceso del metaespejo caracteriza la forma de pensar y trabajar típica en PNL. Te capacita para explorar cualquier clase de relación incómoda. Las instrucciones siguientes dan por sentado que tú eres quien ayuda, mientras que la otra persona es «el cliente» o alguien que necesita ayuda. Una vez que te hayas familiarizado con el proceso, interpretando ambos papeles («asistente» y «cliente»), podrás realizarlo sobre ti mismo. Luego lo tendrás a tu disposición para cada vez que quieras clarificar cualquier relación. No hacen falta más que un par de minutos para llevarlo a término, y lo puedes realizar en cualquier lugar. Sólo tienes que decir: «¡Tiempo de metaespejo!» y hacerlo.

En cuanto al aspecto físico, necesitarás espacio para moverte, de modo que asegúrate de que no haya mobiliario que estorbe. Dispón al menos de un área de dos metros cuadrados, suficiente para que te puedas poner «a cierta distancia» del problema. Comienza por pedirle a la otra persona que evoque alguna relación desagradable. Puede ser actual o pasada. Si aún le molesta, es la que hay que elegir para trabajar. Pídele que piense en esa otra persona, pero que se reserve los detalles. Para que el ejercicio sea eficaz, no hace falta que sepas nada acerca de quién es o cuál es el problema. Es más, es preferible que desconozcas estos aspectos.

Normalmente, la gente elige una relación con alguna otra persona, lo cual es preferible para comenzar, pero también puede suceder que se trate de relaciones con la familia u otro grupo, o incluso con una empresa. Si para la otra persona tiene sentido, adelante.

Como asistente, manténte cerca del cliente mientras explora las distintas posiciones. No te pongas frente a él ni en su línea de visión, sino literalmente «a su lado». No indico pausas para lo que hay que decir; adáptate más bien al ritmo en el que la persona pueda realizar los pasos.

Figura 4.1: El proceso del metaespejo

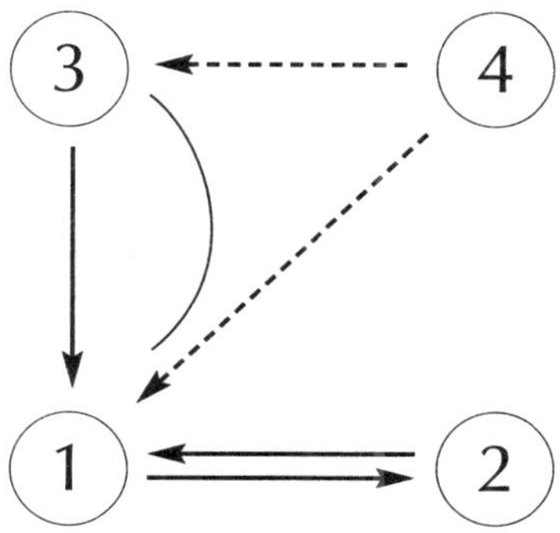

Pasos (Figura 4.1)

1. Dile a esa persona: «En primer lugar, imagina dos puntos en el suelo que representan la relación: tú estás en uno,

mirando a la otra persona, que está en el otro. Colócate ahora en el punto número 1, la primera posición, y mira a la otra persona. Observa cómo te sientes con esa relación».

Como observador deberías poder percibir cambios visibles en su estado físico: aspecto, color de la piel, semblante, postura, gestos, etc.

«Ahora, estando en esta relación, describe cómo te sientes, que sea una descripción simple, como "frustrado", "atrapado" o "indefenso", cualquier cosa que resuma tu estado para ti.»

Deja que diga lo que tenga que decir. Recuerda exactamente las palabras que use.

«Muy bien, ya es suficiente. Tampoco es cuestión de que esa relación limitadora te absorba demasiado, de modo que sal de ese punto y haz algo físico, como sacudir los brazos y las piernas, algo para cambiar la sensación corporal.» Eso es lo que se conoce como «romper el estado».

2. «Ahora vas a hacer algo que tal vez no hayas hecho nunca. Te vas a poner en la piel de esa otra persona y vas a experimentar un poco lo que significa ser ella en esta relación contigo. Ve hacia el otro punto, sitúate sobre él y sé la otra persona.»

   Eso se conoce como «segunda posición».

   «Para ayudarte, colócate en la postura habitual de esa persona, ladea la cabeza como ella, gesticula del mismo modo y habla como ella. Siendo esa persona, mira a esa otra que se parece a ti, ahí en la primera posición, y observa lo que sientes. Describe esta sensación con algunas palabras, y cuando lo hagas, utiliza la primera persona, como si realmente fueses esa persona: "Siento... tal o cual cosa".»

   Recuerda las palabras que utiliza el cliente y el aspecto que adopta en esa posición.

   «Ahora sal de ese punto y rompe el estado sacudiéndote esa sensación. Muévete o haz lo que más te apetezca.»

3. «Ahora vas a salir de esta relación y vas a observarla desde fuera, por así decirlo. Colócate en la tercera posición y gana perspectiva.»

   Muévete unos pasos con el cliente, de modo que pueda ver cómodamente la primera posición. Utiliza las manos para indicar cada una de las posiciones. «Mientras estás aquí, en la tercera posición [*señala con una mano*], obsérvate a ti mismo en la primera posición [*señala con la otra mano*]. ¿Cómo respondes a ese tú de ahí?» Emplea exactamente estas mismas palabras.

   Al referirte al cliente en la primera posición como «ese tú de ahí», al mismo tiempo que mantienes separadas tus manos, aseguras la separación entre la primera y la tercera posición. El lenguaje que empleas es neutral, en el sentido de que no sugiere ninguna respuesta concreta. El cliente dice lo que quiere decir, como por ejemplo: «Siento pena por él» o «¿Por qué no *hace* nada?», ¡o quizás algo mucho más fuerte!

   Buscas una separación bien definida: no te interesa que los *sentimientos* de la primera posición contaminen el *pensamiento* que genera la respuesta en la tercera posición. La psicología de ambas debería ser muy distinta: la tercera posición tiene que expresar mucho más «control». Si no es así, deberás incrementar la separación entre ambas, por ejemplo haciendo retroceder al cliente un poco más, o pidiéndole que se suba a una silla. La altura proporciona siempre mejor perspectiva.

4. Ahora hazle cambiar de la tercera posición a una cuarta, fuera del sistema en que se desarrolla la relación, como si se tratara de un observador desapegado.

   «Desde esta cuarta oosición, quiero que intercambies simbólicamente lo que está en la tercera posición con lo que está en la primera.» De pie al lado de tu cliente, señala con una mano la primera posición y con la otra la tercera, cruzando luego las manos en el aire para indicar el cambio de contenido entre una y otra. Puedes ayudarte con algún sonido silbante suave en el momento del cruce.

5. Mueve de nuevo al cliente a la primera posición, de forma que mire a esa otra persona que está en la segunda posición, y pregúntale: «¿Cómo es ahora esa relación?».

   Seguramente habrá diferencias. Normalmente, en el paso 4 notarás ya cambios. Al regresar a la primera posición el cliente parecerá más erguido y vital. En caso contrario, sepáralo unos pasos más para que disponga de mayor distancia y más recursos. Notarás el cambio por su actitud corporal, así como por una respuesta con más inventiva.
6. Llévalo ahora de nuevo a la segunda posición, de modo que pueda experimentar con la respuesta a esa persona revitalizada en la relación modificada.

   «Ponte ahí, en la segunda posición, y experimenta lo que se siente al otro lado de ese nuevo tú.»

   Ahí también deberías notar importantes diferencias en la postura y los gestos del cliente.
7. El último paso consiste en llevarlo de vuelta a la primera posición, para ser de nuevo él mismo: «Finalmente, regresa adonde perteneces».

   Y eso es todo.

Como con cualquier otra técnica, deberás «ir al ritmo de tu cliente», lo que significa armonizar con aquello que le resulte adecuado y encaje mejor con su modelo del mundo y su sistema de creencias.

Trabajar libre de contenido

Como asistente, tu tarea consiste en concentrarte en la evidencia directa de tus sentidos y percatarte de cómo está el «cliente» en cada momento. No te ayudará en absoluto conocer detalles de esa relación turbulenta. Si conocieras su contenido, éste activaría asociaciones en tu propia mente, lo cual desviaría tu atención hacia el interior. Entonces te sentirías tentado a ofrecer consejo o empatía, o a pensar: «Eso mismo me pasó a mi» (¡falso!). A la otra persona no le sería de ninguna ayuda que te implicaras emocionalmente. Es algo que tiene que resolver por sí misma. Tu papel consiste en mantener la objetividad y facilitar el proceso.

Trabajar libre de contenido significa que puedes realizar este proceso en cualquier lugar, sin que nadie más que tú sepa qué estás haciendo. Por ejemplo, enseñé el proceso en la bahía frente a un puerto de pesca, rodeado de turistas que no tenían ni la menor idea de lo que estábamos haciendo ni el menor interés por ello. También lo hago conmigo mismo, moviendo el mobiliario para ponerme a suficiente distancia del problema. Disponer de distancia física entre las diferentes posiciones funciona mucho mejor que realizar el proceso mentalmente. En sentido metafórico, la razón por la que tienes un problema es que todo está revuelto. El proceso te ayuda a «separar» literalmente los distintos puntos de vista: al «proporcionarles espacio» puedes darte cuenta de cómo se relacionan entre sí.

Proyección

Cuando piensas en cualquier relación, agradable o desagradable, experimentas una especie de sensación interior simplemente por el hecho de pensar en esa otra persona. No hace falta que esté presente. Lo que importa en cualquier relación es lo que sucede en el interior de tu mente. Cuando se trata de «conocer» a otras personas, acostumbramos a proyectar en ellas nuestra propia realidad. La cuestión estriba en que aquello que proyectamos en los demás es, en realidad, una afirmación sobre nosotros mismos. En palabras de Robert Dilts:

> La idea del metaespejo consistía en darnos cuenta de que, muy a menudo, lo que encontramos difícil en los demás es precisamente aquello que no hemos resuelto dentro de nosotros mismos. Si lo hubiéramos resuelto inicialmente, nunca se hubiese convertido en un problema crónico [...].
>
> Tiendo a creer que los demás son algo así como manchas de Rorschach, que sabemos poquísimo del mapa del mundo de otra persona. Así, sucede que proyectamos cosas en ella igual que lo hacemos en la mancha de tinta. Y debo decir que el hecho

> de que haya estado casado con mi esposa durante más de veinte años no cambia mucho las cosas. De hecho, es aún más confuso cuando la persona real está frente a ti, porque entonces crees que estás respondiendo realmente a ella [...]. El potencial de esa otra persona, el potencial de mi esposa, no es mi mapa de ella. Y éste no cambia sólo porque ella esté ahí, físicamente frente a mí. Lo que hace es confundirse con ella. De este modo, la otra idea del metaespejo consiste en la comprensión de que, probablemente, muchas de las dificultades que experimentamos con los demás están más relacionadas con nuestra proyección y nuestra interpretación que con su verdadera intención, su potencial, su identidad, etc.
>
> DILTS (1977a)

La conocida sentencia que reza «La ausencia hace que el corazón se enternezca» no es más que un caso de proyección. Sin la otra persona ahí enfrente para devolverte a la realidad, tu mente queda libre para crear cualquier fantasía que te apetezca. Sin embargo, al final de la separación, es necesario algún tipo de reajuste que te libere de la «muñeca» que has creado en tu mente.

El punto de vista de la PNL

Desde la metáfora, podemos ver el proceso del metaespejo como una reestructuración del modo en que has construido la relación. Si ésta se basa en una generalización nunca verificada y sigue siendo una alucinación, eso afectará necesariamente a los encuentros reales con esa persona y teñirá la interacción. Expandir el marco permite una mayor apertura en la comunicación.

La esencia del cambio estriba en separarse, en disponer de la capacidad de dar un paso atrás y ser consciente de uno mismo: la tercera posición observando a la primera.

Si concebimos la primera posición como una «verdad» entre otras muchas o como una forma más de estar en el mundo, podremos obtener una visión mucho más profunda de ella. Adoptando simplemente otra posición perceptiva y prestando atención a los componentes sensoriales —lo que vemos, oímos y sentimos—, podremos acceder a información sobre ese estado y sobre las decisiones que se tomaron en él. Podemos colocar cualquier cosa en esa primera posición, cualquier aspecto de nuestra forma de estar en el mundo: el pasado o el futuro, nuestras relaciones, etc. Si podemos pensar en ello, también podemos repensarlo. Todo lo concebible puede ser cambiado. Por ejemplo, si no te gusta ese futuro que parece que va a suceder, puedes cambiar mentalmente el escenario, añadir recursos y ampliar las opciones. De forma parecida, puedes reconstruir tu historia personal proporcionando recursos a tu yo más joven, o a cualquier otra persona involucrada. Ese futuro puede ser un futuro pasado (partiendo de tiempo atrás) o un futuro presente, partiendo de ahora. Si aceptas que tu realidad es una fabricación de tu imaginación, podrás cambiar toda tu experiencia vital. No es una cuestión de «verdad» histórica, sino de imaginación, de cómo te concibes a ti mismo en diferentes «edades».

La visión retrospectiva nos brinda oportunidades de aprender, así como una mayor comprensión. Explorar experiencias del tipo «¿Y si...?» constituye un buen modo de aprender más sobre uno mismo. Modificar la manera en que hemos almacenado nuestros recuerdos es un ejemplo del principio general que afirma: «Cambiar la codificación cambia la experiencia». Utilizando el ordenador como metáfora, podríamos decir que al grabar datos en el disco duro, modificas el modo en que la información fue almacenada. Tu pasado no está grabado sobre piedra, sino que puede ser escrito de nuevo, está abierto a revisión y reinterpretación. Nunca es demasiado tarde para hacerlo, porque todo —tanto los recuerdos del pasado como el futuro— está disponible en el presente.

El propósito de practicar la PNL consiste en retirar algunas de esas «capas de cristal»: las ilusiones y fantasías que proyectamos en el mundo. Vamos a seguir viviendo en la fantasía de nuestra realidad creada, pero prestaremos más atención a la información que el universo nos ofrece. El modo en que respondamos a esa información es decisión nuestra.

5

¿Qué es la PNL?

Allí adonde voy, me encuentro con que un poeta ha estado ahí antes que yo.

SIGMUND FREUD

Definir la PNL

En el presente capítulo analizaremos qué es la PNL, para qué sirve y qué significa. Por las referencias y las citas contenidas en este libro, observarás que la PNL no sólo se encuentra en los libros que tratan de este tema, sino en cualquiera de los ámbitos de la experiencia humana. Los esfuerzos por comprender, describir y definir los patrones de la vida se han venido sucediendo desde hace milenios. El modo en que describimos y explicamos nuestra experiencia evoluciona con el tiempo, dependiendo del contexto y del «marco perceptivo», es decir, del modo en que hemos aprendido a percibir e interpretar nuestro universo.

El siguiente paso en PNL consiste en explorar nuestra realidad personal: los marcos perceptivos, los modelos de realidad y las visiones del mundo que influyen en el modo en que nos comportamos, nos relacionamos y pensamos. Así pues, comencemos con una definición, partamos de una descripción de lo que *es*. Aun cuando las definiciones formales no siempre resultan esclarecedoras, no está de más tener una a mano, ¡aunque sólo sea por si nos preguntan!

He aquí pues una definición formal de la PNL:

Es el estudio de la estructura de la experiencia subjetiva.

Algunos autores ponen la palabra «estructura» en plural con el objetivo de llamar la atención sobre el hecho de que cada persona tiene su propio modo de estructurar la realidad.

Pensamos y explicamos conceptos abstractos, tales como «experiencia» y «realidad», por medio de metáforas. La palabra «estructura» implica una metáfora relacionada con la construcción y la tecnología de la ingeniería. Al utilizarla, «construimos» nuestra realidad con «ladrillos» que se apoyan en alguna clase de «cimientos». Construimos «modelos» y realizamos las cosas por medio de «procesos», que culminan en un edificio monolítico e impresionante. Como cualquier otra metáfora, está muy bien, pero tiene también sus limitaciones. Como señala Gareth Morgan en su introducción a *Imaginization*:

> Las metáforas crean visión,
> pero también distorsionan.
> Tienen su potencial,
> pero también sus limitaciones.
> Al crear formas de ver, crean también formas de no ver.
>
> MORGAN (1993)

Edificios y estructuras comparten una misma realidad metafórica. Presentar alternativas constituye un reto, dada la prevalencia de esta metáfora concreta en nuestra sociedad tecnológica. De hecho, Richard Bandler creó la ingeniería de diseño humano, añadiendo así otra planta al edificio.

Ejercicio 5.1: Define una metáfora

Tómate un momento para considerar cuál podría ser una metáfora alternativa para el modo en que creamos nuestra experiencia. Realiza el siguiente ejercicio en un grupo de al menos tres personas, lo cual ayudará a trasladar el pensamiento al ámbito metafórico. Tu tarea consiste en proponer un nuevo símbolo o una nueva metáfora para explicar la «experiencia subjetiva». Comienza por completar las frases siguientes:

- La realidad es como...
- La experiencia es como...

- La vida es como...
- La sociedad es como...

Observa qué suerte de imágenes, ideas, conceptos o asociaciones se presentan. No importa si surgen clichés como «una playa», «una caja de bombones» o algo que, a primera vista, parezca completamente descabellado, como «un clip para papeles»: siempre hay algo que explorar en cualquier asociación.

Añade a continuación: «porque...», o pregúntate: «¿De qué modo?». Si lo haces en grupo, que la persona A inicie una de las frases de arriba y la persona B la complete con algo elegido al azar, como «un autobús», «un plato» o «una lavadora», seguido de «porque...». En ese momento, la persona C formula una asociación espontánea y dice lo que acuda a su mente, por muy tonto o ingenioso que pueda parecer. Déjate sorprender por lo que la mente inconsciente es capaz de lanzar. ¡Sabrás que has dado en el clavo por las risas de reconocimiento! Mi agradecimiento a Ian McDermott por este ejercicio.

Ejercicio 5.2: ¡Acción!

Piensa ahora en la actividad, término que describe lo que sucede en tu imagen. ¿Qué está ocurriendo? ¿Cuál es la metáfora en términos de tu «realidad» o tu «experiencia subjetiva»? ¿Se trata de una metáfora de construcción, de programación, de crecer, de unir cosas, de hacer descubrimientos o de sintetizar elementos dispares? ¿Cómo es la actividad? ¿Se abre, fluye, evoluciona, se expande...? ¿Disuelve, absorbe, extrae... o qué?

Estás comenzando a explorar el producto de tu inconsciente. Proporciónate respuestas a medida que formules preguntas. Lo importante es prestar atención a esas respuestas, sean lo que sean, aun en el caso de que parezcan «raras» o no sean «lo que esperabas».

Ejercicio 5.3: Consecuencias

La tercera parte del ejercicio consiste en considerar las consecuencias de la utilización de esta metáfora. Por ejemplo, volviendo a la metáfora del edificio:

- ¿Cuáles son las consecuencias de pensar en la experiencia como en un edificio?

He aquí algunas:

- Podemos derribarlo, reciclar los escombros y construir con ellos otro edificio mejor.
- Un edificio puede ser una obra de arte o un mero continente funcional para determinadas actividades.
- Cualquier defecto de construcción se pondrá en evidencia con el tiempo y requerirá atención: deberá ser reparado, substituyendo lo que haga falta. ¡Quizá necesitas un mantenimiento regular!

Y así sucesivamente. Disfruta explorando tu propia metáfora, esa que tiene sentido para tu experiencia.

Otras metáforas al uso

Las metáforas procedentes del campo de la informática suelen ser utilizadas para explicar el cerebro y la conciencia, si bien a menudo de forma más bien limitada y mecanicista. Tal vez necesitemos pensar en términos radicalmente distintos, como los que implican ciclos vivos naturales. Por ejemplo, Gareth Morgan, en *Imágenes de la organización* (1986), explora metáforas de la organización tales como máquinas, organismos, cerebros, culturas, sistemas políticos, cárceles psíquicas, etc. Arie de Geus considera metafóricamente, en *The Living Company* (1997), a la empresa o la organización como un jardín; el sistema inmunitario, un río o los militares. Pero, puesto que vivimos en un mundo científico y tecnológico, y que una de las principales actividades de la PNL consiste en llevarnos a un mundo basado en la percepción sensorial para que examinemos la evidencia de nuestros propios sentidos, parece razonable que utilicemos la metáfora de la construcción, a condición de ser conscientes de sus limitaciones.

Sea lo que fuere lo que las personas hagan para crear su propia visión del mundo o cosmovisión —incluso aunque no se den cuenta de que lo hacen, o de que se sirven para ello de metáforas—, es importante recordar que lo harán según su propio modo idiosincrásico. Después de todo, nadie te indica explícitamente cómo crear una realidad subjetiva, o cómo interpretar una metáfora. Aun así, las personas no sólo desarrollamos explicaciones coherentes y funcionales para comprender nuestra experiencia, sino que estamos en condiciones de manejar el cambio constante a medida que nos implicamos con el mundo, de aprender de nuestras propias experiencias y de evolucionar como seres humanos.

¿Una teoría de la PNL?

Si has realizado antes algún curso o has leído algún libro de PNL, sabrás que se trata de una disciplina con un elevado nivel de contenido, es decir, con gran cantidad de modelos, procesos, técnicas y ejercicios. También dispone de presuposiciones sobre qué vale la pena hacer, de qué trata, cómo hacerlo y cómo todo eso cambiará tu modo de comunicarte, tus relaciones y tu vida. La PNL produce realmente resultados. Sin embargo, en el presente momento de su historia, afirmaría que esta disciplina funciona en la práctica..., ¡pero no en la teoría!

Una de las razones para que eso sea así consiste en que la PNL es, esencialmente, una acumulación, un conjunto de presuposiciones, procesos y modelos, sin un principio coordinador o unificador ni una teoría que clarifique o explique por qué es como es. Esta acumulación de conocimiento variado y disperso se conoce técnicamente como «montón». A lo largo de la historia de las ideas, acumular datos constituye la actividad previa para el desarrollo del conocimiento: recogemos información, impresiones y observaciones, descubrimos qué es lo que existe, qué hay ahí que merezca nuestra atención. Hay, por supuesto, practicantes de PNL que, desde una actitud pragmática, o bien se inhiben de saber por qué funciona (a condición de que funcione), o bien encuentran inadecuadas, inestables y nada convincentes las explicaciones que se ofrecen. Ven que las cosas van mejor con la utilización de la PNL, pero quieren que vayan aún mejor.

Son numerosas las obras publicadas que narran la historia de la PNL, a medida que ésta iba acumulando más y más información. Entre las más recientes que contienen gran parte del conocimiento acumulado, cabe citar: *The Sourcebook of Magic*, de L. Michael Hall y Barbara Belnap (1999) y *The User's Manual For The Brain*, de Bob Bodenhamer y L. Michael Hall (1999).

Del «montón» al «sistema»

A pesar de su relativa novedad, la PNL tiene mucho contenido. Metafóricamente hablando, muchos libros que tratan de este tema son recetarios para el cambio. El siguiente paso evolutivo consiste en unificar la PNL mediante la selección de la información, el descubrimiento de patrones comunes y el desarrollo de modelos generalizados que nos permitan conectar entre sí las piezas dispersas y demostrar cómo contribuyen al todo. Una vez que tenemos la chispa de una idea, construimos modelos tentativos e hipótesis de verificación, ensayamos escenarios del tipo «¿Y si...?» y exploramos las consecuencias. Si le dedicamos el tiempo necesario, acabaremos dando con una teoría unificada.

Toda teoría o hipótesis necesita ser verificada frente a datos, tanto nuevos como viejos, con el objetivo de comprobar su grado de adaptación con la evidencia de los hechos. Las teorías son útiles en términos de su capacidad para explicar el funcionamiento de las cosas, o para prever lo que ocurrirá. Lo que les pedimos es: «¿Puedo comprender de un modo sencillo lo que sucede? ¿Me servirá igual en situaciones y contextos nuevos?». Aquellas que se comprueba que funcionan se convierten en las «reglas» o los «paradigmas» por medio de los que operamos. Gradualmente, los principios generales se van simplificando, estilizando y generalizando. Con el paso de los años, también las técnicas de PNL básicas han sido verificadas rigurosamente, perfeccionadas y ampliadas.

Patrones de PNL

Examinaré diversos procesos de PNL para demostrar cómo funcionan. Con el fin de facilitar la comprensión, voy a presentar tres modelos que nos permitirán ver cómo la PNL consigue sus logros. A medida que te familiarices con estos modelos, podrás ir añadiéndoles detalles de tu propia cosecha. El modelo más general de cambio, esbozado en el capítulo precedente, consta de tres pasos:

1. Informar: Identificar la verdad de la experiencia actual.
2. Reformar: Disociarse y encontrar medios para el cambio.
3. Transformar: Aceptar e integrar lo aprendido en el proceso.

La información no es más que eso: información. Aprender implica hacer nuestra la información, convertirla en parte de nuestra sabiduría personal. Nuestra mente procesa y asimila información y conocimiento. El modo en que eso se transforma en sabiduría sigue siendo un misterio, pero está sin duda relacionado con la forma en que convertimos la información sobre el mundo en narraciones que tengan sentido para nosotros y que nos satisfagan. Utilizamos metáforas y relatos para comprender la realidad, nuestra historia personal, nuestra sociedad, la ciencia y las artes, el universo y todo lo demás. Todo acaba convertido en narrativa.

Desarrolla tu curiosidad

Uno de los resultados de la práctica de la PNL debería consistir en el desarrollo de lo que Richard Bandler solía denominar «curiosidad provocadora», es decir, despertar en nosotros una intensa curiosidad acerca de los demás y hacernos plantear la pregunta: «¿Cómo lo hace?», aunque lo que de verdad nos interesa es: «¿Cómo puedo hacerlo *yo*?». En la medida en que la curiosidad es sofocada a edades tempranas, acabamos viviendo de un modo que consiste más bien en hacer lo que se nos dice, en «bajar la cabeza» para no hacernos notar, para evitar ser considerados elementos «perturbadores».

Lo que ciertamente no funcionará es pretender que la PNL se adapte a nuestra forma habitual de hacer las cosas. Debemos ser flexibles y curiosos. La curiosidad no es nada nuevo que tengamos que aprender. Se trata tan sólo de recuperar capacidades perdidas, así como de aprender a utilizarlas de una forma que respete a quienes piensan de manera distinta a nosotros. Para «hacer PNL» tendremos que despertar nuestra curiosidad por *cómo* se produce el cambio. Necesitaremos saber de dónde partimos, adónde queremos llegar, por qué vale la pena conseguir ese objetivo y qué es probable que suceda cuando lo logremos. Comprender el *proceso* del cambio es una cuestión más abstracta. Por consiguiente, para percibir los patrones deberemos aprender a ver por debajo de las apariencias.

PNL unificada

Este libro contiene mi descripción de un «conjunto de modelos» o «teoría» general, que unifica la masa de información de la PNL en una síntesis coherente. Si bien lo explicaré con mayor detalle en el capítulo 14, es conveniente que vivamos antes la experiencia.

Este libro constituye mi explicación a los patrones y modelos que subyacen en la PNL. Por supuesto, habrá quienes no estén de acuerdo. Es algo que forma parte de la tradición de los nuevos paradigmas (véase Kuhn, 1970, 2ª edición). Nada que objetar. Es necesaria la verificación, es necesario el debate, es necesaria la reformulación de las ideas. Toda teoría «útil» (como el modelo básico de cambio antes descrito) es generativa. A la luz de sus principios fundamentales, nos enseña cómo adaptar procesos existentes y cómo crear nuevas técnicas. Metafóricamente hablando, en lugar de darnos un puñado de recetas, nos enseña a cocinar.

Además de lo antedicho, necesitamos asimismo saber qué significa eso de que alguien tenga un determinado «modelo del mundo» o «cosmovisión». En el próximo capítulo estableceré algunas distinciones útiles al respecto.

Así pues, ¿qué es la PNL?

Programación Neurolingüística se ha convertido en un nombre muy general, más de aplicación al marco mental adecuado para generar el cambio que a las propias técnicas necesarias para producirlo. Detengámonos primero en el propio nombre, que provoca a veces escalofríos en quienes lo escuchan por primera vez.

Las tres nociones que lo constituyen pueden ser explicadas como sigue:

P – Programación	Repetición de secuencias de comportamiento y de patrones de pensamiento que nos ayudan o nos perjudican. Estrategias. Técnicas. Procesos.
N – Neuro	El cuerpo-mente: sus estados y el modo en que funciona. Estados. Preferencias. Metaprogramas.
L – Lingüística	El lenguaje que utilizamos para describir y categorizar nuestro mundo, para extraer sentido a nuestras experiencias y para comunicar todo eso a los demás. Sacar sentido. Interpretar. Comprender. Comunicar.

La historia de la PNL

Nada surge del vacío. Como dijera sir Isaac Newton: «Tan sólo aupándonos sobre los hombros de gigantes hemos conseguido ver más allá». En el caso de la PNL, los gigantes han sido el terapeuta Fritz Perls, fundador de la terapia Gestalt, la terapeuta familiar Virginia Satir y el hipnoterapeuta Milton Erickson. Cada una de estas personas fueron buscadoras de nuevos caminos en sus respectivos campos. Cuando Richard Bandler y John Grinder construían las bases de la PNL, exploraron lo que cada uno de estos «gigantes» hacía para cambiar a la gente de manera poderosa y eficaz. Estuvieron también influidos por Gregory Bateson, otro «gigante» de la historia del pensamiento occidental. La PNL vio la luz en la década de los setenta, como reunión de «cosas que funcionaban»: descripciones, prácticas, filosofías y formas de ser que diversas personas estaban utilizando con gran eficacia, junto con algunos principios sobre la evolución humana, el desarrollo del lenguaje y la importancia de estar presente para los demás. Para más detalles sobre estos orígenes, véase *Change Management Excellence*, de Martin Roberts (1999, cap. 1), así como la página electrónica de Robert Dilts (véase apéndice A).

A lo largo de las tres últimas décadas, la PNL ha estado siendo constantemente revisada y reinventada. Algunos practicantes y profesores han asimilado primero sus principios y luego, siguiendo sus propias inclinaciones, han ido desarrollando sus particulares variaciones. Tad James, por ejemplo, puso un énfasis mayor en la comprensión metafórica del tiempo, desarrollando la Terapia de Línea del Tiempo®. Otros han desarrollado aplicaciones prácticas para los deportes, la salud, la educación y la gestión empresarial. Se trata de un patrón de crecimiento, común a cualquier cuerpo de conocimiento. Aunque muchos adeptos a la PNL abominen de la teoría, proclamando que lo único que hay que plantearse es si «funciona», el espíritu humano busca comprender. De forma natural, las personas extraemos significado de la experiencia, desarrollamos hipótesis y creamos generalizaciones para explicar lo que sucede. Expandiendo la comprensión del contexto y de los procesos del cambio, la PNL puede funcionar incluso mejor. Mi inclinación personal consiste en buscar los temas y las narraciones subyacentes que explican toda la historia. Tener cierta inclinación hace la vida más interesante; conocer nuestras propias inclinaciones nos ayuda a comprendernos mejor, así como a aceptar las tendencias de los demás y sus diversos puntos de vista.

Un lenguaje basado en la metodología

Podría decirse que la PNL consiste en hallar respuestas a esta pregunta: «¿Cómo lograr cambios significativos pronunciando simplemente ciertas palabras?». Ya sabemos que es posible alterar el comportamiento de los demás mediante la palabra, porque impartimos órdenes, formulamos sugerencias, dejamos caer indicios y ofrecemos estímulos, entre otras muchas formas verbales de influencia. La PNL nos ofrece la capacidad de hacerlo con más eficacia y con mayor integridad. Una vez que comprendemos cómo utilizar el lenguaje para crear cambios positivos, tanto en nosotros mismos como en los demás, hemos dado un gran paso.

La esencia de la PNL consiste en llegar a ser conscientes del modo en que creamos nuestra realidad subjetiva —nuestras creencias, nuestro modelo del mundo— de modo que podamos modificar aquello que no nos gusta o que no nos sirve. Comenzaremos con la realidad básica, que constituye el fundamento del mundo físico. A través de nuestros sentidos, en forma de impulsos nerviosos, obtenemos información sobre esta realidad física, sobre ese mundo de «ahí fuera» y sobre nuestros cuerpos de carne y hueso. Codificamos algunas de estas experiencias como memoria corporal. Desarrollamos formas específicas de «utilizar» nuestro cuerpo, que se reflejan en nuestra postura, nuestros movimientos, nuestro equilibrio, nuestra concentración, etc. Las técnicas físicas, como la técnica Alexander, el masaje, el shiatsu, la osteopatía craneal, etc., operan sobre nuestro cuerpo para reequilibrarnos, liberándonos de bloqueos físicos, hábitos adquiridos o rigideces incrustadas en la musculatura.

La experiencia es algo más que simples impulsos nerviosos: procesamos los datos en bruto para extraer sentido de esa información. La experiencia queda asimismo mediada por el proceso de lenguaje: mediante la palabra establecemos distinciones, formamos categorías, generamos ideas, creamos generalizaciones y principios. Al hacerlo, prestamos necesariamente atención a determinada información en detrimento del resto. Las palabras tienen «fronteras» que delimitan lo que queda «dentro» y «fuera» de cada categoría. Por ejemplo, etiquetas como «gato», «curiosidad» o «PNL», incluyen exclusivamente determinadas experiencias. La información sobre la realidad es «filtrada» a través de la conciencia, mientras que el lenguaje tiende a «fijar» el significado. Parte de este significado consiste en lo que *sentimos* en relación con cada experiencia: las palabras que utilicemos para describirla indicarán nuestra actitud hacia ella.

Considera las etiquetas que aplicamos a las habilidades de los niños. Si los consideramos *brillantes*, *dotados* o *inteligentes*, tenderán a tratar de corresponder a estas expectativas. Por el contrario, si son etiquetados por profesores, psicólogos u otros educadores como *incapacitados para el aprendizaje*, *educativamente subnormales*, *desinteresados*, *necesitados de atención especial*, *automarginados* o *atrasados*, tales consideraciones tendrán también sus correspondientes efectos. Algunos de estos calificativos siguen en vigor, otros se consideran «políticamente incorrectos». Toda etiqueta impone su correspondiente «marco cognitivo», que influye a su vez sobre el modo en que la persona percibe a los demás e interactúa con ellos, los cuales, a su vez, son influidos por esta sutil comunicación, de modo que se trata de una profecía que lleva en sí su propio cumplimiento.

Para cambiar nuestra experiencia del mundo necesitamos ante todo examinar el modo en que lo hemos «programado» y «lenguajeado» (verbalizado). Puesto que se trata de una «experiencia subjetiva», podemos aprender a «reprogramarnos» y «relenguajearnos» (reverbalizarnos). Observa, por ejemplo, la diferencia entre pensar en tu vida como «No del todo mala» o «¡Fantástica!». Algunas personas prefieren las negaciones: «No me puedo quejar», «No hay que refunfuñar», mientras que otras adoptan una perspectiva sobre la vida más optimista: «¡Sí!», «¡Vamos a por ello!». ¿Cómo está la copa de tu vida, medio llena o medio vacía?

Repaso general

La PNL consiste en la aplicación de la curiosidad al modo en que construimos nuestra realidad personal, en que hacemos lo que hacemos y en que comprendemos el significado de nuestra «experiencia subjetiva». Describimos esa experiencia por medio de metáforas, en términos de «modelos de realidad» que tienen:

- Definición: contexto, contenido y categorías.
- Acción: patrón y procesos, estructura y estrategias.

- Consecuencias: comprensión, significado, historia; asimilación y aceptación.

Las terapias basadas en el lenguaje, como la PNL, utilizan procesos de cambio que comienzan por conducir a la persona a una mayor percepción sensorial. Esta es la razón por la que, en cualquier proceso de formación de practicantes de la PNL, se pone el énfasis inicialmente en la observación de detalles en nosotros mismos y en los demás, así como en practicar la percepción sensorial directa —vista, oído, tacto— de lo que está sucediendo aquí y ahora, en nosotros y frente a nosotros. Es lo que se conoce en PNL como «desarrollo de la agudeza sensorial», diseñado para llevar a la persona desde su mundo interior de fantasía hacia el universo más fáctico, basado en la evidencia, que los demás pueden compartir.

Distanciarnos de la experiencia directa nos permite reflexionar *sobre* ella. Pensar genera opciones, realidades alternativas. Atascarse o confundirse es a menudo el resultado del modo en que utilizamos el lenguaje: nuestras propias reglas nos constriñen, nuestras palabras imprecisas y nuestras metáforas inadecuadas ofrecen demasiadas opciones y nos impiden decidir. Si aumentamos nuestra flexibilidad adoptando diferentes puntos de vista y utilizando el lenguaje y las metáforas, dispondremos de más formas de comprender la vida. Ello nos permitirá establecer más fácilmente sintonía con los demás y comunicarnos mejor con ellos, puesto que estaremos en condiciones de apreciar sus respectivos modelos del mundo.

La comprensión teórica nos proporciona más opciones. La PNL utiliza un considerable volumen de jerga para referirse a distinciones, procesos y modelos más refinados. Lo que ahora le falta es algún tipo de «pensamiento unificado» que consiga aglutinar esta acumulación. El capítulo siguiente está dedicado a la búsqueda de algunas metáforas adecuadas para describir las distintas realidades en que viven las personas, así como de algunos criterios sencillos que nos sirvan para reconocer estos patrones vitales.

6

Las cuatro realidades

Nadie ha originado nunca una idea. Cualquier nueva idea no es sino la cristalización de las ideas de millares de otros seres humanos. De repente, uno solo da con la palabra adecuada y con la expresión idónea para esa idea. Tan pronto como ésta sale a la luz, centenares de personas se dan cuenta de que hacía tiempo que ya tenían esa misma idea.

B. TRAVEN,
El tesoro de la Sierra Madre (1934)

Confusión

La mayoría nos sentimos confundidos —por períodos breves, de forma regular— cuando tenemos que tratar con información nueva. Transformar el nuevo conocimiento en comprensión «desajusta el sistema» en cierta medida. Afortunadamente, la mente está diseñada para esta función, desarrolla el proceso «en la trastienda» y nos ahorra ser conscientes de lo que está haciendo.

No vivimos en un mundo de paz y armonía, en el que todo esté equilibrado. Cada fragmento de nueva información desajusta el equilibrio y produce una turbulencia temporal: cuando es indeseable la llamamos «conflicto», cuando es beneficiosa la denominamos «aprendizaje». Miremos donde miremos en el mundo, encontraremos algún tipo de conflicto: entre naciones o grupos étnicos, entre partidos o grupos religiosos, entre investigadores científicos o empresas tecnológicas, en el seno de organizaciones empresariales, etc. También cada cual de nosotros tiene sus propios conflictos internos: decisiones duras que tomar, dificultad para priorizar objetivos, etc. Por si fuera poco, no siempre nos llevamos bien con nuestros semejantes.

Ejercicio 6.1: Conflicto interno
Evoca algún acontecimiento específico que haya provocado un estado de conflicto entre otras personas y tú mismo.

Examina en retrospectiva las condiciones que generaron ese conflicto:

- ¿Cuál era la cuestión? ¿Qué estaba en juego?
- ¿Cuál era el contexto? ¿Quién más estaba implicado?
- ¿Cuál era tu intención? ¿Qué resultado esperabas?
- ¿Cuál era la intención de la otra parte?
- ¿Qué sucedió realmente? ¿Qué fue lo que *no* sucedió? ¿Cuáles fueron los resultados imprevistos?
- ¿Qué significó para ti todo aquello? ¿Cómo lo entiendes *ahora*?

Ahora que ya dispones de más información sobre esa situación:

- ¿Qué fue exactamente lo que creó el conflicto? ¿Cuál dirías que era el principal desacuerdo?

Cualesquiera que sean ahora tus respuestas a estas preguntas, anótalas. Es probable que al final del capítulo pienses de forma diferente sobre esta cuestión.

Comprender a los demás

Cuando las acciones de alguien nos frustran, tal vez exclamamos: «¡No le entiendo!». En otras palabras, admitimos que no tenemos una idea clara de su modelo del mundo, de las creencias que lo aglutinan, de cómo piensa esa persona o de qué es lo que le importa. Todo eso significa que no nos va a resultar fácil establecer sintonía con ella. Tal vez la describiríamos como «venida de otro planeta» o algo menos educado, como expresión de nuestra frustración al no sentirnos capaces de comprender su realidad. No se trata de que una realidad sea la correcta y las demás sean erróneas: desde su punto de vista, cada cual está en posesión de la verdad.

Ya hemos visto que adoptando la postura de otra persona, imitando su modo de «usar» su cuerpo, podemos hacernos una idea de su realidad. Sin embargo, es muy improbable que podamos hacerlo constantemente. (¡Imagina cómo cambiaría la naturaleza de las negociaciones si lo hiciéramos!) Es más fácil prestar atención a sus palabras y al modo en que las dice, recopilando detalles de su lenguaje corporal, de su congruencia, de su «agenda oculta», etc. Aventuraremos así presunciones sobre el sistema de creencias subyacente a la comunicación, y buscaremos el medio para verificar su exactitud. Con el tiempo aprenderemos a identificar diversas visiones del mundo y a acertar cada vez más sobre «de dónde viene el otro».

Asumimos por lo general que nuestro universo compartido varía a lo largo de un conjunto de dimensiones, aprendiendo a reconocer cuándo encaja alguien en alguna de esas dimensiones. Empleamos etiquetas como «dinámico», «extravertido», «inteligente», «emprendedor», «filosófico», etc. La cuestión que ello suscita es la siguiente: «¿Existen algunas cualidades fundamentales que podamos definir, reconocer y utilizar de forma sistemática y consistente y que nos sirvan para clasificar visones del mundo esencialmente diversas?».

«Modelos de realidad»

Nuestra experiencia nos habla de la existencia de puntos de vista «irreconciliables» que conducen a guerras, disputas, discusiones y malentendidos. Sabemos también que muchos de los intentos de resolver el conflicto, tales como guerrear, bombardear o disparar a la gente, no suelen conducir a la paz y la comprensión. Tal vez pudiéramos comprender mejor cómo surge el conflicto si conociéramos el «contexto cognitivo» del otro, la realidad en la que su punto de vista tiene absolutamente sentido. Es probable que no estemos de acuerdo con ese punto de vista, pero conocerlo nos permitirá saber cómo funciona. Si pudiéramos hacer eso mismo con un número suficiente de personas, descubriríamos temas y tendencias comunes en esas realidades diversas. Una vez en condiciones de reconocer y clasificar el modo en que cada cual crea su propia realidad, podríamos redactar un listado de criterios clave y encontrar algunas metáforas que nos ayudaran a extraer sentido de todo ello. Dada la variabilidad de la naturaleza humana, esta podría ser una tarea inmensa, dando por sentado que cada individuo del planeta va a su aire y tiene su exclusivo modelo del mundo que actualiza constantemente. De modo que necesitamos generalizaciones más amplias...

A medida que desarrollamos nuestra conciencia sensorial, que nos percatamos del comportamiento y el modo de emplear el lenguaje de los demás, aprendemos a apreciar las formas alternativas e idiosincrásicas en que cada cual comprende el funcionamiento del universo. La PNL describe una serie de tendencias y patrones de conducta: preferencias en cuanto a lo que se quiere ver, oír o sentir, «metaprogramas», etc. Sin embargo, tiene mucho menos que decir acerca de visiones del mundo y sistemas de creencias generales. Por consiguiente, vamos a necesitar algunas categorías y etiquetas nuevas.

El modelo de las cuatro realidades

Con este objetivo, permítaseme presentar un modelo cuádruple, antiguo y moderno a la vez, diseñado para describir realidades distintas. Se trata de un modelo que ha acompañado la historia de Occidente. A lo largo de milenios, se ha ido reinventando para adecuarse a las necesidades de sucesivas generaciones. Históricamente han existido innumerables formas «superficiales» de describir visiones del mundo alternativas, si bien más allá de la apariencia externa, la esencia se ha mantenido constante. Conocemos este patrón cuádruple bajo la forma de los cuatro elementos, los cuatro humores y más recientemente los tipos de personalidad de Jung. Existen muchas otras variantes, algunas de las cuales aparecen también en las culturas orientales.

Una versión reciente de este patrón la constituye el modelo

de las cuatro realidades (McWhinney, 1997), que consiste esencialmente en una puesta al día de este antiquísimo sistema de comprensión, cuyas raíces fija Will McWhinney en el budismo Abhidharma. Este modelo define cuatro realidades, contextos o visiones del mundo en donde el comportamiento tiene lugar, analizando asimismo el modo de producir cambios significativos y de resolver cuestiones mediante la creación de «itinerarios de cambio» a través de las distintas realidades.

La nueva narración que hace McWhinney de la historia ancestral se me antoja un medio excelente de organizar buena parte del material de PNL, y da sugestivas explicaciones para un buen número de los conflictos, debates y discusiones que infestan la vida cotidiana. Una vez identificada la clase de realidad o contexto cognitivo en el que nos encontramos, así como la clase de realidad en la que habita la otra parte, podemos actuar más productivamente en términos de comunicación, influencia y mantenimiento de la sintonía. Disponer de la flexibilidad adecuada para reconocer distintas visiones del mundo, así como para elegir las intervenciones apropiadas, aumentará sin duda las probabilidades de llegar a desenlaces deseables para las partes implicadas, proporcionándonos de paso, como propina nada desdeñable, una mayor comprensión del modo en que los seres humanos extraemos sentido a nuestra vida.

Para comprobar su funcionamiento, voy a demostrar cómo son de aplicación en la PNL las características fundamentales del modelo de las cuatro realidades. No es más que un comienzo. Queda aún muchísimo trabajo por hacer en términos de lo que McWhinney y sus colaboradores denominan: «itinerarios de cambio». Si estás interesado en el cambio en empresas u organizaciones, te recomiendo también que estudies los medios para crear cambio diseñados por McWhinney y cols. (1997). Aun cuando este libro no puede dar cabida a toda la información, el trabajo realizado y la reflexión ya existentes, te abrirá caminos para un estudio más profundo.

Hasta cierto punto ya estarás familiarizado con el modelo de las cuatro realidades, aunque no necesariamente de forma consciente ni en estos mismos términos, puesto que ya lo he estado utilizando en este libro, aunque sin nombrarlo explícitamente como tal. Sin saberlo, la PNL se mueve a través de las cuatro realidades y utiliza en sus técnicas algunos de los «itinerarios de cambio». El metaespejo constituye un primer ejemplo de un itinerario de cambio a través de las cuatro realidades (véase el capítulo 13).

Creo que, cuando te hayas familiarizado con este modelo, gran parte de la información que ya posees acerca del mundo, de la PNL y de la naturaleza del conflicto, así como de otros sistemas de información, conocimiento y sabiduría, «encajará» en su lugar del puzle. Mi propósito al explorar el contenido de la PNL consiste en que estemos en mejores condiciones para ver cómo todo se «une» y deriva de un mismo patrón subyacente, si bien hasta ahora no reconocido. Esta comprensión te proporcionará, asimismo, un modelo para tu propia exploración ulterior.

Una advertencia: ¡Tu comprensión del mundo en el que vives nunca volverá a ser la misma! Ello se debe a que estarás capacitado para percibir y clasificar las ideas, los conceptos, las comunicaciones y los conflictos, tanto de ti mismo como de los demás, de forma mucho más inteligible. Tu capacidad para establecer y mantener la sintonía, así como para influir, será asimismo mucho más efectiva.

Ejercicio 6.2: Identifica tu preferencia

Así pues, ¿qué son las cuatro realidades y cómo reconocerlas? He aquí un test rápido para descubrir tu preferencia particular:

- Decide cuál de las combinaciones siguientes te atrae más, cuál de ellas crees intuitivamente que designa mejor el interés prioritario en tu vida:

Reglas / Verdades	Datos / Pruebas
Ideas / Creatividad	Sentimientos / Valores

¿A cuál de ellas dedicas más tiempo? ¿A cuál prestas más atención? ¿Con cuál trabajas más a menudo? ¿Cuál exploras con más frecuencia? Una de ellas te resultará forzosamente más atractiva que las demás. Por ejemplo:

- Piensa en la clase de trabajo que haces. ¿Cuál es su aspecto *esencial*?
- ¿Qué haces por puro placer, para pasártelo bien?

Tal vez puedas afirmar legítimamente que las empleas todas. Me alegro de que en tu caso sea así. Sin embargo, la mayoría de personas sienten inclinación hacia alguna clase de actividad o interés en particular, de modo que deberás prestar atención a dicha tendencia. Te será más fácil si comienzas por la que te resulte más apetecible. No se trata de que te etiquetes diciendo: «Soy...» tal o cual modelo, ¡al menos hasta que conozcas mejor sus implicaciones!

Todos tenemos nuestras preferencias sobre qué hacer, en qué interesarnos y a qué prestar atención del mundo que nos rodea. Nuestro «modelo del mundo» incluye:

- información específica acerca del mundo: el conocimiento obtenido por medio de los sentidos;
- las «reglas» y generalizaciones que extraemos de esa información;
- los valores y prioridades que atribuimos a lo que consideramos importante, y
- nuestras propias ideas acerca de lo que es posible, de cómo suceden las cosas y de qué nos gustaría que ocurriera.

Aun cuando tengamos una realidad preferida, en nuestra implicación con el mundo nos movemos por las cuatro. Como sucede con otras descripciones de características humanas, tendemos a ser mezclas, a encajar en tendencias borrosas más que en clasificaciones rígidas.

El modelo de las cuatro realidades de McWhinney

El modelo de McWhinney divide el mundo en dos grandes dimensiones: pluralidad (el uno y lo múltiple) y entidad (libre albedrío y determinismo). La combinación de estas dos dimensiones da lugar a un «mapa» de cuatro casillas: Unitario [U], Sensorial [Se], Social [So] y Mítico [M] (Cuadro 6.1):

Cuadro 6.1: El modelo de las cuatro realidades

	Monista **Pluralidad**	*Pluralista*
Determinista	**Unitario [U]** Verdades Reglas Acción	**Sensorial [Se]** Datos Información sensorial Pruebas
Entidad		
(Libre albedrío) *Volitivo*	**Mítico [M]** Ideas Creaciones Estrategia	**Social [So]** Valores Sentimientos Decisión

En este mapa, las dos dimensiones constituyen el grado de diferenciación entre los elementos de la realidad y la fuente de movimiento, es decir, de cambio. La ubicación en este territorio viene dada por la respuesta a dos preguntas:

1. *¿Mueve el cambio las cosas hacia ser más parecidas o más distintas? Los cambios hacia la semejanza son monistas, mientras que los cambios hacia la diferencia son pluralistas.*
2. *¿Es la causa del cambio una condición externa y natural, o se debe a actos intencionales? El cambio externo implica determinismo, mientras que el cambio producido por el libre albedrío es volitivo.*

McWHINNEY *(1997: 25)*

Más que en las polaridades extremas, considera la posibilidad de estar situado en algún lugar intermedio entre cada dimensión, de modo que la realidad podría estar localizada en cualquier punto del área comprendida por las cuatro casillas. Es importante recordar que nadie puede vivir en un único cuadrante:

> Ninguna persona o grupo opera enteramente desde una única visión de la realidad, tal como aquí se definen. Nada sucede «donde uno está»; no hay acción dentro de una única realidad, porque las acciones de uno proceden de la conexión entre distintas visiones de la realidad. Cualquier intento de operar desde una u otra realidad en exclusiva denota una patología: un comportamiento fantasioso, un compromiso insuficiente con algún principio, un cuestionamiento indeciso de la propia percepción de los sentimientos ajenos, etc. A la inversa, un equilibrio electivo y articulado entre las distintas visiones de la realidad parece ser el indicador de una persona, cultura o sociedad maduras y sanas.
>
> McWhinney (1997: 29)

Todo comportamiento tiene lugar en un contexto; todo significado depende del contexto, que está constituido en parte por el entorno externo «objetivo», y en parte por nuestro propio entorno interno subjetivo. Operamos en todo momento dentro de una mezcla de creencias, preferencias, conocimientos, valores, ideas, generalizaciones y reglas. Cada una de las cuatro realidades tiene sus propias clases de reglas y creencias, así como distintas formas de ser. Cada modalidad tiene su propia forma de describirse a sí misma y de describir a las otras tres. Algunas de estas visiones del mundo te resultarán muy familiares, mientras que otras te parecerán extrañas. En este caso, suspende temporalmente tu incredulidad y permítete jugar con todas esas ideas.

Para recordarte tu familiaridad con las cuatro realidades, considera un momento las cosas que, en tu cultura, vienen en grupos de cuatro. Algunas te resultarán más conocidas que otras. Cada columna contiene el equivalente de las cuatro realidades para ese modelo específico. Encontraremos otras muchas versiones —incluyendo los cuatro arquetipos— y las relacionaremos con las cuatro categorías de Satir (véase capítulo 9). Para ejemplos de estos símbolos potentes y comunes en nuestra cultura, véase el cuadro 6.2.

Cuadro 6.2: El patrón cuádruple

Cuatro realidades	**Unitaria**	**Sensorial**	**Social**	**Mítica**
Budista	Samjña	Rupa	Vedana	Samskara
Jung	Pensamiento	Sensación	Sentimiento	Intuición
Mito del Grial	Espada	Lanza	Plato	Grial
Tarot	Espadas	Varas	Pentáculos	Copas
Juego de cartas	Picas	Tréboles	Diamantes	Corazones
Elementos	Aire	Fuego	Tierra	Agua
Humores	Sanguíneo	Colérico	Melancólico	Flemático
Animal/ Zodíaco	Hombre/Acuario	León/Leo	Buey/Tauro	Águila/Escorpio
Apóstoles	Mateo	Marcos	Lucas	Juan

Cambio

El conflicto surge cuando operan simultáneamente más de una modalidad de pensamiento, como veremos con mayor detalle en el capítulo siguiente. McWhinney afirma que el cambio siempre implica desplazarse de una realidad a otra, que es un camino a través de distintas modalidades de realidad. Él y sus colaboradores han identificado varios «itinerarios de cambio» significativos, utilizados en numerosos contextos personales, sociales, empresariales y organizativos. Compararé estos itinerarios «arquetípicos» con los que se dan en los procesos de PNL, de modo que puedas ver cómo funcionan.

La aplicación de esta clase de pensamiento constituye una modalidad relativamente nueva de gestión empresarial, en la cual hay todavía mucho por explorar. No obstante, variantes de este modelo han estado presentes en nuestra cultura durante milenios, apareciendo bajo formas diversas, siendo constantemente redescubiertos, reinventados y reinterpretados para servir a las necesidades de su época. La versión de McWhinney es la única que conozco que ofrece los criterios necesarios para la construcción de los cuatro cuadrantes. Cuando sabes cómo funciona la distinción entre ellos, puedes ver cómo diversas manifestaciones encajan en (son isomorfas con) un mismo patrón. En la teoría de la gestión empresarial existen muchas otras versiones, aun cuando sus autores no sean probablemente conscientes de su isomorfismo con el modelo de las cuatro realidades (véase capítulo 14).

Pensar de forma diferente

Esta forma de pensar no se corresponde con la idea de que «básicamente vivimos todos en una misma clase de realidad, aunque cada cual tenga sus preferencias en cuanto a qué prestar atención». No es eso. Lo importante es que cada una de esas realidades comporta una forma diferente de percibir el mundo y de operar en él. Cualquiera que sea tu modalidad, esa es *tu realidad* y es casi como si las demás no existieran. Vista desde otra realidad distinta, la tuya parece extraña. Eso importa para comprender que tampoco puede haber definiciones universales de los cuatro cuadrantes. El modo en que percibas las otras realidades dependerá de en cuál estés tú. Aun cuando tengas tu preferida, deberás ser lo suficientemente flexible en tu forma de pensar como para poder considerar descripciones alternativas a la tuya, aunque no estés de acuerdo con ellas. De hecho, resultaría imposible tener una sola forma de pensar. Para ser funcionales como seres humanos necesitamos las cuatro.

Aspectos de las cuatro realidades

Determinados estilos de vida tienden a ir de la mano de modelos de realidad específicos. Eso puede conducir a estereotipar o menospreciar a alguien por el hecho de que no encaje con nuestra modalidad de realidad vigente. Por ejemplo:

- En la realidad unitaria, el líder clama: «Hay que obedecer las reglas», «Así es como se hacen las cosas», «¡Quien no está con nosotros está contra nosotros y tiene que ser expulsado!».
- En la realidad sensorial, el científico piensa: «Hay una explicación para esto», «Hay a menudo varias formas de resolver un problema», «La ciencia es neutral, son los políticos quienes la usan para bien o para mal».
- En la realidad social, lo que le preocupa al activista es: «Deberíamos considerar otras opiniones», «Lo que cuenta es el bien social», «Hay que salvar el planeta».
- Y en la realidad mítica, el creativo murmura para sí: «¡Tengo una idea!», «¡Exploremos eso y juguemos con ello!», «Oye, ¿no sería fantástico que...?», «Eso me recuerda aquella historia...».

Dependiendo de dónde estés, formularás preguntas acordes con ese modelo del mundo. En el cuadro 6.3 encontrarás algunas de las preguntas que podrían plantearse acerca de las distintas visiones del mundo, de las diferentes realidades.

Construiremos un conocimiento funcional de las características de cada modalidad: sus comportamientos típicos, su forma de pensar habitual, su lenguaje propio, etc. La función descriptiva de la PNL nos proporciona detalles sobre las preferencias en términos de sentidos, motivación, estrategias, formas de estructurar la información, organización del tiempo, etc. Son todos ellos aspectos de nuestro comportamiento. La modalidad de realidad está relacionada con el *contexto* en el que hacemos las cosas. Nuestro modelo del mundo es arbitrario en el sentido de que, en algún nivel, lo hemos elegido. Como sucede con múlti-

Cuadro 6.3: Preguntas típicas formuladas desde cada realidad

Unitaria: ¿Cuáles son aquí las reglas? ¿Está esto en armonía con los principios? ¿Cuál es la teoría subyacente? ¿De qué presuposiciones se parte? ¿Cuál es la verdad que hay en eso?	**Mítica:** ¿Qué significa esto? ¿Qué oportunidades podrían surgir de ello? ¿Cuál es la historia que hay detrás? ¿Cuál es la base metafórica? ¿Qué podría suceder si...?
Sensorial: ¿Qué está pasando? ¿Cuáles son los datos? ¿Qué es lo que funciona? ¿Qué es lo que podría funcionar? ¿Cómo conectan las cosas entre sí? ¿Qué recursos están disponibles? ¿De qué realimentación disponemos?	**Social:** ¿Qué es lo importante? ¿Qué siente la gente respecto a eso? ¿Cómo motivará eso a la gente? ¿Son los cambios justos para todos los implicados? ¿Cómo podemos lograr lo que nos importa?

ples descripciones de la experiencia humana, sólo podemos ser conscientes de la opción que hemos tomado si lo somos también de las alternativas, de cómo es posible ser diferente.

Imaginación

> Pregunta número 1: Describe el sabor de la Luna. «Sabe a creación», escribí. «Tiene el sabor de la luz de las estrellas.»
>
> BRIAN PATTEN,
> *The Minister for Exams*

En el mundo mítico, «poético y sin límites», la lógica es irrelevante. La imaginación nos permite hacer lo que queramos. Podemos debatir el sentido de la vida con Hamlet, visitar el bar de Rick en *Casablanca*, luchar contra Darth Vader o ser representados por *Ally McBeal* en un juicio. Podemos rebobinar el pasado y reprogramar nuestros recuerdos para que apoyen nuestra manera de ser actual. Podemos imaginarnos *Atrapados en el tiempo*, para explorar otras versiones de nosotros mismos y comprobar las consecuencias de cada cambio. Cada novela, película o programa de televisión crea un nuevo universo.

Para comprobar nuestro futuro, desplegamos historias y escenarios alternativos, que nos permiten saber más sobre nosotros mismos. Antes de que las cosas se conviertan en realidad en el «mundo real», ya las hemos ensayado en nuestra imaginación. La mente utiliza todos los recursos con los que jugar: información, habilidades, planes, reglas, motivación y valores.

Pasamos gran parte de nuestra vida pensando en lo que «podría ser» o en lo que «podría haber sido». Por ejemplo, para poder «preocuparnos» necesitamos haber imaginado antes un escenario en el que la acción desemboca en un resultado indeseable, y actuar después como si eso fuese cierto... «Nos lamentamos» debido a la evocación de una decisión tomada en el pasado, deseando haber elegido otra opción: «Si no hubiera...». Viviendo esta vida que no es la que tuvo lugar realmente, podemos crear tanta miseria —pero también tanta alegría— como queramos.

El proceso del cambio

En el modelo de las cuatro realidades, el cambio implica desplazarse de una realidad a otra. Adquirimos comprensión percibiendo el mundo desde diferentes puntos de vista. La técnica principal de varias formas de terapia consiste en mover al cliente desde donde se encuentra atascado y sin elección, o desde el mundo de la ilusión —*maya*— hacia el mundo de los hechos, los datos y los sentidos físicos, basado en la evidencia: ver, oír, palpar, oler, saborear. La realidad sensorial es el reino de la lógica y de la causa-efecto. En él verificamos las hipótesis y hacemos comparaciones; de él extraemos las pruebas del progreso y el cambio. Estar en la modalidad sensorial nos devuelve a la tierra, de modo que podamos percatarnos de lo que es necesario enmendar, de lo que hay que cambiar.

Miramos la realidad que hemos creado y la comparamos con lo que *podría ser*. Tomamos decisiones sobre qué es importante y qué no lo es, nos motivamos para cambiar imaginando objetivos valiosos y fijando logros deseables: «Vale la pena tener esto. Eso es lo que yo quiero». Contemplamos una situación futura posible, nos colocamos en ella para sentir cómo sería y entonces, si se corresponde con nuestros requerimientos, decidimos: «¡Ve a por ello!». En último lugar, verificamos si hemos alcanzado realmente el objetivo. Y así una y otra vez.

La evidencia de nuestros sentidos nos informa de que ya es «hora de cambiar». Al pasar a la realidad social decidimos qué es lo que vale la pena y lo que nos parece correcto. Exploramos con nuestra imaginación formas de alcanzar nuestros deseos. Una vez que sabemos lo que queremos, lo materializamos: reformamos el mundo, realizamos el viaje, apartamos las distracciones y las desviaciones. La «verdad» requiere atención concentrada y compromiso. ¿Se mantendrán en el tiempo nuestras buenas intenciones? Finalmente, necesitamos percatarnos de nuestros logros, recibir información del universo sobre las consecuencias de nuestras acciones. ¿Estás en el buen camino? Mira a tu alrededor...

Mientras renovamos con éxito nuestro universo, no parece necesario darnos cuenta de cómo cruzamos una y otra vez las «fronteras» entre realidades distintas. Sólo nos hace falta esta clase de constatación cuando nos sentimos «atascados». El estancamiento indica que nos hemos quedado fijos en un mismo punto de vista. La forma de salir de ello consiste en pasar a otra modalidad de realidad. Podemos actuar «como si» fuésemos otra persona, adoptando su punto de vista, distinto al nuestro, o elevándonos conscientemente a un «nivel superior», distanciarnos de todo el sistema para poder reflexionar sobre él y decidir qué camino seguir, clarificar qué modalidad de pensamiento es la más adecuada para el cuadrante que nos concierne. Una vez que nos encontramos «por encima de todo eso» podemos reunir los recursos necesarios, emplearlos allí donde hacen falta y transformar nuestra vida.

En el capítulo 4 vimos una versión del proceso del metaespejo. La «relación difícil» está en nuestra imaginación. Colocarte en tercera posición equivale a enjuiciar a esa persona de la primera posición que se parece a ti. ¿Qué hace falta para ello? ¡Recopilar datos y reunir algunos recursos es muy importante! En general, basta con bajar a la persona a la tierra o cambiar su estado para que vuelva a prestar atención a los aspectos físicos de su entorno. Puedes ayudarla a regresar a un estado asociado invitándola a percatarse de las sensaciones de aquí y ahora.

Un ejemplo. Haz lo siguiente mientras lees este párrafo:

> Siente el contacto de tus pies sobre el suelo y el modo en que tu cuerpo descansa sobre la silla. Observa la sensación del libro en tus manos, su peso, el modo en que tus dedos tocan la cubierta o se preparan para pasar la página. Nota el aire sobre tu piel y percátate de la temperatura de la habitación. Presta atención a todos los sonidos que puedas oír: el ronroneo de las máquinas, el soplo del viento, el ruido de la calle…, cualquier cosa que suceda a tu alrededor.
>
> Observa todo eso. Luego deja de leer y mira a tu alrededor. ¿Notas alguna diferencia? Limítate a estar en el presente y observa cómo te va.

Ejercicio 6.3: Los orígenes del conflicto

Al principio del presente capítulo evocaste algún conflicto o alguna confusión de tu vida. A la luz de lo que ahora ya conoces acerca de las cuatro realidades, ¿cómo ves ahora ese acontecimiento?

- ¿En qué modalidad de realidad estabas durante ese episodio?
- ¿Podrías decir de dónde procedía la otra persona?
- ¿Procedíais ambos de distintas modalidades de realidad?

No pasa nada si aún no lo sabes. En el capítulo siguiente exploraremos algunos de los conflictos que surgen de la interacción de las cuatro realidades. Estar en realidades distintas implica un potencial de conflicto, mayor o menor, de modo que es conveniente poder identificar los conflictos que se dan entre ellas.

Está bien que comiences jugando con lo conceptos, de modo que te puedas ir familiarizando con este marco perceptivo, con este modo de comprender cómo piensan las personas. Con anterioridad, probablemente te sentías perdido al no estar en condiciones de comprender la razón de tu incomodidad o tu irritación.

Veías que alguien procedía de un lugar distinto al tuyo, con puntos de vista contradictorios, pero no sabías cómo responder adecuadamente. Ahora, sin embargo, con algunos conocimientos y alguna comprensión más acerca de las distintas visiones del mundo, puedes establecer sintonía con los demás y, por consiguiente, comunicarte mejor con ellos y encontrar una vía de solución al conflicto.

¿Por qué cuatro?

Generalmente, podemos manejar cuatro distinciones claramente diferentes. En su artículo, ya clásico, *The Magic Number 7±2*, el psicólogo George Miller (1956) sugería que el número máximo de distinciones que podemos hacer se encuentra entre 5 y 9, es decir, 7 más/menos 2. Eso significa que la mayoría de personas pueden considerar, recordar y comparar cuatro fragmentos distintos de información, pero que más de eso resulta mentalmente extenuante. Por lo general, nos sentimos más a gusto con cuatro o menos.

Aun a riesgo de simplificar en exceso, manejar cuatro aspectos de la realidad será siempre mejor que manejar uno solo e indiferenciado. También resultará mucho más informativo que las habituales dicotomías hombre/mujer, izquierda/derecha, Marte/Venus, libre albedrío/determinismo, naturaleza/educación, etc. La polarización no parece ser el mejor medio para la resolución de conflictos. Dentro de la PNL, vemos que existen algunos modelos que encajan ya en ese patrón de cuatro, así como otros que utilizan parte del mismo. Si conoces la PNL, este libro te ayudará a descubrir cómo encajan en ese patrón. A un nivel más general, sugiero que comiences a observar el mismo patrón en otras descripciones de la vida cotidiana.

Repaso general

La PNL es el estudio del modo en que construimos nuestra realidad personal y comprendemos nuestra experiencia. Realizamos gran parte de todo eso mediante el uso de metáforas. Para comprender nuestro universo así creado, nos «distanciamos» de él y buscamos patrones y coherencias. Generalizamos nuestra experiencia y creamos nuestras propias teorías y modelos, para que nos ayuden a «ver qué está ocurriendo».

Cada modelo proporciona otra forma de comprender la existencia humana, de tomar conciencia de los patrones del comportamiento humano. La metáfora del viaje nos ayuda a concebir el proceso dinámico del «cambio». El modelo de las cuatro realidades nos proporciona una metáfora, la del itinerario, para comprender «de dónde procede la otra persona» y cómo ocurre el cambio.

No se trata de «ideas originales». Lo único nuevo es el modo en que aplicamos esa sabiduría ancestral a nuestras necesidades actuales. Este modelo arquetípico, esta forma de pensar, nos capacita para reinterpretar la PNL de un modo útil y generativo, que nos conduzca a la comprensión. Eso significa que podemos crear o adaptar procesos de cambio para que se correspondan con nuevas necesidades, así como descubrir formas de mejorar nuestra comunicación para que sea más eficaz.

Estamos constantemente cambiando de realidad y desplazándonos de una visión del mundo a otra. Ahora que ya disponemos de palabras para describir eso, podemos aprender algunas nuevas reglas y algunos nuevos juegos. Con un propósito más claro, estamos en mejores condiciones para saber qué camino nos interesa tomar para alcanzar nuestros objetivos.

7

Sintonía con las cuatro realidades

> La verdad surge de los desacuerdos entre amigos.
>
> DAVID HUME

Resolución de conflictos en cuestiones difíciles

En casa aprendemos a estar de acuerdo o en desacuerdo. En los centros de enseñanza, el conflicto es considerado como una oportunidad para aprender algo nuevo sobre lo que uno hace, sobre los demás y sobre uno mismo, por lo que es bienvenido en lugar de evitado. Podemos aprender a tolerar los puntos de vista de los demás, e incluso a disfrutar con ellos, puesto que precisamente por medio de la comprensión de la diferencia podemos crecer.

> *El conflicto surge de los intentos de producir cambios.* La resolución del conflicto y la resolución de cuestiones complejas comparten un mismo marco: ambas dependen del manejo de diferentes imágenes de la realidad, mantenidas por las distintas partes implicadas en el conflicto o en la cuestión a dirimir.
>
> MCWHINNEY (1997: 8)

Para comprender mejor la naturaleza del conflicto, vamos a trabajar sobre el conjunto de distinciones que nos proporciona el modelo de las cuatro realidades. Ello nos permitirá penetrar en los «campos opuestos» y movernos entre ellos, viendo el mundo a través de sus respectivos ojos. Cada modalidad de realidad tiene su propia visión de las otras tres. Conocer la visión del mundo de otra persona nos proporciona un contexto que nos ayuda a extraer sentido de su comportamiento y su forma de comunicarse, e incrementa nuestra capacidad para establecer y mantener la sintonía con ella, incluso cuando esa persona parezca resistirse o ser impenetrable a los métodos «tradicionales» de generación de cambio. Hay en este terreno mucho trabajo por hacer todavía. Partiremos de donde estamos, descubriendo maneras de aumentar la sintonía con las cuatro modalidades de realidad.

Manos a la obra

En el mundo fáctico de la evidencia sensorial, compartimos percepciones con la mayor facilidad, aunque no siempre sin disputas. Podemos igualarnos directamente a otra persona utilizando nuestros sentidos: viendo su postura y sus gestos, escuchando sus palabras y el tono de su voz, sintiendo su fuerza o su energía. Podemos igualarnos a ella o desigualarnos de ella a placer. Cuando imitamos a alguien generalmente no se da cuenta, a menos que esté prestando específicamente atención al «lenguaje corporal», en cuyo caso se percatará brevemente de las semejanzas y seguirá adelante con la interacción. Tal vez una de las razones por las que la mayoría de personas no lo perciben estribe en que no viven demasiado en modo sensorial. Tal vez lo que realmente deseamos es ser reconocidos por nosotros mismos, por la realidad que hemos elegido: nuestras ideas, nuestras opiniones, nuestros valores, nuestras creencias, etc. En cualquier caso, igualarse a otra persona en cuanto a la postura corporal y los gestos y movimientos funciona extremadamente bien, porque los seres humanos somos «sistemas»: al imitar cualquier aspecto conectamos con el resto. Ya sabemos que, adoptando su postura, podemos introducirnos en el mundo interior de otra persona. Preguntarse: «Cuando me encuentro en este estado, ¿qué debe ser verdad?» va más allá de lo físico y atañe a las características del universo mental del otro.

Ejercicio 7.1: Otras realidades

Puesto que los demás van a estar a menudo en una realidad distinta a la tuya, necesitarás saber cómo establecer sintonía con cada una de las modalidades. Cada una de ellas tiene su propio «estilo» de sintonía.

En primer lugar, observa con qué clase de desarmonías te encuentras a nivel cotidiano.

- ¿En qué tipo de discusiones o desacuerdos te has visto involucrado? ¿Cuáles eran los puntos de conflicto fundamentales?
- ¿Acaso dijiste algo y la otra persona te respondió de forma extraña o incluso hostil, que tú consideraste sorprendente, fuera de lugar o totalmente inapropiada? «¡¿Cómo?!»
- ¿Crees que fuiste malinterpretado? «¡Eso no es lo que yo quería decir!»

Utilizando el ejercicio del metaespejo, colócate físicamente en cada posición:

- Sitúate brevemente en la primera posición para evocar la experiencia de ser tú mismo en ese conflicto.
- Luego pásate a la tercera posición y echa un buen vistazo a ese «tú de ahí». Observa cualquier detalle que te pueda informar acerca de la modalidad de realidad en la que estabas en aquella situación. ¿Tratabas de comunicar hechos, sentimientos, ideas o reglas? Eso te indicará tu realidad preferida de entonces.
- Haz ahora lo mismo con la «oposición». Colócate en la segunda posición, en el lugar «del otro», y sé él durante un tiempo, defendiendo su postura.
- Sal otra vez y observa de dónde viene cada cual. ¿Qué es lo que tratan de comunicar?
- Compara ambas partes. Lo más probable es que estén en modalidades distintas.

Al familiarizarte con el modo de hacer las cosas de los demás, puedes aprender a pasar a su modalidad para aumentar la sintonía. Es probable que esto te resulte más complicado que imitar simplemente su postura corporal. La postura te ayudará, sin duda, e incluso puede que sea más importante que igualar el contenido. Puedes estar o no de acuerdo con el contenido, sin dejar por ello de imitar la postura y los gestos.

¿Dónde, exactamente, fallas en tus comunicaciones? Analizarlo te proporcionará pistas acerca de lo que podrías hacer de otro modo. El amplio campo de la mala comunicación y el malentendido sugiere que queda mucho por aprender. Una fuente común de desacuerdo entre las personas sería la percepción sobre las habilidades de conducción. Mientras que todos sabemos que nuestra forma de conducir está por encima de la media (¡), es probable que la persona que se sienta a nuestro lado prefiera no comentar nuestra habilidad, nuestra actitud, nuestra atención, nuestra capacidad de observación, etc. ¡Lo que tarde en comentar todo eso en voz alta dependerá de su capacidad para establecer sintonía!

Ejercicio 7.2: Las normas de tráfico

¿Cuál es tu actitud hacia la conducción? Echa un vistazo a las siguientes afirmaciones y observa cómo respondes a cada una de ellas. Decide cuál se aproxima más a tu actitud:

- La gente tiene que adaptarse a las normas de conducción. Las transgresiones como saltarse los límites de velocidad o cruzar la línea continua deberían ser castigadas, sean cuales sean las circunstancias. Eso serviría de ejemplo a los demás. De lo contrario, la anarquía acabaría reinando en la carretera.
- Está demostrado que la velocidad es una de las causas de muerte en los accidentes automovilísticos. Si un coche choca contigo a 40 kilómetros por hora, hay un cincuenta por ciento de probabilidades de que mueras. Si la velocidad es el doble, es prácticamente seguro que el impacto será mortal.
- Es importante que se obedezcan las normas, porque todos

tenemos que poder sentirnos seguros en la carretera. Cualquiera que conduzca peligrosamente, despreciando a los demás, debería ser reeducado para convertirse en un miembro apto de la sociedad.
- Veo los indicadores de velocidad, las líneas continuas y demás señales como «sugerencias para el conductor», del mismo modo que la fotografía del envoltorio de galletas es una sugerencia del modo en que podrías servirlas.

Tal vez estés de acuerdo en más de una de estas opiniones, o quizás estés en desacuerdo con todas ellas. ¡Tampoco está mal si lo tuyo es una mezcla! Probablemente puedas identificar qué afirmación, qué forma de pensar, corresponde a cada una de las cuatro realidades. Estudiemos estas distintas actitudes.

Normas con las que vivir

Vivimos en una sociedad basada en las normas, que permiten funcionar al individuo, al grupo, al equipo, a la organización y a la sociedad: «Sabemos qué hay que hacer en esta situación». El lado malo consiste en que eso tiende a generar conformismo. Nuestra sociedad emplea un gran número de personas cuya función específica consiste en hacer seguir las normas, así como en castigar a quienes no las cumplan. En los primeros años, padres y maestros dedican mucho tiempo a inculcar normas a sus hijos y alumnos. De hecho, si no fuera así, los chavales crearían sus propias normas, como de hecho sucede dentro de las pandillas. A medida que crecen, van pasando de pensar en las normas en términos de blanco o negro, a darse cuenta de que son arbitrarias, que están dictadas por otros y que, por consiguiente, pueden ser hasta cierto punto «ajustadas». Aunque no se nos diga explícitamente cómo se organiza cada uno de los aspectos de nuestra sociedad, tendemos a cumplir las normas de etiqueta, las de indumentaria y las de conducta, de modo que «encajemos» con los demás y no «sobresalgamos» de la masa. Aunque optemos por no hacer nada al respecto, bien pronto distinguimos a quienes no se conforman.

Se nos instruye acerca de las reglas formales. Aprendemos a obedecer las señales de tráfico y andamos por la acera en lugar de hacerlo por la calzada. Aprendemos los comportamientos adecuados para la escuela, la iglesia, la biblioteca, el restaurante o el cine, y obedecemos las normas de los carteles que dicen: «No fumar», «Prohibido el paso» o «No pisar el césped».

También adoptamos reglas «extraoficiales». Generalmente, en los ascensores nos ponemos mirando a la puerta. En la ciudad tendemos a caminar por el lado derecho de la acera, a pesar de que en el Reino Unido conduzcamos por la izquierda. ¡Tal vez eso explique por qué chocamos siempre con la gente!

Cada vez que una innovación se hace popular, como en el caso de Internet, el correo electrónico o los teléfonos móviles, enseguida desarrollamos unas normas y una etiqueta para su utilización. En los cursos de interpretación dramática se nos pide habitualmente que apaguemos los móviles, pero en espacios públicos como la calle o el tren, las normas aún están emergiendo.

Las normas de las cuatro realidades

Las cuatro realidades presentan diversos aspectos de la vida cotidiana. Aunque la realidad unitaria preste especial atención a las normas y los principios, cada una de las realidades tiene sus propias reglas y formas de funcionar.

Para aumentar la sintonía con alguien situado en otra realidad, necesitarás comprender las reglas y generalizaciones con las que opera.

[U] Realidad unitaria: principios y políticas, credos y doctrina

> En ese momento el rey, que había estado muy ocupado escribiendo en su libro de notas, gritó:
>
> —¡Silencio! —y acto seguido leyó de su libro—: Regla cuarenta y dos. ¡Toda persona de más de mil quinientos metros de altura abandonará la corte! —todos miraron a Alicia.

—*Yo* no mido mil quinientos metros —protestó ella.
—Ya lo creo que sí —respondió el rey.
—Casi dos mil metros —añadió la reina.
—Bueno, da igual, no me pienso ir —contestó Alicia—. Además, esa no es una norma habitual, te la acabas de inventar.
—La más antigua del libro —respondió el rey.
—¿Ah, sí? Entonces, ¿cómo es que no es la número uno?

LEWIS CARROLL,
Alicia en el País de las Maravillas, cap. 12

La personalidad unitaria extrema vive en un mundo constreñido y ordenado, lleno de normas y principios. Verifica constantemente el cumplimiento de las leyes, así como que cualquier nueva información se corresponda con «la verdad». No hay juicios morales, porque lo único que importa es saber si se cumplen las doctrinas. Cualquier cosa disconforme con ellas es automáticamente rechazada. La atención se centra en hacer el trabajo. El cambio ocurre al seguir las reglas para obtener resultados previamente predichos. Las nuevas formas de hacer las cosas surgen de la reinterpretación de los mismos principios de siempre. La persona unitaria trabajará probablemente donde impere una fuerte tradición de normas y reglas, como en el ámbito legal, en las matemáticas o en movimientos fuertemente religiosos.

La realidad unitaria se ocupa de la Verdad. La vida gira en torno al conocimiento y la obediencia de las normas, el conformismo y mantener a la gente «a raya». En una cultura, un grupo, una sociedad o una organización unitarios, necesitas conocer las reglas: «Así es como hacemos aquí las cosas». Sus miembros necesitan disciplina y compromiso para que las cosas se hagan. La presunción compartida consiste en que hay un solo medio correcto, y lo que importa es que todos se adapten a él. Quien no se conforma es inicialmente invitado a hacerlo, y si eso no funciona, o bien se le aplican sanciones o el individuo en cuestión (a menudo etiquetado como «hereje») es excluido.

En la modalidad unitaria, la PNL trabaja con una serie de principios o presuposiciones, cuya relación encontrarás en numerosos textos especializados, como, por ejemplo, en Bodenhamer y Hall (1999, cap. 4). He aquí algunas de las presuposiciones de la PNL:

- El significado de tu comunicación es la respuesta que obtienes.
- Si haces lo que siempre has hecho, conseguirás lo que siempre has conseguido.
- No hay errores, sólo realimentación.
- Toda persona hace lo mejor que puede, dadas las opciones disponibles.
- No hay clientes difíciles, sino comunicadores inexpertos.
- Todo comportamiento es útil en algún contexto.

Al realizar algún ejercicio dentro de un programa de formación como practicante de PNL, probablemente se te pedirá que «sigas las instrucciones», porque de este modo funcionará: el formato ha sido verificado; hay que pronunciar determinadas palabras. Como ya señalé en el ejercicio con el metaespejo, en la tercera posición tienes que decir: «¿Cómo respondes a ese tú de ahí?». Esta frase contiene mucha información en cuanto a permanecer disociado y mantener la separación entre lo que uno ve y lo que uno siente. Si te limitaras a parafrasear sin comprender el principio, probablemente el efecto no sería el mismo. De modo que, como regla general, cuando realices un ejercicio sigue las instrucciones. Concéntrate en «hacerlo», en lugar de tratar de evitar el cambio discutiendo hipotéticos ejemplos u otras cuestiones.

Sintonía con la modalidad unitaria

Tú eliges ser o no flexible en tu comunicación con los demás. Disponer de las habilidades no equivale a que te vayas a convertir en el rey del Universo, ni a que puedas ir por ahí empujando a los demás. Es más aconsejable adoptar un planteamiento filosófico más bien oriental, y utilizar el conocimiento con humildad.

Imita la realidad unitaria adaptándote a su forma de hacer las cosas. En el seno de una organización, adopta sus normas de indumentaria y utiliza su jerga, por así decirlo. Necesitas averiguar cuáles son las reglas, tanto las explícitas (estatutos legales, prácticas de negocio habituales, etc.) como las implícitas (la forma real de funcionar), porque ellas te indicarán dónde puedes introducir cambios y dónde no.

Para establecer una buena sintonía tienes que cumplir con las normas, de modo que seas visto como «uno de los suyos». Luego, según sea tu objetivo, ya podrás conducirlos hacia otra realidad distinta:

[Se] Sacando a la luz pruebas y procedimientos. Diseñando tests que proporcionen nuevos datos y nuevas teorías. Redactando planes de acción.

[So] Convirtiendo a la gente por medio de marcos hipotéticos basados en políticas en curso, llevándoles a tomar en consideración otros valores, otras prioridades, los sentimientos de otras personas, etc.

[M] Inspirando el cambio por medio de historias, metáforas, símbolos, emblemas, etc.

[Se] Realidad Sensorial: Hechos, datos, experiencias, leyes científicas

> Lo único que me interesa son los hechos. Enseñarles a estas chicas y estos chicos nada más que hechos. Son lo único que cuenta en la vida. Tan sólo con hechos se puede formar las mentes de los animales racionales: ninguna otra cosa servirá. Este es el principio bajo el que educo a mis hijos y también a estos chicos. ¡Limítese a los hechos, señor!
>
> CHARLES DICKENS, *Tiempos difíciles* (1854)

La personalidad extremadamente sensorial vive en el mundo natural de los hechos, los objetos y las cosas, reuniendo información por medio de los sentidos, observando, comparando y analizando el modo en que una cosa conduce a otra. La información es «neutral» en el sentido de que no hay juicio moral que hacer. Este es el mundo de la unión en el tiempo entre la causa y el efecto. El cambio no es entendido como sujeto a las veleidades de la necesidad humana de control, sino como determinista o evolutivo. El individuo sensorial está predispuesto a trabajar como ingeniero o como científico interesado en la física, la evolución o la genética; en cualquier ocupación que implique seguir procedimientos o trate de dar satisfacción a las necesidades básicas de confortabilidad y seguridad física.

Las personas sensoriales viven en el mundo duro y científico de los datos y las pruebas. Para que tu comunicación tenga sentido para ellas, tendrá que estar formulada en estos términos. Cualquier elemento «sentimental» caerá inmediatamente bajo sospecha. Tendrás que hablarles en términos de hechos y lógica. Un ejemplo podría ser Mr. Spock, de *Star Trek*. Estas personas tienden a identificarse con cierta forma de ser: «Soy el director científico (o el ingeniero jefe...)». Aunque te cueste creer que un científico de bata blanca pueda utilizar la imaginación del mismo modo que un artista, lo cierto es que así es como la utiliza para resolver problemas técnicos y crear soluciones, que materializará en términos físicos.

La modalidad sensorial requiere racionalidad y lógica: «¿Cuál es la prueba? ¿Puedes demostrarlo? ¿Existe alguna investigación sobre eso? ¡Quiero datos!». Huirá de cualquier cosa que huela a magia o a «tonterías de la nueva era». La realidad mítica —el mundo del artista, del mago— constituye el polo opuesto de la sensorial. Algunos textos de PNL contienen la palabra «magia» en su título. Esta mención proviene de la cita de C. Clarke en *Profiles of the Future* (1962): «Toda tecnología suficientemente avanzada es indistinguible de la magia». En otras palabras, cuando la tecnología nos asombra, la percibimos como algo mágico. Cuando ya la entendemos, se nos antoja «ordinaria». Para que cualquier tecnología se convierta en realidad, tiene que haber existido antes un sueño o una fantasía sobre lo que podría ser. Tan sólo así podrán transformarse estas ideas en realidades físicas. Cada realidad necesita de las otras, aun cuando cada uno de los roles pueda ser llevado a cabo por individuos distintos: los «cerebros» y los «creativos».

En la modalidad sensorial, la PNL trabaja con la agudeza de los sentidos, con la causa y el efecto y con procedimientos basados en la evidencia. Las normas de esta realidad surgen de la observación y los datos, y se ocupan de la predicción basada en teorías y modelos de cambio explícitos. La PNL pone un gran énfasis en la recopilación de pruebas en términos de los cinco sentidos, con el fin de formar una base lo más «racional» posible para el cambio, prestando atención a la percepción sensorial externa, más que a lo que mora en el mundo interno e irreal de los prejuicios, la subjetividad o la proyección.

Sintonía con la modalidad sensorial

Podrás imitar la modalidad sensorial con algunas de las estrategias detalladas en el capítulo 3. También deberás hablar su mismo lenguaje, lo cual significa conocer su jerga y sus abreviaturas, así como disponer de un conocimiento y una comprensión reales de sus actividades. Para quienes viven en esta realidad, el mundo parece lógico y evidente, y si te perciben como «artista», «místico» o «sentimental», dudarán de tu capacidad para pensar de forma racional. Tal vez te convenga adoptar temporalmente un estatus inferior y mostrar ignorancia, pero más te valdrá «hacer los deberes» y ponerte al día, para poderte implicar con ellos en una discusión racional en sus propios términos.

Cuando ya hayas conseguido establecer sintonía en la modalidad sensorial, podrás conducir a la persona a otra realidad:

[U] Contrastando la evidencia con la teoría. Clasificando información. Buscando la esencia, los principios fundamentales subyacentes.

[So] Discerniendo lo realmente importante de la situación. Organizando las influencias: análisis de campo de fuerzas, diagramas, etc. Descubriendo los sentimientos y las emociones relacionados con los hechos.

[M] Creando ideas y descubriendo metáforas descriptivas, que arrojen luz sobre la situación para clarificar su sentido. Acompañamiento futuro, visión de escenarios posibles.

[So] Realidad Social: Valores, ética, motivación

—¿Qué es lo que más te gusta en el mundo, Pu?
—Bueno... —dijo Pu—, lo que más me gusta... —y se tuvo que detener a reflexionar, porque aunque comer miel *era* algo muy bueno, había un momento antes de ponerse a hacerlo que era aún mejor que hacerlo, pero no sabía cómo se llamaba eso.

A. A. MILNE,
El osito Winnie Pu (1928)

La personalidad extremadamente social vive en un mundo preocupado por los valores y los sentimientos, implicada en juzgar y evaluar a los demás y a sí misma. En todas sus interacciones sociales, es consciente de lo que los demás consideran importante, como si les leyera la mente. Hay una creencia en la mejora de la humanidad. La sociedad es volátil y las personas y las relaciones evolucionan a través de la interacción social —idealmente mediante consenso— y del mantenimiento de valores compartidos en un mismo marco ético. No hay juicios morales, porque lo que importa es la apertura a las necesidades de los demás, y éstas cambian constantemente. Las personas marcadas por una fuerte preferencia social trabajarán probablemente en profesiones relacionadas con el cuidado y la ayuda, en trabajos sociales, en un cambio organizativo, en uniones sindicales o en negociación.

La realidad social trata con sistemas de valores individuales y colectivos, con prioridades personales, con la comunidad, con inquietudes sociales basadas en sentimientos y deseos. Elegir qué hacer implica comparar alternativas y fijar prioridades. Las personas se sienten motivadas cuando tienen la sensación suficientemente fuerte de que algo tiene que cambiar, y han decidido que determinado objetivo vale la pena. A nivel individual, ésta es precisamente la intención de la búsqueda, la razón por la que vale la pena emprender el viaje.

La PNL penetra en el territorio de la realidad social cuando deduce valores y motivación, o cuando interroga sobre objetivos: «¿Qué es lo que buscas?»; lo que la persona desea alcanzar, la clase de cosas hacia las que se dirige en su vida. Si quieres motivar a alguien, necesitas saber qué es lo que le mueve. La realidad social trata de la priorización de aquello que se considera más importante.

Las personas situadas en la realidad social evalúan alternativas, contrastan sus sentimientos con los de los demás y efectúan juicios de valor sobre sí mismas —qué estilo de vida llevan, qué decisiones toman, cuál es su forma de ser— así como sobre el entorno social del que forman parte: la ética de su sociedad y las buenas o malas consecuencias para todos de las decisiones que se toman. Si te aproximas a ellas desde la realidad sensorial, aunque creas que simplemente estás ofreciendo información neutral, es probable que la tomen como un comentario personal y les siente muy mal. Después de eso, todo lo que añadas será interpretado bajo este mismo prisma:

> «Me siento insultado y rechazado porque sientes la necesidad de corregir mis errores gramaticales.»
> «No te gusto a causa de mi coche (mi casa, mi corbata, mi vestido...). De modo que, en realidad, ¡no me quieres!»
> «Soy un fracaso. Me estás diciendo que he malgastado veinte años de mi vida tratando de hacer este trabajo.»

Un ejemplo de mi propia vida. Le dije a mi pareja: «Tu viejo televisor me cansa la vista». Se lo tomó como un ataque personal: «¿Me estás diciendo que *mi* televisor, *mis* cosas, no son suficientemente buenas para ti?». En lugar de tomarse la comunicación como una mera declaración de «hechos» [Sensorial], vio en ella una crítica a la elección de sus posesiones, todo ello porque se me ocurrió verbalizar un comentario «negativo» y ella se lo tomó como una crítica personal. Fueron necesarias muchas explicaciones, junto con extensas aclaraciones sobre las diferentes modalidades de pensamiento.

Ejercicio 7.3: «Pisa suave...»

Considera cómo te hacen sentir los comentarios o los cambios hechos por otras personas sobre algo que tú has creado. Supónte que has dedicado mucho tiempo y mucho esfuerzo a escribir una propuesta o un artículo, que sabes que otros van a comentar o a revisar.

¿Cuál es tu actitud para con ese trabajo tuyo?

- ¡Es tu última palabra y que a nadie se le ocurra tocar ni una coma!
- Existe y está ahí para ser utilizado, cambiado o ignorado, según sean las necesidades.
- Es parte de ti, una creación preciosa que debería ser respetada y únicamente alterada —con tu consentimiento— cuando el cambio le añadiera valor.
- No es más que tu pensamiento más reciente al respecto. Si se presentara la ocasión, podrías escribir algo igualmente bueno o incluso mejor.

A quienquiera que tuviese que introducir enmiendas en ese trabajo tuyo, le resultaría útil conocer tu respuesta.

Aun cuando estos cuatro ejemplos puedan parecer extremos, cada uno de ellos representa el punto de vista de una de las cuatro realidades. Lo más probable es que nuestra respuesta esté entremezclada: sentimos cierto grado de apego a nuestras ideas y creaciones, y confiamos en que puedan inspirar a otros. Pero también necesitamos que los acentos y las comas estén en su sitio, y que nuestro mensaje sea comunicado con lógica y claridad.

Trabajé en una ocasión con un productor de radio de la BBC, que revisaba un guión que yo había escrito. Todas sus sugerencias las planteaba de este modo: «¿Puedo sugerirle que esto quedaría mejor...?». Yo sabía perfectamente que aquello eran órdenes: «Cambie esto. ¡Conozco el oficio!», pero expresadas de aquella forma más amistosa, me resultaban mucho más llevaderas. He aquí una buena estrategia para conseguir que las cosas se hagan.

¿Qué es lo que te importa más, el proceso de creación o el resultado terminado? ¿Es para ti más importante el viaje que el destino? ¿Sirves a los demás, o simplemente afirmas la verdad? ¿Estás llamando a las cosas por su nombre, o estás expresando tu creatividad? Si sabes de antemano que el rechazo te va a doler, un modo de minimizar su impacto consiste en presentar una serie de sugerencias. Ya sabes que la mayoría no serán asumidas, te preparas de antemano para la negativa y admites que los demás tienen otros valores y otras necesidades. Entonces puedes preguntar con toda legitimidad: «¿Cuál te gusta más?».

La otra cara de la moneda consiste en bajar sinceramente tu estatus y ver cómo responden los demás. Sea quien fuere la persona con la que te estés comunicando, recuerda que te encuentras en presencia de otro ser humano que ha vivido experiencias muy distintas a las tuyas y ha amasado un cúmulo de conocimientos de los que sabes muy poco o nada en absoluto. Respétale y consigue que comparta esos conocimientos contigo. En palabras de W. B. Yeats: «Pisa suave porque estás andando sobre mis sueños». No es, pues, cuestión de avasallar ni de despreciar las ideas del otro. Tal vez nunca antes le haya hablado a nadie de ellas. Trata a todo el mundo con respeto y conseguirás tener relaciones beneficiosas para ambas partes.

Los valores

¿Cómo armonizar con los valores de otra persona? Primero tendrás que averiguar en qué modalidad se encuentra. Si se siente a gusto hablándote de sus sentimientos, pregúntale: «¿Qué es lo que te parece más importante de X?». En su respuesta notarás que usa con más frecuencia determinadas palabras o pone especial énfasis en otras. Su tono de voz te indicará también lo que le gusta y lo que le disgusta, sus prejuicios y sus preferencias.

Por otro lado, podrás observar visualmente algunas claves obvias en su apariencia y su comportamiento. Verás que presta mucha atención a la moda, porque viste con gran estilo, o que le da igual y se siente a gusto en vaqueros y un viejo suéter. Eso es algo que no podrás imitar siempre en el primer encuentro, a menos que tengas información previa. No puedes cambiarte de ropa sobre la marcha. Pero sí que puedes incorporar algunos de los valores que van asociados con esa indumentaria. Por ejemplo, alguien que se preocupa por su aspecto se guiará probablemente por lo visual, de modo que puedes adoptar el tono de voz y la forma de hablar que suelen ir asociados con las preferencias visuales: habla rápida, tono alto, cortante y preciso, etc.

Estatus relativo

Tal vez el aspecto más importante del establecimiento de sintonía con la realidad social consista en imitar el estatus, pero no exactamente. Comienza quedándote ligeramente por debajo de la otra persona, pensando: «Ella es la experta, yo estoy aquí para aprender». En este papel inicial de estatus inferior dejarás que sea ella quien conduzca la interacción, inquirirás más que interrogarás y te mostrarás ignorante en lugar de arrogante. Tus preguntas no irán destinadas a pillarle en falso, sino a averiguar cosas de esa persona, de sus opiniones y sus conocimientos. No tiene objeto presentarse como alguien que ya lo sabe todo, porque entonces, ¿qué sentido podrían tener tus preguntas, más que el de ocultar una segunda intención?

Sintonía con la modalidad social

Cuando ya hayas conseguido establecer sintonía con la modalidad social, podrás conducir a la persona a otra realidad:

- [U] Persuadiéndola mediante el descubrimiento de valores u objetivos comunes, o de propósitos elevados. Cambiando políticas para reflejar consideraciones morales.
- [Se] Delegando y asignando recursos y responsabilidades. Dando cuerpo a metáforas para núcleos de relación, por ejemplo con «esculturas en grupo» (Houston, 1976: 120).
- [M] Evocando ideas, utilizando mapas mentales, descubriendo símbolos que representen la esencia de la intención. Narrando historias con una fuerte base ética.

[M] Realidad mítica: Ideas, metáforas, creaciones, inspiraciones

> El ojo del poeta, moviéndose en un sutil frenesí,
> del cielo a la tierra y de la tierra al cielo va,
> y a medida que la imaginación transforma en reales
> las formas de cosas desconocidas, la pluma del poeta
> las convierte en figuras y da a la etérea nada
> un nombre y un lugar entre nosotros.
>
> William Shakespeare,
> *Sueño de una noche de verano,* Acto V: 1

La personalidad extremadamente mítica vive en una realidad que ella misma ha creado, por la cual asume toda la responsabilidad. Las demás personas no son más que «ficciones de su imaginación». Cada vez que «cambian de idea», recrean el universo de nuevo. Si algo tiene cambiar, así será. Todo es posible. Nada es verificable en la «realidad» porque todo es construido, todo es parte de un infinito escenario universal. Suele manifestarse en el artista creativo, el pensador o la persona con ideas.

La información no es más que un desencadenante de nuevos pensamientos, asociaciones e ideas. La actitud clave es de aceptación y de moverse desde lo que *es* hacia lo que *podría ser*. En la anécdota personal sobre la revisión de mi guión, el productor hizo lo que hizo porque es relativamente poco corriente que los escritores acepten la crítica. En lugar de ello, lo más habitual es que consideren «sagrado» su trabajo y no quieran que nadie lo toque. La personalidad mítica concibe todo esfuerzo creativo como un intento de convertir en realidad alguna idea: lo que importa es que el mensaje se transmita. Y si el intento no funciona: «Muy bien, seamos creativos y pensemos en algún otro modo de hacerlo mejor». Responde a las sugerencias diciendo algo como esto: «Estupendo, veamos cómo funciona».

La realidad mítica presupone la capacidad para crear un universo propio e ilimitado de ideas, pensamientos y sueños. Todo vale. Abundan los ejemplos en historias fantásticas, como *El osito Winnie Pu* e *Ilusiones*, así como en el eslogan «Tú creas tu propia realidad». En la realidad mítica todo es juego, todo puede ser revisado, nada es permanente ni esclavo del pasado. Sin embargo, eso también significa que el individuo asume la paternidad y toda la responsabilidad... ¡de *todo* lo que sucede! La PNL utiliza esta forma de pensar al presuponer que cada cual crea su propio mundo y tiene la capacidad de crearlo de nuevo o revisarlo y añadir los recursos necesarios para sanar, repasar o reescribir algún acontecimiento, disgusto o trauma del «pasado»: «Si todo no es más que aquí y ahora, si todo es creación mía, entonces puedo recrearlo de modo que apoye más mi forma de ser».

Sintonía con la modalidad mítica

Podrás imitar a alguien en la realidad mítica asumiendo su misma actitud frente a la vida. Eso significa ser curioso acerca de lo que podría ser posible, de las propuestas de otras personas y del universo en general. En otras palabras, adoptando el «espíritu de la PNL» (véase Hall, 2000).

Cuando ya hayas conseguido establecer sintonía con la modalidad mítica, podrás conducir a la persona a otra realidad:

- [So] Ayudándola a valorar ideas por medio de la determinación de objetivos, o implicándola en alguna cruzada. Plantando la semilla de alguna idea y cuidando de su fructificación.
- [Se] Descubriendo formas de poner en práctica las ideas, por ejemplo, por medio de la tormenta de ideas, o empleando metáforas que abran paso a nuevas comprensiones o establezcan un «nuevo juego».
- [U] Desarrollando e implementando políticas que expresen una visión, una misión o un nuevo paradigma. Nombrando, creando iconos o logos que transmitan un «mensaje» o una imagen de marca.

Aceptar propuestas

¿Cómo armonizar con las ideas y la creatividad de otra persona? ¿Cómo introducirte en la realidad mítica? Lo que interesa en la visión mítica del mundo es el flujo de ideas. Para mantener el flujo de las cosas deberás aceptar lo que la otra persona te propone. Tendrás que imitarla en su forma de pensar. Lograrás la máxima sintonía aceptando su «propuesta»..., ¡si es posible con un poco de entusiasmo!

Para disfrutar de la compañía de personas míticas, déjate «llevar por la corriente», súmate a la creatividad del momento. Keith Johnstone (1979: 92-104) desarrolló el concepto de *aceptar propuestas*. Una propuesta puede ser una cruzada, una sugerencia, una exigencia o una presuposición que refleja lo que la otra persona quiere que suceda. Aceptar una propuesta significa construir a partir de sus presuposiciones y dar rienda suelta a la fantasía. El cómico Paul Merton ejemplifica este talento. Una propuesta en forma de petición directa puede presentarse bajo el aspecto de: «¿Por qué no hacemos...?», «Tal vez deberíamos...» o «Hagamos...». Cada una de estas propuestas abre un universo de actividad posible.

Gran parte del tiempo formulamos propuestas indirectas. Pueden revestir la forma de comentarios, como: «¡Uy, vaya calor que hace aquí dentro!» o «Resulta embarazoso recordar la adolescencia». Esa persona te está diciendo algo sobre su mundo, esperando que la comprendas. Si respondes: «¿Quieres que abra la ventana?» o «¿Qué te pasó en la adolescencia?», estás aceptando su propuesta, estás penetrando en su mundo. Implícitamente estás diciendo: «Muy bien, eso es lo que te importa ahora mismo. Hablemos de ello y veamos adónde nos lleva».

Ocasionalmente, la observación inicial de la persona tal vez te parezca extraña: «¡Nunca más podría volver a subir a un avión!». Quizá tu respuesta inicial fuese: «¡Qué tontería! Por supuesto que podrías» o «¿Y por qué me hablas ahora de aviones? Estás aquí para aprender lenguaje». A veces es como si te transmitiera la conclusión de un proceso de razonamiento largo y complejo, como si hubieras estado acompañándola en él todo el tiempo. Eso significa que vas a tener que rebobinar a toda máquina para tratar de averiguar el contexto de la observación. A veces te sorprenderás de lo acertado de tu suposición. En otras ocasiones meterás la pata hasta las orejas.

Para establecer y mantener la sintonía deberás:

- Partir desde donde está la persona.
- Recopilar la información necesaria para poder comprender la historia que te está contando (véase capítulo 11).
- Respetar sus sentimientos acerca de lo que te está contando.
- Aceptar lo que te tiene que decir y luego llevarla más allá.

Aceptando todas las propuestas de una persona —en términos de contenido— estarás reconociéndola y penetrando, al mismo tiempo, en su realidad, captando cómo funciona el universo para ella y expandiendo tu propio concepto de lo posible. Para hacerlo bien necesitarás asegurarte de que no te quedas atascado en su drama, de mantener una razonable objetividad. Puesto que esa es su realidad, para mantenerte junto a esta persona deberás improvisar, y captar todos los indicios que puedas.

El arte de decir «Sí»

> Algunas personas prefieren decir «Sí», otras prefieren decir «No». Quienes dicen que sí son recompensados con las aventuras que viven. Quienes dicen que no tienen como recompensa la seguridad que obtienen.
>
> JOHNSTONE (1979: 92)

A muchas personas les valdría la pena aprender a decir que sí más a menudo. Parece absolutamente evidente que sabemos cuándo decir que sí y cuándo decir que no, ¿no es así? Desde la niñez, aprendemos a decir que no en toda clase de situaciones potencialmente peligrosas. Si creemos que se nos va a pedir que hagamos algo terrible y sentimos dudas o incomodidad, la línea de acción más «segura» consiste en la estrategia del erizo, en cerrar todos los sistemas. Eso puede funcionar o no. Si nuestro trabajo incluye vender algo puerta a puerta, visitar clientes, tratar con reclamaciones o realizar presentaciones, tal vez nos entren sudores fríos, nos pongamos nerviosos, sintamos náuseas y aprensión, o cualquier otra cosa. Incluso cuando sabemos que no hay nada que temer —lo peor que puede pasar es que la otra persona nos diga que no—, puede que la idea del rechazo siga aterrorizándonos.

Bloqueo

Denominamos «bloqueo» al acto de decir que no, de rechazar una propuesta. No queremos aceptar o ignoramos lo que la otra persona, o el mundo en general, nos está ofreciendo. El bloqueo rompe la sintonía porque cuando decimos que no, o nos implicamos en alguna estrategia equivalente, detenemos o desviamos el flujo de la interacción, de las ideas y del progreso. Puede haber buenas razones para el bloqueo si lo que está sucediendo es desagradable, indeseable o peligroso. Pero si éste es el caso, también puedes preguntarte: «¿Por qué habré creado esto en mi vida ahora? ¿Cuáles son mis creencias al respecto? ¿Qué es lo que necesito aprender? ¿Cuál es aquí el mensaje para mí?». Esta es la forma mítica de pensar: puesto que tú mismo has creado tu propia realidad, puedes analizar por qué es como es, qué has hecho para que sucedan estos acontecimientos.

Keith Johnstone considera el bloqueo como una forma de agresión. Piensa en la última discusión que hayas tenido con alguien próximo. ¿Defendiste tu posición mediante el bloqueo, diciendo que no? ¿Qué podría haber pasado si en lugar de eso hubieras dicho que sí? Imagínalo. Imagina que alguien te está criticando y que te limitas a asentir diciendo: «Cierto, soy un vago, ¡no sirvo para nada!», lo cual, dicho sea de paso, es absolutamente cierto desde el punto de vista (unitario) de la otra persona. ¿Cómo puede responder a eso? No le has dejado margen alguno. Si continúas asintiendo, probablemente abandonará, o incluso tal vez se dé cuenta del lado cómico de su comportamiento. Si esta sorprendente línea de acción no se te había ocurrido antes, pruébala en algún contexto de baja intensidad. Encontrarás más sobre esta técnica en cursos y textos sobre autoafirmación.

La decisión que tomes dependerá de tu capacidad para distanciarte y considerar tu objetivo: ¿Qué es lo que quieres que suceda *ahora mismo*? ¿La discusión y todo lo que acarrea? (Bueno, tal vez disfrutes con ello... ¡o con hacer las paces después!) ¿O prefieres disfrutar de la relación de un modo un poco más creativo? ¿No te gusta más reír que llorar? Tú eliges. Si te apeas de tu «papel» un instante, como ya hiciste en el ejercicio del metaespejo, tal vez puedas elegir pasártelo bien en vez de enfadarte o abusar de la otra persona. Se trata simplemente de ir con su realidad hasta que se desvanezca o se agote por sí misma. Bastará con unos pocos ejemplos para que la otra persona se percate de lo que estás haciendo y se dé cuenta de lo fútil de esta clase de comunicación. Por ejemplo, en *Casablanca*, la forma de responder de Rick mantiene las cosas en movimiento y preserva su estatus superior:

Ugarte: Una pena lo de los dos alemanes, ¿no te parece?
Rick: Tuvieron un golpe de suerte. Ayer no eran más que un par de funcionarios alemanes. Hoy son muertos honorables.
Ugarte: Rick, permíteme que te diga que eres un cínico.
Rick: Te lo permito.

El arte de pensar positivamente

Así pues, ¿qué tiene que suceder para que digas que sí más a menudo a las propuestas de la vida? La forma mas sencilla de hacerlo es haciéndolo. Comienza practicando en situaciones seguras y observa lo que sucede. Por ejemplo, cuando alguien te proponga ir a tomar un café, al cine, a un espectáculo o a dar un paseo, si tu inclinación natural es decir que no porque estás demasiado ocupado o porque «eso no va contigo», cambia tu respuesta y averigua qué pasa cuando dices que sí.

Tal vez ni siquiera te estés dando cuenta de que respondes negativamente a las propuestas porque eso se ha convertido en un hábito para ti. Decir que no es parte de nuestra cultura. Tenemos campañas públicas en este sentido, como la diseñada para «persuadir» a los adolescentes de que no tomen drogas: «Simplemente, di No». La negativa está asimismo implícita en las situaciones de «peligro con extraños», a pesar de que es mucho más probable que te asesine, te viole o te secuestre un conocido que un desconocido.

Muchas de las series de televisión utilizan un estilo de humor en el que los personajes bloquean continuamente el flujo de ideas por medio de la negatividad, la agresividad o la destrucción de cosas y personas. Eso consigue risas fáciles, pero en el fondo resulta insatisfactorio. Los culebrones en particular demuestran las frustraciones y las consecuencias de no saber decir que sí: falta de comunicación, rechazo o incapacidad para escuchar y caída en la negación. Si los personajes se equilibraran mutuamente —fueran abiertos y sinceros, en lugar de evasivos y malintencionados—, esas historias perderían probablemente gran parte del «melodrama» que mantiene a su audiencia pegada al televisor, experimentando la vida en la «segunda posición» de sus personajes preferidos, por así decirlo. Aunque tales historias atañen a las consecuencias de decisiones vinculadas a las relaciones, no es de esperar que esos ejemplos de lo que sucede en la cultura de decir que no vayan a cambiarnos personalmente ni a provocar una reforma social. Como ya he mencionado en el capítulo 1, aunque estemos constantemente expuestos a toda clase de experiencias, rara vez damos un paso atrás y «desconstruimos» lo suficiente nuestra propia experiencia como para incorporar la lección.

Decir que sí

Cuando nos encontramos con personas que se dicen que sí mutuamente, nos sentimos deleitados. He aquí parte de la entrevista radiofónica entre el poeta y presentador Michael Rosen y la novelista Deborah Moggach, hablando sobre sus obras preferidas:

DM: Selador; ese decía mi abuela que tenía que ser el nombre más hermoso que podía imaginar para un niño, a pesar de que ella había tenido un hijo y no se lo había puesto. Selador. Hasta que un día me di cuenta de que lo que realmente quería decir mi abuela, lo que aquello significaba, era una puerta de bodega, la puerta del sótano. Pero hasta que te pones a pensar en ello, es una bella palabra, ¿no te parece?: Selador.*

MR: ¿Masculina o femenina?

DM: Femenina, tiene que ser femenina. Con pelo largo, rubio ceniza.

MR: ¿No podría ser sir Selador de Avalon?

DM: ¡Oooh! Una persona asombrosa. Sin duda, ese tiene que ser.

MR: ¿Aquel que no pudo conseguir el Santo Grial con Lancelot porque tenía un pequeño defecto?

DM: Patizambo para más señas. Lo recuerdo perfectamente. Un caso perdido.

Rosen (1999)

Esta clase de juego lingüístico puede durar todo lo que se quiera, porque cada una de las partes acepta las propuestas de la otra. Incluso cuando Michael Rosen contradice directamente el género de la palabra Selador, Deborah Moggach lo acepta y expande la idea para completar la imagen.

Trabajo en tiempo real

Al crear sintonía con la realidad mítica tienes la sensación de ir a alguna parte con la otra persona, aunque no tengas ni idea del destino final. Así es como los buenos practicantes de PNL trabajan con sus clientes. Confían plenamente en que disponen de las capacidades necesarias para tratar con lo que se presente. (La secuencia sensorial estrictamente programada es a menudo un inconveniente para ellos, porque tal vez traten de encajar la realidad en el plan, en lugar de estar presentes con el cliente.) Acompaña a la otra persona adonde quiera que vaya, con la intención de descubrir qué es lo que funciona para ella. Una vez

* Juego de palabras intraducible: «Selador» suena al oído de forma muy parecida a «cellar door» o puerta del sótano o bodega. (*N. del T.*)

que esté claro, ayúdale a encontrar los recursos adecuados para producir el cambio deseado. Al contribuir ambos al viaje, éste se convierte en una aventura. Recuerda que tu cliente está tratando de cosas muy serias para él, de modo que tómatelas también en serio. Alcanzar la resolución provocará sonrisas, risas y deleite por el trabajo bien hecho, aunque el proceso pueda resultar a veces doloroso. Después de todo, el problema era algo que había creado en su mente: «¡Qué tonto he sido!».

Aceptar propuestas es la base de un buen montón de humor. No se trata de contar chistes, sino del gozo puro de ver desplegarse los acontecimientos de formas inesperadas. Nos deleitamos en la creatividad y en la exuberancia de aceptar lo que se nos ofrece. Muchas actuaciones en vivo y numerosas series y programas de entretenimiento de la televisión funcionan porque quienes trabajan en ellos dicen constantemente que sí a las propuestas de los demás. El programa de improvisación *Whose Line is it Anyway?* constituye un excelente ejemplo en el que, o los actores hacen exactamente eso, o no funciona. La serie de televisión *Ally McBeal* funciona también en base a decir que sí: los abogados aceptan el caso, se creen la versión del cliente y buscan el modo de ganar el pleito.

También hay, por supuesto, pronunciadores compulsivos del sí. Esto puede tener consecuencias catastróficas, si vas diciendo que sí a todo el que quiera descargar sus problemas sobre ti. Luego no te quedará tiempo para ti mismo: ¡las noticias sobre personas así vuelan! (Véase a ese respecto *The One Minute Manager Meets the Monkey*, de Kenneth Blanchard y cols. (1990). La metáfora adecuada aquí sería CADA PROBLEMA ES UN PESO MÁS SOBRE TU ESPALDA. La persona con el problema llega ante ti con un mono en la espalda. En el momento en que le ofreces tu ayuda, el mono alarga una mano hacia ti. Cuanto más la ayudas, más va hacia ti el macaco. Como se te ocurra decir: «Déjamelo a mí», ¡el simio será tuyo para siempre!

Acompañar a alguien no equivale a decir que sí a todo lo que te echen. Si tiendes a encontrarte a ti mismo consolando a los demás, ¡cuidado! Necesitas mantener tu propia ecología personal: cuida de ti mismo y asegúrate de que la situación sea segura, de modo que puedas funcionar satisfactoriamente. Aceptar propuestas es fundamental para trabajar con un cliente, a condición de que existan unos límites relativamente claros. Cuando penetras en la realidad de otra persona necesitas un cable guía que te permita retirarte a tiempo si las cosas se ponen feas. Evita ser manipulado. Por ejemplo, puedes aceptar y cuestionar a la vez las propuestas. En *Cold Comfort Farm*, la familia vive bajo la tiranía de la manipuladora tía Ada Doom, refugiada en su cama por una pretendida «incapacidad» basada en que «vio algo terrible en la leñera», hasta que un forastero, el señor Neck, la pone en evidencia:

> —¡Vi algo terrible en la leñera!
> —¿Cómo es que no la vi a usted allí? —le preguntó el señor Neck.
>
> STELLA GIBBONS,
> *Cold Comfort Farm* (1932: 199)

Esta respuesta desmonta el juego de poder de la tía Ada: su propuesta ha sido aceptada en lugar de ignorada o negada, y va a tener que adoptar una nueva posición.

Ejercicios de acompañamiento

Si te cuesta aceptar alguna oferta que te hacen, trátala como «información» sobre algo que podrías cambiar. En los ejercicios siguientes el objetivo de decir que sí consiste en romper el patrón habitual de decir que no, sea cual fuere la razón. Decir que no es a menudo un hábito adquirido. Incluso cuando no lo estás diciendo en voz alta, lo estás pensando. Acompañar equivale a estar dispuesto a aceptar el modelo de realidad de la otra persona, así como a penetrar en él. El sí inicial confirma que estás dispuesto a participar en el juego.

Ejercicio 7.4: Conviértete en una persona que dice que sí

Elige decir que sí a cualquier propuesta que se te presente en un tiempo determinado, entre un día y una semana. Eso puede incluir comidas, viajes, ayudar en algo o una oferta de trabajo. Lo que sea. Di que sí y observa qué pasa. Cada vez que alguien te haga una propuesta —una invitación para tomar café o para dar la vuelta al mundo—, observarás tu propia respuesta, con lo cual podrás elegir romper con tu hábito de decir que no.

Recuerda que estás en el territorio del lenguaje y decir que sí no va a abocarte inmediatamente al peligro. Si te sientes amenazado por una propuesta porque alguien parece querer criticarte, siempre podrás decirte que «es cosa suya» y llegar hasta donde tú quieras con el juego. Por ejemplo, si esa persona te echa la culpa de algo («!Eres completamente incompetente...!»), muéstrate de acuerdo con ella y afirma, igualando su tono y su entusiasmo: «¡Absolutamente!». Seguro que eso no se lo espera. Puedes rematar la faena con: «¿Y ahora qué vamos a hacer al respecto?».

Tomártelo como un juego mantiene baja la presión y te permite conservar el control de la situación. Tienes que tener realmente presente tu congruencia interna al considerar la propuesta; habrá sin duda ocasiones en las que tendrás que decir que no para evitar violar tus propios principios.

Ejercicio 7.5: Decir que sí

He aquí un ejercicio para realizar con tu grupo de prácticas. Hacedlo por parejas.

B va a formular preguntas sencillas y A se limitará a responder simplemente: «Sí». Por ejemplo:

- B hace preguntas del estilo de «¿Te has bebido el agua del baño alguna vez?», y A responde «¡Sí!» con entusiasmo. Observa qué te apetece decir después del sí. Por ejemplo: «Es deliciosa. Sabe a menta. Estaría mejor con un poco más de absenta...».
- B comienza la entrevista preguntando: «¿Te llamas John (o cualquier otro nombre que no sea el de A) y eres domador de leones (o cualquier otra cosa que A no sea)?». A responde: «Sí» y continúa la conversación como si todo eso fuese cierto.

Al realizar el ejercicio, observa tu respuesta interna a cada propuesta. ¿Cuáles desencadenan una fuerte reacción en ti?

Cada vez que A dice que sí, B observa si su lenguaje corporal también dice lo mismo o si, por el contrario, contradice el mensaje verbal.

Ejercicio 7.6: Cuando «sí» es «no»
Más difícil todavía.

- Utiliza propuestas similares a las del ejercicio 7.5, sólo que esta vez, cuando A responda que sí, en realidad querrá decir que No. Cuando A dice que sí queriendo decir que no, ¿cuántos matices de diferenciación es capaz de crear?

En la vida real tal vez queramos hacer esto mismo inadvertidamente. Cuando experimentamos algún tipo de conflicto interno, quizás esté presente alguna desconexión entre lo que pensamos y lo que decimos. Los políticos se agitan. Los demás titubean: «Sss..í» o niegan de algún modo con el lenguaje corporal, haciendo muecas de disgusto o meneando la cabeza, todo lo cual indica en realidad: «No», «Tal vez» o «Quizás». A la persona que tienen enfrente les parecerán ligeramente incongruentes.

Ejercicio 7.7: Patrones de conflicto
Al principio del presente capítulo te sugería que comenzaras a examinar la cuestión del conflicto evocando algunos recientes en tu vida. Ahora que ya sabes un poco más acerca de las cuatro realidades y sus correspondientes visiones del mundo, vale la pena que echemos otro vistazo a la naturaleza esencial de esos conflictos que has experimentado y que los revisemos de nuevo, para ver si puedes aprender algo de ellos.

¿Cuál es tu tendencia? ¿Tiendes a decir que sí o a decir que no? ¿Te percibes a ti mismo como un violador de principios ajenos, que no armoniza con las visiones del mundo de los demás? ¿Tiendes a argumentar desde tu punto de vista por tener la razón o por disponer de todos los datos? ¿Tiendes a ceder para mantener la paz? ¿Bromeas sobre lo que la otra persona se toma muy en serio? ¡Todo eso son buenas formas de perder la sintonía y crear conflictos! A menos que vivas como un ermitaño, seguro que revisar tu propia historia de relaciones personales te proporcionaría, sin duda, material abundante sobre el que podrías trabajar. La vida te da todas las oportunidades de aprendizaje que necesitas.

Siempre que te percates de una cuestión causante de conflicto, personal o profesional, dedica luego un tiempo a revisar lo ocurrido desde la perspectiva de que «Aquí ha habido un choque de realidades». Utiliza la técnica del metaespejo: tómate el tiempo necesario para introducirte en la experiencia de la otra persona, colócate en su lugar para ver la situación desde su punto de vista. Luego salta a la arena para identificar en qué realidad estabas tú en aquel momento y en qué realidad estaba el otro. Limítate a observar todo esto. No es más que una descripción. No estás tratando de resolver nada. Observa de dónde procede cada cual y toma la determinación de comprobarlo de antemano la próxima vez. ¿Crees que podrías preguntar algo o indagar sobre las preferencias de la otra persona?

Puedes utilizar este formato para analizar tanto los conflictos de tu vida real como los que escuches por radio, leas en los periódicos y veas por televisión. Ciertamente, esta clase de material no escasea en los noticiarios: discusiones políticas, controversias religiosas o educacionales, debates nacionales o crisis internacionales. Sólo que esta vez escucharás, leerás y verás de forma distinta, identificando el lugar de procedencia de cada cual en base a lo que dice, dándote cuenta de las presuposiciones que se ocultan detrás de cada argumento. Inevitablemente, cada lenguaje aportará sus pistas correspondientes: el uso preferente de determinadas palabras o la actitud general.

Repaso general sobre la sintonía

En los cuadros 7.1 y 7.2 encontrarás algunos términos empleados comúnmente para establecer o romper la sintonía. Las primeras veces que rompas la sintonía, tal vez la otra persona o el grupo te perdonen. Después de todo eres nuevo, no sabes cómo les gusta hacer las cosas, etc. Quizá traten de restablecer la sintonía contigo. Pero si eso no funciona, o si rompes la sintonía de forma persistente o agresiva, lo más probable es que quedes excluido del grupo y cualquier ulterior comunicación sea extremadamente difícil de establecer.

Cuadro7.1: Establecer sintonía con las cuatro realidades

Establecer la sintonía	
Conformarse a las reglas y a las normas culturales U	Imitar o reflejar la postura y los gestos Se
M Aceptar propuestas, decir que sí, fluir con la corriente	So Ajustar el estatus: un poco por encima o un poco por debajo

Cuadro 7.2: Romper la sintonía con las cuatro realidades

Romper la sintonía	
Violar las normas, cruzar los límites U	Hacer lo inesperado, «desigualarse» Se
M Bloqueado, seco, frustrado, vacío, falto de creatividad, aburrido	So Prejuicios, tendencias, percepción condicionada, desequilibrio

Una brizna de humildad

Cuanto más aprendemos de los demás seres humanos, más cuenta nos damos de lo poco que sabemos y más complejas nos parecen las cuestiones. El conflicto forma parte del modo en que aprendemos, es algo que hay que recibir más que rechazar. No obstante, no existen soluciones simples para resolver todos los males del mundo. Si las hubiera, no estaríamos viviendo en la clase de sociedad en que vivimos. Mira a tu alrededor: el mundo sigue lleno de gente con problemas, cada día nos bombardean con noticias de conflictos incesantes.

¿Qué haces cuando quieres tratar con un conflicto? ¿Te metes en él de cabeza imponiendo la ley, o mandas a paseo satíricamente a las dos partes? ¿Pones en marcha un grupo de presión, o investigas con mayor profundidad para obtener más información? En términos generales, cualquier planteamiento de «solución instantánea» está abocado al fracaso, tanto si hablamos de diplomacia como si se trata de un único cliente. Como norma, cuando te enfrentes a una nueva situación o te encuentres con alguien por primera vez, en la sala de conferencias o en la consulta, adopta un estatus inferior. Incluso aunque creas que te corresponde un estatus más elevado —experto, consultor, terapeuta—, imponerlo de entrada no te permitiría reconocer la importancia de la otra persona. Baja tu estatus para establecer sintonía con ella. Sólo cuando esté claro que puedes conducirla con tu pericia, ofrécesela. Si acepta tu oferta, eso significará que estás en sintonía con ella. En caso contrario, tienes que seguir trabajando para establecerla o recuperarla. Cuando quieras plantear propuestas, hazlo en forma de sugerencias más que de órdenes o imposiciones: «Me pregunto si tal vez...».

Aplica la misma estrategia a tus conflictos internos. En lugar de castigarte a ti mismo por tus «fracasos», reconoce tu estado actual y respeta tu capacidad para aprender. Siempre puedes elegir: accede a tus recursos, cambia tu posición perceptiva. ¡Aumenta tu flexibilidad examinando al menos cuatro puntos de vista distintos!

No existen las soluciones «mágicas». Sin embargo, tendremos más oportunidades de realizar intervenciones útiles si disponemos de un conjunto de distinciones para describir la visión del mundo o el contexto en que ocurre el comportamiento, de algunos modelos generales de los procesos básicos de cambio, de cierta comprensión de las consecuencias de nuestras acciones, y de flexibilidad para cambiar nuestro punto de vista y adaptar nuestro estilo de relacionarnos. Necesitaremos también facilidad para pensar en distintos niveles. A eso dedicaremos el siguiente capítulo.

8

Los tres niveles

El mundo entero un escenario es,
hombres y mujeres meros actores son,
con sus salidas y sus entradas en escena,
y a cada cual le toca interpretar múltiples papeles...

WILLIAM SHAKESPEARE,
Jaques en *Como gustéis,* Acto II: 7

Haciendo cambios

Nos implicamos en numerosas actividades cotidianas, pero sin necesidad de hablar de lo que estamos haciendo. Sólo cuando las cosas van mal, cuando la comunicación no funciona, sentimos la necesidad de examinar con precisión de qué modo estamos representando mentalmente la realidad. Este libro te ofrece una serie de modelos, conceptos y términos para hablar sobre el modo de hacerlo, junto con sugerencias para introducir cambios. Sirviéndonos de la metáfora que encabeza el presente capítulo, podemos explorar algunas formas de realizar cambios en aquello que nos resulta indeseable.

Ejercicio 8.1: El guión

1. Imagina que estás escribiendo una obra autobiográfica o un guión cinematográfico sobre parte de tu propia vida. ¿Qué clase de historia te gustaría narrar?

- ¿Quiénes son los personajes principales?
- ¿Dónde están? ¿Qué están haciendo?
- ¿En qué clase de cruzada están envueltos? ¿Qué tipo de problemas tratan de resolver?

- ¿Cómo relatarías esta historia, como una aventura, como una intriga, como un documental...?

¿Qué te viene a la mente cuando reflexionas sobre estas cuestiones? Con toda seguridad, tiene que haber algún contenido relacionado con estos acontecimientos de tu vida. Observa qué ideas acuden a tu mente.

2. Ahora tómate unos instantes para considerar lo siguiente. ¿De dónde proceden estas ideas? Podías elegir cualquier acontecimiento y tu mente inconsciente comenzó a producir imágenes y recuerdos. Ha habido sin duda algún proceso de selección y has acabado eligiendo una historia que pueda resultar «interesante» para los demás. Con tiempo suficiente, podrías responder a las preguntas anteriores. Podrías desarrollar un esbozo del guión de la historia, o visionar mentalmente la obra o la película.
3. Imagina ahora que puedes cambiar esa historia, que puedes añadir o eliminar de ella personajes y sucesos, hacer que se desarrolle en otro lugar, cambiar la secuencia de los acontecimientos, darle un final diferente, etc. ¿Qué es lo que cambiarías?

   Numerosas historias son constantemente adaptadas y vueltas a narrar de forma distinta. Por ejemplo, Leonard Bernstein llevó la obra *Romeo y Julieta*, de Shakespeare, al Nueva York de los años cincuenta y la convirtió en un musical. Baz Luhrman, a su vez, la situó en Verona Beach en los noventa con una banda sonora de rock.
4. Piensa ahora en tus actrices y actores favoritos. ¿Qué es lo que les hace tener tanto éxito en un buen número de papeles distintos?

- ¿Qué le hace falta al actor para que su interpretación resulte convincente?

Sabes perfectamente que son personas que están interpretando un papel, pero cuando ves la película, te dejas llevar por su habilidad en transmitirte la autenticidad de ese papel. Todo el tiempo eres consciente de que todo ello es una ilusión, de que esas personas no son los personajes que están interpretando, que éstos son invención de un novelista o un guionista.

¿De dónde vienen las historias, las tramas argumentales y los personajes? Son específicos —«Eso mismo me pasó a mí», «Conozco a alguien exactamente igual»— y universales —«Eso resuena en mí», «Es una verdad universal de la condición humana»—. En las historias, accedemos a un inmenso banco de datos de experiencia y sabiduría sobre la condición humana y sobre la vida, dentro de un contexto de patrones y generalidades regulares cuyo detalle es infinitamente variable.

Utiliza ahora todas estas ideas contigo mismo para revisar tu propia vida bajo su nueva luz. Imagina que estás creando realmente la historia de tu vida y que sabes que puedes elegir cómo hacerlo. En cierto modo, podrías interpretar cualquier papel, pero has elegido precisamente éste, este conjunto concreto de retos a los que enfrentarte.

En tu propia vida te habrás visto probablemente en papeles diversos. Algunos te fueron impuestos —ser una niña o un niño, por ejemplo—, mientras que otros habrán sido consecuencia de decisiones tomadas deliberadamente. Aun cuando hayas cambiado de carrera, de relaciones personales, de lugar de residencia, de aficiones, etc., en cada una de estas situaciones te entregaste al papel correspondiente, a hacer lo que tocaba, y seguro que te parecía muy real.

Caminos que tomar

Mirando en retrospectiva, ahora es posible darse cuenta de que muchas de esas elecciones fueron arbitrarias: fuiste a la universidad X, pero también podrías haber ido a la Y, o simplemente no ingresar en ninguna universidad. Viviste con esa persona o estuviste casado con ella unos años, pero podría haber sido otra. Te decidiste por el trabajo A, aunque también habías considerado aceptar el B o el C. A pesar de ello, te entregaste por completo a esas opciones cuando las vivías, y te parecían absolutamente reales.

¿Has tenido alguna vez la sensación de estar tomando una decisión crucial para tu vida, de que al elegir ese camino cortabas para siempre la posibilidad de tomar cualquiera de los demás que aparecían abiertos ante ti? Para elegir hace falta valor. Tal vez trates de racionalizar la elección tomada diciéndote que las otras opciones eran peores. O quizá te persuadas a ti mismo de que ese era el «camino que debías tomar», sabiendo en lo más íntimo de ti mismo que «si las cosas salen mal, siempre puedes volver a intentarlo». Nadie dispone del poder de prever todas las eventualidades. Tal vez cualquier camino sea tan bueno como otro... En palabras de Will McWhinney, necesitamos «el coraje de afirmar que *ninguna de las realidades alternativas nos asegura el ser* [...]. Todo esfuerzo por introducir algún cambio constituye el reconocimiento implícito de la creencia en determinada visión del mundo, junto con la aceptación de su correspondiente "realidad", reconociendo al mismo tiempo de algún modo que nuestra aceptación es simplemente una *cuestión de elección*». (1997: 224)

Estamos hablando de aspectos de aquello a lo que me he referido como que «está siendo construido». He aquí la paradoja: nada está garantizado. Disponemos —hasta cierto punto— de la libertad para elegir qué vida vivir, y una vez hecha la elección, vivimos esa vida como si fuera el *único* modo de hacerlo. Elegimos esa realidad, esa línea de acción, y la convertimos en nuestra «historia personal».

Tanto la PNL como otros procesos de cambio estructurados presuponen que disponemos siempre de libertad para hacer las cosas de forma distinta. Podemos «cambiar el pasado» (es decir, la forma presente de responder a nuestra historia personal) y «crear el futuro» (lo que imaginamos que es actualmente posible). Y si eso no nos funciona, podemos comenzar de nuevo, podemos revisar nuestros planes, añadir recursos adicionales, etc., para convertirnos más en quienes realmente queremos ser. Lo importante es que, una vez que hemos tomado una decisión, debemos entregarnos por completo a la realidad elegida, del mismo modo que la buena actriz o el buen actor «viven» el papel que han aceptado, y al hacerlo, consiguen que ese papel «cobre vida». Para el público, esta entrega es igualmente importante, porque ese buen intérprete nos pone en contacto con alguna verdad acerca de la condición humana.

Fuera del escenario, el actor sabe que ha interpretado sólo un papel que pertenece exclusivamente al mundo de la obra puesta en escena. Tal vez la semana próxima le toque interpretar un papel completamente diferente: asesino en lugar de amante, por ejemplo. Al asumir cada nuevo papel, el intérprete deberá dejar atrás sus preparaciones anteriores, deberá entregarse por completo a ese nuevo personaje y actuar como si esa fuera la única realidad existente. El actor es un «guerrero».

Recordar constantemente que «todo se está construyendo» podría constituir una seria distracción a la entrega absoluta, puesto que fragmentaría nuestra atención e interferiría en nuestra autenticidad. La paradoja estriba en que necesitamos estar comprometidos por completo con la realidad elegida, siendo al mismo tiempo conscientes de haber sido sus mismos creadores y de que, por consiguiente, nada es, ni puede ser, cierto. Pero esa paradoja surge únicamente cuando damos por sentado que vivimos la vida en un solo nivel. Tiene por consiguiente mucho más sentido considerar que la vivimos en varios niveles, cada uno de ellos dotado de su correspondiente universo de valores y percepciones.

Una variante del metaespejo

En el capítulo 4 entramos en contacto con los «niveles» en el ejercicio del metaespejo. Al pasar de la segunda a la tercera posición, subimos un nivel. La tercera posición nos permite considerar nuestro comportamiento en la primera. La cuarta posición nos transporta fuera del sistema de relación, para que podamos introducir en él un cambio «inesperado». En la cuarta posición ya no somos prisioneros de la acción, y por consiguiente, estamos en condiciones de cambiar la estructura del modo en que esa relación es representada en nuestra mente. En otras palabras, vemos las cosas desde un punto de vista desapasionado y a la vez constructivo.

En el metaespejo visitamos la cuatro posiciones. No obstante, es también posible incorporar una quinta posición, correspondiente al lugar donde encontramos los recursos que necesitamos (véase capítulo 2). Admitir la existencia de un nivel superior (quinta posición), dotado de otros recursos, situado por encima del nivel ordinario de conciencia y conectado explícitamente con ese sentido más amplio del propio ser, produce un cambio significativo. En ocasiones trabajarás con personas para las que la explicación de la quinta posición constituirá un obstáculo en el camino hacia el cambio, puesto que no encajará con sus creencias personales. Referirse a un «estado de recursos» parece más neutro. Constituye simplemente ese lugar al que accedes para obtener recursos, para buscar lo que necesitas en ese momento. Esos recursos no tienen por qué ser específicos; recuerda que la quinta posición y el nivel III no suelen atribuir etiquetas verbales.

Voy a presentar una alternativa al ejercicio del metaespejo del capítulo 4, incluyendo en él la quinta posición para demostrar un modo de trabajar con los tres niveles. Al colocarte en la tercera posición respondes a la primera «juzgando», por así decirlo, a ese tú en el mundo. Distanciarse de este modo de la experiencia suele bastar para generar cambio.

Proseguiremos con el proceso del metaespejo comenzando en el final del paso 3. En lugar de pasar a la cuarta posición, da un paso más hacia la quinta.

4. Si la persona cree que lo que necesita en la primera posición son recursos adicionales, hay que ir a por ellos. Puedes conseguirlo haciendo que se vea como formando parte de una realidad universal, «mayor». Haz girar a la persona para que se quede mirando en dirección contraria a la primera posición.

   «Ahora quiero que mires hacia el otro lado e imagines que tienes ante ti al universo. Es como si estuvieses en el lado estrecho de un embudo: ahí fuera están toda la energía, toda la luz y todos los recursos del universo, a los que puedes invocar en tu ayuda para que te acompañen y te revitalicen. Lo único que tienes que hacer es dejar que te empapen y aceptarlos simplemente. Ahora que sientes que esta energía y esta luz descienden sobre ti y pasan a formar parte de tu ser, date la vuelta, concéntrate en ese tú que está en la primera posición e irradia ese torrente sobre él (figura 8.1). Estás actuando como un transmisor entre el universo y ese tú de la primera posición.»

Figura 8.1: Transmisión

Alternativamente, la persona puede dar un paso más hacia atrás para entrar en ese estado más universal. Desde él podrá irradiar los recursos a cualquier posición que los necesite.

5. Lleva ahora a la persona a la primera posición para que mire desde ella las posiciones tercera y quinta, y pronun-

> cia las siguientes palabras: «Recibe simplemente lo que irradia sobre ti. Acepta del universo todos estos recursos y deja que pasen a formar parte de ti».

Recuerda que el paso esencial en cualquier proceso de cambio consiste en salir del sistema. Colocarnos frente al escenario de la vida nos permite prestar atención al papel que hemos elegido, así como al modo en que lo interpretamos. Eso es lo que sucede cuando realizamos un ejercicio de PNL. Por consiguiente, para poder influir sobre la realidad o modificarla, necesitaremos adquirir cierta fluidez en la utilización de los distintos niveles de percepción.

El modelo básico de cambio

Examino en detalle el proceso del metaespejo porque, hasta donde yo conozco, muchas de las técnicas de cambio de la PNL siguen su mismo patrón. Algunas ponen el énfasis en puntos distintos, otras entran en más detalles o dejan fuera alguna parte del proceso, pero el patrón o la estructura son siempre los mismos. El metaespejo constituye un excelente ejemplo del principio general de crear una metáfora para el «problema» y servirse luego del distanciamiento, de movimientos que ejemplifiquen la acción adecuada y de la percepción reflexiva. El resultado final consiste en que la persona cambia la forma en que las cosas estaban codificadas en su mente y deja de sentirse atascada. Podemos distinguir tres pasos diferenciados en el modelo básico de cambio:

1. Estar presente en percepción sensorial en términos de vista, oído, sensaciones, etc. Experimentar alternativas «siendo» esa otra persona y viendo las cosas desde su punto de vista.
2. Distanciarte de la relación problemática, observar qué estás haciendo y qué sientes al respecto, reflexionar sobre lo que podría ser distinto y explorar alternativas.
3. Incorporar recursos que te permitan cambiar o recodificar tu representación de la realidad. (La reestructuración no es algo que tengas que realizar de forma consciente.)

Ésta es la esencia del cambio. ¿Es posible que sea tan sencillo? Bueno, el metaespejo funciona en base al cambio de percepción, el cual a su vez proporciona nueva información, nuevas visones y nuevas formas de ser. En el capítulo 13 encontrarás otra interpretación de su funcionamiento.

Llegado a este punto, dispones ya de un excelente proceso para tratar con cuestiones relativas a las relaciones. Para comprender cómo puede aplicarse de una forma más general, necesitaremos conocer algunos modelos más sobre cómo funciona la mente y cómo comprendemos la realidad en la que vivimos.

Así pues, ¿qué es exactamente lo que genera el cambio? Aunque tal vez creas que la clave estriba en intercambiar posiciones o añadir recursos, la cosa no va por ahí. Aislar determinado elemento e identificarlo como el eje del proceso no constituye una forma aconsejable de pensar. El cambio es sistémico, de modo que cada paso contribuye a él. Sin embargo, lo primero que necesitas es establecer sintonía.

El cambio es consecuencia de nuestra capacidad para modificar el modo en que hemos creado y codificado nuestra realidad. Una parte esencial del proceso consiste en que nos salimos de un estado de estancamiento por medio de la expansión del marco, haciéndonos en cierto modo «más grandes». Al salir del territorio original del problema, ganamos «perspectiva»; permitiendo que nuestra mente «llene el universo», ascendemos de nivel y decidimos qué hacer. Esta perspectiva universal nos recuerda que somos nosotros mismos quienes hemos creado esa realidad particular: esa relación, ese problema, esa oportunidad para aprender. También nos capacita para hacer algo diferente en la forma que elijamos. Cuanto mayor sea nuestro ámbito de conciencia, mejor podrá nuestra creatividad concebir y desarrollar escenarios alternativos y con mayor facilidad ocurrirá el cambio.

Las cinco posiciones perceptivas

El proceso del metaespejo utiliza el modelo básico de cambio. Comenzamos con la capacidad para asumir distintos puntos de vista. Aunque tal vez creas que pasas la mayor parte del tiempo dentro de esa «cáscara» que llamamos cuerpo-mente, lo cierto es que tu imaginación puede volar por el espacio, tanto exterior como interior, e ir adónde tú elijas. Las personas gozan de grados variables de facilidad para ello. Como chiquillos, probablemente no tengamos el menor problema en «imaginar» que somos otra persona, un animal o un objeto inanimado, o visitamos lugares fantásticos y lejanos.

Todo punto de vista tiene asociados sus correspondientes estados físico, mental y emocional. En el proceso modificado del metaespejo, experimentamos cinco estados del ser distintos:

Primera posición - Consiste en estar dentro de ti mismo, viendo con tus propios ojos el mundo que te rodea. Te encuentras asociado con el aquí y ahora en «tiempo real».

> Estás plenamente presente en el aquí y ahora, mirando con tus propios ojos, experimentando las sensaciones físicas con tu propio cuerpo, etc. Eso es algo que a menudo resulta más fácil de decir que de hacer. El presente puede ser doloroso o incómodo. Si este fuera el caso, sólo necesitas penetrar en ese estado brevemente, justo lo necesario para «recordarte» de qué va la cosa. Hacerlo ayudará principalmente al asistente, que necesita saber qué aspecto tiene esta sensación vista desde el exterior. Cuando imaginas que entras en esta situación, todas sus sensaciones, asociaciones y demás se activan en ti, de modo que cualquiera que te observe puede percatarse de ellas.

En la primera posición eres tú mismo, relacionándote con el mundo que te rodea. Es probable que tengas un fuerte sentido de identidad: «Ese soy yo». Estás fuertemente implicado en el mundo, con toda su actividad, toda su espontaneidad y todas sus sensaciones. Ese es un lugar de acción, de ir con la vida. A menudo queda poco tiempo para pensar, estás constantemente bombardeado por sensaciones y presionado para actuar. En una relación conflictiva sientes alguna incomodidad física o experimentas dolor, y describes metafóricamente a la otra persona como un «dolor de muelas» o como alguien a quien no puedes «tragar».

Segunda posición - Eres tú «fingiendo» ser otra persona u otra cosa. En lugar de ser el perceptor, el *sujeto*, imaginas que eres el *objeto* de la percepción. En la segunda posición experimentas el no-yo. Utilizamos para ella frases como «ponerse en la piel del otro» o «ver las cosas desde su punto de vista». No tiene por qué referirse a una sola persona, también puede ser todo un grupo. Siempre que ese grupo tenga algún vínculo unificador —por ejemplo, «la gente de mi equipo de trabajo»—, podrás encontrar un modo de ser ellos. También puedes ponerte en el lugar de un animal, como un gato, o de un árbol, o de una cualidad como el amor y la justicia.

Has codificado en tu cerebro esa relación imperfecta, de modo que cuando la evocas experimentas todas las sensaciones negativas asociadas a ella, aun cuando no encuentres palabras para describirlas.

> El segundo paso consiste en dejar de ser tú mismo un momento y colocarte en el otro lado de la relación. Disponemos de la capacidad metal necesaria para dar este salto, para imaginar que somos esa otra persona y analizar la relación desde su punto de vista. Sabes ya que adoptando su postura y sus gestos puedes hacerte una buena idea de cómo es ser esa persona. De modo que sé «no-yo» durante un rato para ver qué se siente.

Algunas relaciones problemáticas nos acompañan desde la infancia. Tal vez tengamos recuerdos dolorosos porque «no lo sabíamos hacer mejor», o porque nuestras respuestas eran entonces limitadas. Sentimos que «deberíamos haber hecho otra cosa» o habernos comportado de otro modo. Necesitamos por consiguiente cerrar ese pasado —ese «asunto inconcluso»— de modo que podamos dejarlo «atrás» y «soltar el lastre» de aquellos acontecimientos. Si aún te siguen perturbando, ahora puedes cambiar esas relaciones del pasado:

- Sé ese tú más joven en la segunda posición y experimenta lo que sientes.
- Desde la tercera posición, observa qué necesita ese tú más joven de la segunda posición.
- Desde la quinta posición, ilumina con recursos a ambos, así como a todas las demás «personas significativas» de aquel entonces y aquella situación.

Tercera posición - Este es el nivel de la atención consciente: observa el mundo y utiliza el lenguaje para hablar y pensar *sobre* la experiencia. «Separado» del tú activo de la primera posición, ahora puedes verte a ti mismo «ahí». Es lo que se conoce como «visión de la mosca en la pared o del helicóptero».

La clave de cualquier trabajo o terapia de cambio consiste en activar la conciencia reflexiva, la conciencia de uno mismo, la separación mental de ese yo ajetreado que vive en el mundo físico. El truco consiste en centrar la atención en tu mundo «interior» y entrar en el dominio de la codificación lingüística y simbólica. El lenguaje nos separa de la experiencia directa y nos conduce al mundo abstracto del pensamiento y la generalización. Es en el nivel II en el que podemos clasificar las cosas, de acuerdo con las categorías que previamente hemos creado para comprender el mundo. Es en ese nivel en el que pensamos, decimos cosas y experimentamos sensaciones *acerca de* esa persona que llamamos «yo» y que está implicada en el tumultuoso torrente de la vida cotidiana y en relaciones buenas y no tan buenas.

> Desde la tercera posición analiza cómo has codificado en tu mente esa experiencia mediante símbolos, palabras y metáforas. Por ejemplo, si mentalmente ves a esa otra persona gigantesca, muy próxima y más grande de lo normal, eso afectará al modo en que hablarás de ella —«como un gorila hambriento»— y a tus sentimientos por ella: «agresiva, confundida, autoprotectora», etc. Por otro lado, ver a alguien como distante, gris, mecánico y burocrático —«un puro traje» o un «ganapán»— también condicionará tu respuesta a esa persona en la vida real.

Para activar estas respuestas, no necesitamos que la otra persona esté físicamente presente. Todo eso está en la imaginación, y esa imaginación es muy real y crea fuertes sensaciones. Lo que pensamos afecta a nuestra postura corporal. En función de lo bien que conozca nuestras respuestas típicas, un observador podrá percatarse de estos cambios y «leernos».

Estas tres posiciones perceptivas están a menudo entremezcladas, puesto que así pueden proporcionar una visión más completa de cualquier situación. Lo realmente importante es aumentar la flexibilidad para desplazarse de una a otra. Las tres primeras posiciones perceptivas aparecieron pronto en la historia de la PNL. La cuarta y la quinta, en cambio, aparecieron mucho más tarde. Véase, por ejemplo, Bodenhamer y Hall (1999: 56).

Cuarta posición - Desde la tercera posición, nos movemos «de lado» para obtener así una visión objetiva del sistema que nos incluye a nosotros y a nuestras relaciones. La cuarta posición proporciona alternativas y posibilidades creativas.

En *Visionary Leadership Skills* (1997b),* Robert Dilts define la cuarta posición como *nosotros* percibidos por el sistema. Adoptar una cuarta posición significa disponer de una perspectiva de todo el sistema y considerar sus mejores intereses. La clase de lenguaje utilizado en esta posición sería: «Si tuviéramos que tomar en consideración nuestros objetivos comunes...». Personalmente, me siento más inclinado a ver la interpretación de Dilts como los sentimientos del grupo en la tercera posición. Para mí, la cuarta posición corresponde al individuo creativo, capaz de infundir cambios en el sistema.

> Sitúate a un lado, fuera del sistema, en la cuarta posición. Ahí es donde tiene lugar la «magia». En el proceso del metaespejo, una vez que has conseguido información acerca de lo que resultaría útil, se te invita a intervenir creativamente, a hacer algo distinto

* Versión en español: *Liderazgo creativo* (Urano, Barcelona, 1998). Esta versión incluye un práctico glosario de PNL. *(N. del E.)*

de tu forma habitual de actuar, para que el estado de estancamiento cambie.

Quinta posición - Al expandir tu conciencia, pierdes los límites de tu identidad individual, te haces «más grande» y asumes una especie de punto de vista universal. Te encuentras «por encima de todo eso», capacitado para comprender cómo funciona y cómo encaja todo, y eso es creación tuya. Podríamos decir que dejas de ser «tú» para convertirte en «uno» con la creación. No hay ningún lugar adonde «ir»; se tata de un cambio de mentalidad difícilmente describible en palabras, porque está más allá del lenguaje. Es mucho mejor experimentarlo directamente.

La quinta posición en el nivel III nos ofrece una posición perceptiva *universal*. En la quinta posición estamos menos apegados al mundo físico y al mundo del pensamiento por medio del lenguaje. Desde ella podemos prestar atención a cualquier otra posición perceptiva y desplazarnos con rapidez por ellas. Nuestra flexibilidad de conciencia significa que no nos atascamos en ninguna posición en particular. También nos recuerda que la realidad «es pura construcción»: la mente interacciona con la realidad física, crea categorías de lenguaje (a la vez creativas y arbitrarias) para describir nuestros conceptos y nuestras generalizaciones, y adopta un punto de vista desde el que percibimos nuestra creaciones, nuestras demarcaciones y nuestros límites. Y puesto que todo eso es construcción nuestra, podemos optar por rehacer el mundo de forma distinta si aspiramos a más estímulos o a un mayor aprendizaje. Aunque la quinta posición no sea un lugar en el que permanezcamos largo tiempo, es el punto donde se origina el cambio.

Como ya descubriste en el ejercicio de «sentirte más grande», la quinta posición presenta asimismo otras posibilidades, que algunos definirían como la capacidad de realizar tu naturaleza «espiritual» o universal. Si estás fuertemente arraigado en la realidad sensorial, si eres del tipo de persona que siempre tiene «los pies en el suelo» y se pone «manos a la obra», tal vez te cueste creer en esas cosas. Quizá lo que ocurre es que simplemente te sientes incómodo o incapaz de creer en ese estado «trascendental». No importa. Si lo que quieres son recursos adicionales, si te dices, por ejemplo: «Quiero tener más confianza. Recuerdo haber tenido más confianza en el pasado, de modo que voy a acceder a ese estado...», ahí es donde puedes ir a por ellos. Muchos de los procesos de PNL utilizan esta forma de pensar. Como alternativa, también puedes acceder a los recursos genéricos e inespecíficos del universo, desde el convencimiento de la posibilidad infinita. En el nivel III gozas de la sensación de expansión y posibilidades sin límites.

Lo realmente importante con todas estas diferenciaciones consiste en disponer de la flexibilidad necesaria para utilizarlas, en lugar de adoptar la actitud correspondiente a: «X es mejor, de modo que lo más conveniente será que me quede aquí tanto tiempo como pueda».

En esta forma de pensar, la quinta posición es el límite. No puede haber una sexta posición, porque en los niveles I y II existe una separación entre uno mismo y el otro. En el nivel III perdemos las fronteras personales y experimentamos la universalidad: todo es uno.

Cambio eficaz

¿Qué es lo que produce un cambio eficaz? He aquí una de las grandes cuestiones que nos planteamos a lo largo de toda la vida. Y no es fácil de responder. Conocemos multitud de maneras que no funcionan bien; pero ¿somos capaces de discernir el patrón de lo que realmente consigue resultados? Para averiguarlo, vamos a analizar diferentes clases de cambio, junto con las metáforas correspondientes a distintos *niveles de aprendizaje*.

Ejercicio 8.2: Cambio ineficaz

Evoca algunos ejemplos de tu vida en que el cambio haya resultado ineficaz (¡como máximo tres!). Elige algunos casos en que:

- Trataste de cambiar algo en ti mismo, pero no lo conseguiste.
- Estuviste implicado en algún proceso de cambio general, en tu lugar de trabajo o en algún grupo social. Tal vez comenzó con excelentes intenciones, ¡pero el resultado fue un desastre!

El cambio planeado no produjo los resultados deseados o fue un fracaso total. ¿Cuáles fueron las causas? Probablemente tendrás algunas hipótesis interesantes al respecto, tal vez en forma de imputar responsabilidades, pero no es eso lo que aquí estamos buscando. Tratamos de examinar el *proceso* de cambio, así como la clase de forma de pensar que condujo a su utilización.

Cambio de primer orden

El cambio de primer orden se ocupa de la simple redistribución de lo que ya está presente en tu visión actual del mundo. El esfuerzo tal vez nos haga sentir mejor; pero, en términos generales, habrá poco o ningún cambio en el significado de la situación. Por ejemplo, para establecer sintonía te vuelves como la otra persona y, por consiguiente, experimentas hasta cierto punto su realidad. Podéis pasar un tiempo así juntos, hasta convertiros casi en clones, pero si te limitas a imitarla, nada va a cambiar. Ninguno de los dos va a aprender ni a crecer. Nada cambiará porque no hay una dirección hacia la que dirigirse. El cambio necesita de un camino que conduzca a otras realidades.

Cambio de segundo orden

El conflicto surge de una desigualdad entre modalidades de realidad. En lugar de ser todos igualitos, nos damos cuenta de que los demás son de algún modo diferentes. Tenemos un conflicto potencial. De hecho, necesitamos ese conflicto porque precisamos sus enseñanzas. El cambio de segundo orden implica darnos cuenta de la realidad en la que estamos, de que la otra persona está en una realidad distinta, y encontrar el modo de movernos entre ambas.

Aprendemos creando nuevos caminos que nos permitan atravesar o bordear los obstáculos que nos bloquean el paso. En el empeño cometemos inevitablemente errores, aprendemos de ellos y, eventualmente, llegamos a desarrollar normas generales o heurísticas (reglas empíricas) para tratar con lo que sucede. Un modo de tratar con el conflicto consiste en dar un paso atrás y ver dónde estamos y adónde queremos ir, eligiendo luego un itinerario de una realidad a otra, y a otra, y a otra... Una metáfora podría ser el salto de vallas, o subir paredes para pasar de un recinto a otro. Tanto saltar como subir implican ascender a un nivel superior. Ahí es donde se toman las decisiones: con esta visión ampliada, elegimos un camino.

Jerarquía de conciencia

El segundo modelo de comprensión del cambio (y de la PNL) consiste en disponer de diferentes niveles de conciencia. Ya nos hemos encontrado con ellos al hablar del metaespejo. Nos bastará con tres formando una jerarquía.

El término «jerarquía» procede del griego *hieros* (sagrado) y *archein* (regir). El término era originariamente utilizado para categorizar el colectivo de los ángeles. Éstos estaban agrupados en tres divisiones y nueve órdenes de poder y gloria diferentes: (1) serafines, querubines y tronos; (2) dominaciones, virtudes y poderes, y (3) principalidades, arcángeles y ángeles. Aunque la conexión con los ángeles no sea una cuestión que acuda de inmediato a la mente cuando utilizamos hoy en día el término «jerarquía», ese antiguo modelo sigue teniendo significado en la forma de vivir actual de nuestra sociedad. Podemos representar los tres niveles como sigue (cuadro 8.2):

Tres niveles bastarán para nuestros propósitos; ¡demasiados nos confundirían! Hay quienes defienden la existencia de muchos más, del mismo modo que existen numerosos modelos alternativos de vida, de universo y de todo lo demás. Por ejemplo, en su estudio sobre las religiones antiguas (1983), Ken Wilber se refiere a ocho niveles, pero los agrupa en tres grandes grupos.

En toda jerarquía, el nivel superior tiene «poder» sobre los

Cuadro 8.2: Los tres niveles

Nivel	Dominio	Cualidades	
III	Espíritu	Recursos - «más grande» Sin límites	«Universal»
II	Mente	Lenguaje y pensamiento Puntos de vista alternativos	«Disociado»
I	Mundo físico	«Tiempo real» Aquí y ahora	«Asociado»

que están por debajo de él. Cada nivel debe «incluir y trascender» todos los que tenga por debajo. No se trata simplemente de ir más allá para poder observar desde una posición perceptiva diferente, sino de cambiar la forma misma de percepción. En términos de posiciones perceptivas, nuestra conciencia puede desplazarse: verticalmente —hacia arriba (incluir y trascender) o hacia abajo (reducir o analizar)— y horizontalmente —hacia los lados en cada nivel, cruzando fronteras entre ellos, cambiando de punto de vista—. Combinando las cinco posiciones perceptivas con los tres niveles obtenemos el cuadro 8.3:

Cuadro 8.3: Posiciones perceptivas en los tres niveles

Nivel	Posición perceptiva Uno mismo	Posición perceptiva El otro	
III	5ª		*Por encima del mundo*
II	3ª	4ª	*Acerca del mundo*
I	1ª	2ª	*En el mundo*

Desde la 3ª posición en el nivel II podemos ver todas las distintas versiones de uno mismo en diferentes contextos y tiempos. Desde la 5ª posición en el nivel III podemos ser conscientes de la totalidad de puntos de vista.

«Pasar a meta»

En el capítulo 1 sugerí que el prefijo «meta-» se utiliza a menudo de forma indiscriminada e incoherente en PNL y que, por lo tanto, su significado no siempre queda suficientemente claro. La tabla precedente debería aportarnos algo de claridad al respecto. Utilizo «pasar a meta» para referirme a dar ese paso atrás, ponerse «fuera», moviéndose a través de un *mismo* nivel, en lugar de pasar a un nivel de abstracción superior o «trascendente» de abstracción. Así pues, podemos «pasar a meta» con el contenido de nuestro pensamiento, de forma que éste reflexione sobre sí mismo. Por ejemplo, podemos:

- Hablar sobre el lenguaje: «Las frases deberían contener un verbo» (metalenguaje).
- Comentar la comunicación: «Esa ha sido una forma concisa de exponerlo» (metacomentario).
- Tener sentimientos acerca de los sentimientos: «Me molesta haber estado tan enfadado con él».
- Pensar sobre los pensamientos: «Me pregunto si ésta será la mejor explicación».

También podemos mezclar e imitar, de modo que nos sentimos preocupados cuando pensamos en la manera de comunicar nuestras ideas, etc. Esta clase de pensamiento tiene lugar en el nivel I, que corresponde al lenguaje y la generalización.

Es asimismo posible dar otro paso aún más atrás. Podemos seguir comentando sin límites cualquier afirmación o experiencia. En una regresión sin fin, podemos expresar nuestros pensamientos y sentimientos sobre pensamientos y sentimientos previos y así sucesivamente. Sería algo parecido a estar en medio de dos espejos paralelos, percibiendo sucesivas imágenes de nosotros mismos perdiéndose hasta el infinito. Esta clase de pensamiento ha sido analizado por L. Michael Hall en *Meta-States* (Hall, 1996).

Trascender niveles

Como medio para comprender los niveles de conciencia, recurriremos a una breve incursión en el concepto de niveles de aprendizaje de Gregory Bateson, tal como lo describiera en su ya clásico ensayo de 1972. Esos tres niveles de aprendizaje son los siguientes:

Aprendizaje I

Se limita a un ámbito o contexto específico. Puesto que estamos *en* el contexto, no podemos ser conscientes de él, al igual que el pez no lo es del agua en que nada, puesto que carece del concepto de «no agua». En el nivel I no existen nociones de realidades distintas.

Dentro de la caja, no tenemos ni idea de lo que hay fuera de ella. Podemos reordenar lo que hay en su interior, pero no tenemos forma de salir ni de sacar o meter nada en ella. En términos de aprendizaje podemos establecer asociaciones y construir cadenas de estímulo-respuesta, puesto que la respuesta a un estímulo previo se convierte en el estímulo de la siguiente respuesta. Carecemos de cualquier conceptualización o generalización a nivel consciente; el significado del *contexto* permanece inmutable.

Aprendizaje II

Constituye un cambio en el proceso del aprendizaje I. Aquí ya podemos salirnos del contexto específico y plantearnos alternativas. Al salir de la caja, nos damos cuenta de que es un mundo en sí misma. Podemos elegir entre más cajas. Introduciendo nueva información, que no estaba presente inicialmente, adquirimos capacidad para modificar el modo en que tienen lugar los cambios. Nuestro aprendizaje se convierte en una forma de puntuar o secuenciar los acontecimientos, y como tal, constituye un modo de ver.

El aprendizaje II implica crear y utilizar construcciones

mentales. Nombrar las cosas establece similitud y pertenencia de clase, al mismo tiempo que proporciona continuidad. Percibir las otras cajas nos hace ser conscientes de otras realidades distintas. Utilizar conceptos y símbolos nos permite reestructurar lo que ya está ahí.

Al aprender en el nivel II, no sólo resolvemos los problemas específicos que se nos presentan, sino que podemos también generalizar y aprender «las reglas del juego» y formular hipótesis y teorías; nos convertimos en expertos en resolver problemas en general. «Aprendemos a aprender.»

Aprendizaje III

Constituye un cambio en el proceso del aprendizaje II. Aquí disponemos de la capacidad para cambiar el modo en que percibíamos en el nivel II. Creamos formas alternativas de extraer sentido de las cosas, de clasificar el mundo. En este nivel nos movemos más allá del lenguaje. Como dice Bateson: «Esto no va a ser fácil ni corriente, ni siquiera en los seres humanos. Este proceso resulta también particularmente complicado de imaginar y describir, porque tiende a ir más allá de las propias palabras que lo describirían. Pero lo cierto es que sucede algo por el estilo en terapia, en experiencias religiosas o en otras secuencias en las que se produce una profunda reorganización del carácter».

El nivel III es «universal», está más allá de la lógica y de la estructura. En él trascendemos los sistemas de clasificación, porque las «certezas» que hemos creado en nuestra vida ya no nos constriñen.

En este nivel podemos apreciar la naturaleza arbitraria de nuestra forma de entender el mundo, del modo en que hemos construido y verbalizado el nivel II. Como resultado de todo ello, experimentamos una profunda reorganización de nuestro sentido de «personalidad». Algunos se refieren a este cambio como conversión religiosa o «iluminación». No obstante, en un nivel cotidiano y corriente, en cualquier momento podemos tener la sensación de estar suspendidos en el espacio y de ser uno con el universo. No se trata, pues, de una experiencia esotérica, sino de algo común a todos nosotros. Sin embargo, no es un estado que dure demasiado tiempo.

Aprendizaje IV

Bateson postula asimismo un nivel IV, que sería un cambio del nivel III, pero declara que no ocurre en ningún organismo vivo adulto del globo. Tal concepto escaparía a la comprensión de la mente humana.

El pensamiento en este contexto

Si bien muchos de los procesos de cambio están diseñados para el nivel II, es probable que éste no baste para producir cambios reales. Para ello necesitamos utilizar todos los niveles, incluyendo el III, que está por encima del lenguaje, la lógica, la racionalidad, etc. Existen una serie de iniciativas en este sentido, como el material publicado sobre la inteligencia emocional, que sitúa cierto énfasis en la intuición. La PNL, por su parte, utiliza formas no racionales, «mágicas», para generar cambio en el nivel III. No hay lógica que valga cuando operamos en este nivel. Ya hemos entrado en contacto con algunos de sus conceptos, tales como «recursos» y «ser más grande». Otros conceptos pueden ser la «aceptación» y el «amor incondicional», que tendrán que quedar sin especificar. No disponemos, ni podemos disponer, de un lenguaje que pueda describir adecuadamente el significado de estos conceptos. Tal vez el arte y la poesía sean en cierta medida una excepción, puesto que apuntan a esta clase de sentimientos, a algo «más grande».

El artista como conducto

El papel del artista consiste en expresar el nivel III en el nivel I, manifestar físicamente lo sublime. El escultor Peter Randall-Page lo expresa en estos términos:

> Un concepto común a muchas sociedades consiste en que el artista es una especie de conducto o médium, a través del cual la imagen se hace manifiesta. El trabajo del artista parece aspirar a una verdad que está más allá de la mera apariencia, tal vez a un modelo interior de la propia naturaleza humana.
>
> RANDALL-PAGE (2000: 129)

Todo arte está abierto a la interpretación. No hay significados definitivos. Debemos aprender a vivir con imprecisión. Esta es la razón por la cual describo el modelo de las cuatro realidades desde diferentes perspectivas, con la esperanza de que desarrolles gradualmente una comprensión genérica que te permita interpretarlo de múltiples formas y percibir el patrón en contextos diversos.

¿Qué es la vida, un misterio por explorar… o un problema por resolver?

La vida humana consiste en cambiar el mundo y aprender de la experiencia. Necesitamos «aprender las reglas» de funcionamiento del universo, de modo que podamos vivir mejor en él. Como parte de esta actividad, intervenimos, hacemos cambios y tratamos de resolver los problemas a medida que van surgiendo. Pero por mucho éxito que tengamos en ese empeño, «resolver» un problema tan sólo cambiará las cosas por cierto tiempo. Como reza el dicho: «Todo problema fue, en su momento, la solución a un problema anterior». Cualquier acción tiene consecuencias imprevistas. Entendiendo el universo como un sistema, en el que todo está conectado con todo lo demás, incluso un cambio menor en alguna parte del sistema afectará a todo el conjunto. Sin embargo, predecir este funcionamiento sistémico no es tarea fácil. No existen manuales para generar un cambio sistémico rápido. En consecuencia, tenemos que aprender a convivir con la realidad de que los efectos de nuestras intervenciones no pueden ser predichos, de que nunca podrá haber garantías de que la opción elegida sea la mejor. Sucede a menudo que, en apariencia, las cosas se ponen mucho peor antes de mejorar, pero eso tampoco nos garantiza que acaben siendo lo que queremos que sean. La vida real es compleja.

Problemas y cuestiones

Pero aun así, tratamos de resolver problemas, y para ello, necesitamos trabajar en distintos niveles. En primer lugar, tenemos que aprender a distinguir entre *problemas* y *cuestiones*:

Problemas

> Los problemas son relativamente sencillos y suelen darse dentro de «sistemas» locales y cerrados. La solución no cambia el sistema en el que se presenta el problema, cuyos límites siguen siendo los mismos que antes. McWhinney sugiere que «los problemas se solucionan echándoles recursos».

Cuestiones

> Las cuestiones son complejas e implican a sistemas globales. Los límites percibidos son trascendidos, de modo que *cualquier cosa* puede resultar relevante. Para McWhinney, «las cuestiones son *flujos* —habitualmente la turbulencia resultante del choque de varias corrientes— que necesitan ser gestionados en cooperación». Y añade:
>
> Típicamente, tratamos los «problemas» de los niveles de la interacción social —como la familia, el vecindario o incluso la nación— utilizando secuencialmente los métodos de la psicología, la política, la tecnología, la historia, la ética y la economía. El resultado consiste en que cada esfuerzo por resolver un problema crea otros problemas. En lugar de ello, deberíamos tratar cada complejo como una cuestión, como aquello que fluye de las incoherencias fundamentales del tejido social.
>
> McWHINNEY (1997: 20)

Ejercicio 8.3: Problemas y cuestiones

El siguiente «experimento del pensamiento» te ayudará a aclarar la diferencia entre ambas clases de conflicto, en un sentido práctico:

A: «Mi coche no arranca»

Reflexiona sobre el proceso que sigues para averiguar qué es lo que sucede cuando tu coche se avería. Tal vez elijas delegar esa tarea en alguien con más conocimientos de mecánica que tú, pero no antes de que tú mismo hayas realizado un simple diagnóstico del problema: ¿Funciona el motor de arranque? ¿Sale humo negro por el tubo de escape? ¿Algún ruido extraño? Examinando el motor tal vez te des cuenta, por ejemplo, de que las bujías están sucias. Las limpias y el motor arranca. Problema resuelto.

Análisis

Frente a un «problema», estás tratando con un sistema cerrado. El contexto o el contorno son fijos, las clases de acciones o intervenciones disponibles son limitadas. Analizas y ajustas los elementos del sistema, pero no lo cambias. El sistema es el coche y, básicamente, lo que haces es retocar su «contenido»: quitar la mugre de los electrodos de las bujías. O tú o el mecánico sabéis qué clase de acción es apropiada para arreglar el coche. ¡No es probable que el mecánico aplique un cataplasma o introduzca unas agujas en diferentes partes del vehículo para reequilibrar su energía!

Resolver un problema requiere «salir del sistema» para observarlo desde el exterior. Te mueves en el nivel II para realizar el chequeo rutinario, evaluar causas posibles, decidir qué comprobar, etc. En palabras de Albert Einstein: «Ningún problema se puede resolver en el mismo nivel en que es descrito». Por ejemplo, el mecánico realiza una serie de pruebas estándar, desarrolla una hipótesis y decide cuál es el mejor modo de reparar la avería. En este nivel, el pensamiento es simbólico: el mecánico está empleando palabras, símbolos o diagramas y los manipula para crear posibles soluciones, que luego verifica implementándolas (en el ejemplo presente, limpiando las bujías).

No todos los problemas son de esta naturaleza. A veces el contexto no está claro, y carecemos de una heurística adecuada para encontrar la solución. La mayoría de problemas humanos son más complejos que «arreglar el coche». Por ejemplo, no hay arreglos rápidos para reparar un matrimonio que se hunde o para tratar con la intimidación en el trabajo, por mucho que nos gustase que los hubiera. Al tratar con una relación poco satisfactoria, deberás tomar en consideración múltiples factores. No existe una simple regla general, porque no se trata ya de solucionar un mero problema mecánico. Hace falta mucho más para resolver materias de semejante complejidad, que McWhinney denomina *cuestiones*. Tratar con una cuestión implica pensar en el nivel III desde fuera de cualquier sistema en particular. Y eso es algo en lo que no solemos ser demasiado buenos, como demuestra la cantidad de cuestiones con las que nos tenemos que enfrentar cada día. Veamos un «sencillo» ejemplo:

B: «No encuentro sitio para aparcar»

Seguro que, a lo largo de los últimos años, te está resultando cada vez más difícil encontrar un hueco donde dejar el coche. En la actualidad ya no disponemos ni de un contexto claramente definido para ese problema, ni de una solución simple que nos garantice el éxito en el futuro. Sin embargo, seguro que no se te escapan una serie de factores tales como:

- La «competición» por ese hueco ha aumentado al abrirse más negocios en la misma zona.
- Cierta cantidad de casas viejas y grandes se han convertido en edificios de apartamentos, ocupados en su mayoría por una sola persona que posee su propio coche.
- Tu ciudad se está haciendo famosa, la gente quiere ir a vivir a ella en busca de una mejor calidad de vida y de mayores oportunidades de trabajo y entretenimiento.
- El servicio de autobuses ha empeorado.

- Una nueva ronda ha mejorado el flujo del tráfico, y ahora resulta más fácil que antes entrar en la ciudad, pero hay menos plazas de aparcamiento disponibles, etc.

Expandiendo tu visión, considera ahora cómo está afectando el tráfico rodado a tu país y a todo el planeta:

- Aumento de plazas de aparcamiento reservadas para los residentes, con zonas de pago para que aparquen en ellas los no residentes.
- Los costes de la congestión, el clamor por la construcción de más carreteras.
- Imposición de mecanismos de control por el gobierno mediante el aumento de impuestos sobre los carburantes.
- Los camioneros bloquean las carreteras para exigir al gobierno que reduzca esos impuestos.
- Los precios de los carburantes están relacionados con la producción de petróleo, que, tras llegar a su nivel máximo, comienza a decaer.
- La producción de petróleo es limitada por sus productores.
- El aumento del consumo de combustibles fósiles incrementa el nivel de contaminación y contribuye al calentamiento global.

¿Dónde paramos? Una vez que trasciendes los límites arbitrarios de «arreglar el problema» y abres tu mente a la consideración de toda suerte de factores, lo que tienes ante ti ya no es un problema que puede ser resuelto, sino una cuestión que necesita ser gestionada. Peter Schwartz (1991: 29) nos dice: «Comienzas con una pequeña tienda de útiles de jardinería, y acabas dándote cuenta de que te tienes que preocupar de lo que sucede en la economía global».

En *The Fifth Discipline* (1990), Peter Senge habla del «mural» como un recurso para analizar cuestiones complejas. El grupo de trabajo construye un mural que refleja diferentes aspectos de la cuestión, con recuadros y flechas que representan las conexiones y los vínculos. Bien pronto el diagrama desborda el espacio disponible, a medida que los diferentes miembros del grupo van aportando sus conocimientos y experiencias sobre el asunto, van explorando las relaciones de causa y efecto, etc. Comienzan a aparecer factores como la economía global, los valores políticos y culturales o el comercio internacional. Senge recuerda el caso de una participante que, desesperada, se lamentaba meneando la cabeza. Cuando le preguntó por la causa de su desasosiego, la mujer le respondió: «Toda mi vida supuse que alguien, en algún lugar, conocería la respuesta a este problema. Creía que los políticos sabían lo que había que hacer, pero que no lo hacían por causa de la codicia o del politiqueo. Ahora me doy cuenta de que nadie tiene la respuesta. Ni nosotros, ni ellos ni nadie». (Senge, 1990: 282.)

Puedes hacer la prueba con tu propio grupo. Elige cualquier tema de actualidad. Tanto da que se trate de un conflicto político, nacional o local —¡te sobrará dónde elegir!— o de algún tema ecológico. He aquí uno característico:

C: Cómo salvar a un elefante

En África existe una creciente preocupación por la suerte de los elefantes autóctonos. Ha habido proyectos para eliminar la caza furtiva por causa del marfil y se han puesto en marcha parques nacionales donde estos animales puedan vivir en paz. Analizad juntos los intereses contrapuestos en la preservación de los elefantes. Las preguntas a formularse son:

> ¿Hay demasiados elefantes? ¿Debería limitarse su número? ¿Podría ser la solución un control de natalidad?

Considerad quiénes son las partes interesadas y cuáles son sus objetivos.

No olvidéis que:

- Dejados a su albedrío, los elefantes protegidos se multiplican con rapidez, puesto que carecen prácticamente de depredadores.

- La creación de parques nacionales quita territorio a la población autóctona.
- Los elefantes no entienden de límites. A menudo se salen de los parques y dañan la propiedad privada.
- Los elefantes arrasan las acacias y destruyen los ecosistemas locales.
- Algunas partes de África tienen pocos elefantes. Aumentar su número mejoraría su economía por medio del turismo.
- La caza mayor —control a manos de turistas adinerados— constituye una forma de gestión de la población de elefantes.
- La caza furtiva sigue abasteciendo un boyante comercio internacional de marfil.
- Más turismo significa la construcción de más hoteles, carreteras, etc., así como llevar un gran número de personas a áreas subdesarrolladas porque están infestadas por la mosca tse-tsé.
- El ecoturismo va en aumento, pero sus ingresos tienden a ir a parar a operadores extranjeros en lugar de revertir en la economía local. Y así sucesivamente.

La mentalidad «Arréglalo»

Esta mentalidad da por sentado que cada problema tiene su solución, y que el mejor modo de resolver las cosas consiste en utilizar la pericia para analizar el problema e implementar la «mejor» solución. Pero si tratas de arreglar la cuestión de los elefantes o la de la hostilidad entre facciones contrarias del mismo modo que arreglaste tu coche averiado, lo más probable es que acabes empeorando las cosas. Muchos de los debates políticos en curso parecen tratar de la consecuencias de imponer soluciones «simples» a cuestiones complejas. La evidencia de que esta forma de pensar no solamente no funciona, sino que tiende a empeorar las cuestiones, es ya abrumadora. De inmediato surge la pregunta: ¿Qué hacer entonces? Una solución es cerrar los ojos y no hacer nada. Pero incluso eso afecta en cierta medida a la situación. Está en nuestra naturaleza intervenir para mejorar las cosas cuando algo nos atañe.

Con los pies en el suelo

¿Qué significa todo eso en términos de practicar la PNL e introducir cambios en nuestra vida? Para realizar los cambios apropiados en nosotros mismos necesitamos utilizar los tres niveles, y nos resultará de utilidad disponer de un medio para clarificar lo que estamos haciendo. Aportar «recursos» constituye una intervención substancial para el cambio. Estos recursos pueden asimismo corresponder a distintos niveles.

Recursos del nivel I

> Realiza nuevos ajustes, más eficaces, sobre la realidad presente. Reestructura las relaciones entre lo disponible, forma redes, etc.
>
> Cambia de estado, muévete, ajusta tu postura corporal y tus gestos para crear el mejor estado con el que hacer lo que tengas que hacer, ya se trate de aprender o de relajarte.
>
> En la vida real, el cambio en el nivel I tiende a ser efímero. Un buen ejemplo consiste en los esfuerzos para dejar de fumar. La persona decide: «Tengo que dejarlo», y comienza a fumar menos, retrasa el primer cigarrillo o limita el tiempo y el contexto en que lo hace. Pero sigue fumando, la actividad básica no ha cambiado.

Recursos del nivel II

> Creamos nuevas capacidades en términos de «saber cómo», aprendemos nuevas reglas, algoritmos o heurística que nos permiten tratar mejor con cuestiones corrientes y crear soluciones para los problemas. La comprensión de las cuatro realidades nos permite realizar cambios de nivel II pasando de una realidad a otra, por ejemplo, de la mítica a la sensorial.
>
> En el ejemplo del fumador, eso significaría considerar el acto de fumar dentro de un contexto más amplio, tal como el

efecto del humo sobre los fumadores pasivos, los efectos sobre el propio cuerpo —particularmente pulmones y laringe— y tener que obedecer leyes que prohiben fumar en determinados espacios públicos. La visión más amplia, la consideración de los otros miembros de la sociedad, cambia el sentido de la experiencia. Y una vez dado este paso, ya no hay marcha atrás.

Recursos del nivel III

El nivel III es más bien una forma de ser, en la que estamos abiertos a un universo abundante y sin límites. Podemos dotarnos adecuadamente de recursos y cambiar el modo en que reaccionamos en los otros dos niveles. Disponemos de todo el universo como terreno de juego, así como de la creatividad necesaria para usar lo que queramos.

Estando en el Nivel III experimentamos a menudo una relajación física y una expansión de todo el sistema cuerpo-mente. Un poco más y salimos «volando al espacio».

En este nivel, cambiar el hábito de fumar implicaría considerar la totalidad de tu vida, tu propósito vital, el modo en que estás cumpliendo con tu destino, etc. Al reconocer las opciones que has elegido, sabes también que puedes elegir otras y crear así futuros alternativos. Si la religión te persuade, en este nivel puedes asimismo invocar el poder de la plegaria y rezar por tu sanación.

No obstante, es necesario ser conscientes del peligro de un uso indiscriminado del concepto de aprendizaje III, tal como parece darse en algunos movimientos y cultos de la Nueva Era. Si bien es cierto que el concepto de nivel III es empleado tanto en la meditación como en el zen, mi intención no consiste en utilizarlo en un sentido «místico», sino de una forma cotidiana. Es posible acomodar este modo de pensar a nuestra vida —es algo que hacemos constantemente— sin que por ello tenga que ser «especial» o estar teñido de «espiritualidad». Es, simplemente, una forma más de pensamiento. Podemos concebir un universo expansivo, «más allá de las palabras», que nos proporcione su propia perspectiva sobre el mundo del lenguaje y del pensamiento.

Acceder al nivel III y «añadir un recurso» constituye una forma relativamente poco específica de tratar con las cuestiones. Los «recursos» afectarán a cualquier situación, pero de forma aleatoria e impredecible. Las cosas serán diferentes. Como veremos en el capítulo 10, el lado bueno consiste en que esta impredecibilidad confiere interés a la vida. Si supiéramos de antemano lo que va a ocurrir, la vida sería tremendamente aburrida y perderíamos el interés por ella. Acostumbrémonos, pues, a utilizar más a menudo el pensamiento de nivel III, esperemos lo inesperado y ¡disfrutemos de las deliciosas consecuencias de decir que sí al universo!

Para vivir la vida en plenitud, para aceptar todo lo que nos ofrece, necesitamos valor: el coraje de ser conscientes de las elecciones que realizamos al construir nuestra propia realidad; de comprometernos por completo con contextos específicos en los que interpretar determinados papeles, de modo que podamos aprender tratando adecuadamente con la complejidad. El modo en que aprendemos es un aspecto de nuestra personalidad. En el capítulo siguiente entraremos en contacto con algunas de las múltiples encarnaciones de las cuatro realidades, al mismo tiempo que continuaremos familiarizándonos con la utilización de este método para comprender mejor a los demás.

9

Las categorías de Satir

—Veamos: ¿Era yo la misma cuando me desperté esta mañana? Casi creo que puedo recordar que me sentía un poco diferente. Pero si no soy la misma, entonces la pregunta es: ¿quién demonios soy? ¡Ah, *esa* es la gran cuestión!

LEWIS CARROLL,
Alicia en el País de las Maravillas, cap. 2

¿Quién soy yo?

«Personalidad» es un término que abarca todo aquello que nos hace distintos a los demás. Incluye lo que hacemos, nuestras tendencias y preferencias sobre cómo tratar con la vida y, particularmente, el modo en que nos comunicamos. Con el paso del tiempo, desarrollamos un «estilo personal de comunicación» que se convierte en habitual, al menos en determinados contextos, e influye en mayor o menor medida en cada uno de nuestros encuentros. Este estilo está compuesto de factores verbales (contenido y tonalidad) y no verbales (lenguaje corporal), incluyendo todos los elementos relacionados en el capítulo 3 al hablar de la sintonía. Lo bien o mal que estos elementos se entremezclen dará la medida de nuestra «coherencia», el juicio sobre nuestro grado de integración.

Tal vez te hayas encontrado alguna vez ante un conferenciante de estilo incongruente: caminaba arriba y abajo, exhibía tics nerviosos, hacía sonar monedas en su bolsillo, jugaba con la estilográfica o realizaba gestos extraños. Una forma poco habitual de hablar puede resultar difícil de comprender, o irritarte tanto que dejes de prestar atención al contenido del mensaje. Te quedará tan sólo un recuerdo confuso y fragmentario de esa conferencia. Como principio general, es poco probable que el mensaje llegue a su destino cuando la tonalidad o el lenguaje corporal no apoyan el contenido de la exposición.

El presente capítulo aplica el modelo de las cuatro realidades a la personalidad. Para ello serán necesarias algunas grandes generalizaciones. Dada la inmensa variedad de tipos de personalidad con que nos encontramos, resumir tamaña diversidad a cuatro grandes grupos resulta, obviamente, una aproximación más bien grosera, pero nos ayudará a reconocer tendencias. Más importante aún, nos proporcionará indicios acerca de la realidad en que está la otra persona en cada momento. Somos mezclas de esos cuatro tipos, con ciertos aspectos más o menos dominantes en distintos contextos.

Las categorías de Satir

La terapeuta familiar Virginia Satir describió en *Peoplemaking* (1972) cuatro categorías o modelos de personalidad: *calculador*, *conciliador*, *perturbado* y *acusador*, que se conocen como las «categorías de Satir» y que, como veremos, encajan a la perfección en el modelo de las cuatro realidades, si bien como aspectos «negativos». Su disfuncionalidad estriba en que demuestran un comportamiento incongruente: la personalidad y el lenguaje corporal impiden la claridad de la comunicación. En los casos leves no pasan de ser una molestia.

En *The New Peoplemaking* (1988), Satir añade una quinta categoría, la de la personalidad *niveladora*, que apunta hacia la clase de personalidad completamente consciente, congruente e incluso «iluminada» con la que nos encontramos al hablar de la quinta posición. Como tal, constituye el ideal a alcanzar.

Cada una de las cinco categorías de Satir tiene su propia forma de comunicarse: verbalmente en términos de utilización de determinadas palabras y tonalidades, y no verbalmente en términos de patrones de movimiento, postura corporal, gestos y equilibrio. Satir sugiere que estos patrones de comunicación se aprenden en la infancia. En nuestra sociedad, determinadas actitudes prevalecientes tienden a reforzar determinadas formas de comunicación: «No te impongas; pedir para uno mismo es signo de egoísmo. ¡Pide perdón!» refuerza la tipología conciliadora. «Haz lo que quieras. ¡Pásatelo bien! ¿Qué más da?» refuerza el modelo perturbado. «¿Quién ha sido? No permitas que nadie se interponga en tu camino o juegue contigo» refuerza el modelo acusador. Nuestra cultura está fuertemente inclinada a echar las culpas y atribuir responsabilidades.

Ejercicio 9.1: Las categorías de Satir

Para comprender mejor cada uno de estos tipos de personalidad deberás «probártelos», por así decirlo. Adopta sucesivamente cada una de las actitudes, ayudándote para ello con las descripciones verbales y las imágenes correspondientes (figura 9.1). Si te resulta posible, haz que otra persona te lea en voz alta las descripciones, de modo que sólo tengas que irte adaptando a ellas. Cada una de las posturas específicas involucra a todo el cuerpo. Cuando adoptes una de ellas, ésta no sólo desencadenará cierto estado en ti mismo, sino también en quienes te observen.

Las cinco categorías de Satir

Las siguientes líneas generales se basan en las descripciones realizadas por Virginia Satir (1972, 1988) de los arquetipos presentes en nuestra cultura.

Calculador

Puedes ensayar esta categoría sentado. La personalidad calculadora inhibe el movimiento corporal, el cerebro está ocupado con sus cálculos, la parte inferior del cuerpo, rígida, no tiene más función que la de transportar al cerebro. Cruza un brazo sobre el pecho y coloca la otra mano en la barbilla, en actitud pensativa: la pose del «pensador» racional. La columna recta, la nuca rígida. Centrándose en los ojos, la cabeza va hacia atrás para tener una visión más general, para absorberlo todo y pensar en todo ello.

Figura 9.1: Las cuatro primeras categorías de Satir

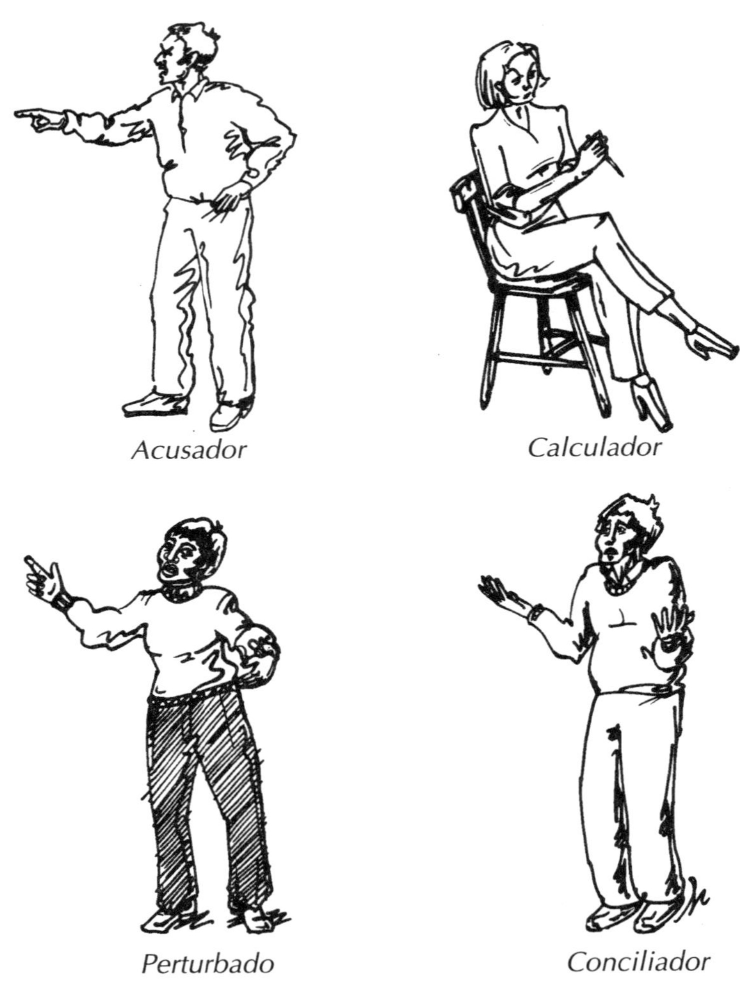

Acusador *Calculador*

Perturbado *Conciliador*

La voz de la personalidad calculadora es seca, sin vida, monótona. Las palabras son cuidadosamente elegidas con el objetivo de evitar errores de interpretación, y abstractas para que suenen a inteligentes. «Los hechos más relevantes son...», «La solución racional a esta situación consiste en implementar una estrategia de optimización», todo lo cual implica: «Soy una persona razonable, lógica y sensata».

Conciliador

Ponte en pie y sacúdete. Adopta una postura corporal abierta y asimétrica, con las palmas de las manos hacia arriba y subiendo lentamente. Luego húndete o desmorónate como si te hubieran golpeado en el estómago. Esta posición dobla la columna, lleva la cabeza ligeramente hacia abajo y, con ello, te deja casi sin aliento. Como alternativa, hinca una rodilla al suelo en actitud de súplica, con las manos elevadas como esperando ayuda o socorro.

Este hundimiento del cuerpo situará tu centro en algún lugar de la espalda, al nivel del plexo solar. No es una posición que pueda aportar recursos.

Los conciliadores se consideran a sí mismos carentes de valor, agradecidos incluso porque se les permita existir. Su voz es débil y quebradiza, tratan de complacer, se muestran de acuerdo con cualquier exigencia, buscan la aprobación de los demás, asumen la responsabilidad por todo. «Ayúdame», «Estoy abierto a todo», «Sólo quiero complacerte», «Lo siento».

Perturbado

Comienza a moverte de forma angular, descoyuntada y vacilante, con brazos y piernas doblados y sueltos, en ángulos diferentes. No dejes de mover tu centro, tanto dentro como fuera del cuerpo, como si estuvieras constantemente tratando de mantener el equilibrio y perdiéndolo a la vez. Eso te hará sentir mareado. Tu atención saltará de una cosa a otra sin cesar. Una descripción adecuada sería: «tener la cabeza en las nubes».

La voz del Perturbado también cambia constantemente: alta, baja, chirriante o sensual. «Oooh», «No sé...», «No es culpa mía», «¿Qué es eso?», «¡Vale, estupendo!».

Prueba a pronunciar palabras sin sentido, divaga sobre cualquier cosa que te llame la atención. Manténte centrado en tu propia realidad, ignorando por completo la de los demás.

Acusador

Con un pie más adelantado que el otro, yérguete en toda tu estatura e inclínate hacia delante, con un brazo extendido y el dedo índice señalando, como perdiendo el equilibrio y cayendo hacia delante. Estás tenso, enfadado, acusando al mundo, ¡tienes razón y lo vas a hacer saber! Céntrate en los ojos y concentra tu mirada en el desdichado que tienes ante ti, o céntrate en tus hombros, listo para obligarle a aceptar tu opinión. Las cosas son en blanco y negro, no hay término medio. Proyecta la culpa sobre los demás. Formula preguntas acusatorias, pero mantén al mismo tiempo tu estatus superior ignorando las respuestas.

La voz del Acusador es alta, dura y tiránica, pero al mismo tiempo constreñida, porque tiene que pasar a través de los dientes apretados. «¡Siempre es culpa tuya!», «¡Has sido tú!», «¡Tú nunca...!».

Figura 9.2: La última categoría de Satir

Nivelador

Nivelador

Ahora relájate, sacúdete de encima estas posturas disfuncionales y respira profundamente. Colócate con los pies firmemente apoyados en el suelo, la columna recta y la cabeza hacia arriba y hacia delante, como si estuvieras suspendido por la coronilla mediante un hilo. Tus manos se mueven, con las palmas hacia abajo, esparciendo y alisando cuanto está ante ti. La persona niveladora está bien equilibrada, su postura es simétrica y su centro está en el área del abdomen (*hara* o *dan tien*), y se encuentra preparada para lo que haga falta.

Mira al mundo con «mirada suave», sin fijar la vista en nada, pero prestando atención a todo con la mirada periférica. Cuando mires a alguien, hazlo «desde el corazón», simplemente estando presente con la otra persona, sin ningún deseo de cambiarla.

La voz del Nivelador es «genuina», equilibrada, parte de muy adentro. «Muy bien, así es como son las cosas», «Hay muchas formas de ver eso».

> «El tercer aspecto de la respuesta niveladora consiste en que no es parcial, sino completa. Cuerpo, pensamientos y emociones están a la vista, a diferencia, por ejemplo, de la personalidad calculadora, en la que nada se mueve a excepción de la boca, que lo hace muy ligeramente. La persona con este patrón de personalidad muestra integración, flujo, viveza, apertura y lo que yo denomino «jugosidad». Nivelar permite vivir de forma vibrante en lugar de muerta. Son personas en las que confías instintivamente, te pones de su parte, en cuya presencia te sientes a gusto. Su posición transmite integridad y libertad de movimiento.»
>
> SATIR (1988: 95)

Mantén cada una de estas posturas al menos durante un minuto y observa lo que sucede. Verifica todo tu cuerpo y observa cualquier molestia. Algunas sensaciones tal vez te resulten muy familiares. Observa dónde se centra tu atención en relación con el cuerpo (como hiciste en el ejercicio 3.5). Una vez te hayas «instalado» en la postura, observa qué piensas y cuál es tu actitud para con el resto del mundo.

Ejercicio 9.2: Las realidades en las categorías de Satir

Recuerda lo que sentiste con la escultura humana del ejercicio 3.1: Cuanto más estás en determinado estilo, mayor es tu conciencia de lo que tiene que ser cierto para ti. No se trata simplemente de las sensaciones que experimentas, sino también de la clase de universo en que vives. Consecuentemente, cuando estés en cada una de las categorías de Satir, pregúntate a ti mismo:

- Cuando estoy en este estado, ¿qué es lo que tiene que ser cierto para mí?

Relacionándolo con el modelo de las cuatro realidades, puedes preguntarte:

- ¿En qué clase de realidad sería eso cierto?

Qué pensarías acerca de:

- ¿Dónde está la responsabilidad? ¿Dentro o fuera de mí?
- ¿Cuál es el nivel de sentimientos acerca de mi propia importancia y de la autoestima.
- ¿Cómo suceden o cambian las cosas?

¿De forma predeterminada porque están destinadas a ser? ¿Puramente por azar? ¿A través de la evolución? ¿De forma lógica, por la ley de causa y efecto? ¿Por voluntad consciente? ¿Por consenso o acción del grupo?

Ejercicio 9.3: Reconocimiento del patrón

Las cuatro primeras categorías (Calculador, Conciliador, Perturbado y Acusador) encajan en el modelo de las cuatro realidades, de modo que vamos a detenernos a analizar a cuál de ellas corresponde cada una. Considéralas una por una (tal vez necesites volverte a colocar en cada una de sus correspondientes posturas corporales):

- ¿Cuál de ellas te resulta más familiar? ¿Cuál te resulta más incómoda?
- Colócalas por orden creciente de familiaridad.

Cuando ya tengas cierta conciencia de alguna de las cuatro categorías, distánciate de ella de modo que puedas imaginarte a ti mismo «allá», en esa postura, y considera lo siguiente:

- ¿Reconozco eso como un patrón familiar?

Probablemente identificarás el patrón según el cuadro siguiente (cuadro 9.3):

Cuadro 9.3: Realidades, categorías de Satir y arquetipos

Realidad	*Categoría de Satir*	*Arquetipo*
Unitaria	Acusador	Guerrero
Sensorial	Calculador	Académico
Social	Conciliador	Héroe
Mítica	Perturbado	Mago

Conócete mejor

Veamos a continuación alguna información más detallada sobre estas categorías, algunas de las cuales habrás conocido ya por experiencia directa. Para ir llenando de contenido a esos personajes y acercarlos más a la vida cotidiana, voy a presentar la metáfora de los cuatro arquetipos, procedente de *Zen and the Art of*

Making a Living, de Lawrence G. Boldt (1992). Dichos arquetipos ofrecen algunos aspectos cotidianos y más «positivos» del comportamiento y la personalidad. Veremos más sobre ellos en el capítulo siguiente, al hablar de la cruzada del Héroe —conseguir lo que deseamos— o, en terminología de la PNL, de los «objetivos bien formados».

Más información

Encontrarás más información acerca de las categorías de Satir en sus libros y en Bodenhammer y Hall (1999). Asimismo, en *Presenting Magically*, de Tad James y David Shephard (2001), podrás consultar información útil sobre la utilización de las categorías de Satir en el ámbito de las presentaciones.

Las categorías de Satir en la vida cotidiana

El primer paso del aprendizaje consiste en poder reconocer los tipos y sus correspondientes realidades. El paso siguiente consiste en saber cómo utilizarlos para verlos en acción. En la presente sección estudiaremos otros aspectos de la personalidad, así como el modo de adoptar alguno de estos modelos para mejorar la calidad de tu comunicación.

Reconocer al Acusador

El arquetipo correspondiente al Acusador es el Guerrero, dedicado en cuerpo y alma a la misión en curso. Este modelo se siente imbuido de un sentido de la verdad a menudo tiránico, de la importancia de sí mismo y de un gran propósito. Va a hacer lo que hay que hacer pase lo que pase; nadie va a interponerse en su camino. No soporta fácilmente a los tontos. Puede que tenga éxito en los negocios, al menos durante un tiempo, pero tiende a conseguir que las cosas se hagan a su modo, dominando o empujando. La consecuencia de esta clase de comportamiento consiste en que el Acusador se queda cada vez más solo, a medida que los demás van largándose. Los acusadores pueden acabar extremadamente solos, sin amigos, hasta que el negocio se va a pique.

Ese estilo de vida agresivo y de estatus superior tiene sus correspondientes consecuencias en la salud: presión sanguínea alta, descontento permanente e ignorancia de los propios síntomas, puesto que el Acusador no presta atención a su estado, sino que se centra permanentemente en los defectos ajenos.

Su lenguaje suele contener numerosos «cuantificadores universales», tales como *todo*, *nada*, *nunca*, *siempre*, etc. También suele implicar obligación o necesidad, como en el caso de *tendría que*, *debería*, etc.

Cómo utilizar al Acusador

En el papel de maestro o instructor, puedes utilizar al Acusador para trasmitir tus argumentos por la fuerza, o para aportar algo de variedad a lo que, de otro modo, no pasaría de ser un recitado de datos. Por ejemplo, al empujar literalmente los puntos que deseas dejar claros, subrayas la importancia de la información que tratas de transmitir, a la vez que implicas al público dirigiendo tu energía hacia él. Enfatiza tu verdad del momento pinchando metafóricamente a quienes te escuchan con el dedo del Acusador: «Eso es lo que tienes que recordar: Uno [*pinchazo*]. Todos utilizamos la totalidad de las modalidades de realidad. Dos [*pinchazo*]. Para crear cambios hay que pasar a la acción, y eso significa moverse a otra modalidad distinta», etc.

Cuando lo hagas no apuntes a nadie en concreto, porque eso podría desencadenar reacciones negativas relacionadas con acusaciones en la escuela, etc. En realidad, no estás utilizando al Acusador para culpar, sino como un medio más de transmitir información. Recuerda que con tu dedo disparas energía, de modo que minimiza la agresión apuntando a un lado o por encima de la cabeza. También puedes reducir el aspecto de confrontación utilizando toda la mano, con los dedos ligeramente curvados, en lugar de un solo índice acusador.

Hablar empleando citas

Otra forma de suavizar el carácter acusador consiste en «hablar empleando citas», es decir, incluir en tu mensaje palabras de otra persona.

> «Uno de mis maestros me dijo: "Ya es hora de que comiences a asumir tu propia responsabilidad por el uso de esta información, puesto que si deseas que las cosas cambien, ese es el camino del futuro". Personalmente no me mostraría tan categórico como para afirmar algo así, pero sin duda me hizo reflexionar.»

En esta clase de estructura, el mensaje empático ha sido incrustado dentro de otro más soportable, de modo que sigues utilizando al Acusador, sólo que de forma indirecta. Es algo así como utilizar un «cumplimiento perdido» (véase el capítulo 12), una verdad no atribuible, lo cual constituye una forma coactiva de comunicación.

Conseguir que las cosas se hagan

Uno de los aspectos del Guerrero en la modalidad unitaria consiste en conseguir que las cosas se hagan. Si necesitas evitar distracciones para que algo se realice, te hará falta la atención concentrada del Guerrero. Tu mente se convertirá entonces en el dedo que señala, te sumergirás en la tarea a llevar a cabo y simplemente la harás, con independencia de las influencias externas. Sin embargo, esta capacidad puede ser también tu mayor peligro, como demuestra el caso de tantos líderes militares que se «dejan llevar» por sus propias verdades hasta tal punto que llegan a ignorar o a rechazar cualquier información contradictoria que no esté de acuerdo con sus propias creencias o que amenace su posición de poder. Véase a ese respecto *On the Psychology of Military Incompetence*, de Norman Dixon (1975).

Arreglar el mundo mediante el lenguaje

Como veremos en los capítulos dedicados al lenguaje, no es fácil evitar la modalidad unitaria al tratar de definir el mundo con palabras. Las palabras tienen cierto carácter «fijo» que, por así decirlo, atribuye conceptos. Eso está muy bien cuando el mensaje es claro y los conceptos son compartidos. Sin embargo, a menudo las palabras comienzan bien pronto a limitar las opciones debido a su rigidez impuesta, por lo que se hace necesario «pensar fuera de la casilla» y crear alternativas, lo cual constituye a menudo la base de la resolución de problemas. Los problemas suelen presentarse como resultado del modo de utilizar el lenguaje para hablar de la situación. En otras palabras, ¡a menudo el problema es el propio lenguaje! No obstante, la ayuda está al alcance de la mano, como veremos en el capítulo 13.

Reconocer al Calculador

El arquetipo para la personalidad calculadora es el Académico, el pedagogo, el catedrático o profesor universitario, el científico desapasionado interesado únicamente por la búsqueda de datos, frío, tranquilo y controlado. Su lenguaje está repleto de substantivos impersonales e inespecíficos: *ello*, *uno*, *la gente*, etc., que dejan fuera al yo como experimentador u objeto de la experiencia, de modo que «Comprendo» se convierte en «Como puede comprenderse», «Eso me confunde» se transforma en «Eso se presta a confusión». «Sin duda, cualquier persona razonable diría que...» Una versión de esta personalidad es la persona «auditiva-digital» cuyo discurso tiene el estilo, por ejemplo, de una publicación académica: «Como puede observarse, está presente aquí cierto grado de racionalidad y de análisis lógico. Por consiguiente, me incumbe proporcionar la correspondiente explicación sistemática. ¿Está eso de acuerdo con lo que se les ha conducido a comprender?». El mensaje oculto en todo ello no es otro que: «Este es mi ámbito de experiencia y de autoridad. El conocimiento proporciona seguridad».

Su empleo de palabras largas, jerga técnica, abreviaturas y

abstracciones conduce a los estereotipos negativos del «profesor», el bicho raro o el chiflado. Todo eso puede estar muy bien para comunicarse con otros de inclinaciones similares, pero ciertamente no para establecer contacto con el resto del mundo.

Los calculadores mantienen su estatus relativamente elevado mediante un conocimiento y una objetividad superiores. Son buenos observadores de la vida, perciben las conexiones y piensan en imágenes y diagramas. Por todo ello, parecen dirigir su energía desde alrededor de los ojos. Sin embargo, aparentemente nada sucede por debajo del cuello, lo que les hace parecer inexpresivos e insensibles.

Cómo utilizar al Calculador

El Calculador es un recolector de datos, de modo que deberás utilizar ese tipo de personalidad cuando desees obtener información de forma «neutral» sin influir indebidamente sobre tu cliente. Este aspecto constituye una parte fundamental en cualquier proceso terapéutico, por lo que muchas de las intervenciones de la PNL sobre el lenguaje están diseñadas a tal fin.

Cuando, en cualquier debate, necesites analizar datos para ofrecer una respuesta, comunícate por medio del Calculador: «Estoy reflexionando sobre lo que me acabas de decir...», «Eso debe ser adecuadamente meditado; sin duda mereces una respuesta considerada». Cuando alguien te haga una pregunta que no sepas cómo responder, utiliza al Calculador como táctica dilatoria: «Buena pregunta. Mmm, deja que reflexione unos instantes sobre ella». Tal vez te resulte útil repetir la pregunta para verificar los datos y seguir su lógica. Así estarás «pensándotelo» de forma sistemática.

«Esos son los hechos»

Si vas a proporcionarle datos o información a alguien, recuerda que tal vez no sea esa su manera preferida de tratar con el mundo. Algunas personas tienen una tolerancia más bien baja con respecto a los datos, de modo que deberás observar qué respuesta obtienes: ¿Estás «perdiendo» a esa persona? ¿Se le nubla la mirada? ¿Sigue despierta? Recuerda que puede suceder que, en alguna ocasión, estés comunicando datos puros a alguien que, al estar en la modalidad social, se sienta personalmente atacado por ti.

Cuando necesites presentar información objetiva, puedes hacerlo con éxito utilizando no tan sólo palabras, sino todos los sentidos. Sírvete de imágenes y diagramas, ten a mano objetos que las personas puedan tocar y usar, de modo que toda esa información inerme «cobre vida». Esta cuestión es de particular relevancia cuando tratas de vender algo. Es necesario crear imágenes en la mente del comprador potencial, de modo que las ideas se hagan más reales para él.

Reconocer al Conciliador

Los conciliadores se juzgan a sí mismos como carentes de todo valor. Desde su bajo estatus se muestran serviles, con escasa o nula autoestima, y por consiguiente, viven pendientes de la aprobación de los demás. No quieren hacer olas ni menear la barca, de modo que se muestran siempre de acuerdo con cualquier exigencia sobre su tiempo, sin ser capaces de pedir nada a cambio: «Eso no estaría bien», «Yo no podría hacer eso».

Tiende a implicarse en la lectura del pensamiento, a tratar de adivinar qué hay detrás de cada actitud y cada respuesta, tratando de anticipar de dónde vendrá la siguiente decepción, culpabilización o amenaza, de modo que pueda prepararse de antemano para lo peor: «Sé que va a enfadarse conmigo». Tienden a utilizar calificadores lingüísticos tales como: *si*, *sólo que*, *únicamente*, *incluso*, o verbos modales como *podría*, *debería*, etc. (véase el capítulo 12).

El arquetipo para el Conciliador es el Cualquiera, esa persona ínfima a la que parece que todos empujan, pero que al final se convierte en el Héroe. Aparece en muchos papeles escénicos, ejemplificados por Charles Chaplin y Buster Keaton. El caso extremo de Conciliador es la víctima, siempre perseguida por los demás, siempre tratando de agradar pero incapaz de hacer todo lo necesario para conseguirlo, como en la obra expresionista *Woyzeck*, de Büchner.

Cómo utilizar al Conciliador

Tal vez te parezca que el Conciliador es absolutamente indeseable, pero hay ocasiones en las que necesitarás aparentar un estatus inferior ante alguien que desee dominar. Mientras seas consciente de lo que estás haciendo, podrás usar esta estrategia en beneficio tuyo. No sirve de nada enfrentarse a esa persona. Que diga lo que tenga que decir. Si muestra enfado o te culpabiliza, deja que «suelte vapor». Verás que, pasado un tiempo, podrás dirigirte a ella desde una posición más próxima al Nivelador. Por supuesto, si te pasas en el papel de Conciliador hasta arrastrarte, o si adoptas el papel de Perturbado mediante un tono sarcástico, correrás el peligro de que la situación «se dispare» y perderás toda credibilidad a los ojos de la otra persona. Puedes jugar perfectamente al estatus inferior y utilizar al mismo tiempo la tonalidad del Nivelador.

Ejercicio 9.4: Conciliar y nivelar

Compara los gestos de las manos del Conciliador (con las palmas hacia arriba) con los del Nivelador (con las palmas hacia abajo). Colócate en posición equilibrada, como en el ejercicio 9.1, con las palmas de las manos hacia abajo. Gira gradualmente las muñecas hasta que las palmas queden mirando hacia arriba, y observa el cambio sutil que se produce en tus sentimientos al hacerlo. ¿En qué cambia esta variación tu estado general? ¿Y tu relación con los demás? ¿Cómo cambia tu centro de atención?

Todo eso sucede simplemente cambiando la posición de las manos. La postura física del Conciliador sugiere apertura al mundo exterior, no hay nada que ocultar. Eso puede llegar al extremo de la vulnerabilidad.

El Conciliador y el estatus

Habrá ocasiones en las que necesites colocarte en inferioridad de estatus frente a otras personas. Eso no significa que te rindas, ni que tengas que ser un «felpudo». El truco consiste en estar ligeramente por debajo, lo cual constituye una buena estrategia para mantener la curiosidad, particularmente si te interesa obtener información de la persona que tienes delante. Como regla general, formular preguntas respetuosamente implica mantener el propio estatus por debajo del de la otra persona: después de todo, es ella la experta en sí misma o en aquello que quieres saber: «Me gustaría conocer su opinión sobre esto», «¿Qué es exactamente lo que desea?».

Como recolector de información, no te vas a quedar todo el tiempo en ese estatus inferior. Ocasionalmente tendrás que elevarlo y mostrarte más «autoafirmativo», rebobinando para verificar si la información que tienes es correcta: «Permítame comprobar que le he entendido bien».

Dentro de un grupo, el Conciliador se ocupa de descubrir qué desean los demás, cómo se sienten, etc. ¡El Héroe jugando a tener un estatus inferior con el resto del mundo! El Conciliador necesita superar su posición en el orden de las cosas, aprender a percatarse de su propio talento y utilizarlo para conseguir sus objetivos.

Reconocer al Perturbado

El arquetipo del Perturbado es el Místico, el chamán, una persona a menudo solitaria que parece poseer cierto conocimiento especial, determinado acceso a poderes mágicos o un ámbito de libertad expandido. Son personas del tipo «creativo», con ideas. Para ellas el mundo es infinitamente interesante y extenso. Se muestran a menudo reticentes a completar las cosas o a tomar decisiones, porque prefieren dejar las opciones abiertas. Su rica imaginación gusta de crear metáforas e inventar historias para interpretar el mundo. En la manifestación extrema, esta persona se vuelve ilusa, totalmente absorta en sí misma, «en otro mundo».

Su estatus es variable o irrelevante. Para algunos lo que cuenta son las ideas y no la persona que hay detrás de ellas. A veces expresan determinadas ideas para «cambiar el mundo». En un grupo tal vez conduzcan los procedimientos con su ingenio y su creatividad, pero pueden dejarlo con la misma facilidad.

Pueden resultar extremadamente molestos si deciden usar su ingenio para el sarcasmo, comentando y bromeando sin parar sobre lo que sucede. Todo vale, nada se toma en serio. Otros perturbados se involucran en un parloteo incesante sobre todo en general y nada en particular. No saben establecer la distinción entre lo importante y lo que no lo es. Ese monólogo incesante y caótico resulta bien pronto agotador para quienes lo tienen que soportar, que no encuentran el modo de penetrar en su mundo. Es como si utilizaran el lenguaje a modo de máscara con la que ocultar su «vacío» interior. No hay personalidad «real» alguna con la que comunicarse.

Cómo utilizar al Perturbado

¿En qué casos puede resultar una buena estrategia mostrarse loco, despistado o lunático? Cuando te ataque una persona agresiva. El Perturbado presenta un blanco en movimiento, difícil de apuntar. La culpabilización resbala sobre su piel como el agua sobre el plumaje del ganso porque no la acepta. No está dispuesto a aceptar ninguna responsabilidad. Extiende los brazos en ángulos desiguales, abre los dedos, encoge los hombros, bailotea y di, con los ojos muy abiertos y con toda inocencia: «No hay que echarme la culpa a mí, yo sólo soy el...» lo que sea. Si aguantas el tiempo suficiente, probablemente se aburrirá y te dejará tranquilo.

Si eres profesor, esta estrategia te puede venir muy bien para manejar a los provocadores. El Perturbado aparenta ignorancia y juega a tener un estatus inferior: «Tal vez tengas razón», «¡Tonto de mí!». Y continúas con lo tuyo. La voz que va con ello es casi sarcástica, pero no definitivamente del todo, de modo que la otra persona no puede estar segura. Lo mismo sucede con el estatus. Das una respuesta ambigua, de modo que el otro no sabe a dónde ir después. Otra buena respuesta para desviar acusaciones es: «¿De veras?» y nada más. El silencio deja sobre el otro la carga de dar el paso siguiente. Habitualmente los demás miembros del grupo encontrarán eso divertido, lo cual los mantendrá de tu parte en lugar de ponerlos de parte del provocador.

Ejercicio 9.5: Desviar las acusaciones

En lugar de lanzarte con tu nuevo yo a situaciones de alto riesgo, como un entrevista de trabajo o una reunión, practica con estos estilos en un entorno seguro, como puede ser un grupo de prácticas. Es asimismo aconsejable hacerlo con personas que no te conozcan demasiado bien. Si cambias de repente tu personalidad ante quienes te conocen, como en el caso de la familia o de los compañeros de trabajo, su respuesta inicial consistirá en tratar de que vuelvas a ser tú mismo. Necesitamos tratar con personas previsibles, lo cual significa conocer su personalidad lo suficientemente bien como para poder «prever» sus respuestas. Tan pronto como la relación se trastoque, aparecerán acciones compensatorias.

Haz lo siguiente con una o más personas:

- Como grupo, adoptad todos la postura del Perturbado, añadid los gestos pertinentes y permitid que la mente revolotee libremente. Dejad que vuestra atención se pose en cualquier cosa y pronunciad algunas frases típicamente «perturbadas» con un tono irrelevante. Observad los cambios que se produzcan en vuestro estado.
- Ahora, por parejas, adoptad respectivamente el papel de Acusador y el de Perturbado. Al cabo de un rato invertid los papeles, de modo que cada cual pueda apreciar ambas posiciones. Es conveniente familiarizarse con las dos partes de esta interacción, porque ello puede afectar a vuestras propias preferencias y vuestro comportamiento en el futuro. El Acusador comienza a acusar al Perturbado o a echarle la culpa de fechorías; el Perturbado simplemente asiente, pero con los ojos muy abiertos, de forma exagerada: «Es cierto», «Siempre hago lo mismo». Tam-

bién puede utilizar el «¿De veras?» con un tono que indique sorpresa, pero que, al mismo tiempo, deje bien claro que no está de acuerdo, o que no piensa hacer lo que se le exige. Observad la impotencia que se siente al tratar de echarle la culpa a alguien que te responde con esa voz y esa postura corporal... ¡Es como tratar de clavar gelatina en la pared!

Emplear estas argucias del tipo Perturbado puede resultar una estrategia de alto riesgo, ya que te expones a que te clasifiquen como un bufón y no te tomen en serio. Tal vez creas que eres el alma de la fiesta porque te muestras constantemente sarcástico o no dejas de hacer chistes a costa de los demás, pero al final te quedarás solo porque nadie encontrará en ti substancia alguna con la que relacionarse, sólo una máscara vacía.

Encuentra tu creatividad

Por otro lado, una actitud juguetona podría ser un buen modo de «romper el hielo», de dejar de lado las exigencias de las convenciones habituales y permitir la libertad de pensamiento y de espíritu, de ver qué sucede simplemente por el gusto de hacerlo. Violar las reglas de un modo deliberado es una buena manera de pensar creativamente. Tal vez descubras que, una vez que comienzas a cuestionarlo todo, acuden a ti las ideas creativas y los puntos de vista novedosos. Quizá quieras disfrutar tomándote las metáforas al pie de la letra y «convirtiéndote» (segunda posición) en el objeto, por ejemplo en un «cambiador de forma», como Odo en *Star Treck: Deep Space Nine.*

La narración de historias constituye otro aspecto de la tipología mítica. Mediante relatos conseguimos comprender nuestra vida. Las historias imponen determinada estructura a los hechos fríos, creando comprensión y significado. Tanto para los hipnoterapeutas como para los conferenciantes experimentados, narrar relatos constituye un recurso habitual.

Habida cuenta de que los escenarios anticipan futuros alternativos, es probable que a menudo nos sorprendamos ante el despliegue de significado que puede producirse en el curso de la narración.

Reconocer al Nivelador

La personalidad niveladora constituye un estado de perfecta congruencia, situado aparentemente «por encima» de los otros cuatro, en la quinta posición y el nivel III. Los niveladores disponen de una perspectiva más universal sobre todo y de una gran flexibilidad, y no abundan. Tal vez consigamos entrar en ese estado brevemente, como suelen hacer mediadores, consultores, terapeutas, consejeros, etc., tomándolo todo en consideración y estableciendo esa conexión especial con el universo que nos transmite cierto grado de sabiduría. Pero bien pronto caemos de nuevo en alguno de los demás roles.

En el flujo de la conversación el estatus irá oscilando, unas veces más alto, otras más bajo. En esta danza de la comunicación no siempre está claro quién conduce, quién lidera. Los niveladores establecen un buen contacto visual y prestan atención. Son sustentadores y directos, evitan perder el tiempo dando rodeos. Desean armonizar con la otra persona y conducirla a un territorio más equilibrado. Asumen la responsabilidad de sus opiniones y son capaces de estar en compañía de los demás sin salpicarlos con sus propias emociones. Saben distinguir entre comportamiento e identidad, lo cual significa que no juzgan a nadie, sino que se limitan a considerar sus virtudes y defectos.

El Nivelador es genuino, no le importa su propia vulnerabilidad y está dispuesto a aceptarse a sí mismo y aceptar a los demás. Cuando está irritado, su voz muestra su enfado. En la intimidad, su voz es rica y suave, sale «del corazón» con compasión y una comprensión del esquema general de las cosas. Ser un Nivelador no es algo que se pueda fingir.

Cómo utilizar al Nivelador

Si has estudiado algún arte marcial, particularmente el taichi, estarás familiarizado con el Nivelador como estado transitorio. Es la postura centrada y equilibrada, lista para cualquier cosa. Tan sólo el maestro podrá permanecer en ese estado durante algún tiempo. Puesto que el universo cambia sin cesar, nos vemos constantemente empujados al desequilibrio. Como recurso, estar familiarizados con ese estado nos ayuda a mantener ambos pies firmemente asentados sobre el suelo.

El Nivelador vive en un universo en expansión y puede ver varias facetas de una misma situación. Recurre al papel del Nivelador cuando te veas en la tesitura de actuar como mediador. Necesitarás comprender todos los puntos de vista y mantener al mismo tiempo bien firme el concepto de equidad. Si las partes en litigio se muestran excitadas, únelas mediante tus manos, primero para incluirlas y luego para aquietarlas, moviendo ambas manos simétricamente, con las palmas hacia abajo, hasta una base firme por debajo de la línea de tu propio centro, al mismo tiempo que refuerzas esta acción con una voz tranquila y equilibrada.

Se reconoce al Nivelador porque no suele caer en comportamientos extremos «raros» o «antisociales». De algún modo se limita a «estar ahí», a ser testigo, a prestar atención y absorber la atmósfera. Cuando habla, lo hace para clarificar o resumir sus propias percepciones. Una vez completamente centrado, resulta más fácil mostrarse justo, equilibrado y congruente, pronunciar la verdad tal como se ve, zafarse de la tentación de dejarse arrastrar a alguna discusión o de tomar partido. Sin embargo, si una de las partes quiere imponer su verdad a toda costa, actuando como el Guerrero beligerante, tal vez vea en el Nivelador a un débil o un aguafiestas. Muchas personas se sienten incómodas ante verdades alternativas, por lo que prefieren seguir «jugando juegos» para mantener la acción en marcha, aun cuando eso les vaya a perjudicar a largo plazo.

La comunicación del Nivelador no tiene por qué traducirse en aceptación y aprobación inmediatas. Hace falta valor y «corazón» para responder genuinamente a los demás y a sus cuestiones reales. El Nivelador actúa como catalizador, como orientador que ayuda a los demás a estar más nivelados. Su objetivo consiste en volverse innecesario al conferir a los demás el poder de resolver sus propios problemas, en lugar de ser admirado por su humildad o su capacidad. Nivelar implica utilizar la totalidad de posiciones perceptivas, niveles, realidades e itinerarios de cambio, según las necesidades. Implica también percatarse si sucede que la mejor línea de acción consiste en interrumpir la comunicación y hacer otra cosa.

> La respuesta niveladora hace posible que puedas vivir como una persona completa: real, en contacto con tu cabeza, con tu corazón, con tus sentimientos y con tu cuerpo. Ser un nivelador te permite tener integridad, compromiso, honestidad, intimidad, competencia, creatividad y capacidad para tratar con problemas reales de forma real. Las otras cuatro modalidades de comunicación tienen como resultado una integridad dudosa, falta de honestidad, soledad, actuación irregular, estrangulación por la tradición y trato destructivo con problemas imaginarios.
>
> SATIR (1988: 98)

Comunicar como Nivelador

Cuando te comuniques con otras personas, manténte simétrico y centrado. En lugar de enfrentarte a ellas a través de la sala o por encima de la mesa, colócate en ángulo de modo que puedas observarlas. Así no estarás en la «línea de fuego», sino literalmente «a su lado», con lo que podréis tratar conjuntamente con el «problema» que os enfrenta.

Comienza con algunas verdades unitarias:

> «Este soy yo y esto es lo que tengo para ofrecer. Estos son vuestros principios declarados».

Luego pasa a los datos:

> «Muy bien, habéis estado trabajando en esto durante tres

años... Y tenéis esta nueva línea de productos... que costará..., etc.».

Observa qué valores invoca eso:

«Así que eso es importante para vosotros, porque necesitáis encontrar un hueco en ese mercado concreto, e imagináis que las necesidades van a ser más...».

Finalmente considera algunas opciones:

«Muy bien, así es como yo lo veo. Existen varias posibilidades y tenéis que elegir la mejor de entre ellas. Por ejemplo, podríais buscar nuevos equipos... o subcontratar la producción de esos componentes...».

Al usar al Nivelador vas rebajando la energía emocional, al mismo tiempo que expandes el marco incluyendo en él las cuatro realidades. Todas las partes se sienten así incluidas y tú vas creando una exposición armoniosamente fluida. Es algo muy distinto al poder avasallador del Acusador, la aridez de los datos secos del Calculador, las súplicas emocionales o apasionadas del Conciliador o los devaneos insubstanciales del Perturbado.

El Nivelador abre el espacio para la consideración y la discusión. Las demás personas se dan cuenta de que se las reconoce. No se trata sólo de datos, sino también de sentimientos. Su creatividad es solicitada y los principios de la organización —su misión— les son implícitamente recordados.

Al exponer cada fragmento de información, deténte y deja que llegue a su destino... Habla despacio, desde tu centro, con una tonalidad determinada:

Ese es el lugar del que partimos [*pausa*]. Hay mucho por hacer [*pausa*], lo cual significa que estamos en camino de emprender un gran cambio en lo que hacemos [*pausa*] y en el modo en que pensamos [*pausa*]. Y todo eso concuerda perfectamente con quienes somos y con quienes queremos ser a medida que vayamos progresando.

Aceptación

El Nivelador tiene la cualidad de la aceptación, lo cual implica decir que sí a todo cuanto suceda; eso no significa ser un Conciliador y plegarse a cualquier exigencia, sino «ir con la corriente» y utilizar su energía en lugar de ser su víctima.

Para el verdadero nivelador, situado en el nivel III, el estatus carece de importancia. Es uno con el universo, no hay separación, «más arriba» y «más abajo» no existen. Sin embargo, en la vida real el estatus varía sutilmente cuando acompañas y conduces a alguien, y se sitúa un poco más arriba o más abajo del de la otra persona, en función de las distintas energías que van fluyendo entre ambos.

¿Hacia qué lado caerás?

Virginia Satir sugiere que hay a menudo incongruencia entre lo que la postura física comunica y lo que uno siente realmente por dentro. A menos que seamos maestros en la meditación o en las artes marciales, el estrés acabará casi siempre por desequilibrarnos y hacernos caer en alguna de las demás categorías.

A continuación expondré algunos de los sentimientos o limitaciones que cada categoría puede experimentar, con independencia de lo que estén haciendo en cuanto a gestos y posturas.

Unitario - Acusador

Sentimiento:	Desamparo, impotencia, atascamiento
Debido a:	Ausencia de reglas o principios; no hay salida
Temor:	Caos, anarquía, incertidumbre

Cuando al Acusador le falta su sentimiento habitual y reconfortante acerca del «modo correcto de hacer las cosas» y no se siente seguro sobre qué es lo que está «bien» y «mal», puede temer que su mundo esté amenazado o abocado al caos y la anarquía. Es muy probable que se coloque entonces a la defensiva o pase directamente al ataque. Blandiendo su dedo, proyecta su propia energía fuera de sí mismo y hacia los demás, como si se estuviera vaciando, lo cual puede muy bien desembocar en un sentimiento de soledad o de «falta de corazón».

Sensorial - Calculador

Sentimiento:	Sin objeto, sin sentido, confuso, perdido
Debido a:	Sin razón, propósito ni sentido
Temor:	Aleatoriedad, carencia de orden o racionalidad

El Calculador puede muy bien estar ahí sentado, impasible, mientras por dentro es presa del pánico porque le falta información para tomar una decisión racional. No puede extraer sentido de los datos que posee, no le «salen las cuentas» o le falla la lógica. O se pone frenéticamente a buscar y analizar más datos, acabando asfixiado por ellos, o se retrae sintiéndose abandonado a su suerte en un mundo caótico, sin sentido ni propósito para su vida. Enfrentado a la abrumadora inmensidad de un universo en constante evolución, se siente pequeño, impotente y abandonado.

Social - Conciliador

Sentimiento:	Sin valor, insignificante
Debido a:	Estatus bajo, sin prioridades ni motivación, sin posición ética
Temor:	Falta de equidad, injusticia

El Conciliador puede parecer hundido, pequeño y sin valor, pero por dentro tal vez haya un fuerte sentimiento de que todo, incluyendo el mundo entero, los demás y el sistema, es injusto. Sabe que es en parte responsable porque no ha hecho lo suficiente, o porque no ha sabido seleccionar sus prioridades: «Tengo que arreglar el mundo antes de preocuparme por mí mismo». Cree en la acción en grupo y necesita que otros le ayuden a enderezar los entuertos. Queriendo colaborar para que se produzca el cambio, necesita saber lo que opinan los demás e interiorizar (hacer propios) sus sentimientos: «Todos sentimos lo mismo acerca de esta cuestión. ¡Estamos unidos!».

Mítico - Perturbado

Sentimiento:	Desesperado, sin sentido, desbordado
Debido a:	No tener dirección ni centro de atención
Temor:	Vacío, aburrimiento, aislamiento

El Perturbado puede tener una vida interior rica, llena de ideas, proyectos y maravillosos «*¿y si?*». Sin embargo, puede que esté tan inmerso en la fantasía que poco o nada de todo ello acabe transformado en realidad. No sucede a menudo que «aterrice» para recopilar datos sobre su verdadera situación. Desbordado por tantas ideas, le resulta imposible decidir qué hacer. Quiere mantener abiertas todas las posibilidades, detesta la idea de sentirse «atrapado» porque hay tantas cosas que podría hacer si tuviese el tiempo necesario. Pasa su vida en los cruces tratando de decidir qué camino tomar, o quedándose ahí sentado creando aún más opciones... Vivir tanto tiempo en su mundo interior puede acabar haciéndole sentir desarraigado, desequilibrado y despreciado. Su mente sin barreras le puede conducir a cualquier lugar, todo puede resultarle interesante, los demás nunca podrán seguirle. El aburrimiento, la sequía de ideas y la falta de novedad constituyen sus mayores temores.

Cómo imitar las categorías de Satir

Recuerda que la sintonía constituye una descripción libre de valores sobre lo bien que consigues armonizar con otra persona. Aunque probablemente no desees imitar el comportamiento disfuncional de alguien, para tratar con esa persona necesitarás establecer cierto grado de sintonía con ella.

Como norma general, al desarrollar las categorías de Satir en su grado «extremo», *no* copies por completo el estilo de la otra persona. En lugar de ello, imita algo «neutro», como su nivel de energía o determinadas características de su voz. Como ya mencioné en el capítulo 3, al establecer sintonía puedes imitar la postura física y el volumen de la voz de un Acusador enfadado, pero no su tonalidad amenazadora ni sus palabras. Si armonizas del todo con las categorías de Satir —acusas al Acusador, concilias al Conciliador, etc.—, estarás animando a esa persona a seguir con su estilo disfuncional y reducirás tus posibilidades de comunicarte con éxito. Satir recomienda armonizar del todo únicamente con el nivelador.

Para saber cómo responder, verifica primero tu objetivo. Si deseas mantener una relación perdurable con esa persona, deberás comportarte de un modo que lo haga posible. Si, por el contrario, eso no te importa, puedes hacer lo que te plazca. Pero date por advertido: eso puede rebotarte en la cara. Circularán rumores sobre tu rudeza, tu comportamiento insultante y tu carácter nada razonable... ¡No olvides quién les va a hablar a los demás de *tu* estilo de comunicación!

Si todavía no has sonsacado a la otra persona y no estás seguro acerca de la modalidad de personalidad en la que se encuentra, sírvete del Calculador para recabar datos. Eso te dará tiempo para descubrir lo que necesitas saber. Permanece en el presente y utiliza tus sentidos para recolectar información acerca de lo que está sucediendo realmente. Luego estarás en mejores condiciones para responder de la manera adecuada. El Calculador nunca experimenta emociones ni dice nada personal, lo cual puede que te haga parecer aburrido, pero te conseguirá tiempo.

Más vale que evites la modalidad del Perturbado, porque desde la realidad mítica las cosas te parecerán divertidas o ridículas, y tal vez te apetezca mandar a la gente a paseo o hacer bromas a su costa... No lo hagas, porque si lo haces, los demás van a verte como un payaso, un bicho raro o alguien que tiene problemas de personalidad. De modo que si eso es lo que estás haciendo actualmente, deja de hacerlo y pásate enseguida a la modalidad del Nivelador.

Acusar al Acusador acaba inevitablemente en una pelea, una discusión o una batalla por la supremacía. El Acusador tiene que tener razón y demostrar su estatus superior. Al menos desde su punto de vista, no es posible que ambos tengáis razón. El Acusador expresa *su* verdad, de modo que no sirve de nada discutir con él porque eso no haría más que generar una lucha de poder.

- Calcular con un Acusador también conduce a una discusión.
- Conciliar a un Acusador no sirve más que para estimularle aún más.
- Perturbar a un Acusador puede resultar divertido. Acompáñale aceptando su verdad como una verdad limitada, aplicable únicamente a determinado contexto. En tu papel mítico ya percibes una serie de posibilidades en las que su modelo de realidad es válido, pero limitado. De modo que pásate a un ámbito mayor y trata de llevarle allí contigo.

Conciliar a un Conciliador es perder el tiempo, puesto que ambas partes tratarán de colocar su estatus por debajo del de la otra. A menos que se trate de algo ritual y breve (como sucede en la cultura japonesa), nunca llegaréis a ninguna parte. Si te unes al Conciliador en su contenido acabaréis en un concurso de gimoteos. Por paradójico que pueda parecer, algunas personas juegan a buscar un estatus «superior» ¡reclamando para sí el mayor sufrimiento o la mayor humillación!

- Acusar a un Conciliador le obligará a retraerse aún más de la comunicación real. Acabará incluso aprendiendo a no salir de su cascarón.
- Calcular con un Conciliador conducirá a una respuesta del tipo: «Sí, pero...». De nada servirá proporcionarle más información o tratar de ser extremadamente razonable con él: su respuesta se basa en sentimientos, ¡con los que el Calculador no está familiarizado en absoluto!
- Perturbar a un Conciliador será interpretado como que se quiere jugar con él, no se le quiere tomar en serio o no se respetan sus sentimientos.

Perturbar a un Perturbado produce pánico, lo cual le va de perlas al Perturbado, porque así es como vive. Puede que desemboque en el caos o la anarquía, pero así es la locura. Si «todo vale», eso también puede incluir una comunicación significativa. ¡Si operas en la modalidad del Perturbado, tal vez los demás comiencen a pensar que quien tiene problemas de personalidad eres *tú*!

- Acusar a un Perturbado es desperdiciar energía, porque simplemente se recupera con gran rapidez.
- Calcular con un Perturbado es una pérdida de tiempo, aunque le podría dar ideas para jugar con ellas.
- Conciliar a un Perturbado no es lo más adecuado, porque podría no resultarle nada divertido.

Calcular con un Calculador crea una dilación razonable y dignificada. Sin embargo, tal vez os enmarañéis en el detalle o la pedantería, lo cual resultará aburrido e improductivo. Imitar a un Calculador puede ser un proceso lento. Quizás esa conversación formal, cerebral y carente de vida suene como si estuvierais en un comité. Los líderes de comité eficaces emplean el estilo del Guerrero, consiguen que se lleve a cabo el orden del día de acuerdo con las normas y mantienen al grupo ceñido a la agenda.

- Acusar a un Calculador le dará pie a explicarte el error de tu forma de proceder.
- Conciliar a un Calculador tal vez halague su ego, pero no os conducirá a ninguna parte.
- Perturbar a un Calculador hará que te vea como alguien «tonto» e «inoportuno».

Nivelar con un Nivelador tiene como resultado una comunicación clara, abierta y congruente. Ambos experimentaréis un contacto real, puesto que realmente llegaréis el uno al otro. La conversación será significativa y sincera. La modalidad del Nivelador implica conocer en general lo que se quiere, en términos de objetivos de nivel superior, así como saber que hay varias formas de conseguirlo.

Para construir esa relación, necesitarás conducir a la persona a una posición más equilibrada, *hacia* alguna clase de respuesta niveladora. Sin embargo, en primer lugar deberás hacer que pase a una realidad distinta, como hiciste al utilizar el metaespejo. El resultado final puede consistir en que consigas que esa persona se eleve «por encima de todo ello», de modo que se encuentre en una posición desde la que pueda darse cuenta de que dispone de otras opciones para lo que está haciendo. Como Nivelador le estás facilitando que resuelva sus problemas del modo más adecuado.

Cómo identificar los estilos en uso

La mayoría de personas han aprendido a sentirse cómodas en alguna de las categorías de Satir. Sin embargo, eso puede redundar en una pobreza de medios para el manejo de problemas, porque más que expandir el número de sus opciones lo reduce. Bajo estrés, necesitamos de todos los medios de comunicación disponibles. Retraernos a nuestra categoría de Satir o modalidad de realidad preferida limita nuestra respuesta. Por consiguiente, necesitamos familiarizarnos con las cuatro realidades, lo cual nos permitirá acceder a una rica variedad de formas de responder.

Al observar a las personas en la vida real, no siempre está claro qué estilo están usando, porque casi nadie está en los extremos. En la vida cotidiana, tendemos a ser una mezcla de todos los tipos, lo cual es bueno. Necesitamos flexibilidad para utilizar las cuatro modalidades de realidad, para ser cada uno de los cuatro arquetipos, para emplear cada una de las categorías de personalidad de Satir. También podemos pasar a la forma de ser «niveladora».

El estilo de otra persona puede resultar muy obvio —el dedo acusador y el rostro enrojecido— o muy oculto, de modo que haga falta tiempo y práctica para percibir los indicios y detectar una preferencia general. Utilizando lo que ya conoces acerca de las respectivas descripciones del patrón cuádruple, podrás encontrar casi siempre alguna pista que te sugiera la preferencia en uso.

Observando el lenguaje corporal, puede que te resulte posible identificar la categoría de Satir. El Acusador utiliza a menudo una postura, una respiración y unos gestos que se corresponden con los de una persona visual. Apunta mucho con su dedo y con la palma de la mano hacia abajo. El Conciliador vive entre los sentimientos y la cinestesia. El calculador puede ser un soñador o una especie de camaleón, o pasar de una modalidad a otra. Bajo estrés, la mayoría de personas revierten a su categoría de Satir o modalidad de realidad preferida.

En las palabras pronunciadas pueden encontrase indicaciones acerca del lugar del que procede cada persona: las que viven en una realidad unitaria hablan de verdades, las que lo hacen en una realidad mítica hablan de ideas, etc. Es muy probable que, en contextos distintos, adopten modalidades diferentes, de modo que resulta más aconsejable percibir a alguien como «procedente de tal o cual modalidad» en este contexto concreto, más que etiquetarlo como «tal o cual tipo» como verdad inmutable.

¿Y qué hacer con toda esa información? Conocer el estilo de alguien te permite modificar tu forma de comunicarte con esa persona. Si está atascada y necesita ayuda, podrás comprender mejor la naturaleza de su problema y, por consiguiente, estarás en mejores condiciones de saber adónde conducirla.

Ejercicio 9.6: Categorías de Satir y arquetipos en la literatura, el arte, el teatro y el cine

Como ejercicio final y continuado sobre estos tipos de personalidad, comienza a observarlos en los programas de televisión (véase Young, 2000) y en las obras de arte. Recuerda que no tenemos forma de saber lo que pasaba por la mente de los creadores de esos personajes. Tal vez se hayan limitado a copiar determinadas características de personas que conocen o de estereotipos de nuestra cultura. No es probable que ningún autor haya utilizado tal o cual teoría o sistema, ni que tenga noción alguna del modelo de las cuatro realidades. Por consiguiente, sus personajes van a ser irremediablemente inconsistentes, pero así es la vida.

Se pretende que este sea un ejercicio divertido. Lo único que tienes que hacer es observar los estilos característicos manifestados en los personajes de libros, películas, obras teatrales, series de televisión, etc.

La cuestión que me gustaría que consideraras es la siguiente:

- ¿Qué personajes de ficción pertenecen «obviamente» a alguno de esos tipos de personalidad?

Sugiero que utilices el presente ejercicio sobre una base en movimiento. Habrá películas o libros en los que, de repente, identificarás alguno de esos tipos, lo cual espero que te resulte divertido. Algunos personajes de esas historias tal vez estén descritos en términos extremos o caricaturescos. Esto es algo que se da con mayor frecuencia en los libros o películas infantiles. Como sucede en la vida real, en la ficción los personajes tienden generalmente a ser una mezcla de diversas personalidades, con cierta preferencia por una de ellas.

Para ponerte en marcha en tu investigación, voy a facilitarte una relación de algunos personajes que he ido observando. Encontrar buenos ejemplos no resulta fácil. Mi lista refleja mis hábitos particulares de lectura y como telespectador. Si conoces a los clásicos, te espera una grata recompensa. Si te encuentras con algún buen ejemplo, te agradecería que me lo hicieras saber, puesto que me interesa disponer de más casos paradigmáticos.

Para establecer las distinciones, piensa en términos de las cuatro realidades y los cuatro arquetipos correspondientes y considera qué es lo que trata de lograr ese personaje, es decir, su intención o motivación en términos de las tipologías de motivación. Permítete poner a prueba una hipótesis... ¡y equivocarte! Todo es posible. Deléitate cuando des en el clavo. Ese es el modo de aprender gracias a la curiosidad.

Las categorías de Satir en la literatura

Comencemos con algunos libros infantiles: *El viento en los sauces,* de Kenneth Grahame (1908).

Acusador/Guerrero:	Sapo	Calculador/Académico:	Tejón
Perturbado/Mago:	Rata	Conciliador/Héroe:	Topo

En la serie de televisión *Bagpuss* de la BBC, de los años setenta, escrita por Oliver Postgate, Bagpuss es un existencialista, un mítico. Cuando se despierta, todos lo demás se despiertan con él. El profesor Yaffle es un Acusador, que les dice a los demás lo que han hecho mal. Gabriel el Sapo es un Académico, que proporciona información y explicaciones.

En la serie *Star Trek* encontramos los siguientes personajes:

Acusador/Guerrero:	Los Klingons (Whorf, B'Elanna Torres)
Calculador/Académico:	Data; Siete de Nueve; Los vulcanianos (Spock y Tuvock)
Perturbado/Mago:	Dr. «Bones» McCoy, consejera Troi, Neelix
Conciliador/Héroe:	Q, Darmok (véase el capítulo 14)

Y ahora un breve recorrido por otras fuentes:

Unitario – Acusador – Guerrero

- El padre, Allie Fox, en *La costa de los mosquitos,* de Paul Theroux (1981), personaje interpretado en la película por Harrison Ford. Harry, el hijo: Charlie Fox es más bien Conciliador.
- Alf Garnett en *Hasta que la muerte nos separe,* de Warren Mitchell.
- Basil Fawlty en *Hotel Fawlty,* de John Cleese.
- *La Víbora Negra,* de Rowan Atkinson.

- Harry (Billy Crystal) en *Cuando Harry encontró a Sally* (1989).
- Los libros de *Don Juan* de Carlos Castaneda tratan esencialmente del camino del Guerrero.

Sensorial – Calculador – Académico

Encontrarás habitualmente a estos personajes en relatos detectivescos y de ciencia ficción.

- Sherlock Holmes (Conan Doyle).
- El padre Brown (G. K. Chesterton).
- El viajero del tiempo de *La máquina del tiempo,* de H. G. Wells (1895).
- Sally (Meg Ryan) en *Cuando Harry encontró a Sally* (1989).

Social – Conciliador – Héroe

Es el Héroe quien capta habitualmente nuestra atención, esa mujer o ese hombre insignificantes que luchan contra todo y acaban por vencer.

- El Dr. Watson en los relatos de *Sherlock Holmes.*
- Marty McFly (Michael J. Fox) en *Regreso al futuro.*

Algunos Conciliadores están ahí para tener a todo el mundo contento, por ejemplo:

- El capitán Louis Renault (Claude Rains) en *Casablanca.*

Otros comienzan con un estatus bajo y van ascendiendo:

- La narradora (la segunda señora de Winter) en *Rebeca,* de Daphne du Maurier (1938).

El Conciliador extremo no constituye una opción inspiradora:

- El *Woyzeck* de Büchner.
- Peter Lorre en el papel de Ugarte en *Casablanca.* (Lorre interpretó papeles parecidos en otras películas.)

Mítico – Perturbado – Mago

- La Liebre Loca de *Alicia en el País de las Maravillas,* de Lewis Carroll.
- La *Mary Poppins* de P. L. Travers (1934).
- Holly Golightly (Audrey Hepburn) en *Desayuno con diamantes* (1961), basada en la novela *Breakfast at Tiffany's* de Truman Capote (1958).
- Bilderbeck en *An Ice-Cream War,* de William Boyd (1982).
- Doc Emmett Brown (Christopher Lloyd) en *Regreso al futuro* (1987, 1989, 1990).
- Phil (Bill Murray) en *Atrapado en el tiempo* (1993).

Nivelador

- Charlotte en *Las telarañas de Carlota,* de E. B. White (1952).
- Flora Post en *Cold Comfort Farm,* de Stella Gibbons (1932).
- El inspector Poole en *La visita del inspector,* de J. B. Priestley (1947).
- En cierta medida, Rick (Humphrey Bogart) en *Casablanca* (1942). Actúa como catalizador, a pesar de no implicarse demasiado él mismo en las historias de los demás personajes.
- Vianne Rocher (Juliet Binoche) en *Chocolat* (2001), basada en la novela de igual título de Joanne Harris (1999).

10

Resultados, caminos y problemas

> Caminante, son tus huellas
> el camino y nada más.
> Caminante, no hay camino,
> se hace camino al andar.
>
> ANTONIO MACHADO,
> *Cantes flamencos* y *Cantares* (1940)

PNL y resultados

Cuando te pregunté qué es lo que esperas de la lectura de este libro, tal vez hayas pensado en responder que deseas descubrir más sobre las metáforas, comprender mejor la PNL, descubrir qué tienen que decir Peter Young y su libro acerca de la vida, realizar algunos ejercicios nuevos, obtener algunas buenas ideas que sirvan de estímulo a tu forma de pensar sobre tu propia experiencia de la vida, etc. Múltiples razones y propósitos que es probable que vayan cambiando y ajustándose constantemente. Al menos, eso es así en mi propia experiencia. Cuando comencé a escribir este libro tenía en mente una tarea bien definida, pero a medida que el texto iba dejando sus propias huellas, la visión retrospectiva se ha revelado como el verdadero camino. El libro ha ido cambiando con su propio relato. Me encontré de repente diciéndome: «Ah, ahora veo el territorio que he cubierto. *Esa* es la historia que estoy narrando. Todas esas otras cuestiones y ramificaciones podrán servir para otro libro».

Una parte crucial del viaje de tu vida consiste en saber qué es lo que deseas conseguir. Disponer de un objetivo por el que trabajar te permite darte cuenta de cómo vas, al mismo tiempo que informa tu toma de decisiones. El propósito general te provee de un marco en el que procesar y asimilar la información que te lleva de vuelta. Te dice: «Ese es el camino en el que estás. Ahí es donde te encuentras ahora. Eso es lo que ha cambiado hasta aquí».

La PNL te pregunta constantemente: *¿Qué es lo que quieres?*, porque disponer de un objetivo afectará de forma significativa a lo que suceda realmente. La PNL te puede ofrecer procesos para ayudarte a crear «objetivos bien definidos», de modo que vamos a echarles un vistazo con ayuda del marco general del modelo de las cuatro realidades. Aun cuando el pensamiento pueda estar produciéndose en las cuatro modalidades a la vez, para conseguir una mejor comprensión y una mayor variedad de opciones conviene separar los distintos tipos de decisiones y acciones. ¡De lo contrario, acabaríamos enmarañados en un buen lío!

Orientación de los resultados

En PNL, la orientación se dirige hacia la creación de *objetivos futuros* más que al análisis de *problemas pasados*. Existe asimismo una polaridad de la motivación: podemos *avanzar hacia* aquello que deseamos, o *alejarnos de* aquello que no queremos. La teoría de la gestión empresarial utiliza la metáfora de la zanahoria y el palo. Como queremos que las personas actúen de forma diferente, o bien las recompensamos con zanahorias en forma, por ejemplo, de gratificaciones económicas, o bien las amenazamos con el palo, es decir, con la pérdida del empleo. Cualquier decisión viene informada por ambos aspectos. Lo que importa es dónde está el énfasis: ¿Prefieres centrarte en lo que quieres conseguir, o más bien tiendes a evitar todo aquello que pueda causarte dolor, problemas, incertidumbre o confusión? Cuando tienes problemas, cuando te sientes atascado o confundido, deseas volver al buen camino. En el capítulo 13 analizaremos algunos modos de conseguirlo. Tanto las personas como las organizaciones están habitualmente dispuestas a dedicar tiempo y esfuerzo a aclarar las cosas, a tratar de buscar claridad, alineamiento y armonía. Cambiar el mundo resulta inmensamente más eficaz cuando se dispone de un objetivo, de una visión clara, de un propósito bien definido.

Ejercicio 10.1: Definición de objetivos

La pregunta es: ¿Qué es lo que quieres? Llegados a este punto, espero que tu comprensión de tu propia vida haya mejorado, aunque sea sólo un poco. Así pues, a la luz de lo que ahora ya sabes, ¿cómo revisarías tus objetivos?

He aquí un resumen del proceso, un viaje a través de las cuatro realidades:

1. Elige un objetivo correspondiente a determinada área de tu vida (profesional, relaciones, crecimiento personal) que tenga para ti significado e importancia. Comienza por la realidad sensorial: ¿qué está sucediendo en el mundo que tú creas que debiera ser de algún modo diferente?
2. Pásate ahora a la realidad social y selecciona tu motivación y tus prioridades. ¿Qué es lo que vale la pena hacer? (Y si no es suficientemente motivador, ¿por qué hacerlo entonces?)
3. ¿Qué más podría ser posible? Ahí es donde entra en juego la creatividad mítica. Juega con las ideas, ¡deja que tu imaginación vuele! Algunas de esas ideas van a ser realizables, a condición de que las bases en la realidad y las materialices tú mismo.
4. En la realidad unitaria, imagínate llevando a cabo realmente la acción necesaria para conseguir tu objetivo.
5. Considera finalmente las consecuencias de este cambio para ti, para los demás y para el mundo. ¿Qué ha cambiado? ¿Es eso lo que tú querías?
6. Juzga ahora otra cuestión: ¿Sigue valiendo la pena hacer eso? Si hay algo que necesite algún retoque, realiza ahora los ajustes necesarios y comienza de nuevo todo el ciclo.

¿Hay algo que desees realmente conseguir, algún objetivo que creas de verdad que vale la pena alcanzar? Manteniendo ese objetivo en mente, responde a las siguientes series de preguntas detalladas para comprobar cómo te estás representando a ti mismo ese objetivo.

Las condiciones bien formadas de la PNL: ¿Qué deseas?

El siguiente proceso constituye una versión de la serie de «condiciones bien formadas» de la PNL para la comprobación de objetivos: clarificar aquello a por lo que vas y asegurarte de que tu comportamiento es adecuado y ecológico. Deberás asimismo considerar qué desean las demás personas involucradas, para alinear acto seguido los diferentes objetivos. Sin una clara visión de adónde vas, lo más fácil es que pierdas el rumbo, te desvíes o te extravíes. Como no te faltarán distracciones, más te vale estar preparado: espéralas y dispón de medios flexibles para atajarlas.

1. *Formula las frases en positivo*

- «¿Qué es lo que quiero?»

Es importante que declares claramente lo que quieres en lugar de lo que no quieres. De otro modo, estarías reforzando los aspectos negativos de tus deseos.

Piensa en qué *clase* de resultados deseas habitualmente:

- ¿Poseer cosas, información, pericia, cambiar comportamientos específicos?
- ¿Mejorar en algo, aumentar tu autoestima o tu propio valor?
- ¿Poder hacer algo nuevo, disponer de más posibilidades, expandir tus límites?
- ¿Comprender los principios, conocer la verdad de las cosas, definir tu «misión»?

Nunca en negativo

Cuando la conciencia humana crea una representación interna, no puede hacerlo directamente en conceptos negativos. Primero tiene que ir a lo positivo y luego, de algún modo, negarlo. De modo que si te digo: «No pienses en los bombones», ¿en qué piensas inmediatamente? ¡En los bombones! Tal vez luego te enzarces en alguna actividad secundaria que te permita negar esa imagen, pero eso sólo será posible *después* de que hayas invocado eso mismo en lo que se supone que no deberías pensar. De modo que ¡no puedes no pensar en lo que no deberías pensar sin pensar en ello!

Cuando examines el contenido de muchos objetivos propuestos en contextos diversos, verás que consiste muy a menudo en lo que *no* quieres que suceda. Recuerda los eslóganes de Tráfico: «Si bebes, no conduzcas», «Mata la velocidad, no a un niño». ¿En qué se supone que tienes que pensar? ¡Lo más probable es que la gente no piense en esas cosas hasta que el eslogan las ponga en primera línea de su mente! Mi señal favorita está clavada en un árbol de un bosque cercano y dice: «Prohibido coger castañas». ¿Están buenas las castañas? ¡No están mal!

Fragmenta los objetivos
Una vez que te hayas decidido por un objetivo, considera:

- «¿Qué hará eso por ti?»

Piensa más allá de tu primer deseo, hacia objetivos de índole más general. ¿Has tenido alguna vez la experiencia de obtener exactamente lo que habías pedido? ¿Fue eso siempre una buena experiencia, o te quedaste en alguna ocasión decepcionado? Reflexiona sobre tu propia vida: ¿te ha salido todo exactamente como lo planeaste? No creo. ¿Disfrutaste con el proceso de vivir con cierta incertidumbre, o hubieras preferido saber con exactitud lo que te aguardaba?

Eso de fijar objetivos presenta cierto aspecto paradójico. Abundan en nuestra cultura los refranes que nos previenen de ser demasiado específicos en nuestros deseos, no sea caso de que se hagan realidad. Por ejemplo:

> En la vida pueden suceder dos tragedias. Una consiste en no conseguir lo que el corazón anhela. La otra consiste en conseguirlo.
>
> GEORGE BERNARD SHAW,
> *Man and Superman*, Acto IV

Algunos cuentos de hadas señalan el peligro de que se cumplan los «tres deseos» proverbiales, o de no tener cuidado al especificar lo que se desea, como en el caso del rey Midas, que acabó convirtiendo en oro todo lo que tocaba, dándonos a entender que, a menudo, aquello que creemos que queremos no es, en absoluto, lo que realmente deseamos.

Todo eso no quiere decir que el proceso de definición de objetivos sea una pérdida de tiempo, sino que definir un objetivo constituye más bien el principio del camino, poner las ruedas en movimiento, clarificar dónde estás y qué te gustaría cambiar, y encontrar formas de conseguirlo. Muchos de nuestros deseos no son más que fantasías irreales. Si los revisamos a través de la realidad sensorial, tendremos más posibilidades de convertirlos en realidad. En ocasiones resulta difícil concretar esas nociones más bien vagas de lo que quisiéramos conseguir. Por ejemplo, escribir este libro constituía uno de mis objetivos hace unos años, pero su aspecto final no tiene nada que ver con lo que yo había imaginado.

Elegir algo que se pueda realizar por diferentes medios resulta mucho más satisfactorio, porque deja el universo «abierto» a tu propia evolución. Ir a por algo más general es lo que se conoce como «integrar» tu objetivo. Se trata de algo que puedes hacer cuantas veces quieras. Por ejemplo, si tu primera idea es «Quiero un yate», considera qué necesidades satisfarías con esa posesión: «¿Quiero viajar?», «¿Quiero entretener a otras personas?». Integrando aún más tal vez llegaras a: «Quiero libertad» o «Quiero disfrutar más de la vida».

2. *La experiencia sensorial: procedimiento de prueba*

- «¿Cómo sabré que lo he conseguido?»
- «¿Qué veré, oiré y sentiré?»
- «¿Qué verán, oirán y sentirán los demás?»

Es aconsejable describir todo eso en términos sensoriales:

Desde la primera posición:

- «¿Qué veré, oiré y sentirán cuando lo haya conseguido?»

Y desde la segunda posición:

- «¿Qué verán, oirán y sentirán los demás cuando lo haya conseguido?»

La realidad sensorial requiere poder observar diferencias específicas, basadas en una evidencia fáctica que los demás puedan también percibir. No basta con decir, con vaguedad y fe ciega: «Lo sé».

3. *Recursos*

- «¿Dispongo de los recursos que necesito para conseguir esto?»
- «En caso contrario, ¿qué es lo que necesito?»

Comprueba de dónde partes. Si necesitas alguna habilidad práctica, adquirir pericia o algún conocimiento adicional, ese será tu «subobjetivo». Por ejemplo, para observar pájaros necesitarás unos prismáticos, una guía de identificación y saber dónde buscar.

4. *Contexto apropiado*

- «¿Cuándo, dónde y con quién quiero eso?»
- «¿Cuándo, dónde y con quién no lo quiero?»

Es poco probable que quieras algo 24 horas al día y 7 días a la semana, o con cada persona que conozcas. Sentirte lleno de energía cuando quieres dormir resultaría contraproducente. Así pues, debes ser específico y definir con precisión los límites de tu objetivo.

Marco temporal apropiado
En la misma línea, considera lo siguiente:

- «¿En qué momento quiero eso?»
- «¿Durante cuánto tiempo?»

A menudo necesitamos tiempo para adaptarnos a los cambios. Al parecer, preferimos ciertos ritmos de cambio en nuestra vida. Para algunas personas, un cambio «instantáneo» significaría un choque demasiado brusco en su sistema.

5. *Conserva los subproductos actuales positivos*

- «¿Qué consigo con mi comportamiento actual que quisiera conservar?»

La mayor parte de lo que haces ahora merece ser preservado. Cambiar no tiene por qué significar un absoluto «borrón y cuenta nueva». Sacudirse todo lo conocido y partir de cero sería un despilfarro de recursos.

En ocasiones nos parece que lo positivo que ya estamos consiguiendo supera con creces los beneficios hipotéticos de un futuro desconocido. Eso podría ser de aplicación al consumo de tabaco, por ejemplo. Las personas que fuman tienen buenas razones para hacerlo: mostrarse sociables, formar parte de determinada cultura, etc. El cigarrillo constituye un poderoso fetiche de pertenencia al grupo. Esa es la clase de factores que hay que tomar en consideración antes de echarlos por la borda.

6. *Establece y mantén tus objetivos*

- «¿Puedes establecer y mantener un determinado objetivo?»

¿Estás en condiciones de asumir tu responsabilidad personal por el inicio de la acción? Si dependes de alguien para hacer algo, puedes esperar sentado. No sirve de nada echar la culpa a los demás e insistir en que cambien ellos primero. ¿Qué prefieres, tener «razón» o conseguir ese objetivo deseado? Cuando asumes la responsabilidad de tu propia vida, consigues muchos más de tus objetivos.

7. *Propiedad*

También deberás verificar lo siguiente:

- «¿Es ese realmente *tu* objetivo?»

¿O tal vez estás haciendo todo eso porque alguien quiere que lo hagas? ¿Opinas que *debes* o *tienes que* hacerlo?

8. *El adecuado tamaño del fragmento*

- «¿Qué paso puedes dar ahora que te permita saber que ya has comenzado a conseguir ese objetivo?»

¿Vas a comenzar realmente, o va a quedar todo en un sueño? El sueño puede ser una excusa para no cambiar ahora mismo, pero también una estrategia de motivación para mantener la siguiente creencia: «Algún día podré conseguir lo que quiero..., pero aún no». Si es que vale la pena ir a por ese objetivo, ¿vale la pena ir a por él ahora? En caso de que no sea así, ¿por qué? ¿Cuál es el beneficio de dilatar la puesta en marcha de la acción? Tal vez te sientas abrumado por el tamaño de tu objetivo, que te parece demasiado grande como para conseguirlo de golpe. Es como el viejo cuento: «¿Cómo comerse a un elefante? Cucharada a cucharada». ¡Tal vez el objetivo más inmediato debería ser un curso de gestión de proyectos!

9. *Evaluación*

Considera las consecuencias de alcanzar ese objetivo.

- «¿Cuáles serán los beneficios por haberlo alcanzado?»
- «¿Cuáles serían los costes por no alcanzarlo?»
- ««¿Me compensa el esfuerzo para lograrlo?»
- «¿Me compensa el tiempo dedicado a conseguirlo?»
- «¿Está en concordancia con mis valores?»

- «¿Es suficientemente interesante como para continuar en su búsqueda?»

10. El sentido de uno mismo

Compara ese objetivo hipotético con tu estado presente. ¿Sigue valiendo la pena?

- «¿Está ese objetivo de acuerdo con mi sentido de mí mismo? ¿En qué medida sería ese cambio representativo de quién soy y de quién quiero ser?»
- «¿Expandirá ese objetivo mi sentido de mí mismo?»
- «¿Cuáles serán las consecuencias, tanto para mí como para los demás?»
- «¿Cómo sabré que mi objetivo está apoyado por mis valores? ¿Y que se adapta a mis reglas y principios acerca de cómo son las cosas?»

11. ¿Preparado?

Y ahora que ya has realizado todo ese proceso, clarificando algo que realmente quieres conseguir, e imaginando cómo cambiará eso tu vida..., ¿estás preparado?

- «¿Estoy preparado para este cambio?»

Observa tu respuesta interna. Quizá te encuentres con un «Sí» fuerte y rotundo, o tal vez descubras algunas dudas: «Bueno... esto... veamos... más o menos», lo cual quiere decir: «No». Si tienes cualquier duda, verifica qué es lo que hace falta hacer. Eso podría ser tu objetivo más inmediato.

Muchas personas buscan a alguien con quien compartir su vida. Dado que eso va a cambiar prácticamente todos los aspectos de su vida, la pregunta crucial es: «¿Estoy preparado para esta nueva relación?». De forma parecida: «¿Estoy preparado para este ascenso o para este nuevo trabajo?». Todo eso puede significar cambios substanciales, con considerables efectos en cascada. Tu subconsciente te hará saber si estás o no suficientemente preparado para todo ello. Cuando tengas luz verde, ¡ábrete al cambio y déjate sorprender por lo que vaya sucediendo!

Lo único que tienes que hacer es seguir estos pasos y... *¡ale hop!* Ya estás listo.

¿Funciona?

A menudo basta con ponerse en marcha. Sin embargo, tal vez no hayas prestado suficiente atención a lo que ha sucedido realmente, y creas que tu definición del objetivo no ha funcionado. Recuerda que lo que acabas consiguiendo es a menudo diferente de lo que habías imaginado. Un objetivo general puede ser satisfecho de muchas formas, por lo que tal vez no establezcas la conexión entre determinado resultado final y tu deseo inicial. Por consiguiente, ser más específico te facilitará percatarte del vínculo. Un buen modo de conseguir resultados más inmediatos consiste en formularle al universo una pregunta sobre el «cómo»: «Necesito saber *cómo* encontrar el modo de transmitir mi mensaje a un público más amplio», etc.

La cruzada del Héroe

Voy a presentarte ahora otra metáfora: la cruzada del Héroe. Se trata de una narrativa tan vieja como las culturas y común a muchas de ellas: el Héroe se pone en marcha para conseguir determinado objetivo enfrentándose, a lo largo del camino, con toda clase de obstáculos y distracciones. Tras haber recuperado el tesoro, rescatado a la víctima o destruido al dragón, regresa a casa, cambiado por la aventura vivida. Se trata de una historia que todos conocemos, ya sea bajo el nombre de *Jasón y los Argonautas*, *Jack y las habichuelas mágicas*, Bilbo Bolsón en *El Señor de los Anillos*, Luke Skywalker en *La Guerra de las Galaxias* o Buzz Lightyear en *Toy Story II*.

En su clásico *The Hero with a Thousand Faces* (*El héroe de las mil caras)*, Joseph Campbell describe un periplo «monomítico» o arquetípico del héroe —una variante del «mito del pasaje»— que recorre las fases de separación, iniciación y regreso:

> El héroe se aventura a salir del mundo de lo cotidiano para adentrarse en el territorio del portento sobrenatural, donde se enfrentará a fuerzas fabulosas y obtendrá la victoria definitiva. Finalmente, regresa de sus misteriosas aventuras con el poder de hacer el bien a sus semejantes.
>
> CAMPBELL (1949: 30)

Los héroes necesitan cruzadas. Seleccionar una cruzada significa marcarse un objetivo. Puede ser liberar a la princesa de las garras del dragón, diseñar una ratonera más eficaz, encontrar un mejor empleo o lanzar al mercado un producto que merezca la aceptación de tus clientes. Da igual, lo importante es que sepas en qué cruzada estás.

La metáfora de los cuatro arquetipos

Voy a presentar a los cuatro personajes involucrados en las cruzadas de la vida: el Héroe, el Mago, el Guerrero y el Académico. Se trata de una descripción que procede de Lawrence Boldt (1992), sobre unos arquetipos que provienen en realidad de la mitología y el acerbo popular. En el capítulo anterior ya entramos brevemente en contacto con ellos. Podríamos describirlos como los aspectos «positivos» de las cuatro categorías de Satir (cuadro 10.1).

Resulta interesante señalar lo siguiente: «La palabra *héroe* está etimológicamente relacionada con *herejía* y *herético*. Estos tres términos derivan del griego *hairetikós*, que significa "capaz de escoger". El héroe es alguien que escoge, que elige qué cuestiones considerar importantes en su vida, y que, por consiguiente, elige también cuál ha de ser su cruzada» (Boldt, 1992: 91).

Cuadro 10.1: Los cuatro arquetipos

El Guerrero El poder creativo de la acción agresiva El caballero, el espadachín	*El Académico* El poder creativo del aprendizaje y la enseñanza El niño, el viejo sabio
El Mago El poder creativo de la imaginación El actor, el chamán	***El Héroe*** El poder creativo de la decisión El buscador del Grial, el que decide qué camino tomar

El cambio es movimiento

> El único modo de sacar sentido del cambio consiste en lanzarse de cabeza a él, moverse con él y unirse a la danza.
>
> ALAN WATTS

Introducimos cambios al pasar de una modalidad de realidad a otra. Cuando alguien se queda atascado y necesita ayuda, debemos:

- Identificar de dónde parte esta persona.
- Decidir qué otra realidad la ayudaría a retomar la situación.
- Utilizar la intervención adecuada para ponerla en esa nueva dirección.

Partiendo de la posición sensorial para percatarte de que tu mundo necesita cambios, puedes elegir entonces adónde ir.

[U] Analiza qué ha sucedido, qué fue lo que salió mal. Desarrolla una teoría, crea reglas y principios.

[So] Baraja tus opciones para decidir qué te conviene hacer.

[M] Sueña nuevas formas de crear soluciones. Imagina el objetivo deseado.

Al principio no será demasiado importante a qué otra realidad conduzcas a esa persona. Cualquier cosa es preferible a que se quede atascada donde está.* Muchas intervenciones de PNL comienzan por conseguir información sensorial. Sin embargo, si la persona ya está sobrecargada de información, preguntarle: «¿Qué es lo que quieres? ¿Qué es importante para ti de todo eso?» la llevará a la realidad social, donde podrá establecer prioridades. Preguntarle: «¿Qué te recuerda eso? ¿Cuál sería una buena metáfora para eso?» la colocará en la realidad mítica. Para conducirla a la modalidad unitaria, pregúntale: «¿Qué reglas o principios son de aplicación en este caso?».

Reformulemos a continuación el proceso de objetivos en términos de la metáfora de la cruzada del Héroe y de las cuatro realidades. La cruzada del Héroe se mueve en el sentido de las agujas del reloj a través de las cuatro realidades. El proceso consta de cinco etapas principales: partiendo de la realidad sensorial, recorremos sucesivamente las cuatro realidades hasta regresar de nuevo a la sensorial, donde observaremos las diferencias resultantes.

Cuadro 10.2: La cruzada del Héroe

Etapas de la cruzada del Héroe	Acción	Atención	Realidad	Arquetipo
1. Prestar atención	Observar	Hechos	Sensorial	Académico
2. Elegir el camino	Decidir	Valores	Social	Héroe
3. Planificar	Imaginar	Ideas	Mítica	Mago
4. Hacer	Actuar	Verdades	Unitaria	Guerrero
5. Verificar	Comparar	Diferencias	Sensorial	Académico

* De ahí una de las presuposiciones de la PNL: Si con lo que haces no consigues lo que quieres, haz otra cosa, haz *cualquier* otra cosa. (*N. del T.*)

He aquí algunas preguntas pertinentes para cada etapa:

1. *Prestar atención*
   El presente: «¿Qué es lo que necesita cambiar?»
   - «¿Dónde estoy ahora?»
   - «¿Cómo me ha llevado la vida hasta aquí?»
   - «¿Qué es lo que falta?» «¿Qué es lo que va mal?» «¿Qué es lo que debería ser diferente?»
   - «Deseo...» «Necesito saber cómo...»

2. *Elegir el camino*
   La cruzada: «¿Qué es lo que quiero?»

   - «¿Dónde quiero estar?»
   - «¿Qué es lo que vale la pena hacer?»
   - «¿Qué es lo más importante que tendré que hacer luego?»
   - «¿Cómo podría...?» [+ verbo] «Quiero ser mejor en...» [+ verbo]

3. *Planificar*
   El plan: «Quiero ser capaz de...».

   - «¿Cómo puedo conseguir mi objetivo?» «¿De cuántas formas podría lograrlo?»
   - «¿De qué recursos dispongo?» «¿Qué otros recursos voy a necesitar?»
   - «¿Cuál es la mejor solución?»
   - «¿Qué camino elijo?» «¿Cuáles van a ser mis siguientes pasos?»

4. *Hacer*
   La acción: «¿Cómo voy a mantenerme en el buen camino?»

   - «¿Qué es lo que voy a hacer *realmente*?»
   - «¿Cómo me mantendré en movimiento?»
   - «¿Cómo conseguiré mantener la atención?» «¿Cómo puedo "hacerlo sin más"?»

5. *Verificar*
   El resultado: «¿Qué ha cambiado?»

- «¿Dónde estoy ahora?»
- «¿Qué ha cambiado como resultado de mi acción?»
- «¿He conseguido lo que quería?»
- «¿Qué falta todavía por hacer?»

El Héroe

El Héroe es a menudo descrito como una víctima del destino, un peón en manos de quienes tienen el poder: los dioses de las mitologías griega y romana, el rey de los cuentos de hadas o los burócratas y legisladores de las historias modernas. El Héroe tiene una causa por la que vale la pena luchar. Se trata a menudo de una causa que beneficiará al pueblo o a la sociedad en general, más que tan sólo al propio individuo.

El Mago

El Mago crea el plan, imagina diversas posibilidades, ensaya escenarios y analiza consecuencias. La PNL desempeña el papel de «acompañamiento futuro», pretendiendo que todo ha sido ya creado y permitiéndote explorar los resultados. El Mago es el autor de la historia y tiene el poder de revisarla o reescribirla a medida que se va desarrollando, para conseguir así que funcione.

> El truco consiste en aprender a confiar en el poder mágico del subconsciente y a aceptar lo que se nos ofrezca. «Avanza expectante, buscando en el camino indicios de sus revelaciones. Si nos movemos exclusivamente en el ámbito de lo que estamos seguros que sabemos, sin permitir que la imaginación nos muestre el camino, estamos bloqueando nuestro potencial creativo. Al igual que el crecimiento de una planta, la vida creativa constituye un misterio, un despliegue sorprendente.» (Boldt, 1992: 59.)

«Quien duda...»

El Mago debe elegir el camino para el Guerrero, quien a su vez tiene que estar suficientemente motivado como para poder llevar a cabo toda la cruzada. Para que el Guerrero sea capaz de conseguir que las cosas se hagan eficazmente, deberá estar preparado de antemano para los posibles impedimentos e interrupciones con que tropezará en su camino. Es, pues, aconsejable preparar de antemano planes de emergencia y trabajar en detalle con el plan general. De todos modos, explorar escenarios es algo que hacemos constantemente (véase el capítulo 12). Schwartz (1991) nos ofrece una introducción a este arte.

La tarea del actor consiste en materializar un escenario de tipo «qué pasaría si». El actor tiene una intención, una razón para estar en escena. Sabe que su resultado deseado vale la pena porque ha ensayado previamente varios escenarios posibles... Al interpretarlos explora su intencionalidad hasta el límite. Y no hay otra forma de comenzar que *haciéndolo*, dando el primer paso. Y luego el segundo, y el tercero...

El Guerrero

La imaginación proporciona el cambio asertivo necesario para ejecutar el plan en la modalidad unitaria. El Guerrero está volcado a la acción, lo cual representa a veces cierta limitación en el proceso de definición de resultados de la PNL. Boldt sugiere tres formas clave, derivadas de *la espada de la concentración presente* del *bushido* («camino del Guerrero»), para conseguir que la energía agresiva sirva a nuestras visiones creativas:

- Estar presente.
- Estar concentrado.
- Ser fuerte.

En otras palabras, concéntrate en la tarea que tienes entre manos, implícate por completo en la acción necesaria y manténte preparado para manejar los inevitables obstáculos y distracciones que aparecerán en tu camino.

El Académico

De regreso a la realidad sensorial, evaluamos lo sucedido. Eso puede consistir tanto en una breve constatación: «Sí, he conseguido lo que deseaba», como en un examen más detallado de lo que ha salido bien y lo que no ha salido tan bien. La tarea del Académico consiste en comparar el antes con el después, observar los cambios y aprender de la experiencia. Sería demasiado fácil precipitarse sobre la siguiente acción simplemente por mantenernos «ocupados». Para sacar el mayor provecho del viaje, para saborearlo al máximo, hay que dedicar cierto tiempo a revivirlo.

Para ello podemos prestar atención a lo siguiente:

- Información: hechos, datos, hallazgos y resultados; los acontecimientos narrativos del viaje.
- Interpretación: generalizaciones sobre cómo es el mundo. «Así es cómo yo me relaciono con el mundo».
- Integración: cómo he cambiado como resultado de la aventura; cómo han cambiado los demás y el mundo en general como resultado de mi intervención.

Aprender es aceptar y asimilar nuestras propias experiencias, filtradas a través de nuestros deseos. Se trata de un proceso constante; cada nuevo ciclo desvelará cambios necesarios: «¿Qué más podría hacer para explorar en mayor profundidad el sentido de mi vida?». Por cierto, hablando del sentido de la vida, una respuesta que me parece adecuada consiste en asumir que estamos en este planeta para descubrir cómo funciona todo: el universo y los seres humanos que lo habitan.

Consecuencias

Cuando nos paramos a considerar los cómos y los porqués de nuestra existencia, debemos tomar igualmente en consideración las consecuencias, no sólo para nosotros mismos, sino también para los demás y para los sistemas y las culturas de los que formamos parte: nuestra familia, nuestro trabajo, nuestra comunidad y nuestra sociedad. El concepto general consiste en que, cuando cambiamos algo en nosotros mismos, el resto del sistema cambia para acomodarnos. Esto es de aplicación por igual a pequeña escala, correspondiente a la relación entre dos personas —como ya vimos con el metaespejo—, como a una escala mayor que abarque la totalidad del universo, aunque no podamos ser tan directamente conscientes de los efectos, puesto que será necesario más tiempo para que éstos se hagan perceptibles.

Marcar la diferencia

> ¿Tiene ese camino corazón? Si lo tiene, es un buen camino. Si no lo tiene, no nos sirve. Ninguno de los dos caminos lleva a parte alguna, pero uno tiene corazón y el otro no.
>
> CARLOS CASTAÑEDA,
> *Las enseñanzas de Don Juan (1968)*

Algunas personas declaran que quieren cambiar el mundo, dejar su huella entre la humanidad. Otras se contentan con pequeñas mejoras en su propia vida. Lo que ambos planteamientos tienen en común es que el éxito está reservado a quienes sean capaces de definir objetivos claros y estén lo suficientemente motivados y determinados como para ir a por ellos y conseguirlos. Parte del secreto consiste en disponer de una mezcla equilibrada de los cuatro arquetipos, junto con un grado adecuado de flexibilidad entre las cuatro realidades, aunque no es indispensable tener una percepción consciente de esos modelos.

Expresar una necesidad o un deseo crea un «problema». El modo en que trataremos con ese problema dependerá de la importancia que éste tenga para nosotros. Al decidir que «vale la pena ir a por eso» nos planteamos nuestra propia cruzada, utilizamos el poder mágico de nuestra imaginación para crear soluciones posibles, que luego nos esforzamos en convertir en realidad. En la fase de desbroce aprendemos de nuestras acciones y evaluamos los beneficios de alcanzar el objetivo deseado: ¿Cuánto es suficiente? ¿Qué mas debe hacerse? Las consecuencias de emprender la acción son impredecibles. Nuestras presuposiciones necesitan ser comprobadas: «¿Se sostienen mis teorías acerca del universo? ¿Necesito revisar mis generalizaciones? Y ahora que ya lo he hecho, ¿importa realmente? ¿Me implico tal vez demasiado en los deseos, en lugar de aceptar los hechos?».

Al prepararte para cambiar el mundo, pregúntate:

- ¿Cómo me afectará a mí este cambio?
- ¿Cómo afectará a los demás?
- ¿Cómo afectará a mis relaciones con los demás?

Considera ahora ese cambio en términos de su impacto ecológico. Cada cual tiene su propia ecología, su forma particular de manejarse a sí mismo y manejar su entorno. Revisa cada uno de tus objetivos:

- ¿Se corresponde con *quien yo soy*?: con mi estilo de vida, con el concepto de mí mismo (quién creo que soy).
- ¿Se corresponde con *lo que hago*?: con mi misión personal, con mi propósito para estar vivo.
- ¿Se corresponde con *el modo en que las cosas funcionan*?: con las normas sociales, con las preferencias generales.
- ¿Se corresponde con *lo beneficioso*?: con el futuro mejor que podamos crear para nosotros mismos y para nuestros hijos.

En ocasiones nos damos cuenta de que las opciones que se presentan ante nosotros no son más que «distracciones». Utilizando la metáfora de LA VIDA COMO UN VIAJE, al llegar a una encrucijada del camino resulta útil o reconfortante pensar en las decisiones que podemos tomar en términos de objetivos o destinos que alcanzar. Pero eso puede ser una ilusión: todos esos caminos conducen a ninguna parte. Sólo mirando atrás podemos ver el camino recorrido. T. S. Eliot lo resume como sigue en *Cuatro cuartetos*:

> No cesaremos de explorar
> y el fin de nuestra exploración
> consistirá en llegar al punto de partida
> y conocer por primera vez ese lugar
>
> T. S. ELIOT,
> «Little Gidding» II. 239-242 (1944)

Nuestros objetivos y resultados nos mantienen activos, ocupan nuestra mente consciente y nos proporcionan experiencias de las que aprender. Lo importante sería que esas experiencias nos transmitieran sabiduría y nos permitieran ser más nosotros mismos.

Indicadores en el camino

Las metáforas son únicamente útiles en la medida en que iluminen lo desconocido que tratamos de comprender. A medida que vamos creciendo, vamos necesitando de nuevas metáforas que nos aporten nuevas comprensiones.

Ejercicio 10.2: El camino de tu vida

Tómate un momento para considerar tu paso por la vida. Mirando hacia atrás, ¿crees que tiene sentido?

- Piensa en los objetivos que te marcaste en el pasado. Por ejemplo, cuando eras niño, ¿qué querías hacer de mayor?
- Considera las decisiones que tomaste y los resultados que obtuviste.
- ¿Percibes en todo ello algún patrón que te indique: «Este es el propósito de mi vida»?

A la luz de lo que ya sabes del viaje de tu vida, responde las siguientes preguntas:

- ¿Hiciste cosas que te distrajeron de ese «propósito vital», cosas que en realidad no te interesaron o no te beneficiaron, que te robaron tiempo que hubiera valido más emplear en otra cosa?
- ¿Cómo te pusiste de nuevo en el buen camino?
- ¿Te aventuraste fuera de tu senda y tuviste que retroceder? ¿Qué aprendiste de ello? ¿Fueron esas experiencias buenas, malas o simplemente «interesantes»?

Sea cual fuere tu pasado, lo que importa que recuerdes es que te ha conducido hasta aquí y ahora, así que tiene que ser bueno, ¿no te parece?

En los próximos tres capítulos recorreremos los dominios del lenguaje. En particular, analizaremos cómo funciona el lenguaje y de qué modo puede limitarnos. Las limitaciones provienen tanto de nuestra necesidad de encontrar certeza en una palabra incierta, como de utilizar metáforas para la comprensión. Por ejemplo, ¿qué haces cuando te quedas atascado? ¿Cómo te las arreglas cuando te sientes confundido? ¿Cómo percibir el patrón, cómo unir los fragmentos de toda esa historia? Volveremos sobre estas metáforas en el capítulo 13, al hablar de la resolución de problemas.

Las historias recorren nuestra vida, de modo que es importante mirar atrás de vez en cuando para comprender qué historia estamos narrando, quiénes somos ahora y qué cambios resultarían apropiados, de modo que podamos aprender de nuestra experiencia. Sabrás enseguida cuándo tu historia te suena bien, porque estarás conectando con tu propósito, con tu misión. Así es cómo te convertirás en esa historia que te narras a ti mismo.

11

Codificación del lenguaje

> Por medio del lenguaje creamos el mundo, puesto que hasta que no lo describimos, no existe. Y cuando lo describimos, creamos distinciones que rigen nuestras acciones. Para expresarlo en otras palabras, no describimos el mundo que vemos, sino que vemos el mundo que describimos.
>
> JOSEPH JAWORSKI,
> *Sincronicidad: el camino interior hacia el liderazgo (1999)*

Introducción al «lenguajeo»

El presente capítulo analiza el modo en que utilizamos el lenguaje para codificar nuestro mundo, y explora la idea de que cada modalidad de realidad tiene su propio lenguaje, basado en lo que se presupone en esa determinada visión del mundo. Utilizo el verbo «lenguajear» para referirme a la totalidad de los aspectos que implica *utilizar* el lenguaje. Un aspecto positivo del lenguaje consiste en que crece y cambia constantemente, siendo adaptado para hacer frente a las nuevas necesidades. El infinitivo confiere un sentido de actividad en curso, lo cual resulta relevante para comprender qué pasa realmente en la mente de las personas cuando emplean palabras para comunicarse.

Mucha gente asegura que desea mejorar su manera de comunicarse. Para mejorar nuestra capacidad de comunicación, necesitamos comprender cómo creamos el lenguaje para representar nuestra experiencia, así como de qué modo podemos usarlo deliberadamente para cambiar el sentido de esa experiencia. Cuando ya comprendemos la forma en que funciona el lenguaje, podemos mejorar nuestro modo de hablar con nosotros mismos (nuestro diálogo interno), así como comprender de qué forma podemos usarlo para influir en los demás. Ya sea al decir lo que está bien y lo que está mal, al dar información, al cambiar de estado emocional o al inspirarnos pensamientos elevados a nosotros mismos y a los demás, todo cuanto decimos influye de algún modo en el mundo.

El buen comunicador es capaz de transferir significado de forma eficiente y apropiada, ayudando a la comprensión con una cuidadosa elección de palabras y metáforas, proporcionando información suficiente como para una adecuada interpretación, e indicando el alcance y la aplicabilidad de su mensaje. Gran parte de nuestro lenguaje cotidiano es sólo «suficientemente bueno»; pero, como sucede con otros muchos aspectos de la vida, cuando todo sale mal, cuando interpretamos mal a otra persona o cuando la respuesta que obtenemos no es la que esperábamos, nos percatamos de que necesitamos prestar atención al modo en que hemos «lenguajeado» la experiencia. La PNL proporciona algunas herramientas poderosas para clarificar la comunicación, así como para modificar la experiencia de una persona alterando el modo en que la codificó mentalmente.

Para hablar sobre el lenguaje, necesitamos del lenguaje. Para desarrollar cualquier nueva habilidad tenemos que aprender su jerga, sus palabras técnicas y unas formas de pensar que nos permitan reflexionar sobre su contenido y debatirlo. Disponer de nuevos conceptos y de nuevas categorías nos abre, asimismo, los ojos y los oídos a cosas en las que previamente no habíamos reparado.

Esta es la primera aproximación al modo en que el lenguaje se relaciona con las cuatro realidades. El modelo de la PNL para el lenguaje (el «metamodelo») presenta una determinada «estructura», que analizaremos en el capítulo siguiente. En Bodenhamer y Hall (1999) podrás encontrar un resumen de este modelo. John Grinder, que fue profesor de lingüística, introdujo en la PNL numerosos patrones lingüísticos. Si bien es conveniente que te familiarices con ellos, no hace falta que recuerdes toda la terminología ni todas las etiquetas. Lo que importa es que comprendas los principios y que puedas usar esos patrones de lenguaje en la vida real. La presente reestructuración te ayudará a comprender cómo encajan las piezas en un marco más amplio, así como a establecer conexiones con otras partes de la PNL.

Codificar y descodificar

Existen dos procesos básicos de «lenguajeo»: *codificación*, o el modo en que creamos símbolos para nuestra experiencia, y *descodificación*, o la forma en que construimos sentido a partir de las manifestaciones lingüísticas de otras personas. En el presente capítulo estudiaremos la manera en que codificamos la experiencia en el lenguaje.

Normalmente realizamos ambos procesos «sin pensar en ello». Si tomamos en consideración todo lo que tiene que ocurrir para una culminación exitosa, el modo en que los realizamos resulta sorprendente. Estamos capacitados para empaquetar en unos pocos símbolos aspectos de la inmensidad de nuestra experiencia del mundo. Montamos cadenas de tales símbolos para comunicar nuestras ideas a los demás, quienes, de este modo, pueden reconstruir a su vez cierta versión de la experiencia original y comprender así nuestro mensaje. Imagina un reloj de arena: los granos que van pasando a través del estrechamiento central son las palabras, representativas de la enorme experiencia situada en la mitad superior, y en su caída van desencadenando experiencias correspondientes en la mitad inferior, experiencias que podrán o no parecerse a la original. Semejante proceso conduce inevitablemente a malas interpretaciones y malentendidos, puesto que ningún sistema de «lenguajeo» funciona a la perfección: cada cual tiene su forma exclusiva de codificar la experiencia, que los demás no comparten y puede que no comprendan. Gran parte del tiempo funciona aceptablemente bien. Los problemas, la confusión, las discusiones y los desacuerdos indican oportunidades para examinar de qué modo está siendo utilizado, en ese contexto concreto, el proceso de codificación lingüístico y simbólico.

Codificar el mundo

Nuestra forma primaria de comprender el mundo en que vivimos consiste en utilizar el lenguaje para interpretar la información que nos llega a través de los sentidos. Estamos tan «programados» para percibir el mundo, tan acostumbrados a imponerle nuestro significado a la «realidad», que nos resulta difícil imaginar una percepción sin orden ni estructura. Por consiguiente, tan sólo alcanzamos a asumir la existencia «ahí fuera» de algún tipo de experiencia «indiferenciada».

Es igualmente cierto que el mundo se encuentra en un estado de flujo constante, siempre cambiante y en gran medida impredecible. Por consiguiente, luchamos por crear orden a partir del caos y sentimos la necesidad de «fijar el mundo» de modo que podamos saber qué *es*, que tiene cierta continuidad, que permanece más o menos inmutable en diferentes contextos y a lo largo del tiempo. En otras palabras, cuando se trata de «lenguajear» el mundo, nos decantamos hacia una visión unitaria.

Percepción

La percepción constituye un proceso cognitivo complejo; para percibir el mundo debemos hacer varias cosas a la vez. Necesitamos disponer de conciencia directa en el presente para decidir qué experiencias son adecuadas para nuestras necesidades del momento, a cuáles merece la pena prestar atención, basándonos para ello en la comprensión disponible de lo sucedido en el pasado, junto con el valor y la importancia relativos que hayamos asignado a determinadas experiencias, más cierta noción de los futuros «probables», con capacidad además para pensar de forma realista sobre las consecuencias de cualquier acción que emprendamos.

Crear significado

Disponemos de una habilidad natural para extraer sentido de nuestro entorno. La infancia constituye la época en la que aprendemos toda clase de diferentes «partes» o características de nuestras percepciones, así como a generalizar desde lo particular hacia lo más ampliamente aplicable. Aprendemos los nombres de las cosas, de los acontecimientos, etc. Por medio de la asociación de ideas, aprendemos también lo que todos ellos significan. A medida que acumulamos más experiencias y establecemos nuevas conexiones entre los conceptos, vamos añadiendo constantemente contenido a su significado. Una palabra o una frase acaban así por representar una ingente masa de información sobre contenido, conexiones, consecuencias, procesos, intenciones y la esencia del significado más profundo de cualquier experiencia.

Por ejemplo, paseando por el estuario observo unas manchas blancas que se mueven a lo lejos. Con los prismáticos puedo comprobar que se trata de una bandada de pájaros, con unos picos característicamente curvados hacia arriba y marcas en las alas: «¡Avocetas!», exclamo. Observando semejanzas y diferencias, categorizamos la experiencia. La avoceta tiene unas características comunes con otros pájaros, como el sarapico o la agachadiza —todos ellos chapotean por igual en el estuario—, pero también ciertas diferencias en tamaño, color y manchas. En el caso de los pájaros, las categorías y los criterios están bien establecidos, pero el *significado* lo está mucho menos. Observar esos pájaros puede sugerirme patrones de migración invernal, o recordarme un cuadro que tengo colgado en una pared de mi casa, o hacerme sentir deleite por ver pájaros raros y hermosos. El significado de la experiencia es eminentemente individual.

Categorizar y codificar por medio de palabras nos separa de la experiencia original. En mi diario podría muy bien anotar: «Avocetas», lo cual representaría para mí la experiencia completa de pasear, descubrir a esos pájaros y quedarme un rato observándolos, todo ello además de las sensaciones y los recuerdos asociados a la experiencia. La palabra «avoceta» pasa así a representar una cantidad enorme de experiencia, que puedo evocar a voluntad. Al hacer todo eso, filtramos necesariamente la experiencia a través de nuestra particular visión de la realidad, lo cual le imprimirá ineludiblemente determinado «efecto». El lenguaje simplifica por un lado nuestra experiencia, al mismo tiempo que crea oportunidades para la distorsión del significado. Saber de qué tipo de pájaro se trata cambia nuestra relación con él. «¿Ostreros?; los he visto a montones. Nada del otro jueves. ¿Pero avocetas...?» El próximo invierno, mis expectativas de avistar avocetas serán mayores.

Toda comunicación tiene su factor «oculto». La efectividad de nuestra comunicación dependerá de lo bien que seamos capaces de detectar esos aspectos ocultos del lenguaje. Resulta sorprendente hasta qué punto conseguimos detectar muchos de estos indicios subyacentes y sutiles. Por ejemplo, en los primeros momentos de un encuentro evaluamos nuestro estatus relativo. Detectar cuándo alguien está mintiendo nos resulta algo más difícil. Construimos hipótesis acerca de la explosión de mal genio de otra persona, o de las circunstancias de la vida.

En nuestra existencia cotidiana nos manejamos con la escasez de detalles, con la vaguedad o con el lenguaje emotivo, ajustando nuestra receptividad en consecuencia mientras conversamos. Puede que dejemos pasar las cosas, aguardando alguna clarificación posterior, o que interrumpamos el flujo y preguntemos para obtener más información.

En el capítulo siguiente analizaremos algunas formas específicas de detectar cosas que la gente dice y que nos confunden, junto con algunas recursos lingüísticos para desbloquear su pensamiento y su comportamiento. De momento, nos concentraremos en analizar con mayor detalle el proceso de codificación.

La humanidad ha desarrollado numerosos y ricos vocabularios para describir tanto el mundo como los asuntos humanos. Estos vocabularios han funcionado lo suficientemente bien como para permitir evolucionar a las sociedades. La herencia lingüística se ha convertido en una piedra angular de nuestra cultura. Fijamos el lenguaje en la realidad unitaria, lo cual nos predispone a percibir el mundo de una forma determinada. La conformidad nos lleva a adaptarnos al sistema prevaleciente, de modo que podamos comunicarnos con los demás miembros de nuestra sociedad o de nuestro grupo.

Discernir y categorizar

En toda situación, nuestra necesidad primaria consiste en comprender lo que sucede, entender qué *es* esa situación. La percepción implica aprender a percatarse de las *diferencias* en nuestro entorno; nuestros sentidos nos permiten discernir sus características. Eso es algo que sucede desde el momento en que nacemos. Percibimos contornos, indicados por los cambios en la naturaleza de determinados estímulos sensoriales, y creamos mentalmente la «diferencia». Aprendemos a reconocer distintos estímulos sensoriales y a categorizar y nombrar distintas partes de nuestra experiencia: cosas, sucesos, personas, etc. Ponemos nombres a ciertos individuos, mientras que otros nombres son de aplicación más general, a *tipos* de cosas. Estos conceptos, palabras y metáforas asignados nos ayudan a crear estructura, orden y significado.

Cada individuo varía tanto en el espacio como en el tiempo. A medida que nos movemos en relación unos con otros, la perspectiva, la orientación y la apariencia van cambiando. La apariencia viene modificada por el contexto —la fuente, la dirección y el color de la iluminación— y por la observación a través de la lente de una cámara, en fotografías, en la televisión, a través de la niebla o de un cristal empañado, etc. Damos por sentada cierta continuidad temporal, que las cosas seguirán siendo más o menos iguales con el paso del tiempo. Por ejemplo, espero que mi ordenador siga encima de mi mesa a la mañana siguiente. También esperamos cambios temporales: el polvo que se acumula, los niños que crecen mientras que nosotros envejecemos, etc.

Generalizaciones

Generalizar constituye una habilidad humana fundamental, siempre presente. En cualquier contexto, necesitamos saber a qué vale la pena prestar atención. Invocamos criterios y valores para evaluar qué es importante, para decidir a qué deberíamos atender y para determinar qué acción hay que tomar. «Revisamos» la masa de datos perceptivos acerca del mundo observando los lugares comunes. Por ejemplo, que los seres humanos son aproximadamente iguales en apariencia y comportamiento. Creamos categorías y las etiquetamos con palabras: *hombres*, *mujeres*, *niños*, *adultos*, *gente*, etc. Basamos estas categorías en aquello que permanece constante en el tiempo y el espacio. Las palabras o nombres específicos pasan entonces a substituir, indicar, representar o referirse a la esencia de nuestra experiencia, más que a una aparición momentánea.

Nombrar

A: ¿Cómo se llama tu perro?
B: No lo sé. Nosotros le llamamos Rover.

Nombrar es importante. Cada símbolo, cada palabra, cada código, tiene asociado un significado y un valor. Más que a individuos, las palabras representan categorías, a pesar de que nos demos a nosotros mismos, a nuestras mascotas o a ciertos vehículos nombres individuales. Mantenemos una creencia mágica que consiste en que ponerle nombre a algo nos confiere poder sobre ello.

Ponemos nombre a las cosas y a los patrones que ocurren con cierta frecuencia en nuestra experiencia. De este modo, tenemos una mayor oportunidad de compartir los nombres de las cosas del mundo externo que todos percibimos mediante los sentidos.

Por ejemplo, la mayor parte de las personas de nuestra cultura aceptan nuestras definiciones de «silla», «casa» o «árbol», aun cuando eso pueda no ser cierto para otras culturas. Algunas culturas utilizan distintos nombres para los colores, tal vez no más de tres para cubrir todo el espectro. Incluso comparando el inglés con el francés, no hay un acuerdo total en cuanto a los colores. Por ejemplo, *beige* denota colores distintos en ambos idiomas, y el francés *brun* no significa exactamente lo mismo que el inglés *brown*. En casos así necesitamos definir los criterios para que cada etiqueta de categorización clarifique lo que significa. No obstante, las disputas taxonómicas siguen produciéndose al tratar de decidir si X pertenece o no «realmente» a tal o cual categoría. Por ejemplo, para decidir si un juego de ordenador es o no un deporte, recurrimos a las definiciones oficiales de «deporte» y «juego». Aunque usemos ambos términos relativamente bien, «¿Qué es un juego?» no resulta una cuestión sencilla de responder. Disponemos de organismos deportivos oficiales para decidir qué es y qué no es un deporte. En los últimos años se han incorporado a los Juegos Olímpicos nuevos deportes, como la natación sincronizada o el patinaje artístico, mientras que el billar o los juegos de ordenador siguen fuera de ellos.

Hablando en términos generales, cuanto más utilizamos un concepto, menos palabras necesitamos para referirnos a él y más cortas son estas palabras. Muchos árboles comunes tienen nombres de cuatro o cinco letras. Solemos reducir a acrónimos o abreviaturas los términos frecuentemente utilizados, como en el caso de ADN, PNL, ovni o tele.

Una vieja anécdota recurrente en los textos sobre el lenguaje relata cómo Benjamín Lee Whorf «descubrió» que los «esquimales» (el pueblo inuit) tienen *n* palabras (elige cualquier número entre diez y ochenta) para referirse a la «nieve», como si se tratara de algo notable. El hecho de que cuanto más importante sea el concepto, más numerosas son las distinciones sobre él, constituye una característica común a todos los idiomas. Por ejemplo, el automóvil es importante en nuestra cultura, de modo que diferenciamos características y modelos con centenares de palabras para designarlos: *Austin*, *Escarabajo*, *Clio*, *Daimler*, *Volvo*, *Wartburg*, *Xsara*, *Yugo*, *Zastava*, etc., con palabras nuevas que se incorporan cada día al listado. Estos términos abarcan distintos niveles de generalización, unos se refieren a marcas y otros a modelos específicos, pero todos ellos son miembros de la *clase* de los «automóviles». (Véase Crystal, 1987: 15)

Más que «cosas en el mundo», las palabras representan *conceptos*. La interpretación de conceptos abstractos tales como «confianza», «honradez» o «justicia» puede ser muy idiosincrásica, particularmente en las áreas de la política o de la asesoría relacional. Pero lo mismo ocurre con los objetos comunes. Cuando pensamos en una silla, pongamos por caso, es probable que tengamos en mente cierta clase de «silla» ideal y que la comparemos con la silla vieja y ajada de la cocina, que tenemos delante. Si ambas encajan, no hay duda. Pero también podríamos preguntarnos: ¿Es una silla un saco de judías? ¿Y qué decir del curioso grupo de rock de Moor denominado Arthur's chair [La silla de Arthur] o de las enormes esculturas en madera del bosque de Dean, hechas con troncos de árboles pero sin asiento? ¿Son sillas todo eso? Bueno, habrá que decidirlo. ¿Hay en todas esas cosas suficiente «silleidad» como para incorporarlas a esa categoría? De algo podemos estar seguros: ni la palabra «silla» ni la *clase* de las sillas son una silla. Tanto la etiqueta como la clase a que se refiere pertenecen a tipos lógicos distintos.

Estos códigos actúan a modo de manual de comunicación rápida acerca de experiencias con las que nuestros interlocutores están familiarizados, pero ese manual sólo funciona si la otra parte puede descodificarlo correctamente. Utilizamos también palabras comunes para referirnos a experiencias compartidas, conocidas sólo por quienes están involucrados en ellas. Por ejemplo, «el incidente del visado» puede ser en realidad una larga historia, o «las vacaciones en París» pueden llevar asociado un extenso conjunto de experiencias y sensaciones personales.

Una sensación de continuidad

Aunque estemos cambiando sin cesar, damos por sentada cierta continuidad y generalizamos nuestra «identidad». Tenemos el mismo nombre que teníamos la semana pasada, o hace veinte años, aunque en ese tiempo hayamos cambiado considerablemente. A nivel individual, la ilusión de continuidad de la identidad personal es muy poderosa: «Soy la misma persona cuando me levanto cada mañana». «Soy Peter Young», con independencia de que las células de mi cuerpo estén muriendo o cambiando continuamente. En un período de tiempo relativamente corto, el aspecto físico cambia por completo. Sin embargo, la esencia de Peter Young persiste de algún modo. Y es a eso a lo que, según parece, prestamos más atención.

Sin embargo, si nos ceñimos exclusivamente al componente sensorial, las generalizaciones temporales parecen extrañas.

Consideremos los siguientes ejemplos de identidad grupal. Equipos como el «Manchester United Football Club» o «The Red Sox» cambian regularmente de componentes, pero a pesar de ello, seguimos empleando el mismo nombre durante dilatados períodos de tiempo para referirnos a las actividades deportivas de esos equipos. Si un aficionado al fútbol te dice que «Francia ha ganado dos veces la Copa del Mundo», desde el punto de vista sensorial se trata de una estupidez: ninguno de los jugadores del equipo de 1938 estaba en el de 1998. Es la vieja historia del hacha a la que le cambiaste seis veces el mango y ocho veces la hoja, pero que seguía siendo la «misma» hacha. Hay algo que permanece, pero no son los materiales ni las personas que constituyen el objeto, el equipo o el grupo. Los conceptos persisten porque mantenemos su continuidad en nuestra mente.

Lenguaje borroso

Cuando nos alejamos de la experiencia sensorial directa para aproximarnos al mundo subjetivo de los juicios y los conceptos, no resulta fácil discernir con exactitud. Incluso para muchas de las categorías cotidianas, los límites no son precisos. Casi todos sabemos lo que es una paga en Navidad. Pero hay ocasiones en que no podemos estar tan seguros, porque no disponemos de criterios claros en base a los que decidir. En lugar de ello percibimos puntos de vista alternativos, o necesitamos evaluar las cosas dentro de un contexto más amplio. Por ejemplo, el concepto «más barato» resulta difícil de evaluar cuando comparamos cosas que tienen distintos métodos de cálculo, como pueden ser las tarifas telefónicas o los niveles de impuestos en toda Europa.

Utilizamos la percepción de diferencias para definir las «fronteras» de cada categoría, de modo que podamos «saber» si tal o cual cosa pertenece o no a la categoría X. Sin embargo, cuando estas fronteras no están claras, recurrimos al lenguaje «borroso»: tal o cual cosa es «más o menos», «una especie de» o «más bien». Por ejemplo: «Sus ojos son de un marrón chocolate», «La comida era bastante picante» o «Estoy más bien hambriento».

Representación icónica

Imagina una pantalla de ordenador con muchos iconos. Cualquiera de ellos puede perfectamente representar un programa para mandar correos electrónicos, para diseñar un libro o para crear una presentación. De entrada, no vemos más que el icono. Para comprender qué «significa» deberemos hacer doble clic sobre él y abrir el programa: éste se pone en marcha y despliega ante nosotros una ventana con más información. Para una utilización «doméstica» del ordenador, basta con trabajar con los iconos: copiar archivos en discos, mandar algunos a la papelera, etc. Utilizando la metáfora LAS PALABRAS SON ICONOS, la mayor parte de nuestra comunicación se produce a este nivel icónico. Las palabras constituyen los emblemas o símbolos comúnmente utilizados para representar una masa de datos «ocultos»: experiencias, recuerdos, sensaciones, historia, etc.

Existe la creencia generalizada de que las palabras tienen significados constantes y definibles, de que cuando alguien utiliza una palabra «sabemos» lo que ésta significa. Si bien eso puede ser más o menos cierto con los iconos, en el caso de las palabras no es posible garantizar significados universales. Aunque utilicemos los mismos iconos —*casa*, *trabajo*, *amor*, *juego*—, debemos recordar que representan diferentes significados para cada persona.

Y ahí es donde está el reto. Al hablar o escribir deseamos utilizar las palabras que representen mejor nuestra experiencia. En este caso, «mejor» significa que nos proporcione la probabilidad más alta de que nuestro mensaje llegue a los demás, que evoque en ellos la experiencia adecuada o que produzca las respuestas deseadas. Puesto que no podemos dar por sentada de antemano la interpretación de la otra persona, habrá ocasiones en que necesitaremos «hacer clic sobre el icono» para comprobar su significado real y exclusivo. En el capítulo 12 analizaremos el modo de hacerlo lingüísticamente.

Nominalización

Las palabras icónicas reciben a veces la denominación de «nominalizaciones».* En cierto sentido, todas las palabras son nominalizaciones, puesto que fijan la experiencia. Aunque los nombres y los símbolos sean estáticos, su significado es siempre activo. Una sola palabra pone en marcha una reacción en cadena de asociaciones; el significado fluye a través de una tupida red de caminos.

Los términos a los que nos referimos como nominalizaciones suelen ser nombres abstractos como *fe*, *esperanza* o *caridad*, substantivos derivados de verbos como *cuidado* o *goteo*, y numerosas palabras terminadas en *–ión*, que derivan de de verbos que implican acción, como *atención, recitación, interpretación,* etc. Veamos unas frases de ejemplo:

- «Su continua *preocupación* es una verdadera *molestia*».
- «Ansía llamar la *atención*».
- «La *suspensión* de las hostilidades se produjo tras la *oferta de paz*».
- «Nuestra *relación* se basa en la *confianza* y la *sinceridad*».

Utilizamos las nominalizaciones en el discurso cotidiano a modo de útil taquigrafía, de modo que ya no sea necesario pronunciar todas las palabras. Sin embargo, el peligro reside en que damos por sentado que sabemos lo que la otra persona quiere decir con esas palabras. Carecemos de evidencia sensorial para interpretar esos conceptos, de modo que necesitamos recabar más información.

- «¿Qué es lo que te molesta de su continua *preocupación*?»
- «¿Cómo te pide que le prestes atención?»
- «¿Cómo eran exactamente esas hostilidades? ¿Qué ofrecieron?»

* *Nominalización:* Término lingüístico que denota el proceso de convertir un verbo en un substantivo abstracto, así como la palabra del substantivo así formado, por ejemplo, *dirección*, *motivación* y *educación*. *(N. del T.)*

- «¿De qué forma específica os relacionáis sinceramente?»

El propósito de cada pregunta consiste en reunir información acerca de la *actividad* implícita. Un buen modo de construir cierta representación mental interna consiste en transformar la nominalización en verbo (*molestar*, *relacionar*, *prestar atención*), pidiendo acto seguido más detalles sobre esa acción en curso. Si te limitas a dar el significado por sentado, lo más probable es que te equivoques.

Cada vez que detectemos alguna dificultad en la comunicación, deberíamos utilizar este modo de verificar el significado de las palabras de nuestro interlocutor. Si los términos abstractos no están claros, o si resulta evidente que su experiencia ha sido muy distinta de la nuestra, nos convendrá muchísimo pedir aclaraciones que nos permitan comprender realmente *su* forma de codificar la experiencia. Metafóricamente hablando, desnominalizar un término abstracto equivale a hacer clic sobre el icono para ver el proceso que hay detrás de él.

Aparecen con frecuencia nuevas palabras en nuestro idioma; el significado de otras existentes queda a menudo obsoleto. Eso resulta particularmente cierto en relación con la jerga: ¿qué significa *guay* esta semana? Y con la terminología tecnológica de la informática y las telecomunicaciones: *comercio electrónico*, *WAP* (protócolo de aplicaciones inalámbricas), B2B (comercio entre empresas). Necesitamos verificar las presuposiciones acerca del significado, así como descubrir cómo cambian las asociaciones, tanto para nosotros mismos como para los demás.

Historiar

Extraemos significado del mundo historiando, convirtiendo en estructuras narrativas la información que recibimos. Historiar es lo que hacemos tanto con nuestra experiencia como con la de los demás, habitualmente de forma inconsciente. Nuestro modelo del mundo se basa en nuestra historia personal, en nuestra familiaridad con patrones de acontecimientos, con modelos de causa y efecto, con las probabilidades, con las reglas impuestas, con los dogmas, etc. Disponemos el mundo de determinado modo, y luego diseñamos escenarios que nos permitan predecir los acontecimientos futuros. Para todo ello precisamos de un conocimiento histórico que nos permita reconocer el patrón o la trama que nos revelará qué podemos esperar en determinadas ocasiones, cuáles son las consecuencias previsibles de nuestras acciones. Los escenarios contienen a menudo puntos de opción, en los que se pueden considerar diversas alternativas.

Como sucede con «lenguajear», utilizo el verbo «historiar» para abarcar todos los aspectos relacionados con la construcción, la narración y la comprensión de una historia. Con fragmentos de experiencia y el aprendizaje precedente, podemos crear historias significativas. Se trata de recoger cualesquiera acontecimientos o experiencias aislados y comenzar a unirlos o historiarlos, lo que continuaremos haciendo hasta que podamos dar cuenta de esos acontecimientos de forma que nos resulte satisfactoria. Eso es algo que forma parte explícitamente de las historias detectivescas, pero que hacemos asimismo sin cesar en nuestra vida cotidiana. Una vez que disponemos de una explicación suficientemente buena, nos damos por satisfechos: la historia ha sido completada porque nos satisface... por ahora. Una historia bien construida nos resulta comprensible, disfrutamos de la sensación de «conclusión», pero nos quedamos con ganas de saber más: «¿Y qué pasó después?». En cuanto llega alguna nueva información, el proceso se reanuda. Sin embargo, si esa información llega fuera de contexto, como sucede con los incisos en los programas de noticias o con las palabras de un crucigrama, puede que quede como «simple información» destinada a ser almacenada en el montón de los «datos» o simplemente olvidada, puesto que no tenemos forma de conectarla con el resto de la historia. Por otro lado, una historia nos implica más porque podemos relacionarnos con ella, ubicarla dentro de nuestro sistema de significado y recordarla. Asimismo, cualquier historia u obra de arte de calidad «resonará» con nuestra comprensión más profunda de la vida. Veamos de nuevo qué tiene que decirnos Peter Randall-Page al respecto:

> Las cualidades que confieren significado universal a una obra de arte son, precisamente, resultado de esos sentimientos inarticulados que fluyen inadvertidos a través de la mente inconsciente, mientras está ocupada con la tarea en curso.
>
> RANDALL-PAGE (2000: 224)

Una historia tiene una continuidad que procede de la acción. Tanto da que se trate de una cruzada, de un problema a resolver o de un objetivo a lograr. Lo que sucede debe «tener sentido» y resultar apropiado, tanto para los personajes como para el contexto. Las historias tienen un propósito implícito. Los personajes tienen intenciones, están motivados para cambiar elementos, tanto de su mundo como del de los demás, con la finalidad de alcanzar determinado objetivo. Las historias tienen estructura: los acontecimientos se producen de determinada forma y no de otra, siguiendo alguna clase de lógica de causa y efecto. Las acciones tienen consecuencias. Cada historia tiene su moraleja, aun cuando no esté explícitamente declarada o reconocida. En ocasiones, cuando no conseguimos percibir el propósito de la narración, estallamos: «¡Al grano!».

Tenemos una cultura rica en cuentos con moraleja, parábolas y sabiduría ancestral envuelta en historias. Nuestra educación incluye referencias a esas narrativas, de modo que bien pronto conocemos *El traje del emperador* o los peligros de convertirse en *Aprendiz de brujo*. En ocasiones utilizamos nombres de esas historias: «el departamento *Cenicienta*», «como *Daniel en la cueva del león*» o «es como *La gran escapada*, pero con gallinas». Tal vez no aludamos conscientemente a tramas o patrones arquetípicos, pero, en su lugar, asignamos un término descriptivo clave a esa historia, esa trama o ese escenario, un nombre abstracto como *venganza*, *celos*, *amor*, *reciprocidad*, etc.

Desde la primera infancia, las historias son una de las fuentes principales de aprendizaje. Disfrutamos con el despliegue del relato, con sus giros inesperados, con sus revelaciones, con el modo en que reincorpora el material inicial. Nos *identificamos* con sus personajes, aplicamos esas historias a nuestra vida y exploramos esas realidades posibles. Integramos cualquier cosa significativa a nuestra vida, pasando así a «poseerla». Mirando bajo la superficie tal vez percibamos un patrón, un significado y un sentido a partir de los que podamos generalizar y aprender. Muchas de esas historias provocan nuevas ideas: «Puedo usar esa información para crear...».

Podemos desarrollar una comprensión similar con respecto a todo lo demás (es lo que la escuela trata de estimular), pero estaremos también inventando nuestras propias interpretaciones, que nos conduzcan a una mayor creatividad o a una frustración más grande. Esa es la razón por la que, cuando no nos funcione, necesitaremos examinar el lenguaje que utilizamos para describir la realidad. A menudo, lo que nos limita es el modo en que hemos historiado los acontecimientos de nuestra vida. Por suerte, rehistoriar es relativamente fácil, lo cual nos permite reescribir el escenario para producir resultados más beneficiosos. Del modo de hacerlo es precisamente de lo que trata la PNL.

Problemas que surgen de la codificación

Escuchar la narración que otra persona hace de su propia realidad resulta a menudo entretenido, y buscamos la ocasión de compartir buenos relatos con nuestras amistades. También lo hacemos de un modo menos directo, en el teatro o el cine, al escuchar la radio o al leer libros o el periódico. En otras ocasiones, puede que alguien nos venga a contar sus miserias, su historia de una vida que no funciona. Deberemos entonces escuchar atentamente y, tal vez, ofrecer alguna sugerencia para que pueda «reescribir» su historia personal.

Veamos a continuación algunos problemas que surgen con el «lenguajeo». Anteriormente he mencionado la mala interpretación de las nominalizaciones, cuando carecemos de asociaciones similares para las palabras de una persona y no conseguimos crear la correspondiente representación interna. Por ejemplo, si alguien te habla de esquiar y tú te has pasado toda la vida en un país cálido, sin televisión, y nunca has visto la nieve, te resultará difícil construir mentalmente una historia realista de lo que te están contando.

A veces nos quedamos tan sólo con el «resumen», con la conclusión de un gran montón de pensamientos. Supongamos que alguien entra en tu oficina y te dice: «¡Es demasiado. Ya no puedo más. Dimito!». Si no sabes de qué te está hablando, tal vez puedas preguntar cuál es la historia que hay detrás de eso. Conseguir que te definan el escenario y te lo cuenten todo desde el principio te proporcionará algunas pistas. De esta forma irás reuniendo suficientes detalles como para poder crearte tu propia visión de esa historia, con la esperanza de que eso te ayude a comprender un poco su desgracia. A medida que la historia va desplegándose, evocas de tu propia experiencia las imágenes adecuadas a las palabras que vas escuchando, así como a los personajes y los nombres implicados en ella. Comprendes los elementos de la narrativa porque los historias en un patrón familiar. Tan pronto como detectas que tu versión ha perdido el hilo, pides más aclaraciones: «¿Qué significa eso exactamente?», «¿Y cómo funciona?», «¿Qué tiene que ver eso con tu intención?», etc.

Al mantener cierta distancia con esa historia, es posible que llegues a percatarte de dónde reside el problema: las palabras son demasiado vagas o tienen significados poco ortodoxos, las creencias sobre causa y efecto son ilógicas, lo que la otra persona considera importante no se corresponde con tus prioridades o, simplemente, carece de suficientes alternativas como para poder pensarse las cosas. Indagar en busca de más información os ayudará a ambos a comprender mejor la cuestión en juego.

¡Atascado!

Existen numerosos medios, plenamente comprobados, para tratar con la comunicación que no funciona. Ahora, a la luz del modelo de las cuatro realidades, podemos añadir uno más, y ver el proceso de ayuda como la identificación del lugar de donde procede alguien, así como del lugar más aconsejable para conducirlo de forma que pueda tener una visión más amplia de su propia condición.

En comunicación, nos atascamos cuando olvidamos que los nombres no son lo mismo que las acciones que representan. Si tratamos el nombre como si fuera la causa del problema —«Es la depresión...» o lo que sea—, nos costará realmente mucho no quedarnos atascados. El universo unitario de las definiciones fijas, de «lo que es», constituye un lugar común para el atascamiento. El «lenguajeo» cristaliza, las palabras se convierten por sí mismas en «cosas» dotadas de su propia permanencia. En *Science and Sanity* (1933), Korzybski argumenta que «sea cual fuere la etiqueta que le pongamos a una experiencia, esa etiqueta no será nunca esa experiencia». (La etiqueta y su referente pertenecen a tipos lógicos distintos.) Las etiquetas acaban convirtiéndose en nuestras «verdades», terminan siendo «lo que es», acaban existiendo en el presente atemporal de la realidad unitaria, lo cual no significa que queden fijas para siempre. La paradoja consiste en que la verdad cambia, pero es siempre la verdad. Si lo dudas, piensa en ello en términos de: «Eso es lo que creo... por ahora».

Al comunicarte, no olvides que cada palabra y cada concepto conllevan, para cada persona, sus particulares asociaciones. Por ejemplo, si viajas por el mundo de forma aventurera, la palabra «vacaciones» suscitará en ti ricas asociaciones. Sin embargo, para tus amistades, que no comparten tus mismas experiencias de referencia y usarán *sus* propios significados, esa misma palabra puede significar cosas muy distintas, como pasarse el día tumbado en la playa, o ir de copas toda la noche... ¡a menos que les aburras hasta la saciedad con tus fotos, tus vídeos y tus historias!

En la vida cotidiana, vamos tirando a base de significados compartidos sobre tópicos mundanos. Disponemos de suficiente experiencia común como para podernos comunicar razonablemente bien. (Para un comentario al respecto, véase *Los viajes de Gulliver: Viaje a Liliput*, de Jonathan Swift, capítulo V). En cambio, cuando nos ponemos a hablar de conceptos abstractos, como la libertad individual, el derecho a elegir el propio estilo de vida y la forma de morir, nos percatamos enseguida de que no todos pensamos igual. Reconocer el contexto o la realidad de que parte nuestro interlocutor nos proporcionará cierta comprensión sobre el modo en que organiza su mundo.

Sin darse cuenta de ello, la gente acaba convirtiéndose en «víctima» de su propio «lenguajeo». Si te dicen, por ejemplo: «Mi relación de pareja ha tocado fondo», vale la pena que te detengas a «desempaquetar» ese lenguaje. Esta afirmación contiene una nominalización (*relación de pareja*) y una metáfora (*tocar fondo*). Necesitamos averiguar qué significa todo eso en su contexto, de modo que podamos comprender de qué modo se han codificado en palabras los datos concretos de esa situación. Determinada modalidad de codificación puede muy bien estar incrementando las dificultades que esas personas experimentan en su relación. Para poder llevar esa relación a aguas más tranquilas, deberemos encontrar primero el medio de contrarrestar el hundimiento, de mantenerla a flote.

Nos resulta demasiado fácil tragarnos la historia de otra persona sin cuestionarla, dando por sentado que sabemos perfectamente de qué está hablando, sólo porque reconocemos las palabras. Esta clase de conocimiento supuesto, que nace de interpretar según nuestros propios términos el «lenguajeo» y el comportamiento no verbal de otra persona, es lo que se conoce en PNL como «lectura del pensamiento». Presuponemos significados comunes y damos por sentado que el otro es ¡igual que nosotros! Eso conduce directamente a la incomunicación y la incomprensión.

Es casi inevitable que surjan problemas y paradojas al utilizar el lenguaje para hablar del lenguaje. Al elegir determinado conjunto de palabras, estamos excluyendo inevitablemente otros puntos de vista, otras descripciones. Por consiguiente, toda definición y explicación del lenguaje será ineludiblemente tendenciosa y parcial, puesto que procederá de al menos cuatro versiones distintas de la realidad, cada una de ellas con su propia aproximación al lenguaje.

Cuatro modelos de lenguaje: lo que el lenguaje nos dice acerca de la realidad

Podemos aplicar el modelo de las cuatro realidades al lenguaje. Desde estas cuatro perspectivas distintas, el lenguaje presentará aspectos, tendencias y funciones diferentes. Cada modalidad de realidad tendrá sus propias preferencias, presuposiciones y verdades. La utilidad de esta forma de pensar reside en que, prestando atención a la clase de lenguaje que utiliza una persona, podemos aventurar una hipótesis bien fundada acerca de sus preferencias en cuanto a realidad se refiere. Por consiguiente, si su modalidad primaria no se corresponde con la nuestra, podemos elegir entre explorar el conflicto o mostrarnos flexibles, adaptando primero nuestro «lenguajeo» a su estado, y buscando acto seguido el modo de comunicarnos positiva y adecuadamente, en busca del beneficio mutuo.

Recordando lo que ya hemos visto al hablar de las categorías de Satir, he aquí algunas descripciones características de los cuatro estilos diferentes de comunicación:

[U] Realidad unitaria

La persona situada en esta modalidad de realidad utiliza frecuentemente palabras como «verdad» o «normas» y suele decir: «Así son las cosas», de forma más bien impersonal. No es que se considere ella misma poseedora de esa verdad, sino que se limita más bien a traspasarla desde una autoridad superior. Lo que cuenta es la conformidad con la verdad, con el modo en que son las cosas: definiciones, reglas, normas, principios, protocolos, permisos, restricciones y límites.

Dada su necesidad de «certeza», su lenguaje tiende a ser «fijo» y limitado. La intención consiste en averiguar lo que *es*. Puede haber cierta preocupación por lo correcto: «¿Cuáles son aquí las reglas?», así como por suprimir la posibilidad de error: «Esto está mal. Estás equivocado», «Así no se hacen las cosas». Si todo eso resulta inadecuado, hay formas de corregirlo. La realidad unitaria se refiere a los diccionarios, a los tratados de gramática o a los manuales de estilo como *The Complete Plain Words*, de Gower (1973). Sin embargo, tiende a considerar el diccionario como depositario de la verdad, más que como registro histórico de la evolución del lenguaje. De vez en cuando, en algún país europeo, los puristas ponen en marcha una campaña destinada a mantener «puro» su idioma, tratando de expulsar de los documentos oficiales cualquier término «extranjero». En el mundo de habla inglesa eso no parece ser un problema tan serio, pues mostramos cierto deleite en adoptar palabras nuevas o foráneas. ¿Qué sería de nosotros sin *xeroxing*,* *yuccas*** y *Zeitgeist****?

En el ámbito terapéutico, David Grove ha diseñado lo que él denomina «lenguaje limpio», que constituye un medio para tratar de no desviarse, al preguntar para que la otra persona se extienda sobre las verdades implícitas en su codificación lingüística. Repetir exactamente una y otra vez las mismas palabras hace que esa persona preste atención a su propio «lenguajeo», a lo que *realmente* quiere decir.

[Se] Realidad sensorial

La realidad sensorial constituye el estudio del lenguaje en cuanto a fenómeno objetivo. Como tal, tiene su propia existencia, independiente de los seres humanos. Lo que interesa aquí es el modo en que aprendemos a utilizarlo, qué características o estructuras comunes presentan idiomas distintos, etc.

Las personas que tienden a la disposición sensorial centran su atención en la evidencia fáctica, y analizan minuciosamente el modo en que las cosas funcionan. Ven el mundo de forma objetiva y tienden a aceptar el lenguaje como dado y a considerarlo como un tema más para la investigación o el debate. Si no están de acuerdo con los hechos, o discuten los criterios para ser incluidos en determinada categoría, utilizan su lógica y su raciocinio para aclarar las cosas. En el ámbito de la PNL, diseñarán modelos lingüísticos y técnicas de creciente complejidad para la resolución de problemas o el análisis de diferencias de opinión.

* Fotocopiar con una máquina Xerox. Por extensión, sacar fotocopias. *(N. del T.)*

** Yuca, mandioca. *(N. del T.)*

*** Término alemán que denota el espíritu de un tiempo, de una época; la inteligencia compartida en determinado período histórico. *(N. del T.)*

Ese es el lenguaje del documento científico, con palabras largas y tiempo pasivo: «Se ha observado que al maximizar los efectos correlativos de estos principios axiomáticos, la mayor parte de pronunciamientos lingüísticos han sido despejados de ambigüedad por los manierismos y circunloquios del habla». Parece impresionante, pero probablemente no quiere decir gran cosa. La estructura del argumento tal vez sea impecable, pero el estilo no está ciertamente pensado para los sentimientos.

John Grinder basó en parte su metamodelo de la PNL en la «gramática transformacional» de Noam Chomsky. Puesto que el lenguaje que escuchamos realmente constituye la «superficie» de la representación de la experiencia, resulta posible formular preguntas que revelen la base de su codificación, la «estructura profunda». El modelo de lenguaje de la PNL es esencialmente sensorial, con un énfasis en la precisión. Constituye un proceso de «fragmentación hacia abajo» destinado al «desempaquetado» de las afirmaciones, para descubrir el modo en que éstas se relacionan con la experiencia personal, indagando detalles de esa experiencia: las «submodalidades» o características de las imágenes. En la modalidad sensorial comprobamos las consecuencias: qué sucede como resultado de algo que está pasando.

Submodalidades

La PNL llama la atención sobre lo que denomina «submodalidades», es decir, las descripciones de las *características* de nuestra experiencia, más que sobre el *contenido* o aquello a lo que prestamos atención. La «modalidad» se refiere a los sentidos primarios de la vista, el oído, el olfato, el gusto y el tacto, mientras que la «submodalidad» se refiere a las subdivisiones dentro de cada una de esas modalidades sensoriales. Por ejemplo, las submodalidades visuales incluirían el brillo, el color, la perspectiva, el tamaño, etc. Entre las auditivas estarían el volumen, el timbre, la localización de la fuente de sonido, etc. Muchas de estas distinciones se encuentran reflejadas en los textos básicos de PNL.

Habitualmente prestamos atención a las cosas o los conceptos con cierto grado de continuidad en el tiempo —cosas que permanecen inmutables—, como personas, libros, películas, sinfonías, etc. A medida que nos movemos por el mundo, nuestras percepciones reales van cambiando (el tamaño, la forma, la perspectiva, la orientación, el colorido, etc.), pero a pesar de ello, mantenemos una continuidad conceptual de las «cosas» del mundo. Sin embargo, podemos cambiar nuestra forma de percibir y prestar atención a las características variables: las cosas pueden cambiar. Por ejemplo, el libro puede ser rojo en lugar de azul, su formato puede ser mayor o menor, puede estar impreso en un tipo de letra en lugar de otro, etc. Vemos el libro desde distintas condiciones del entorno: más cerca o más lejos, de frente o de lado, a plena luz o en la penumbra, etc. Podemos escuchar esa sinfonía tocada en *forte* o en *pianísimo*, desde la posición del director de orquesta o desde la distancia, o distorsionada a través de los pequeños altavoces y las interferencias de una radio mal sintonizada.

Podemos realizar esta misma clase de alteraciones en nuestras experiencias recordadas e imaginadas, en nuestras «representaciones internas». La PNL utiliza estas diferencias de percepción para cambiar la conciencia, de modo que la persona pueda comenzar a prestar atención de forma diferente y ser más consciente de las alternativas.

[So] Realidad social

En esta realidad el lenguaje será emotivo, basado en los sentimientos, e implicará a menudo juicios de valor, estatus y prejuicios. Lo que aquí importa es el modo en que se dicen las cosas: nuestro estilo de lenguaje afecta a nuestro estatus relativo. El lenguaje social es el lenguaje de la influencia, pero eso no se limita a las palabras. Debemos prestar atención a la totalidad de la comunicación —lenguaje corporal, actitud, estatus y lectura entre líneas—, porque el significado depende de quién esté hablando, de sus prioridades y preferencias personales. Su forma particular de expresar las ideas tiende a reflejar los valores compartidos por el grupo, indicando qué es socialmente aceptable y qué no lo es. El lenguaje define a menudo la pertenencia al grupo mediante la utilización de su jerga, de sus abreviaturas y acrónimos, y de su terminología exclusiva. Por la misma razón, excluye a todos los demás.

El lenguaje tiene el poder de entusiasmarnos o disgustarnos, de despertar nuestros sentimientos, puesto que la realidad que imaginamos puede tener valores (bueno o malo, fuerte, seductor, sexy, influyente, manipulador, etc.) semejantes o contrarios a los nuestros. Eso significa que podemos sentirnos deleitados, sorprendidos u ofendidos por lo que alguien dice. ¡Nos lo tomamos de un modo personal! Puede que experimentemos fuertes sentimientos ante:

- tabúes — No se deben escribir ni pronunciar determinadas palabras.
- palabrotas — En la medida en que vulneran reglas o valores personales, determinadas palabras resultan «ofensivas».
- blasfemias — Ciertas ideas son «impensables».
- prejuicios — Incluso aunque alguien pueda sostener un determinado punto de vista, se considera inadecuado expresarlo por el posible efecto sobre quienes resulten aludidos.

En la modalidad social tendemos a utilizar determinados operadores modales tales como «debería» o «tendría que», con los que expresamos nuestras expectativas acerca de cómo podrían o deberían ser las cosas, en lugar de ser como son. En el próximo capítulo nos ocuparemos de estos verbos operadores modales.

[M] Realidad mítica

La realidad mítica constituye el reino del artista o escritor creativo. La persona que habita en esta realidad afirma su particular visión del mundo por medio de palabras, historias, metáforas, juegos de palabras y chistes. Utiliza el lenguaje creativamente. Puede incluso llegar a estar convencida de que todo es pura construcción, como asegura Humpty Dumpty al afirmar que «cuando utilizo una palabra significa exactamente lo que quiero que signifique».

Quien vive en una realidad mítica puede utilizar palabras de forma novedosa, o inventar nuevas metáforas que substituyan a los viejos clichés del pasado. En la modalidad mítica exploramos las ramificaciones de las palabras, siguiendo su rastro a lo largo de las bifurcaciones del laberinto de la asociación, de modo que comiencen a desvelarnos su verdadera riqueza. Las palabras se tratan como algo ambiguo, vago e impreciso; lo que realmente importa es transmitir un significado intuitivo: sabemos lo que significan, aunque no lo podamos definir con exactitud. Un ejemplo supremo de ello en la literatura inglesa podría ser *Finnegans Wake*, de James Joyce. La poesía tiene también su función, generando una interesante experiencia interna al desencadenar el significado por medio de la asociación de ideas. En la modalidad mítica, la persona habla de su visión y afirma una realidad que asume una intensidad vital propia. Ese podría ser el mundo imaginario de la novela y el cine.

Las nuevas metáforas pueden activar nuevas conexiones y —*¡ajá!*— nuevas respuestas. Muchas de ellas serán efímeras, como «tocar fondo», «terreno de juego neutral» o «estar en las nubes». Cualquier metáfora que no tenga una nueva verdad que ofrecer nos divertirá algún tiempo, pero acabará relegada al desván del lenguaje. Otras en cambio sobreviven, pero pierden su frescor y ya no resulta posible disfrutar con el mapa que antes abrían ante nosotros, como sucede, por ejemplo, con *cliché*, *modelo* o *activador*.*

Ejercicio 11.1: Juego de palabras

Son numerosas las personas que disfrutan del lenguaje como pasatiempo con crucigramas y juegos de palabras, o a nivel de

* Traducción española de *trigger*, que carece aquí de sentido metafórico, al contrario de lo que sucede en inglés, en cuyo idioma la palabra es a la vez un substantivo, que significa *desencadenante* y *activador*, pero también (precisamente por asociación de ideas) *gatillo* o *disparador* de un arma, y un verbo, que significa *activar*, *desencadenar* o *disparar*. *(N. del T.)*

conversación, con chistes, pullas o narraciones. Para un análisis en profundidad de los aspectos más lúdicos del lenguaje, véase *Language Play*, de David Crystal (1998).

Piensa en una palabra o una metáfora para:

- La clase de conversación que escuchas en un tren de cercanías abarrotado, cuando los pasajeros de vuelta a casa informan por el teléfono móvil a su familia de dónde se encuentran.
- El grupo de personas que no tienen teléfono móvil.
- La clase de persona más proclive a comprar por Internet.
- Los «documentales» televisivos con gran estilo y calidad de imágenes, pero con escaso contenido.

No te confundas

> Lo que a primera vista puede parecer un empleo de las palabras poco preciso y carente de sentido, puede muy bien ser una utilización absolutamente correcta de las palabras para expresar ideas poco precisas y carentes de sentido.
>
> Diplomático anónimo, citado en Gowers (1973: 68)

No tiene objeto preguntarse qué versión de lenguaje es la correcta. Cada una de ellas tiene su propia función; todas son necesarias en diferentes contextos. En términos de mejora de la comunicación, para poder actuar consecuentemente necesitamos darnos cuenta en todo momento de la modalidad en la que se encuentra la otra persona. Por ejemplo, al enseñar habilidades de lenguaje a niños, resulta útil comenzar desde un punto de vista unitario y transmitirles ciertas reglas. A medida que vayan desarrollando esas habilidades, encontrarán bien pronto su forma mítica de jugar con las palabras. Si tu interés se centra en la lingüística y en el modo en que utilizan su propio lenguaje diferentes grupos en el mundo, la perspectiva sensorial será la más adecuada. Si, por el contrario, de lo que se trata es de transmitir un mensaje que influya en los sentimientos y valores de otras personas, como en el caso de la publicidad, será necesario el lenguaje social. Finalmente, siempre que alguien esté implicado en la narración de historias, la poesía o la creación de metáforas, su lenguaje será el mítico.

En el capítulo siguiente veremos cómo cada una de las cuatro realidades tiene un papel que desempeñar en el modo de utilizar el lenguaje para producir cambios.

12

Descodificación del lenguaje

Ver un mundo en un grano de arena...

WILLIAM BLAKE,
Cantos de inocencia

El proceso de descodificación

Para extraer sentido a los mensajes que recibimos de los demás, necesitamos descodificar sus palabras. En el presente capítulo analizaremos el proceso de descodificación: cómo interpretar los símbolos icónicos para crear representaciones internas de la experiencia. Traducir a nuestra propia realidad el significado de las palabras de quien nos habla nos permite penetrar en su modelo del mundo y compartir en cierta medida su realidad. No obstante, el proceso de codificación y descodificación no es exacto, por lo que, en ocasiones, lo que la otra persona dice nos confunde a todos, tanto a nosotros como a ella misma, o tiene como resultado que se quede atascada o bloqueada en su forma de pensar y en su comportamiento.

El lenguaje está a un paso del comportamiento. Al prestar atención a nuestro diálogo, tanto externo como interno, obtenemos una nueva percepción de nuestro comportamiento y podemos llegar a comprender nuestra experiencia. Codificándolo en términos que encajen con nuestra propia forma de pensar, podemos modelar el comportamiento ajeno y diseñar reglas de conducta. En el contexto de ayudar a otros a solucionar problemas y enfrentarse a los retos de la vida, podemos utilizar eficazmente el lenguaje para sacarlos del «atasco» en que se encuentran y llevarlos hacia nuevas opciones, en un universo flexible y creativo.

Las palabras que oímos o leemos evocan en nosotros imágenes, sonidos y sensaciones que nos recuerdan nuestra propia historia personal. Las palabras son tan sólo la manifestación «superficial» del pensamiento; el significado no está en las palabras, sino «detrás» de ellas. Debemos leer entre líneas si queremos comprender las experiencias, las historias y los acontecimientos representados por medio de palabras, etiquetas, nombres y nominalizaciones. Damos por supuesto que, cuando la otra persona utiliza las mismas palabras que nosotros, tiene en mente representaciones conceptuales semejantes. En la vida cotidiana y entre adultos, la descodificación funciona razonablemente bien. Sin embargo, al examinar lo que sucede cuando la comunicación no funciona, comenzamos a percatarnos de la enorme complejidad de ese proceso. Como las experiencias vitales de cada cual son únicas, no cabe duda de que todas las representaciones internas son distintas. Por consiguiente, la descodificación presenta muchas probabilidades de fallar, particularmente cuando la materia del diálogo no es demostrable por medio de la experiencia sensorial.

Resulta demasiado fácil pensar que comprendemos el lenguaje de otra persona y que podemos penetrar en la experiencia ajena, cuando lo que de verdad sucede es que estamos imponiendo nuestra realidad a la suya. Proyectamos nuestros significados sobre sus palabras y damos por sentado que son parecidos, aun cuando sepamos que no pueden ser idénticos, ni siquiera en el caso de experiencias compartidas. Casi seguro que no estaremos de acuerdo en lo que queremos decir con «pasárselo bien», «la mejor película» o «el perro más inteligente». Por consiguiente, necesitamos un medio para analizar o «desconstruir» el lenguaje utilizado.

En el capítulo anterior hemos visto que, metafóricamente hablando, codificar la experiencia la «fija». Las metáforas de descodificación incluyen despegar, descongelar, desplegar, desnominalizar, abrir y «hacer clic sobre el icono». Desfijar las palabras permite recuperar el contenido detallado, la acción fluyente, el sentido de la comunicación en general. Este proceso suele conllevar cierta carga emocional, alguna indicación de la actitud del que habla hacia el que escucha, etc.

Para crear una historia, para imaginar qué es lo cierto para la otra persona, necesitamos disponer de una cantidad suficiente de información. Para que la comunicación sea «precisa», la información tiene que ser suficiente, pertinente y significativa. En caso contrario, necesitaremos recabar más datos y seleccionar lo adecuado, lo conectado, lo que forma parte del «sistema». Para conferirle sentido, necesitaremos igualmente ubicar toda esa información dentro de un determinado «marco cognitivo».

Llenar huecos

> La vida es el arte de extraer suficientes conclusiones de datos insuficientes.
>
> SAMUEL BUTLER,
> *Note-Books* (1912)

Cuando el mensaje que recibimos nos confunde (no tiene sentido), es incompleto (no nos permite crearnos una imagen interna), no es el adecuado (no encaja en una historia coherente) o presenta alguna otra carencia, ¡nos inventamos simplemente un significado! Una sola palabra puede bastarnos para crear toda una historia, que puede o no estar relacionada con la experiencia de la otra persona.

Investigaciones recientes sobre el funcionamiento del cerebro indican que la mayor parte de lo que percibimos está «fabricado» a partir de los recuerdos existentes, y que lo que realmente «vemos» en el momento es más bien poco. El cerebro detecta lo que ha cambiado y produce los demás detalles para «crear una imagen». Es la forma de pensar que se utiliza para la compresión de datos en informática: sólo se registran plenamente los bits que han cambiado; el resto se registra de forma más sencilla.

Representación interna

Imaginamos multitud de mundos en nuestra mente, aun cuando quizá no seamos conscientes de estar creando imágenes, porque el pensamiento se mueve deprisa. Sin embargo, si desaceleramos el proceso y prestamos atención... Por ejemplo, es probable que, al ver alguna película o adaptación para la televisión basada en alguno de tus libros favoritos, hayas pensado: «¡Esto o aquello no es así!». Cuando leemos o escuchamos descripciones de la realidad, creamos nuestras propias imágenes mentales al respecto. Eso resulta más difícil si en lo que nos cuentan no están presentes nombres concretos, razón por la que tendemos a dejar de prestar atención a una charla «seca», en la que no hay nada a lo que podamos agarrarnos. Cuando, por el contrario, se nos ofrece algo que ver, oír o sentir, nos implicamos hasta las orejas.

Ejercicio 12.1: Llenar huecos

Lee la frase siguiente y responde a unas cuantas preguntas.

> «Al salir del bar, Sam pasó junto a los edificios clausurados con tablas, dobló una esquina y casi chocó con una figura acurrucada en el callejón.»

Comprueba ahora tu propia interpretación de esta frase respondiendo a las siguientes preguntas:

- ¿Qué hora es?
- ¿Qué tiempo hace?
- ¿Junto a qué clase de edificios pasa Sam?
- ¿Sam es hombre o mujer?
- ¿Qué ropa lleva?
- ¿Cómo anda?

Formularte estas preguntas generará probablemente respuestas inmediatas en ti, lo cual no deja de ser por sí mismo sorprendente. Lo que obtienes son tus propias respuestas, que demuestran tu forma de imaginar la situación. Las preguntas tratan de aspectos contextuales; tu mente se ha ocupado de «añadir los detalles» —quizá con gran riqueza—, aunque no disponía de indicios específicos. Tal vez estés viendo la escena con todo lujo de detalles y a pleno color o, por el contrario, tu visión sea esquemática o impresionista.

Tal vez tengas alguna idea sobre la historia que se está desarrollando:

- ¿Por qué estaba Sam en ese bar?
- ¿Quién es esa misteriosa figura del callejón?
- ¿Cómo reacciona Sam?
- ¿Qué sucede al final?

El «lenguajeo» crea en nuestra mente realidades internas alternativas o imaginarias, que comparamos constantemente para ver cuál de ellas encaja mejor con la realidad. El «lenguajeo» nos brinda opciones, nos permite manejar simultáneamente varias historias posibles, pero también genera la posibilidad de conflicto entre ellas, o de incongruencia en nuestra respuesta a las mismas.

Por ejemplo, introduzcamos alguna información adicional al relato anterior:

> «De su mugriento chaleco, Sam sacó cuidadosamente un reloj de bolsillo, que consultó a la mortecina luz de la única farola de gas.»

Eso cambiará probablemente las cosas. ¿Qué le sucede ahora a tu escena imaginada?

- ¿Seguimos en el mismo siglo que antes?

Ejercicio 12.2: Asociación de palabras

Este es un ejercicio creativo, que consiste en explorar asociaciones, en recorrer el rico paisaje de tu mente. Di simplemente las palabras (o que alguien te las diga mientras permaneces relajado), deja que desencadenen tus recuerdos y sigue las conexiones...

- La playa.
- Fuegos artificiales.
- Navidad.

Veamos algunas imágenes posibles, en todos los sentidos:

La playa...

Reflejos deslumbrantes sobre las olas; el vaivén del agua entre tus pies; te quemas los pies sobre la arena ardiendo; el olor a algas; sacar la tabla de surf...

Metafóricamente, «la vida es una playa». Un título para una película.

Fuegos artificiales...

Explosiones, llamaradas de color, estrellas brillantes que caen del cielo; oscuridad y luz. Gente excitada y ruidosa que está de fiesta, el olor a pólvora y a quemado.

Metafóricamente, alguien que grita o está enfadado, con el rostro enrojecido y agitando los brazos...

Navidad...

Tiendas abarrotadas de gente comprando; papel y cintas para envolver regalos; decorar el árbol, la casa o la iglesia; reencuentro (o discusión) con la familia...

Metafóricamente, la historia del renacimiento, de la renovación; el retorno del hijo o del Sol.

Observa qué sentimientos tiene asociados cada uno de esos recuerdos.

Ser un buen comunicador consiste, en parte, en descubrir qué significan para la otra persona todas estas cosas.

Conclusiones precipitadas

En momentos de peligro o amenaza, actuamos y decidimos qué hacer basándonos en un mínimo de evidencia. Identificamos aspectos clave, construimos un escenario probable, nos movemos rápido. Estamos diseñados para hacer exactamente esto siempre que necesitemos saber qué está sucediendo. La vida consiste en aprender a sacar «conclusiones precipitadas», mientras que la experiencia nos enseña a acertar en esas conclusiones.

Sin embargo, pueden presentarse problemas cuando tratamos con profesionales expertos, como terapeutas, consultores o abogados. En su formación, han aprendido la jerga correspondiente a su profesión; determinadas palabras sólo tienen sentido dentro de su contexto específico.

El cliente —que probablemente no sea un hábil narrador— hace lo que puede para convertir una cuestión sistémica en una narrativa lógica y lineal de causa y efecto. El profesional lo escucha y reestructura en una historia toda esa información. Eso no resulta fácil. Tan pronto como escuche una palabra clave —para lo cual ha sido entrenado—, comienza a procesar mentalmente determinados escenarios e interpretaciones. Después de todo, en esto es en lo que consiste precisamente el diálogo: dar con la solución «adecuada» y emprender la acción apropiada. El peligro reside en que esa palabra clave pone en marcha, automáticamente, la fantasía del profesional: a partir de ese momento, éste deja de escuchar. La solución ya está en camino. En otras palabras, el profesional puede caer en la tentación de imponer su propia historia sobre la realidad del cliente, y éste, que en esa situación tiene un estatus inferior, puede también caer en la tentación de seguir esa nueva historia. Al fin y al cabo, no deja de ser un alivio no tener que crearla él mismo.

Esta clase de malentendido puede ocurrir en cualquier diálogo. Como oyentes, necesitamos construir una historia que nos permita comprender el mensaje; pero, con demasiada frecuencia, reconocemos cierta palabra o determinado aspecto de la cuestión y pensamos: «Ya sé de qué va esto...», seguido de las proverbiales palabras: «¡Sé exactamente lo que quieres decir!».

Sin embargo, cuando ya sabemos cómo funciona el hecho de historiar, esta clase de respuesta queda descartada. Como comunicador excelente, tu tarea no consiste en imponerle tu mundo al cliente, sino en penetrar en el suyo. Más que dar por sentado que ya lo sabes, deberás averiguar cómo funciona su «lenguajeo».

Dificultades con el uso del lenguaje de otras personas

Dado que la descodificación lingüística nunca puede ser absolutamente perfecta, siempre existirá cierto grado de desigualdad y, por consiguiente, cierta mala interpretación del mensaje por parte del receptor. El peligro estriba en pensar que lo comprendemos completamente. No es así, y si creemos que lo es nos meteremos en problemas. Prestando atención al *modo* en que la otra persona codifica su comunicación, tendremos muchas más posibilidades de comprender su visión del mundo. En este proceso nos será de ayuda toda la información de la que ya disponemos acerca de los modelos de realidad. Tal vez sea preciso que pasemos de nuestra modalidad preferida a la del cliente. Incluso en el contexto cotidiano, puede resultar de gran ayuda ser consciente de las distintas visiones del mundo de los demás.

Interpretación del lenguaje

Así pues, ¿qué es lo que damos por sentado cuando escuchamos las palabras pronunciadas por otra persona? Generalmente presuponemos cierta estructura, adoptamos una forma preferida de sacar sentido de esas palabras. Pero podemos estar equivocados; nuestras presuposiciones pueden ser erróneas. El siguiente extracto procede de una discusión sobre el episodio «Darmok» de la serie *Star Trek: La próxima generación*:

> La consejera Troi pide a Picard que imagine la siguiente situación: «Ambos hemos naufragado en un planeta. No tenemos un lenguaje común y quiero enseñarte el mío». Troi levanta una taza de cristal, con algo dentro que podría ser té o café, pronuncia una palabra inventada y pregunta: «¿Qué acabo de decir?». Picard responde tentativamente «taza» y luego «cristal». Troi añade otras posibilidades: «líquido», «claro», «marrón» y «caliente». (No dice «té» o «café», pero podría haberlo dicho). Troi afirma: «De forma relativamente parecida, conceptualizamos el universo». Las implicaciones parecen consistir en que, en au-

> sencia de un esquema conceptual compartido, la comunicación resulta extremadamente difícil...
>
> Curiosamente, hay en filosofía un ejemplo parecido al de Troi, sólo que en un sentido casi totalmente opuesto. El filósofo W. V. O. Quine imagina un esfuerzo similar de traducción de un idioma desconocido, pero aquí en la Tierra. Pasa corriendo un conejo y la otra persona grita: «¡Gavagai!». ¿Significa ese término «ejemplo individual de "conejidad"» (condición de pertenencia a una categoría), «instantánea "conejil"» (fracción instantánea en el tiempo de un individuo conejo), «conejo gigante discontinuo» (el individuo que es la suma de todos los conejos), «parte de conejo sin desagregar»... o qué?
>
> RICHARD HANLEY (1997: 28)

Podríamos continuar con estas elucubraciones y considerar que «gavagai» podría también significar cualquiera de las siguientes cosas: «almuerzo», «blanco para prácticas de tiro», «¡Oh, no! ¡Otro agujero en la valla!», «¡Con chaleco y reloj!» o «¡Tarde, siempre tarde!». O tal vez Gavagai sea el nombre propio de ese conejo en particular: «Ni Peter ni Hazel; Gavagai».

En etimología popular, cuando los exploradores británicos vieron por primera vez un canguro saltando por la pradera australiana, preguntaron a los aborígenes cómo se llamaba aquel animal, a lo que éstos respondieron «kangaroo», que en su lenguaje significa: «No entiendo».

Las preguntas cambian las realidades

El buen oyente mantiene una cierta actitud de «no comprendo» y pide aclaraciones hasta conseguir suficiente información como para crear una representación razonable de la cuestión que le importa a su interlocutor. Preguntar tiene el efecto de detener momentáneamente el flujo de información, así como de motivar a quien habla a colocarse en una metaposición que le permita responder a la pregunta. Definir la verdad en curso constituye un buen primer paso hacia la creación de cambio. Al dejar de considerar lo que la otra persona está diciendo, comenzamos a descubrir qué es lo que está creando la situación presente. El «atasco» procede a menudo del modo en que la persona utiliza el lenguaje. En el resto del presente capítulo, analizaremos algunos patrones de lenguaje específicos que crean dificultades, debido a las presuposiciones limitadoras que ocultan.

Cuando optes por poner a prueba las palabras de otra persona, muéstrate respetuoso y sitúate preferiblemente en un estatus inferior. No la estás juzgando ni culpabilizando. Simplemente estás reuniendo información para ayudarla a cambiar de posición y ver las cosas desde otro ángulo.

En términos del modelo de las cuatro realidades, podemos comenzar tratando el lenguaje como una verdad unitaria, con características fijas y definitorias. La provocación consiste en pasar a una realidad distinta para cambiar el significado. La realidad sensorial ofrece opciones: podemos analizar, «desconstruir» o «fragmentar hacia abajo» el lenguaje, para conseguir así más evidencia basada en los sentidos. Podemos descubrir cómo cambian las cosas con el tiempo, o considerar las consecuencias de proyectar hacia el futuro las condiciones actuales: «¿Cuáles serían las consecuencias de seguir pensando así?».

Al pasar a la realidad social, evaluadora, podríamos preguntar: «¿Qué es lo que quieres?». Sin embargo, las personas no buscan tan sólo resultados (posiciones, opciones, etc.), sino que desean satisfacer también valores (intereses) y vivir una vida interesante, creativa y generativa. Si lo crees conveniente, pasa a la realidad social e inquiere qué es lo importante, qué valores, necesidades y principios trata de satisfacer esa persona: «¿Qué es importante para ti en todo esto?». Le estás pidiendo que emita un juicio sobre lo que acaba de decir, del mismo modo que pudo contemplar su propio comportamiento en el proceso del metaespejo, en el que la tercera posición observa a la primera posición. Podríamos planteárnoslo en los siguientes términos: «¿Qué clase de cruzada implica esto?», y pasar luego a la realidad mítica para analizarlo: «¿Qué es lo interesante de todo esto?», «¿Cómo podrías tratar con ello de forma creativa?». Considera también lo siguiente: «¿Cuál sería una metáfora adecuada para esto?», «¿Cómo lo interpretarías?», «¿Qué historia te estás contando a ti mismo?» y «¿De qué modo da forma a tu vida?». Puede que la respuesta no venga en palabras.

Explorar el pasado y el futuro

Al considerar el futuro, preguntar «¿Qué es lo que quieres?» suele generar una respuesta estática, mientras que «¿Adónde vas?» añade movimiento y puede dilucidar cierta clase de «camino». Al preguntar «¿Cuáles son las consecuencias de esto?», invitas a la otra persona a explorar el futuro continuando la historia y preguntándose: «¿Qué es lo que sucede luego?».

«¿Cuáles son las consecuencias?» presupone una historia que se despliega, con una trama, una estructura narrativa y una intención. Esta forma de pensar sitúa a la gente de nuevo en la realidad sensorial, les obliga a explorar las causas y los efectos, así como qué sucede a lo largo del tiempo. Un beneficio de imaginar un futuro explícito consiste en que permite sentir cómo es y preguntarse: «¿Es eso lo que realmente quiero?». Únicamente cuando dispones de un objetivo definido puedes decidir si se corresponde o no con tus expectativas.

«¿Qué historia hay detrás de esto?» nos proporcionará más información del pasado, de los orígenes de la situación actual. Se trata de una variante de: «Explícame cómo has llegado hasta aquí». Sin embargo, conocer los antecedentes puede resultar interesante y te informará sin duda de lo que ya se ha intentado y no ha funcionado, pero no te dirá demasiadas cosas acerca de adónde ir ahora o de qué modo conseguir cambios.

Verificación de opciones futuras

Aparentemente, las personas parecen a menudo estar seguras de las cosas cuando, en realidad, lo que están haciendo es poner hipótesis a prueba. De modo que, cuando alguien dice: «En cuanto termine de hacer X, me moveré», tal vez esté jugando con esta hipótesis para ver cómo le suena. En ocasiones puede parecer incluso que esté amenazando: «¡Si esto sigue así lo dejaré!». Debes tener en cuenta que esa persona está proyectando su historia vital hacia el futuro para ver cómo le suena. A veces conviene recoger el guante y dar un paso más: «¿Y qué pasaría entonces?»

Una vez que se ha ensayado un futuro y se ha llegado a la conclusión de que resulta aceptable, es hora de comprometerse a hacerlo realidad, de moverse desde la modalidad mítica de las ideas a la etapa unitaria o del Guerrero, para «proseguir con el trabajo de la vida».

Respuestas con respecto a las cuatro realidades

He aquí una cuestión clave en relación con la descodificación del lenguaje: Partiendo del lenguaje que alguien utiliza, ¿podemos afirmar con precisión razonable en qué modalidad de realidad se encuentra? Sería agradable poder responder que sí, que podemos reconocer, partiendo de unas pocas palabras, cuál es su tipo de personalidad o en qué modalidad de realidad se encuentra en este momento. Para aventurar una hipótesis bien informada acerca de la realidad en la que está esa persona, piensa en términos de:

[U] Reglas/Principios

Verdad, definiciones, juicios morales acerca de lo que es o debería ser el proceso. «Imponer la ley.» Moralidad y principios generales afirmados generalmente como «cumplimientos perdidos».

Utilización del lenguaje para: impartir las reglas, dar órdenes, hacer que las cosas se hagan, garantizar conformidad con la verdad. El Acusador de estatus elevado insiste: «Esto está mal», «Así no es como se hacen las cosas».

[Se] Datos/Pruebas

Hechos, afirmaciones lógicas, descripciones basadas en los sentidos, evidencia en relación con los hechos. «Decir las cosas tal como son.»

Utilización del lenguaje para: transmitir información, describir el mundo, secuencias, sistemas o consecuencias. El Calculador desapasionado nos informa de nuestra falta de lógica, de nuestro pobre razonamiento, preguntándonos: «¿Cómo has llegado a semejante conclusión?», «¿Podrías explicar tu razonamiento?».

[So] Valores/Sentimientos

Sentimientos, juicios basados en valores sobre lo que debería suceder. Actitudes que expresan consideraciones éticas o sociales. Priorizar, con atención al grupo. Prejuicios. Preocupación social: «¿Qué sientes en relación con esto?»

Utilización del lenguaje para: influir, persuadir, juzgar. El Conciliador blandengue se juzga a sí mismo como carente de valor y adopta un estatus inferior: «Pon a los demás por delante de ti mismo».

[M] Ideas/Metáforas

Ideas, posibilidades creativas, lo que puede o podría suceder. Generación de alternativas, establecimiento de conexiones metafóricas. Si no funciona, «ningún problema», simplemente se cambian las cosas.

Utilización del lenguaje para: inspirar, estimular ideas, afirmar una visión. Narrar historias, pasárselo bien, hacer chistes y pullas, jugar con las palabras. El Perturbado siempre está de broma, lo trivializa todo, nos desafía a tomarle en serio.

Si logramos decidir en base a estas distinciones, estaremos en el buen camino. Pero, en general, las palabras empleadas son tan sólo parte del mensaje. El *modo* en que decimos las cosas (los aspectos no verbales o lenguaje corporal), el *contexto* en el que las decimos (los otros componentes del mensaje verbal) y el *entorno* (con quién y dónde estamos), son lo que da significado a nuestras verbalizaciones. Tomando todo eso en consideración, resulta altamente improbable que desemboquemos en una correspondencia firme, ¡por mucho que nos gustara que fuera así!

Cuando sabemos realmente de dónde procede la otra persona, podemos conducirla a cualquier otra modalidad de realidad:

Traslado a la realidad unitaria

Descubre cuáles son las reglas en funcionamiento: «¿Cuál es aquí la regla?», «¿Quién la creó originalmente?».

Traslado a la realidad sensorial

Descubre la evidencia preguntando: «¿Cuáles son los hechos?». Verifica la historia: «¿Ha sido esto siempre cierto para ti?». Desplázate en el tiempo: «¿Cuáles podrían ser las consecuencias de eso?».

Traslado a la realidad social

Averigua qué valores están siendo invocados: «¿A quién le importa? Quiero decir, ¿qué es lo que resulta tan importante en todo esto?», «¿Qué pensarían los demás si lo hicieras?».

Traslado a la realidad mítica

Explora el mundo interior de la persona: «¿A qué se parece esto? ¿Cuál sería una metáfora adecuada para ello?». Descubre la riqueza de su universo: «¿Qué es lo interesante? Quiero decir, ¿dónde está lo divertido de hacer eso o de pensar así?». Es la clase de pregunta que formularía Richard Bandler.

«Violaciones» del modelo de lenguaje de la PNL

Ahora que ya disponemos de una visión general del modo en que pueden producirse los malentendidos, veamos con mayor detalle los problemas específicos a los que la PNL se refiere como «violaciones» de su modelo de lenguaje. Recuerda que las distinciones que siguen forman parte de un análisis de la realidad sensorial. Sin embargo, habida cuenta de que se trata de formas de lenguaje comunes, vale la pena analizar cómo surgen, añadiendo algunas preguntas adicionales para trasladar a quien habla a otra modalidad de realidad.

El modelo de lenguaje de la PNL distingue tres procesos generales: *supresión*, *generalización* y *distorsión*, cada uno de los cuales consta de diversas subcategorías. En resumen, he aquí los aspectos de la comunicación que no funcionan:

Supresión

> El que habla utiliza palabras poco específicas, que dejan fuera los detalles, o emplea nominalizaciones sin indicar qué representan. Como oyentes, carecemos de información suficiente como para poder penetrar en su realidad y crearnos una «imagen» adecuada de ella.

Por ejemplo:

> «Me has herido», «Les da igual», «Me siento confuso», «Nuestra relación es un poco accidentada».

Generalización

> El que habla afirma más de lo que la información disponible puede respaldar. Las probabilidades son tratadas como certezas. El alcance del mensaje está sin especificar y sin delimitar, o presenta limitaciones autoimpuestas.

Por ejemplo:

> «Nunca llegas a la hora», «Está siempre demasiado ocupado para atenderme», «No sería capaz de pedir permiso», «Tengo que verla este fin de semana».

Distorsión

> El que habla infiere vínculos y significados a partir de «fragmentos» de experiencia, creando historias para explicar lo sucedido sin comprobarlo antes con la otra persona. Como oyentes, no podemos seguir su razonamiento ni establecer conexiones entre la evidencia y su interpretación.

Por ejemplo:

> «No se puede ganar siempre», «Me has hecho llegar tarde», «Esa sonrisita me dice que no has estado haciendo nada bueno», «Estoy seguro de que ya estás harto de esto».

Cuando nos percatamos de que todo eso impide una comunicación clara, debemos dar rienda suelta a la curiosidad y formular preguntas, conseguir que la persona nos lo «deletree», que se explique, defina términos, dé más detalles, nos diga cómo ha llegado a esas conclusiones o interpretaciones, etc.

Al principio, la PNL ponía el énfasis en la *supresión,* reconociendo que, al utilizar las palabras, dejamos inevitablemente fuera enormes cantidades de información acerca de las experiencias a las que se refieren. La función del oyente consistía en recuperar información suficiente como para extraer sentido de la comunicación: «¿Puedo crearme una representación interna de esto?». Al darse cuenta de que el hecho de reunir más detalles podía extenderse hasta el infinito, Bandler dio la vuelta al proceso y situó el énfasis principal en los patrones de *distorsión*, explicitando el razonamiento que había dado lugar a esa particular «encapsulación» verbal. Sin embargo, habida cuenta de que toda verbalización forma parte de determinado «sistema» de pensamiento y significado, no existe regla alguna que nos diga por dónde empezar.

Provocaciones específicas

Como coagentes del cambio, tenemos la opción de elegir dónde y cuándo intervenir. El modelo de lenguaje de la PNL dispone de provocaciones o respuestas a todas las violaciones que hemos visto. Si bien podría resultar a primera vista tentador repetir irreflexivamente provocaciones del tipo «estímulo-respuesta», esta opción no resulta nada aconsejable, porque nos haría perder de inmediato la sintonía con la persona a la que tratamos de ayudar.

El primer paso consiste en conseguir información suficiente como para saber «de dónde procede esa persona» (en qué modalidad de realidad se encuentra) y «de qué va el asunto» (cuál es la cuestión a tratar). Sólo entonces podremos ofrecerle lingüísticamente acompañarla a una realidad diferente, ayudarla a salir de su estado de atasco.

Pregúntate: «¿Qué es lo que mantiene atascada a esta persona?», «¿Cuál es el problema?». Considera: «¿De quién es ese problema?». Quizá no lo entiendas o te falten datos: «No entiendo lo que quieres decir con...». ¿Está creando esta persona un problema con su forma de usar el lenguaje para representar su situación actual? Tal vez detectes cierta incoherencia, vaguedad o falta de lógica en sus expresiones.

Respuestas a las violaciones

Estas provocaciones del modelo de lenguaje son directas; sitúan a quien habla en la modalidad sensorial, frente a una evidencia más basada en los sentidos. Siguiendo el patrón del modelo de lenguaje de la PNL, podríamos tratar con las «violaciones» como sigue:

Supresión

> Aquel día los cuatro fueron a la biblioteca, sólo que en horas distintas.
>
> BARBARA PYM,
> *Quartet in Autum* (1977)

Formula preguntas para obtener más información.

- «¿Qué es lo que falta? ¿Qué más necesito tener para poderme construir una representación?»

Normalmente, eso se consigue preguntando: «¿qué, cómo, cuándo, dónde y quién, *específica* o *exactamente*...?».

La información extra te ubicará en la situación, ayudándote a crear una representación sensorial de la cuestión. Desafiar las nominalizaciones transformándolas en verbos resulta particularmente útil, puesto que te da cierta idea de la actividad dinámica involucrada en esa situación.

Generalización – Cuantificadores universales

> Todas las familias felices se parecen entre sí; cada familia desdichada lo es a su propio modo.
>
> Lev Tolstoi,
> *Anna Karenina* (1918)

Los cuantificadores universales son afirmaciones que parecen ser de aplicación en cualquier caso y en cualquier momento. Por ejemplo: «Siempre me olvido las llaves» o «Nunca consigo ser el primero en llegar al baño». Tales afirmaciones son más hiperbólicas que literalmente ciertas. Utilizan un lenguaje emotivo [So] en lugar de afirmaciones basadas en los hechos [Se]. La provocación habitual de la PNL consiste en devolverle la palabra a quien la ha pronunciado, con una tonalidad que se va elevando: «*¿Siempreee?*», «¡Cómo! *¿Nuncaaa?*»

Generalizar consiste en crear normas, y lo que sucede con ellas es que tendemos a aplicarlas de forma universal y en todo momento, para no tener que andar con un listado de excepciones en la mano. Así, al percatarnos de la presencia de un felino de piel listada y garras largas y afiladas que ruge..., sabemos que lo más prudente es quitarse de en medio cuanto antes. Como regla general, eso nos sirve para mantenernos vivos. En el ámbito de la cognición, las reglas funcionan bien en cuanto a principios de «todo o nada»: «Si detecto *alguno* de esos indicios, me largo. Si no, todo irá bien». Algunas personas tienden a generalizar en exceso, de modo que el nombre de la cosa por sí solo puede desencadenar la respuesta, como sucede con las fobias.

Crear reglas «universales» resulta más sencillo. Sabemos que hay excepciones, pero en esa forma de pensar unitaria, lo que importa es disponer de pautas inequívocas que seguir, de modo que simplificamos las conexiones entre personas, sucesos y contextos. Tendemos a «redondear» nuestro lenguaje y nos decantamos por los extremos, en lugar de colocar nuestras afirmaciones en algún lugar intermedio del continuo entre ambos.

De modo que cuando alguien te diga: «Siempre hago esto o lo otro» o «Siempre actúan igual», más te vale considerar que se trata de una descripción más «estadística» que real. Por consiguiente, tiene sentido —si parece adecuado— formular preguntas tales como:

- «Cuando dices "siempre", ¿te refieres al ciento por ciento del tiempo, o a qué exactamente?»
- «¿Qué clase de "nunca" es eso? ¿Un 90 por ciento? ¿Un 99 por ciento?»
- «Aproximadamente, ¿de qué porcentaje estaríamos hablando?»

Dando por sentado que todos esos absolutos son en realidad borrosos, pregunta: «¿Qué grado implica *todo*, *nunca*, etc.?». Las respuestas suelen estar en algún lugar entre el cero y el ciento por ciento o entre 1 y 10 de calificación.

El pensamiento borroso requiere un mayor procesado interno, así como más palabras. En términos generales, somos perezosos y tendemos a generalizar en exceso. Siempre decimos «siempre», aunque sepamos que hay excepciones.

Generalización – Operadores modales

Los verbos modales auxiliares u «operadores modales» se utilizan para formular declaraciones hipotéticas. Están relacionados con probables realidades alternativas, con «caminos sin tomar» o con futuros por llegar. Sin contar las negaciones, existen unos dieciséis verbos auxiliares de estas características:

Cuadro 12.1: Verbos modales

ser capaz de tener permiso para poder, no poder si pudiera, si no pudiera	atreverse, no atreverse tener que ser posible si fuera posible	deber, no deber necesitar, no necesitar haber de, no haber de debiera, no debiera	debería, no debería soler querer, no querer querría, no querría

El modelo de lenguaje de la PNL se concentra en dos formas modales: posibilidad y necesidad. Por ejemplo: «No soy capaz de pedir un aumento de sueldo» o «Tengo que pedir permiso a mis padres». Hay dos direcciones posibles hacia las que ir: considerar las limitaciones presentes o tener en cuenta las consecuencias futuras. Las correspondientes provocaciones convencionales son: «¿Y qué te lo impide?» y «Así pues, ¿qué pasaría si hicieras (o no hicieras) eso?».

Podríamos decir que los operadores modales, tales como *no puedo* o *debo*, implican también cierta probabilidad y buscan cierto grado de certidumbre: «¿Hasta qué punto sería eso realmente posible, en una escala del 1 al 10?».

Mediante el modelo de las cuatro realidades, podemos ampliar las posibilidades de provocación de la afirmaciones con operadores modales. Demos de nuevo un repaso a las provocaciones tradicionales de la PNL.

Provocación de limitaciones

Cuando alguien asegure que no puede o no debe hacer algo, preguntarle «¿Qué te lo impide?» pone al descubierto:

- El principio que está ocultando: ¿Cuál es la regla o el principio que guía su decisión?

- Los factores causales que impiden emprender la acción: ¿Dónde está el bloqueo o el punto muerto lógico?
- Los valores: ¿Qué es lo importante de mantenerse dentro de los límites impuestos? Esto implica asimismo que la persona dispone de una realidad alternativa con mayor valor para ella.
- Los límites de su mundo: ¿Dónde están los límites que la persona no está dispuesta a traspasar?

Provocación de consecuencias

Como alternativa, puedes pedirle a esa persona que explore las consecuencias de la actividad «prohibida». La pregunta «¿Qué pasaría si hicieras eso?» le obliga a ir más allá del escenario presente, para descubrir qué viene después o qué sucede al final de la obra. Esta pregunta pone en evidencia:

- El «castigo» o las sanciones impuestas a quienes se atrevan a desobedecer las reglas.
- Las consecuencias lógicas de dar determinado paso, la probabilidad de que se produzcan ciertos resultados. Si eso es apropiado para el cliente, deberás explorar diversos escenarios con él, paso a paso, para mantener la lógica y avanzar en busca de detalles adicionales —«¿Y luego qué sucede?»—, de modo que las conexiones salgan a la luz.
- ¿Cuáles son los criterios para considerar «violados» los límites conocidos? ¿Cómo lo verían otras personas?
- ¿Qué hay más allá de los límites de sus creencias actuales? Puedes considerarlo como «pensar lo impensable».

Cuando finalmente llegues a un resultado, pregunta: «¿Deseas realmente hacer esto?».

Dando por sentado que quien habla proclama su verdad desde la modalidad unitaria, la primera provocación le conduce a la modalidad sensorial, al preguntarle por la lógica que hay detrás de su decisión; la segunda le lleva a la modalidad sensorial y la mítica, al pedirle que proyecte la limitación más allá de los límites actuales y que analice las consecuencias. Podríamos también añadir un traslado a la modalidad social inquiriendo: «¿Y por qué es eso tan importante?», o en caso de resultar apropiado: «¿A quién le importa que puedas o no? Deja de pensar en ello y simplemente ¡hazlo!», lo cual le situaría de vuelta a la modalidad unitaria, en una posición más bien de Guerrero que de Acusador.

La pregunta «¿Qué te detiene?» tiene cierto sabor unitario y social. Queremos saber cuáles son aquí las reglas y cuáles los preceptos a aplicar, qué sucede con los que «rompen las normas». En caso de que parezca que la persona está en la modalidad unitaria, podemos averiguar cuál es la regla preguntando: «Así pues, ¿cuál es la regla en este caso?».

La pregunta «¿Qué sucedería si hicieras (o no hicieras)...?» conduce a la modalidad sensorial y a la mítica. Exploramos dónde están los límites del universo de posibilidades de esa persona, y averiguamos qué hay al otro lado de la «barrera». Al mismo tiempo, la conducimos a una modalidad de «historia» y le pedimos que avance hacia lo desconocido, hacia ese territorio que normalmente no elegiría visitar. Recuerda que todo ello sucede en la imaginación, que no es real, que lo está creando. Si le asusta, nada le impide crear también algunos «recursos» que hagan más segura la exploración...

En la realidad social nos ocupamos de los valores de la persona. Puedes averiguar qué es lo importante preguntando por los valores o juicios que hay detrás de su declaración: «¿Qué es lo que importa de hacer (o no hacer) esto?». O puedes verificar la fuente del juicio: «¿A quién le importa que lo hagas o no?».

La realidad sensorial se ocupa de la evidencia, de lo que puedes averiguar preguntando: «¿Cómo lo sabes?». También puedes analizar la secuencia de causa y efecto, la racionalidad o la lógica de su razonamiento: «Dices que deberías conseguir ese empleo», «Así pues, ¿cuáles son los hechos?», «¿Cómo funciona esto?», «¿De qué modo conduce *x* hasta *y*?», «¿Qué forma de pensar hay detrás de esto?».

La cuestión con los operadores modales estriba en que los utilizamos para crear historias alternativas sobre lo que podría o debería suceder, sin disponer de garantía alguna de que así ocurra. Los problemas surgen cuando, en lugar de prestar atención a lo que está sucediendo realmente, nos quedamos ensimismados con estas historias. En ocasiones sucede que nuestros filtros mentales cambian lo que nuestros sentidos perciben, para adaptarlo a determinada interpretación preconcebida. Más adelante, en este mismo capítulo, seguiremos estudiando los operadores modales.

Patrones de distorsión

Existen cuatro patrones de distorsión principales: cumplimiento perdido, causa y efecto, equivalencia compleja y lectura del pensamiento. Puede resultar tentador tratar de encajarlos en las cuatro realidades (¡adelante, pruébalo!). Existen asimismo otros patrones de lenguaje relacionados con otras realidades, con los que la PNL no suele trabajar.

Recordemos que la provocación implica que quien habla se sitúe más allá (meta) de su propia experiencia, para examinar de este modo la naturaleza de la evidencia de su afirmación y considerar su «lenguajeo», en lugar de «ir tirando» con las presuposiciones implícitas en su manifestación.

Cuando reconozcamos un patrón de distorsión, podemos formular preguntas que aglutinen la historia del narrador, que arrojen luz sobre la naturaleza de la evidencia en la que están basando sus conclusiones. Podemos así averiguar los orígenes de sus aseveraciones: ¿Cómo se establecieron las conexiones? ¿En base a qué criterios? ¿Qué solidez tiene su proceso de generación de sentido? Habitualmente, eso se consigue preguntando: «¿Cómo sabes que...?», «¿De qué modo *x* causa (o significa) *y*?».

Analicemos con más detalle los patrones de distorsión de la PNL.

Cumplimiento perdido

> «La Verdad está ahí afuera.»
>
> Eslogan de *Expediente X*

En este patrón de distorsión, «cumplimiento perdido» significa que la *fuente* de la «verdad» no es explícita o conocida. Cada cultura parece poseer múltiples dichos, eslóganes, aforismos y proverbios de esta clase, que cubren la práctica totalidad de las contingencias previsibles: «Los problemas vienen siempre de tres en tres», «Antes de mejorar, empeorará», «De nada sirve llorar sobre la leche derramada», etc. Cuando alguien pronuncia una de estas frases, habrá probablemente algún indicio de que está atribuyendo a otros, habitualmente sin especificar, la verdad de esa afirmación: «Se dice que...», «Es bien sabido que...», «Todos dicen (piensan o hacen)...», etc.

Decir esto no equivale a afirmar que estas máximas o verdades «universales» carezcan de sentido. Piensa en ellas como procedentes de la realidad unitaria, donde reside la sabiduría «eterna» de las sociedades. El propósito de cuestionar estas aseveraciones es lograr que quien las pronuncia considere las implicaciones de lo que está diciendo, en qué medida es eso específicamente adecuado para la cuestión de que se trata.

Provocaciones desde otras modalidades de realidad

Por ejemplo, el que habla dice: «Los hombres no lloran». La provocación prosaica de la PNL consistiría en preguntar: «¿Quién lo dice?». Pronunciado en el tono alto y desafiante de un adolescente, lo más probable es que nos haga perder la sintonía. Colócate en una posición de estatus inferior y pregunta: «¿Qué relación tiene eso con lo que me estabas contando?», o: «Me pregunto qué tiene eso que ver con...».

Cada cuadrante tiene su propia clase de respuesta. Según sea la intención, podemos conducir a quien habla a otra realidad.

En la modalidad unitaria, podemos aceptar la regla o el principio y, de algún modo, llamar la atención sobre ello o exagerarlo:

[U] «¿Es ésta la regla?», «¿Es eso cierto según tu experiencia?»

> «¡Ya veo! ¡Más me hubiera valido ignorar mis sentimientos y no llorar tanto!»

En la modalidad sensorial, podemos seguir la línea de los hechos y explicar:

> [Se] «De hecho, está demostrado que el 39 por ciento de los hombres están dispuestos a admitir que lloran.»
>
> «El llanto libera hormonas, lo cual puede activar los mecanismos sanadores del cuerpo.»
> «Estadísticamente, las personas tan sólo lloran una media de 28 lágrimas en cada ocasión.»

En la modalidad social, podríamos hablar de sentimientos, o evaluar la afirmación en términos de bueno o malo:

> [So] «¿Qué dirían los demás si te vieran llorar?»
>
> «Llorar es aquí socialmente aceptable. Es bueno que puedas mostrar tus sentimientos a quienes te rodean. Eso une más al grupo.»

Una respuesta mítica podría ver el llanto como una metáfora:

> [M] «Llorar es como lubrificar las fuerzas del cambio»
>
> «Si reprimes el dolor, la rabia y la frustración, un día u otro estallarás.»
> «Llorar es como soltar lastre emocional. Es una forma de autolimpieza.»

Causa y efecto

> Como el apellido de mi padre es Pirrip y mi nombre de pila es Philip, de pequeño no conseguía pronunciar de todo esto nada

más largo o más explícito que Pip, de modo que me llamé a mí mismo Pip y, con el tiempo, todo el mundo acabó llamándome así.

CHARLES DICKENS,
Grandes esperanzas (1862)

Utilizamos el pensamiento de causa y efecto para crear escenarios con los que explicar el mundo. Está presente el elemento *tiempo*: se establecen conexiones entre sucesos y lo *anterior* se ve como causa de lo *posterior*. Tendemos a buscar las conexiones «obvias», aunque en términos científicos no resulta fácil encontrar una «causa primera» para todo.

Se producen violaciones cuando la estructura lógica aparece vaga o defectuosa. El que habla da por sentado un vínculo causal directo entre el acontecimiento *A* y el acontecimiento *B*, pero basándose en una serie de presuposiciones sin justificar. A menudo, actúa como Acusador: «Tú me has hecho hacer esto», «Tú eres el responsable de mi situación», etc. Por ejemplo, «Me has hecho llegar tarde a la escuela» parece ser más bien una atribución de culpa, una negación de la propia responsabilidad. Puedes cuestionar esta afirmación pidiendo una explicación en modalidad sensorial sobre esta conexión: «¿Cómo, exactamente, te he hecho llegar tarde a la escuela?». En general: ¿Cómo funciona esto? ¿Cómo procede *B* de *A* exactamente? ¿Cuál es la conexión lógica?

Provocaciones desde otras modalidades de realidad
El que habla proclama: «Me has hecho llegar tarde». Podemos movernos a otro cuadrante.

En la modalidad unitaria, podemos subrayar la «norma»:

[U] «¡Es cierto, eso es lo que hago!»

«Seguro, y no hay nada que puedas hacer al respecto.»

Declarar o definir la norma es a menudo un buen medio para suscitar humor, particularmente si la regla no está presente en la percepción consciente, o para que aflore de algún modo lo absurdo de la situación: «De pie ante el ascensor, observarás atentamente los números que van cambiando. No hablarás con nadie...».

En una situación «terapéutica», podríamos decirle al cliente: «Así pues, éstas parecen ser la normas con las que funcionas: obedecerás a tu hijo y le tendrás la comida preparada cuando entre por la puerta», etc. El marco «Enséñame» de la PNL constituye una variante de lo mismo. Hacemos que la otra persona nos describa en detalle lo que hace, cuáles son las reglas y qué tiene que suceder. Dejamos en evidencia lo que se suele dar por sentado. Una vez sacadas «a la luz», esas reglas se pueden ver realmente tal como son.

También podemos destacar el valor de esa experiencia:

[So] «Te conviene mucho saber qué se siente al llegar tarde, de modo que en el futuro seas más considerado».

O preguntarnos de qué trata esa «realidad»:

[M] «Soñar que corres pero que tus pies no se mueven del sitio y no cambias de lugar... ¿te recuerda algo?»

Tales respuestas inesperadas pillan por sorpresa a la persona que habla. Su universo, que es como una máquina de relojería, ha quedado cuestionado, y se la está desafiando a que asuma la responsabilidad de sus propias acciones y de sus sentimientos.

Equivalencia compleja

> Era sin duda increíblemente hermoso, con aquellos labios escarlata finamente perfilados, aquellos francos ojos azules y aquel cabello rubio rizado. Algo en su semblante te hacía confiar en él de inmediato.
>
> OSCAR WILDE,
> *El retrato de Dorian Grey* (1902)

Buscamos atajos para interpretar el mundo. Si logramos establecer alguna conexión entre determinada característica sobresaliente y nuestro entendimiento, la vida se vuelve más sencilla, sabemos qué hacer. Nos gustan nuestros cuantificadores universales: damos por sentada la existencia de una relación fiable y consistente entre eso que percibimos externamente y nuestro estado interno de comprensión. Formar «equivalencias complejas» constituye el proceso por medio del cual creamos significado: «En este contexto, esto es lo que sucede y eso es lo que significa».

Nuestro aprendizaje de toda la vida, particularmente en lo referente a los demás, se basa en esta capacidad y en nuestra habilidad para seleccionar las características sobresalientes. Si comenzáramos a atribuir determinadas cualidades a todo aquel que tenga ojos azules o cabello dorado, bien pronto toparíamos con lo inadecuado de semejantes generalizaciones. Sin embargo, para algunas personas con prejuicios, la evidencia de los sentidos no desplazará fácilmente a una creencia firme.

Fundamentalmente, el significado que damos a una persona o un acontecimiento está vinculado a un pequeño detalle de todo el conjunto. Lingüísticamente hablando, esto constituye una especie de *metonimia* en que la parte representa al todo, como en: «Las *manos* trabajan en la cadena de montaje, controladas por las *corbatas*».

Lo que resulta aquí interesante de analizar es por qué determinado elemento se convierte en la clave. En la cita de Oscar Wilde, no estamos muy seguros de por qué deberíamos confiar en esa persona. Las respuestas podrían ser: «Simplemente, lo sé...» o «Es una sensación...», sin que se nos pueda aclarar la razón. Hace falta un interrogatorio hábil para desvelar cuáles son exactamente las claves, así como el modo en que las conexiones fueron establecidas en el pasado. Lo que realmente importa es el grado de exactitud al hacerlo: ¿son útiles, válidas y coherentes nuestras equivalencias complejas? Su validez y su fiabilidad constituyen una buena medida de nuestra sabiduría.

La pregunta importante es la siguiente: ¿Cómo decidir qué es lo pertinente? En cualquier situación, necesitamos saber a qué hay que prestar una atención preferente. No es una cuestión fácil, y la respuesta no es sencilla. Una contestación simplista nos diría que aprendemos de la experiencia: lo que funcionó en el pasado y lo que no. Utilizando el símil informático de «proceso múltiple paralelo», podríamos decir que determinados «itinerarios» quedan reforzados y se consolidan, mientras que otros languidecen en el olvido.

Como sucede con otras formas de generalización, la bondad de la conexión cambia con el tiempo, de modo que es fundamental que verifiquemos constantemente la vigencia del vínculo. Como verificadores de hipótesis estamos creando nuevas conexiones, observando permanentemente lo que funciona y lo que no. Pero jugamos con numerosas suposiciones que no resultan fáciles de comprobar: las condiciones se dan raramente, nuestro razonamiento estadístico es deficiente, nuestras propias tendencias o concepciones previas distorsionan la evidencia, todo lo cual hace que acabemos por simplificar sin más nuestras creencias. Si tratamos cada hipótesis como nuestro «modelo actual en uso» y mantenemos la curiosidad sobre su validez, conseguiremos que nos sirva bien.

Lectura del pensamiento

Ugarte: Tú me desprecias, ¿verdad?
Rick: Bueno, si me entretuviera en pensar en ti, probablemente te despreciaría.

Casablanca [la película] (1942)

En PNL, la lectura del pensamiento consiste en construir una historia para explicar acontecimientos basándose en indicios mínimos. Al hablar del hecho de historiar ya hemos comentado esta modalidad de pensamiento. Cuando el que habla pronuncia una afirmación de este tipo, lo único que nos llega es la moraleja de la historia, por así decirlo, la conclusión a la que ha llegado esa persona, basándose en una «evidencia» sin contrastar. Es como si dijera: «Reconozco esta historia o esta trama; sé de qué va el asunto».

Cuando, como oyentes, reconozcamos el patrón de lectura del pensamiento, podemos preguntar por la evidencia, por las conexiones: «¿Y tú cómo lo sabes?», «¿Cómo has llegado a esta conclusión?»

Provocaciones desde otras modalidades de realidad
El que habla afirma: «Estás enfadado conmigo», lo cual se corresponde con la categoría del Acusador y la modalidad unitaria.

Puedes aceptar la afirmación:

[U] «¡Desde luego!»

«Siempre me enfado cuando alguien hace X.»

O puedes comentar la presuposición y expresar con palabras la regla:

[U] «Entiendo, cuando ocurre X tú piensas que el otro se ha enfadado, ¿no es así?»

Como alternativa, también puedes rechazar la proposición y poner sobre la mesa un dato real:

[Se] «Enfadarme indicaría que eso me importa. En realidad, me deja absolutamente indiferente.»

«¿Enfadado? ¡Estoy cabreadísimo!»

O ir a por su resultado:

[Se] «¿Y cuál es tu propósito al decirme esto?»

Otra posibilidad consiste en darle la vuelta:

[So] «Tal vez lo estás proyectando sobre mí, y eres tú quien se siente realmente enfadado.»

«Muy bien, eso es lo que tú supones sobre mi estado. ¿Y qué hay del tuyo?»

También puedes preguntar por las implicaciones «éticas»:

[So] «¿Te parece un comentario apropiado en estas circunstancias?»

O considerar el significado de la palabra «enfadado»:

[M] «¿Y qué significa para ti "estar enfadado"?»

«Cuando piensas en estar enfadado, ¿qué te recuerda eso? ¿Qué asociaciones tiene para ti?»

Todas estas intervenciones rompen el patrón de pensamiento, introducen un elemento de cambio y llevan a quien habla a otro estado.

La estrategia paranoide

No hablamos aquí de la esquizofrenia paranoide, sino de una variante «cotidiana» de la estrategia de la lectura del pensamiento, que consiste en tomar lo que te dicen como prueba de lo que uno quiere creer. Alguien te persigue, y cualquier dato puede ser interpretado como prueba de ello. Parece que no hay posibilidad de contradicción; todo lo que se diga en contra de esa certeza será «reinterpretado» para confirmarla.

Quien contradice a esta persona pierde al tratar de ayudarla, porque permanece en su misma modalidad de realidad (unitaria) y niega desde ella la verdad del otro. El paranoico juega a un estatus superior al de quien trata de ayudarle. Si afirma, por ejemplo: «Eso podría matarme», una respuesta típica del acompañante podría consistir en negar la afirmación: «No digas tonterías. Sólo tienes que tener cuidado, eso es todo». Esta clase de negación no hará más que mantener el juego en marcha. Si la intención del paranoico consiste en permanecer atascado, llamar la atención o ser reconocido, le estamos dando exactamente lo que desea.

Continuar con el juego de la negación hará que el terapeuta acabe en un estado de completa frustración. En lugar de ello, puede recurrir a un juego distinto. En el capítulo 7 hablamos de «aceptar propuestas». Aquí tenemos una buena oportunidad para practicar esta estrategia.

Cuando la persona que actúa como un paranoico nos dice: «Eso podría matarme», deberemos aumentar nuestro estatus, aceptar la propuesta y exagerarla: «Bueno, de todos modos vas a morirte, así que, ¿para qué esperar?».

El paranoico espera un desacuerdo. Cuando no lo encuentra, no puede seguir con su juego. *Sleight of Mouth**, de Robert Dilts (2000), incluye una transcripción de Richard Bandler interpretando este juego con el fin de comprobar la capacidad de los presentes para generar respuestas. En general, casi todos parecen caer en la trampa de quedarse en un estatus inferior y tratar de «ayudar» rechazando propuestas.

Cuando alguien lee el pensamiento y declara: «¡Seguro que lo ha hecho aposta!», la PNL le reta a que presente pruebas: «¿Cómo lo sabes?». Sin embargo, eso carece de objetivo porque no es de pruebas de lo que se trata. En lugar de ello, muéstrate de acuerdo con la afirmación:

Tú: «Seguro que lo ha hecho adrede. Al fin y al cabo, todo comportamiento tiene detrás una intención positiva.»

Nos hemos mostrado de acuerdo y hemos subido la apuesta.

El otro: «Eso es muy fácil de decir; no vas a ser tú quien salga dañado. Mientras te quedas ahí sentado, buscando la intención positiva, mi vida está en peligro.»

Sigue aceptando:

* De próxima aparición en Ediciones Urano.

Tú: «Seguro que tu vida está en peligro. Estás ahí y eso es peligroso; es ahí donde se lastima la gente.»

La creencia del paranoico consiste en que va a resultar herido. Esa es su regla, de modo que podemos seguir con el juego:

Tú: «¿Es eso lo que quieres? ¿Que te hieran?»
El otro: «Sí.»
Tú: «Pues estás en el lugar adecuado.»

o

El otro: «No.»
Tú: «Pues entonces, haz algo distinto.»

Existe un proceso parecido, en el que lo que está en juego son las emociones. Cada vez que se dice algo que hiere los sentimientos de la persona, se corre un tupido velo y se deja de hablar del tema. Por ejemplo, en una sesión de terapia de grupo, un miembro prohíbe a los demás hablar de la muerte, del dolor, del cáncer o de cualquier otra cosa porque desencadena en él malas emociones. Su objetivo consiste en evitar tenerse que enfrentar a esa cuestión. La persona se bloquea, impidiendo que ni tan sólo se pronuncie la palabra «dolorosa».

Tal ves la estrategia contraria, que consiste en considerar que todo es maravilloso, pueda ser vista como de estilo Pollyanna, pero se trata de un «planteamiento utilitario» empleado para validar la experiencia por los hipnoterapeutas ericksonianos y otros. Por ejemplo, cuando queremos que el cliente entre en trance, *cualquier* cosa que suceda será una prueba de que lo estamos consiguiendo. (Véase Battino y South, 1999.)

¿Cómo leemos el pensamiento?

Una buena lectura del pensamiento constituye una habilidad que vale la pena cultivar. El ejercicio de esculpir del capítulo 3 (copiar la postura y los gestos de otra persona con tanta precisión como sea posible) nos permite penetrar hasta cierto punto en el otro, para tratar de descubrir qué es lo que tiene que ser verdadero para él.

Piezas que faltan

Dedicaremos el resto del presente capítulo a analizar algunas de las «piezas que faltan» en el modelo de lenguaje de la PNL, los patrones de lenguaje que surgen en las otras realidades.

La realidad unitaria y el verbo «ser».

> Siempre que digas que algo «es», no es, porque ese «algo» no son palabras.
>
> KORZYBSKI (1933: 409)

Desde nuestra necesidad de fijar el mundo, tendemos a utilizar formas del verbo «ser» para lograr una equivalencia entre nuestra codificación y aquello que representa: «Esto *es* un libro», «Yo *soy* un escritor», etc. En ocasiones, confundimos la etiqueta con aquello a lo que se refiere. A veces, poner una etiqueta a quién eres, a alguna de tus características, te «fija» y afecta a tu comportamiento. Por ejemplo, «Soy una víctima...» es una afirmación que puede afectar al modo en que te relacionas con los demás, particularmente con las personas de estatus superior.

Como la mayoría de las palabras, «ser» (y «estar») se utiliza de muchas formas distintas. Korzybski (1933) describe los usos de los verbos «ser» y «estar»:

1. ***Tiempo «presente continuo»***

   Como verbo auxiliar para crear tiempos verbales «en acción», acabados en -ando.

   > «Estoy explicando el verbo *ser*.»
   >
   > «No estás prestando atención.»

2. *Existencia*

Como sinónimo de existencia, define categorías o individuos, o describe la realidad.

> «Existen cuatro modalidades de realidad.»

> «En el estuario hay avocetas.»

3. *Pertenencia de clase*

Como medio para categorizar, nombrar y conectar diferentes niveles de abstracción (pertenencia de clase), implicando que una cosa puede existir siendo al mismo tiempo otra. Esta forma de identificación vincula dos nombres o dos categorías de nombres, y es equivalente a «se denomina...» o «se conoce como...», o «se clasifica en...»

> «La lectura del pensamiento es un patrón de distorsión.»

> «La avoceta es una zancuda».

4. *Predicado*

Para referirse a cualidades, para describir las características que «tienen» las cosas. El predicado «ser/estar» vincula substantivos con adjetivos:

> «El lápiz es amarillo.»

> «El pico de la avoceta es largo y delgado y está encorvado hacia arriba.»

A la relación de Korzybski podemos añadir:

5. *Metáfora*

Utilizamos las metáforas para ayudarnos a comprender aquello que no se basa en los sentidos, en términos de lo que sí se basa en ellos. «Ser/estar» representa aquí el proceso de «cartografiar», de ligar la fuente mundana y física de experiencia con el territorio intangible que se trata de comprender. En otras palabras, usamos lo cotidiano para caracterizar y conferir sentido a nuestras abstracciones y conceptualizaciones.

Por ejemplo, utilizamos cotidianamente expresiones metafóricas como: ««En la encrucijada», «Mantener algo en mente», «Estar lleno de ideas», «Tener la cabeza vacía», que derivan de las metáforas LA VIDA ES UN VIAJE y LA MENTE ES UN CONTENEDOR.

Conceptos como *mente* y *vida* son excesivamente «ricos» (y estamos utilizando una metáfora [«ricos»] para explicarlos). Encontrando ejemplos en «ámbitos fuente» apropiados de la experiencia sensorial cotidiana (contenedores, caminos, viajes, el movimiento diario del Sol, etc.), conseguimos una mejor comprensión de los términos que son nuestro «objetivo». Las metáforas expresan tan sólo algunos aspectos de esos términos; siempre harán falta nuevas metáforas cuando las anteriores hayan perdido su poder. Utilizamos tantas metáforas que, habitualmente, ni siquiera nos damos cuenta de que las estamos empleando. (Véase Lakoff y Johnson, 1980; Lakoff y Turner, 1989.)

Problemas unitarios de los verbos «ser» y «estar»

Decir de algo que «es...» o «está...» equivale a llegar a un resultado, a una verdad, a través de un proceso de generalización y abstracción, proceso convergente que condensa todas las opciones, todas las probabilidades y todas las variaciones en una única gota de «verdad». Empleamos los verbos «ser» y «estar» para indicar que hemos completado algún proceso mental de valor, tras el cual hemos llegado a una regla útil, una teoría o una descripción del mundo. Como sucede con cualquier forma de lenguaje, no nos conviene ser demasiado dogmáticos en su uso (en la realidad unitaria). En lugar de ello, debemos desarrollar flexibilidad para emplear un lenguaje apropiado, sea cual fuere la realidad. Sin embargo, en ocasiones el lenguaje «toma el mando», la persona piensa: «Así es como *es* eso» y se queda atascada.

Puesto que cada individuo tiene sus propias «verdades», resulta fácil discrepar. Esta clase de conflicto suele surgir de las definiciones, de los criterios empleados para determinar la pertenencia o no a tal o cual categoría. Expresa un punto de vista, y alguien estará en desacuerdo con él. La confusión y el debate acalorado suelen surgir en relación con los límites conceptuales. Por ejemplo: «Para mí, eso es un montón de ladrillos». «No, no. Es una obra de arte.» Eso da lugar igualmente a acalorados (e inconclusos) debates sobre si el feto es o no un ser humano. Es en estas zonas ««transicionales» donde tendemos a tener dificultades, acabando enzarzados en disputas sobre delimitaciones y «guerras por la Verdad» que no pueden ser resueltas si permanecemos en la realidad unitaria y que suelen desembocar en «conflictos irresolubles» (véase el capítulo 13).

Otra clase de dificultad es la que se presenta cuando nos encontramos con una serie de afirmaciones «ser/estar» simultáneas y no sabemos cómo encontrarles sentido. Por ejemplo, ¿qué *es* la PNL? Cada cual tendrá su opinión al respecto que, además, irá cambiando con el paso del tiempo. Para aclarar las cosas, necesitamos encontrar un patrón o una estructura. Sin embargo, en ocasiones nos desborda el afán de crear orden. Al tratar de condensar grandes cantidades de experiencia en un bit o un icono, o de reducir a un único concepto una plétora de ideas y posibilidades, tendemos a simplificar en exceso, a volvernos simplistas, a ignorar las alternativas. Una de las manifestaciones de este fenómeno consiste en la falacia del «no es más que»: «El ser humano no es más que un animal, un mono desnudo...». Otra la constituye el reduccionismo de muchas teorías (metáforas) «científicas» sobre el funcionamiento del cerebro: EL CEREBRO ES UNA COMPUTADORA, etc.

Las verdades eternas no viven más que un instante. Declarar: «Así *es* como son las cosas» sugiere que hemos examinado toda la evidencia disponible y hemos llegado a una estructura relativamente simple. Pero ya sabemos que todo cuanto decimos es metafórico, nuestro mejor intento —por ahora— de describir el mundo, y que cuando aparezca algo mejor eso será lo que utilicemos a partir de ese momento. Las afirmaciones fijan el mundo, y cuando olvidamos que toda aseveración ha fijado el mundo —y eso es lo que el lenguaje hace—, nos quedamos atascados y necesitamos que alguien nos refresque la memoria o nos lleve a otro punto de vista.

Limitación de la identidad personal

Las personas se rebajan a menudo a sí mismas diciendo, por ejemplo: «Soy un completo fracaso» o «Soy una nulidad en matemáticas». Utilizan para ello el verbo «ser», que confunde su sentido de identidad con una generalización extraída de algún comportamiento o acontecimiento del pasado. Al mismo tiempo, esas afirmaciones implican lo siguiente: «Así es como son las cosas. No hay nada que pueda hacer para cambiarlas».

A menudo nos identificamos con algún rol: «Soy el gerente», «Soy una madre soltera (o un padre soltero)», «Soy un parado», etc., lo cual puede muy bien equivaler a colocar un marco limitador a lo que somos realmente. Siempre somos más que aquello que podemos definir; la identidad es mucho más de lo que identificamos como «yo». Cuando decimos: «Mary es profesora», sabemos perfectamente que eso no es más que una de las muchas formas de describirla, porque también es hija, madre, terapeuta, consumidora, jugadora de tenis, etc. Habrá, pues, que considerar que detrás de cada pronunciamiento hay una intención, y que esta descripción concreta tiene un propósito determinado: «Esto es lo que importa ahora. Así es como quiero ser percibida». Habitualmente, no está implícito en esta clase de declaraciones nada que diga que eso es lo *único* que esa cosa o persona es. La descripción tiene un valor utilitario: «Eso es lo que considero digno de atención y relevante para lo que voy a decir a continuación».

Cómo desafiar una afirmación de identidad formulada con el verbo «ser»

Un modo de desafiar una afirmación «de identidad» consiste en hacer algo parecido a lo que hicimos con el cuantificador universal: «¿En todas partes?», «¿En todo momento?», «¿Siempre ha sido así?». De modo que, cuando alguien haga una afirmación en primera persona con el verbo «ser» que te parezca que le está limitando, ya sabes cómo confrontar lo que está siendo generalizado o presupuesto. Tu objetivo estriba en demostrarle que se está autolimitando de algún modo: ¿Se da cuenta de que su afirmación no es más que una «instantánea» que puede cambiar con el primer soplo de aire? ¿O más bien tiende a considerar eternas sus verdades? Tal vez nos convenga recuperar las supresiones o la actividad en curso, como en el caso de las nominalizaciones, y sacar la historia completa a la luz del día.

En la modalidad unitaria, podemos utilizar una fuente de verdad no reconocida para tratar con el cumplimiento perdido «Soy un fracaso». Muéstrate curioso acerca de quién promulgó ese decreto:

- «¿Quién te lo ha dicho?», «¿Quién dice que eso es verdad?», «Si se trata de una regla, ¿quién la creó?», «¿Quién dice lo que sucede aquí, tú u otra persona?»

También podemos «afirmar la norma»:

- «Muy bien, de modo que hagas lo que hagas, te verás como un fracaso, ¿no es así?»

En la modalidad sensorial, solicita una evidencia contextual:

- «¿Cómo lo sabes? ¿Dónde están las pruebas?»
- «¿En qué clase de realidad tendría eso que ser cierto?»
- «¿Siempre ha sido así?»
- «¿En qué áreas concretas de tu vida estás fracasando?»
- «¿En qué estás fracasando ahora mismo?», etc.

En la realidad social, examina los juicios que se están haciendo:

- «¿En comparación con quién?»
- «En una escala del 1 al 10, ¿dónde situarías tu fracaso?»

Cuando alguien te dice: «Soy un fracaso», una posible respuesta en la modalidad mítica podría ser: «¿De veras? Pues yo soy escritor» o lo que sea, confundiendo deliberadamente las categorías. Como alternativa, también puedes buscar alguna metáfora o historia que altere el significado: «Ah, ¿como el Patito Feo?». Superar el fracaso es un tema recurrente en nuestra mitología, como en la fábula de *La liebre y la tortuga* o en *Cenicienta*.

Recuerda que, para intervenir y desafiar el comportamiento lingüístico de la otra persona, necesitas un objetivo. No olvides que, si aspiras a mantener la relación, deberás respetar su modelo del mundo. Así pues, ¿qué es lo que *tú* quieres? ¿Qué quieres que haga esa persona, tanto dentro de su cabeza como en su comportamiento externo? De eso es realmente de lo que se trata.

La realidad social: juicio de valor

> Las jóvenes de tal linaje, que vivían en una tranquila casa de campo y asistían a una iglesia de pueblo que no era más grande que un salón, tendían de forma natural a considerar las baratijas como el sueño de la hija del buhonero.
>
> GEORGE ELIOT,
> *Middlemarch* (1872)

Estamos ahora en el territorio del lenguaje emotivo y cargado de valores, de lo políticamente correcto, del eufemismo, del prejuicio y de la invalidación. Lo que digamos va a ir acompañado de alguna indicación acerca de la actitud o los sentimientos de quien habla, cualquiera que sea el tema en cuestión. La cita de George Eliot sugiere cierta actitud y un determinado estatus social, en el contexto de la moda y de la educación recibida. Es el lenguaje del estatus, en el que quien habla se coloca por encima o por debajo de otros y solicita, a menudo, el apoyo ajeno: «Sin duda todos estaremos de acuerdo en que...».

Todos conocemos bien el lenguaje «manipulador», cuando expresamos determinada actitud en lo que decimos o escribimos. Tal vez estemos tratando de seducir a otros para que apoyen nuestro punto de vista, o de persuadirles para que hagan lo que nosotros queremos. Por ejemplo: «¿Nunca te has sentido interesada en saber más de mí?», lo cual implica que, efectivamente, debería sentirse interesada. «¿Todavía no estás listo?» significa, en realidad: «¡Apresúrate! ¡Ya llevo demasiado rato esperándote!». Estamos presuponiendo algo acerca de cómo debería ser el mundo, y nos estamos quejando de que aún no comparta nuestra opinión.

Juicio de Valor

Utilizamos el lenguaje para manifestar nuestros valores. Los publicistas atribuyen valor a las cosas por medio de hipérboles. Enfatizamos nuestra actitud exagerando determinado aspecto o característica, por ejemplo: «Había al menos tres millones de personas haciendo cola», «Cuando abrieron la taquilla, se formó una verdadera estampida».

- «Me encanta cómo lo hace.»
- «No puedo soportar que pase esto.»
- «¿No te parece extraordinario que...?»

Algo parecido sucede con el «espín» (metáfora procedente del *cricket* y del béisbol, relacionada con el efecto que se imprime a la pelota para modificar su trayectoria).* Los «doctores en espín» son adeptos a utilizar el lenguaje para afectar al significado de un acontecimiento, o para transmitir determinado valor o punto de vista, dando la vuelta a las afirmaciones para presentar un comentario positivo sobre quien las formula o negativo sobre sus opo-

* Del inglés *spin*, o *giro* en español. Por extensión, *sentido de giro*. Término utilizado también en física de partículas para referirse al momento angular intrínseco de las partículas subatómicas. *(N. del T.)*

nentes, o bien para apoyar determinado punto de vista o producto, implicando: «Así es como deberías pensar, o comprar, si quieres ser considerado como un triunfador, o como uno de nosotros», etc. A estas alturas, ya te habrás dado cuenta sin duda del modo en que, en la modalidad social, las personas influyen en los demás por medio del lenguaje manipulador: «Incluso tú deberías haberte dado cuenta de que sucedería esto», «Obviamente, no hace falta que mencione que cierta observación no fue precisamente sincera» o «¿No es fantástico que podamos usar así el lenguaje?».

Para más información sobre qué hacer cuando nos encontremos recibiendo esta clase de «lenguajeo», consulta las obras de Suzette Hayden Elgin. Esta autora ha escrito varios libros sobre lo que ella denomina *El arte sutil de la autodefensa verbal* (1980). Etiqueta determinadas estructuras lingüísticas como «patrones de ataque verbal», en los que quien te habla da por sentado que te sumarás a sus valores y creencias. Las formas básicas proceden de una posición de estatus superior, y ejercen una presión emocional (culpabilización) sobre el oyente que está en un estatus inferior. Por ejemplo:

- «Si de verdad me amaras, te gustaría observar a los pájaros.»
- «¿No te preocupan los efectos del humo de tus cigarrillos sobre los demás?»

He aquí otra modalidad de desprecio, basado en generalizaciones de equivalencia compleja o de causa y efecto, que expresan valores implícitos:

- «¡Cualquiera que quisiera realmente avanzar no formularía esas preguntas tan estúpidas!»
- «¡Hasta tú deberías haberlo entendido a estas alturas!»
- «¿Por qué tienes que ser siempre diferente? ¿Por qué no puedes ser como...? [¡como yo!]»

Las palabras «tú» y «cualquiera» pueden referirse a miembros de algún grupo «inferior» o de «estatus más bajo», como: hombres, mujeres, niños, alguien de tu edad, alguien que lleva aquí el mismo tiempo que tú, etc. Todas estas afirmaciones son oportunidades para expresar los valores de quien habla, así como para culpabilizar a los demás si se niegan a compartirlos.

Lenguaje políticamente correcto

Debido a su sensibilidad para con el grupo, la persona que se encuentra en la modalidad social tiende a emplear un lenguaje «políticamente correcto», con un mensaje emocional fuerte, una especie de *¡Hurra!*: «No me cabe duda de que ayudarás a quienes tengan dificultades de aprendizaje, ¿no es así?» (¿O debería decir «los discapacitados»?)

La expresión «políticamente correcto» es bastante reciente, aunque el rastro de eufemismos similares se remonta a siglos atrás, en particular con respecto a funciones corporales y sexuales. Más recientemente, el lenguaje se ha ido enriqueciendo con términos para describir la raza o la etnia, o las capacidades físicas y mentales. Se trata de un esfuerzo por modificar el impacto emocional de determinadas palabras, que algunos sectores de la sociedad podrían considerar «ofensivas», o que podrían ser calificadas de contrarias a los intereses de aquellos a los que se refieren. Por ejemplo, en lugar de «lisiado» diremos «minusválido» o, más recientemente, «discapacitado». A mediados del siglo XX, a quienes no llegaban a los estándares de sistema educativo, se les colgaba la etiqueta de *educacionalmente subnormal*. Hoy en día decimos que tienen *necesidades educativas especiales*. Cuando algunos decidieron denominar «mejorables» a estas personas, el término degeneró rápidamente en insulto o broma de mal gusto. Los niños pueden ser brillantes en estos menesteres, en jugar con el lenguaje, lo cual, después de todo, no es más que su manera de responder desde la realidad mítica. Bien pronto teníamos personas «folicularmente mejorables» (calvas) o «mejorables en altura» (bajas), lo cual constituye un buen ejemplo, tanto del modo en que la gente puede llegar a jugar con el lenguaje, como de la futilidad de utilizar eufemismos para ser «políticamente correcto», una expresión que ha pasado asimismo a convertirse hoy en día en objeto de burla. Como señala Steven Pinker:

> Cada vez que tratamos de manipular deliberadamente el lenguaje y el significado, los efectos no son más que temporales. Nuestro lenguaje se mueve sin cesar, y eso es algo particularmente observable en los ámbitos de la tecnología y del argot. Todo ello demuestra la existencia de una dinámica interesante, de una trituradora de eufemismos que hace que, a pesar de todos los esfuerzos por esterilizar un concepto inventando para él una nueva palabra, sean cuales fueren las connotaciones emocionales que ese concepto tuviera originalmente, éstas acaben por teñir también a la nueva palabra en lugar de liberarla de ellas, con lo cual siempre será necesario un recambio del recambio.
>
> PINKER (2000)

Prejuicios

«¡No puedo soportar a la gente con prejuicios!»

El prejuicio es un juicio de valor basado en criterios «sensoriales» habitualmente superficiales, tales como la apariencia personal o determinada etiqueta asignada que identifica a alguien como perteneciente a tal o cual país, sociedad, equipo o grupo étnico. Las expresiones con prejuicios revisten a menudo la forma de emoción extrema (amor/odio) y pueden presuponer que los demás comparten el valor. Se trata de un problema de codificación: pensamos que alguien es «bueno» o «malo» en base a nuestro propio juicio o a indicios mínimos e irrelevantes.

Tenemos también *expectativas*, juicios tendenciosos de los que no somos conscientes. El efecto «halo» se produce cuando damos por sentado que la persona que es buena en algo será necesariamente buena en todo lo demás. Lo contrario es igualmente de aplicación, de modo que todo lo malo tiene que ser cierto para quienes nos han ofendido de algún modo alguna vez, a menudo en base a nuestros propios juicios sobre atributos superficiales como la indumentaria, el peinado, el maquillaje o las joyas. Está también presente una «profecía que lleva en sí su propio cumplimiento»: lo que creemos afecta a lo que sucede hasta conseguir que nuestra creencia se convierta en realidad. Por ejemplo, los maestros a los que se ha dicho que tal o cual alumno es «brillante» tienden a tratarlo de forma diferente que si previamente se les ha dicho que es «normal». Incluso cuando todo el alumnado tiene un nivel similar, aquellos educandos que son *percibidos* como brillantes acaban rindiendo mejor.

Si detectamos la presencia de «prejuicios» o tendencias, podemos comprobar lo siguiente: ¿se está dando más importancia a determinados aspectos de la experiencia en detrimento del resto? Nuestro reto consiste en descubrir el sistema de valores de quien está hablando, en desvelar sus atributos clave, y luego preguntar:

«¿Es concentrarse en X lo más importante aquí?»

«¿Es X lo único que importa?»

La realidad mítica: la metáfora

> Las lámparas de la noche se van apagando y el plácido día se asoma de puntillas por encima de las cumbres envueltas en la niebla.
>
> WILLAM SHAKESPEARE,
> *Romeo y Julieta, Acto* III: 5

Utilizamos la metáfora continuamente, pero lo habitual es que sólo consideremos el lenguaje como metafórico cuando es evidentemente poético. Sin embargo, por lo general nuestro lenguaje es metafórico, en la medida en que superponemos constantemente un conjunto conocido de significados sobre otras situaciones. Gran parte de nuestra comprensión del mundo que nos rodea procede del modo en que lo percibimos en relación con nuestro cuerpo (véase Johnson, 1987).

En este libro he estado señalando las metáforas cotidianas y específicas que utilizamos tanto para explorar la vida como la propia PNL. Por ejemplo, la declaración de Richard Bandler que afirma: «El metamodelo es el motor que mueve la PNL» utiliza una metáfora eminentemente mecánica, propia de la modalidad sensorial de realidad. Podemos preguntarnos también por las implicaciones de semejante imagen, qué se incluye en ella y qué es lo que queda excluido del mensaje transmitido.

Utilizamos a menudo palabras o frases que derivan de otras fuentes, como pueden ser películas, programas de televisión, libros, humoristas, periódicos y, en general, de cualquier otra fuente que trate con palabras e intente encontrar nuevas formas de decir las cosas. Nos enganchamos a eslóganes, frases hechas o líneas de guiones cinematográficos como: «Tócala otra vez, Sam». En nuestras conversaciones cotidianas utilizamos —o distorsionamos— estas expresiones verbales para que se ajusten a nuestras necesidades. Incluso es posible que nos encontremos tarareando (aunque sea mentalmente) la estrofa de una canción en determinada situación. Por ejemplo, si acabas de tener una discusión con tu novio, tal vez canturrees *I'm going to wash that man right out of my hair* [Voy a lavarme a este chico del pelo]. La serie *Ally McBeal* utiliza las canciones para acentuar los pensamientos y sentimientos de sus personajes.

En el episodio «Darmok», de la serie *Star Trek: La próxima generación*, la premisa consiste en que una raza diferente de personas utiliza construcciones metafóricas de lenguaje, basadas en su propia historia, que la tripulación de la nave *Enterprise* no puede comprender porque no comparte su misma cultura. El equivalente en nuestra cultura, como señala la consejera Troi, consistiría en utilizar términos como «Julieta en su balcón». De hecho, esto es precisamente lo que hacemos todo el tiempo con el lenguaje. Empleamos referencias de esta índole confiando en que la otra persona está familiarizada con la experiencia original. Pero si alguien exclama: «¡Bygones!» o «¡No menciones la Guerra!», y careces de referencias porque perteneces a una cultura distinta, o porque no has visto los capítulos pertinentes al respecto, no sabrás de qué está hablando.

Cuando alguien utilice una metáfora o una cita que no entiendas, pídele que te explique qué quiere decir con eso, qué partes de la metáfora son relevantes, etc. Por ejemplo, si alguien te dice: «Parece como si hubiera cazado un albatros», ofrece una interpretación: «¿Quieres decir que...

... no sabes por qué actúa así?»

... no es feliz?»

... está enfadado por algo pero no sabes por qué?»

... barrunta algo de lo que no quiere hablar?»

De este modo, llevas la conversación a un ámbito más mundano. Si quieres saber qué hacer con ello, tal vez tengas que recabar aún más información: «¿Por qué es eso un problema para ti?»

Ejercicio 12.3: Lenguaje y realidad

Piensa en alguien a quien no puedas soportar, o con quien estés profundamente en desacuerdo por lo que dice, por el modo en que describe su mundo. Puede ser un conocido, alguien de la esfera pública o alguien que haya escrito algo que tú has leído: políticos, científicos, periodistas, artistas, etc.

Considera qué clase de lenguaje utiliza esa persona:

- ¿Qué tipo de metáforas usa?
- ¿Qué cabe presuponer en sus palabras?
- ¿Qué modelo de realidad invoca?

Probablemente, su historial proporcione indicios sobre su realidad preferida. ¿Considera esa persona otros puntos de vista o es consciente de su existencia?

Ahora plantéate lo siguiente:

- ¿Cómo afectaría todo esto a tu forma de comunicarte con esa persona?

Irrealidades

Cuando utilizamos operadores modales nos estamos refiriendo, en realidad, a realidades hipotéticas: lo que podría ser o podría haber sido. Nos implicamos en hazañas sorprendentes de flexibilidad mental con tanta frecuencia, que nos pasan inadvertidas y acabamos considerándolas algo «corriente», parte integrante de nuestra «vida cotidiana». Tenemos una enorme capacidad para proyectar historias en el futuro, para «predecir» lo que puede suceder. La mente se mantiene constantemente ocupada creando estos escenarios, lo cual nos permite actualizar e interpretar los acontecimientos reales a medida que van sucediendo.

Tómate un momento para observar lo que haces cuando estás «ocioso». Imagina que estás esperando a unos amigos que vienen a cenar. ¿Qué sucede en tu mente mientras esperas? La mayoría de personas revisan una serie de escenarios para explicarse el retraso y explorar las causas y las consecuencias. «¿Suelen retrasarse estas personas?» Tal vez se han demorado más de la cuenta en una cita anterior. O quizá se les ha averiado el coche, o han quedado atrapados en algún atasco, etc. Cuanto más tardan en llegar, más tiempo tienes tú para seguir especulando, teorizando y considerando otras formas de emplear tu tiempo: «Podría estar trabajando en ese informe», «Podría haber arreglado el aparador», etc. Si siguen sin aparecer, tal vez consideres escenarios futuros y planes de emergencia: «Si a las diez no han llegado, les llamaré para ver qué pasa», «Podría abrir una botella de vino y relajarme»... Para cuando por fin hayan llegado, tal vez hayas ensayado mentalmente escenarios de rutas alternativas para evitar el atasco, les hayas imaginado teniendo un accidente de tráfico, los hayas visitado ya en el hospital, hayas expresado tus sentimientos a otros amigos en el cementerio, etc.

En el momento de su llegada, todos esos futuros imaginados se esfuman ante el escenario presente. Ya sabemos cuál de esos futuros está ocurriendo realmente, reconocemos la estructura: llegan, les saludas, se sacan las chaquetas, les ofreces una copa... Todo ello cosas conocidas. Sabemos cómo manejarlo, porque hemos imaginado esta realidad y la hemos ensayado «en vivo».

Para un ejemplo literario de esta clase de pensamiento, véase *Rebeca,* de Daphne du Maurier (1934, cap. 6).

Otro vistazo a los operadores modales

Los verbos modales se refieren a acontecimientos que pensamos que podrían, deberían, habrían de o sería preciso que sucedieran. Nos centramos en nuestro mundo imaginado más que en el que tenemos delante, y todos esos acontecimientos tienen muy poco parecido con la realidad. Si lo hipotético es demasiado fuerte, lo más probable es que no aceptemos las propuestas que el universo nos ofrece. Si nos distanciamos de la realidad, eso puede también crear problemas a los demás.

Utilizamos verbos modales al hablar de sucesos que no han ocurrido, para lamentarnos de nuestra acción o inacción al respecto. Las afirmaciones modales implican una actitud hacia esos caminos «no recorridos». Tal vez sentimos que la acción que tomamos en su momento no fue la mejor posible, mirada retrospectivamente a la luz del conocimiento de los resultados. Nos implicamos en una especie de «pensamiento melancólico»: «Si hubiera hecho X...», «Si pudiera vivir de nuevo mi vida, haría (o no haría)...», «¡Debería haberlo visto venir!», etc. ¿Cuánto tiempo dedicamos realmente a «lo que es», en vez de perderlo con «lo que podría haber sido»?

Nos involucramos asimismo en temores y ansiedades, en cavilar sobre cómo evitar el miedo y todo lo desagradable, contemplando desastres que «tal vez nunca ocurran», pero sufriendo las consecuencias imaginarias como si hubieran sucedido: «El avión podría estrellarse...», «Estaré tan nervioso que no podré hablar...», «Como no ande con cuidado, perderé el trabajo», «Tengo que ponerme la ropa adecuada o perderé credibilidad», etc.

Algunas personas se quedan atascadas en el remordimiento, a menudo tras la muerte de un hijo o de otro ser querido, como si sus sentimientos presentes pudieran dar marcha atrás a esa terrible pérdida. Acaban transfiriendo su sufrimiento a los demás: Después de todo, ¿por qué no deberían sufrir ellos también?

Otros limitan el alcance de sus actividades: «No sé cantar (o bailar)», «Jamás podría dar una conferencia».

Verbos con actitud

Podríamos considerar los operadores modales como «verbos con actitud». Como sucede con otras formas de lenguaje, son imprecisos e incorporan matices de significado según el modo en que se pronuncien y el contexto en que se digan. Su significado depende también del lugar de procedencia de quien los expresa. Por ejemplo, para alguien que esté en la modalidad unitaria, «debería» conlleva el sentido de «corrección moral», e implica que los demás deberían aceptar esas reglas. En la realidad social, el significado de «debería» constituye un juicio de valor que sugiere que le conviene al grupo hacer determinada cosa.

Los operadores modales pueden aplicarse a cualquiera de las cuatro realidades. A partir de lo que alguien nos dice, de su actitud y de sus inquietudes, es posible dilucidar desde qué modalidad habla. Sin embargo, todos somos bien capaces de «retorcer» el significado por medio del modo de decir las cosas, de decir que sí, por ejemplo, queriendo decir que no, empleando para ello cierto tono de voz, cierta expresión facial y gestos como encogerse de hombros. Con los operadores modales sucede lo mismo. Las palabras pueden proporcionar algún indicio, pero debemos tomar en consideración la totalidad de la comunicación. Tan solo así podremos predecir con alguna certeza la realidad de la que procede la persona.

Los verbos modales por sí solos no definen necesariamente una visión del mundo. En las modalidades unitaria y social se da la mayor utilización de verbos modales, debido a que ambas se ocupan preferentemente de cuestiones morales y éticas, y emplean el lenguaje para tratar de influir sobre los demás. En las realidades sensorial y mítica, las personas suelen hablar más bien de la lógica de los acontecimientos: «Tuve que cortar la electricidad inmediatamente», o de lo que es posible según su forma presente de pensar: «Podría expresar esto poéticamente».

Operadores modales unitarios

Estas afirmaciones son a menudo reglas o preceptos morales, que suelen venir en forma de cumplimientos perdidos, verdades estadísticas o principios generados a través de la generalización:

> «No puedo dejar de comer todo lo que haya en el plato.»
> «Debemos tratar bien a los animales.»
> «La gente deja basura por todas partes.»
> «No deberías hablarles así a tus padres.»
> «Quien viva en una casa de cristal no debería tirar piedras.»

Operadores modales sensoriales

Imagina al Calculador explicando por qué son las cosas como son, proporcionando una descripción de los hechos y una evidencia basada en los sentidos:

> «Primero tuve que explicar el modelo de las cuatro realidades.»
> «Antes de poder plantear una "provocación informada", necesitas saber esto.»
> «No me sentiré molesto si no estás de acuerdo conmigo.»
> «La mayor parte de los europeos hablan más de un idioma.»
> «Si cada cual hubiera cogido un pedazo, deberían quedar tres.»

Operadores modales sociales

Dentro del grupo, utilizamos formas de lenguaje que implican valores grupales, sugieren consideraciones de índole ética o expresan grados de obligación. Aplicamos asimismo nuestros valores y criterios personales, o sugerimos la mejor solución posible o de mayor valor a determinado problema:

> «Deberías leer estos libros.»

«Si queremos convertirnos en una comunidad, tendremos que trabajar duro.»
«Deberías haber ido directamente al jefe.»
«Nunca tendremos verdadera democracia si permitimos que un grupo de presión se apropie de las leyes.»

También podemos elevar o rebajar nuestro estatus con las palabras que utilicemos:

«Tengo que decirte algo.»
«No quisiera robarte demasiado tiempo.»
«No debería estar diciendo esto, pero...»

Operadores modales míticos

La persona fuertemente «mítica» es más asertiva, expresa determinado punto de vista y quiere alterar el orden establecido:

«No sería mala idea que salieras más a menudo.»
«Esto podría ser el comienzo de algo realmente gordo.»
«Iré al baile de disfraces de *El Señor de los Anillos*.»

De forma menos asertiva, podemos describir lo que es posible en determinado contexto, los límites de nuestro ámbito personal, el alcance de los futuros probables:

«Si te preocupa, podemos dejarlo en la caja fuerte.»
«No me atrevo a entrar en la guarida del león cuando está ocupado.»
«No creo que sea una buena idea entrar precisamente ahora.»

También podemos disfrutar creando futuros alternativos para sucesos del pasado:

«Si tuviera que vivir mi vida de nuevo, no sería pianista.»
«Podríamos haber utilizado la metáfora del albatros en lugar de ésta.»

Con estos ejemplos podemos comprobar que no existe una correspondencia directa entre los verbos modales y las categorías de Satir o las cuatro realidades. Podemos utilizar ciertos verbos modales en cualquier modalidad de realidad. Por ejemplo, «debería»:

«A estas horas ya deberías estar en la cama» implica que se está infringiendo una regla.
«Debería lograr ese contrato»: He seguido el procedimiento, de forma que, lógicamente, espero conseguirlo.
«Deberías ir a ver al médico» expresa un valor: Es importante que lo hagas.
«Debería poder arreglarlo» sugiere que queda dentro del ámbito de lo probable que logre arreglarlo.

Tal vez sea más fácil agrupar las realidades en «pares diagonales» (unitaria-social y sensorial-mítica), puesto que tienen ciertas características en común. [U]-[So] representa la dimensión ético-moral y se relaciona con la persuasión y la conformidad; McWhinney se refiere a estas dos realidades como influyentes, moralistas o normativas. Por ejemplo: «Debería haber telefoneado para avisar de que llegaría tarde» o «Debería limpiar antes de irme» implican que tengo cierta obligación de hacer eso, que hacerlo sería lo correcto, que eso sería lo mejor para el grupo. [Se]-[M] representa la dimensión creativa, inventiva o artística. «Ya deberían estar aquí» o «Deberían admitirme como socio» sugieren que está en marcha alguna clase de plan o de procedimiento.

Cuando escuches a alguien emplear operadores modales, tal vez resulte indicado provocarle mediante intervenciones del modelo de lenguaje de la PNL. Como alternativa, también puedes aceptar la propuesta implícita en el *deber*, *no poder* o *no querer*, y mostrarte de acuerdo: «Sí, estoy de acuerdo, tú solo no puedes hacer todo esto». Apoya y exagera; es otra forma de obligar a esa persona a considerar qué hay de verdadero en lo que dice, porque le estás planteando una respuesta inesperada. Si, por el contrario, rechazas su propuesta, acabarás enzarzado en un juego de

«¿Por qué no...?», en el que estas personas son maestras consumadas, sobre todo a la hora de encontrar excusas.

Repaso general

> El arte de hacerse sabio es el arte de saber qué ignorar.
>
> WILLIAM JAMES

En el corazón de la comunicación está la historia. Las historias tienen un sentido de totalidad o globalidad que las hace «satisfactorias», en la medida en que podemos «descansar tranquilos» sabiendo cómo funciona el universo. Sin embargo, el arte de narrar historias es algo de lo que la mayoría nos podríamos beneficiar si lo desarrolláramos. Como oyentes, necesitamos ejercitar la paciencia y la capacidad de reunir la información en un todo con sentido. A menudo descubrimos que no conseguimos comprender lo que nos dicen, porque no somos capaces de imaginar esa historia según los patrones de codificación de quien la cuenta. Una vez que somos conscientes de ello, podemos pedir al narrador que nos proporcione más información, que nos explique qué quiere decirnos. Eso requiere buena sintonía, junto con la capacidad de formular las preguntas pertinentes. Los modelos de lenguaje que hemos estado analizando ofrecen diferentes sugerencias sobre cómo hacerlo, según cuál sea nuestro objetivo. Lo primero que debes hacer es comprobar que tienes un objetivo. De nada sirve cuestionar todo lo que te digan —y te aseguro que cada verbalización *podría* ser cuestionada—, ¡a menos que quieras quedarte sin amigos rápidamente!

13

Problemas y soluciones

> No hay problema que no lleve en la mano un regalo para ti. Buscas problemas porque necesitas regalos.
>
> RICHARD BACH,
> *Ilusiones* (1977: 57)

La vida trata del aprendizaje de cómo enfrentarnos a los retos y problemas relacionados con el hecho de ser humanos; del aprendizaje de cómo superar nuestras limitaciones o dificultades percibidas y evolucionar como personas. Y si en alguna ocasión sentimos que carecemos de desafíos personales, no hace falta ir muy lejos para implicarnos en las desgracias ajenas, gracias a los medios de comunicación. Tal vez nos guste explorar esos problemas a través de novelas, películas y series de televisión: «¿Qué haría yo en esas circunstancias?». El modo en que conceptualizamos y codificamos estas cuestiones tiene su importancia: un «problema» no es lo mismo que un «reto». El «lenguajeo» constituye un elemento vital, tanto para encuadrar correctamente los problemas, como para decidir qué acciones hay que tomar para solucionarlos o resolverlos.

Es más probable que oigamos hablar de los fracasos de los demás que de sus éxitos. Cometemos errores inevitablemente, y a eso lo llamamos «experiencia». Para aprender, necesitamos equivocarnos. En nuestros años formativos se nos anima a cometer tantos errores interesantes como sea posible, de modo que aprendamos cuanto más mejor. Acertar siempre nos enseñaría bien poco, puesto que así no podríamos identificar los elementos cruciales y los factores causales, que nos permiten generalizar y prever las consecuencias de nuestro comportamiento.

Sin embargo, vivimos en una sociedad que no valora los errores en los adultos. En lugar de reconocer que con ellos todos salimos ganando, nuestra cultura «señala y avergüenza», convirtiendo en chivos expiatorios a personas a las que atribuye la responsabilidad de desastres diversos, aun cuando muchos de esos problemas nazcan de errores sistémicos y no individuales. Esas víctimas propiciatorias dimiten a menudo de sus cargos debido a la presión social ejercida sobre ellos cuando, en realidad, lo más probable es que su mayor concienciación al respecto constituyera la mejor garantía de que no iba a volver a ocurrir lo mismo. Sólo cuando alguien no aprende debería ser cesado en su cargo. Una anécdota acerca del legendario fundador de IBM, Thomas Watson padre, ilustra bien esta cuestión:

> Un joven ejecutivo, tras haber perdido diez millones de dólares en un negocio arriesgado, fue llamado al despacho de Watson. El joven, profundamente intimidado, comenzó diciendo: «Supongo que querrá mi dimisión», a lo que Watson respondió: «¿Está usted de broma? ¡Acabamos de gastarnos diez millones de dólares en educarle!».
>
> Citado en GARVIN (1993: 78)

Es una forma de pensamiento parecida a la que utilizamos cuando queremos atribuir méritos en aventuras compartidas: al jugador que marca el tanto gracias al esfuerzo de todo el equipo, al solista o al director de orquesta, a la estrella de cine, etc. Está en la naturaleza humana tratar de simplificar la comprensión y señalar una causa única.

Cuando las cosas salen realmente mal —un accidente ferroviario o aéreo o un desastre médico—, lo más recomendable es tratar el problema como perteneciente al *sistema*, y no como la culpa de algún individuo al final de la cadena causal. La culpabilización impide la mejora. Si sacamos del sistema a los supuestos responsables, nunca conseguiremos hacernos con la imagen completa, ni lograremos identificar los fallos en el sistema, lo que realmente salió mal.

Los errores suelen encajar en patrones que se pueden anticipar. Los diseñadores de aviones y de naves espaciales trabajan con previsiones de fallos, los operadores humanos se consideran falibles y durante los ensayos se «excluyen» del sistema los errores posibles. Sin embargo, muchas otras profesiones —medicina, finanzas, abogacía, política y deportes— tienden aún a rechazar la responsabilidad general y adoptan una actitud defensiva, lo cual significa que no se investigan los problemas del sistema, no se mejora la práctica deficiente y no se implementan soluciones preventivas.

Cómo reconocer y cambiar un problema

En esta breve exploración por la resolución de problemas, consideremos los tres aspectos de la PNL (aunque no en ese mismo orden) como indicadores de otros lugares interesantes.

Postura corporal y gestos

> Me lo quedé mirando, atónito. Lo tenía ante mí, vestido de bufón, como si acabara de escabullirse de una *troupe* de mimos, entusiasta y fabuloso. Su propia existencia era improbable, inexplicable y absolutamente pasmosa. Era un problema insoluble.
>
> JOSEPH CONRAD,
> *El corazón de las tinieblas*, III (1899)

Aprendemos a reconocer estados debilitadores —pena, rabia, depresión— en otras personas a partir de su forma de moverse, de la expresión de su rostro, del color de su piel, del tono de su voz, etc. «Siente» su estado imitando su postura, su forma de respirar o su movimiento, pero no te quedes demasiado tiempo ahí: ¡crea adicción! Todo esto tendría un efecto debilitador también sobre ti. Rompe ese estado moviéndote, sacudiéndotelo.

Cambio de postura y gestos

Disponemos de la capacidad de cambiar de estado siempre que queramos. En el ejercicio del metaespejo, rompíamos el estado para asegurarnos de no inhibir nuestra capacidad de conseguir recursos. Una forma sencilla de modificar un problema consiste en movernos enérgicamente, bailar o correr. Una tabla de gimnasia o una sesión con el saco de arena cambiarán definitivamente nuestra forma de ver las cosas.

En el caso de problemas que arrastramos desde hace largo tiempo, podemos beneficiarnos del masaje y la reflexoterapia, o de algún trabajo corporal en profundidad como la osteopatía, el shiatsu o el Rolfing. El principio general consiste en que acumulamos las tensiones en el cuerpo y nuestros músculos se tensan o se bloquean. Para modificar estos padecimiento físicos necesitaremos generalmente la ayuda de algún experto. Una solución a largo plazo consiste en cambiar de estilo de vida con la ayuda de alguna práctica disciplinada, como el taichi o el yoga.

El movimiento corporal es la clase de cambio más fácil: ¡salta arriba y abajo, rueda por el suelo! Si trabajas con clientes «atascados», recuerda que es muy probable que acaben asociando la silla con su atasco. Haz que se pongan de pie y se muevan, que expresen físicamente la metáfora moviéndose por la sala y adoptando distintas posiciones perceptivas.

Chung-Liang Al Huang, mi maestro de taichi, ha dicho:

> No suelo trabajar sobre los problemas personales de mis discípulos, porque habitualmente no me parece necesario. En el taichi no reconocemos problemas. No hay problemas. El problema surge en el mismo momento en que lo reconoces, y entonces puedes quedar atrapado en él. Creo que cuando no te obsesionas con un problema, éste encuentra el modo de solucionarse solo, sin necesidad de que lo molestemos y le empujemos diciendo: «¿Por qué haces eso? ¿Cómo es que te resistes tanto?». Entonces el taichi no puede funcionar para ninguno de los dos.
>
> HUANG (1973: 80-81)

En otras palabras, haz tu taichi y los problemas desaparecerán. Lo mismo ocurre con el baile, y me refiero a *bailar* de verdad, no a preocuparse por lo que hacen los demás. Algo parecido les pasa a los actores y los cantantes que se sienten mal y aun así consiguen actuaciones geniales, que atribuyen al «Doctor Teatro». Cuando estás realmente implicado, en la modalidad del Guerrero, la vida fluye.

La PNL del Nuevo Código

A finales de los ochenta, Judith de Lozier y John Grinder decidieron reinventar la PNL. Basándose en lo que ya sabían, se preguntaron: ¿Qué haríamos de forma diferente si tuviéramos que empezar de nuevo? Si bien la PNL del Nuevo Código no ha desplazado a la corriente principal, es cierto que ofrece algunos ejercicios que funcionan a un nivel más físico. Al entrar en un buen estado —andando de forma fluida y relajada, o respirando profunda y plenamente—, resulta imposible mantener la atención sobre un problema al mismo tiempo que se conserva esa buena actitud física. De algún modo, el cuerpo-mente elige el flujo positivo y los «problemas» se esfuman.

Programación

> Estar loco es cuando haces lo mismo una y otra vez y esperas resultados diferentes.
>
> Pegatina para coches

Como criaturas de costumbres que somos, cuando algo nos funciona tendemos a apegarnos a ello, aunque haya quedado obsoleto porque existe algo mejor (¡no creas, puede ser una buena estrategia para resistirse a las actualizaciones informáticas!). Si examinas tu forma actual de hacer las cosas, tal vez descubras algunos comportamientos de la infancia.

Ejercicio 13.1: Costumbres

¿Cuál de tus comportamientos actuales no te consigue los resultados deseados? Examina ésta u otras experiencias parecidas de tu vida:

- Hábitos o preferencias de alimentación. ¿Hay algo que no comas? ¿No puedes evitar dejar el plato limpio? ¿Comes cuando tienes hambre o cuando lo manda el reloj?
- ¿Y qué me dices del orden en que te vistes o te desnudas? ¿Hay algunas secuencias fijas que te sientas obligado a seguir?
- ¿Hay algún comportamiento habitual en que te impliques sin poderlo evitar, a pesar de que sabes perfectamente que no funciona? Por ejemplo, comer más de la cuenta, fumar o morderte las uñas.

Si así fuera, ¿desearías cambiar?

El hábito puede ser tan familiar que ni siquiera podamos imaginarnos sin hacerlo. Muchas personas responden, al ser preguntadas al respecto, que prefieren quedarse con lo conocido (aunque les perjudique) que cambiar. Así pues, respeta a los clientes que piensen de este modo. Antes de precipitarte a sugerirles: «¿Por qué no...?», ¡recuerda lo que has aprendido en este libro!

Nuestra «programación» consiste en todas estas secuencias de comportamiento repetidas. Es muy posible que no seamos conscientes de esos patrones de conducta. Por consiguiente, vamos a repasar juntos las actividades que llevamos a cabo habitualmente. Una estrategia consiste en una serie de pasos que seguimos para alcanzar un resultado deseado. Existen varias estrategias básicas que todos aprendemos desde la infancia:

Aprendizaje

> Reunir y procesar mentalmente información para extraer sentido y crear comprensión. Formular preguntas, analizar cuestiones subyacentes, identificar patrones y generalizar normas.

Toma de decisiones

Decidir con quién relacionarse, en qué trabajar, qué comprar, etc. Discernir y priorizar de acuerdo con criterios.

Resolución de conflictos

Examinar puntos de vista alternativos, sopesar pros y contras, negociar formas de avanzar. Muchas elecciones son complejas y necesitamos disponer de otras opciones además de la de salir huyendo o la de hacerlas saltar todas por los aires.

Juicio

Priorizar lo que haremos y evaluar alternativas.

Historiar

Crear historias con significado a partir de nuestra experiencia.

Automotivación

Descubrir qué es lo que nos mueve, lo que nos hace poner en marcha: ¿Tiendes a *avanzar hacia* lo que deseas, o a *alejarte de* lo que no quieres? ¿Lo planificas todo previamente o dejas espacio para la espontaneidad?

Persuasión

Desde la infancia nos convertimos en expertos en conseguir que otros, habitualmente nuestros padres, se ocupen de nuestras necesidades. Aprendemos también formas de hacerlo que pueden ser poco apropiadas para la vida adulta. ¿Sigues atosigando o camelando a los demás? ¿Gimoteas hasta agotar su resistencia?

Influir sobre los demás

Vendernos. Promocionarnos a nosotros mismos y nuestras ideas para conseguir empleo, crear relaciones, aumentar nuestro estatus y obtener reconocimiento por quienes somos.

Creación

Utilizar nuestra experiencia para generar más de lo que queremos. Construir sobre buenas ideas, reconfigurar el conocimiento adquirido estableciendo nuevas conexiones entre las cosas.

Cambio

Necesitamos también una «metaestrategia» para cambiar y mejorar todas las demás estrategias.

Cambio de estrategia
Antes de realizar ningún cambio, averigua cuál es la estructura presente de la estrategia. Si no funciona, o no produce el resultado deseado, reestructura el programa existente incorporando nuevos pasos y eliminando los que parezcan limitadores, o haciendo algo completamente diferente. Tener dónde elegir significa pensar con mayor flexibilidad, en particular al trabajar con personas que deseen cambiar. Una solución consiste simplemente en abandonar el comportamiento presente. Para algunos, la orden «¡No hagas eso!» será suficiente, pero no todos tenemos la misma «fuerza de voluntad».

Una vez que hayas analizado la estrategia y que ya sepas cómo está codificada en la mente, será necesario encontrar formas de interrumpir la secuencia o de alterar el patrón, interfiriendo en su representación interna. Utilizando una metáfora cinematográfica para representar el comportamiento, podríamos decir que se trata de editar la película, o de proyectarla de forma diferente. Por ejemplo, en la técnica rápida para las fobias de la

PNL, nos distanciamos mentalmente del asunto para visionar desde un lugar seguro la película del comportamiento no deseado, como en una sala de proyección. Luego «trasteamos» sistemáticamente en esa película haciéndola más pequeña, colocando la pantalla más lejos, proyectándola en blanco y negro, a diferentes velocidades y hacia atrás, añadiéndole bandas sonoras «inapropiadas» como música de circo, tonadillas, etc. Proyectar esa película hacia atrás, a toda velocidad y con una banda sonora chirriante, ¡logrará sin duda que la experiencia cambie!

Utiliza una técnica similar para cualquier otro hábito nocivo. Un rebobinado rápido alterará esa vocecilla interna tan quisquillosa. Utilizando una metáfora informática, es como entrar en el programa y plantar un virus en él, o como reformatear la memoria del disco duro. Otra alternativa consiste en pasar a la quinta posición y, estando por encima de todo, aceptar simplemente: «Sí, es cierto que hago eso. Pero también lo es que podría hacer cualquier otra cosa».

La parte fundamental consiste en cambiar realmente de punto de vista, de forma que podamos darnos cuenta del modo en que hemos codificado la experiencia en nuestra mente. El proceso del metaespejo utiliza una serie de cambios de posición para modificar esta codificación.

«Robar comportamientos»

> Los poetas inmaduros imitan, los poetas maduros roban, los malos poetas desfiguran lo que tocan, y los buenos poetas lo convierten en algo mejor.
>
> T. S. Eliot,
> *The Sacred Wood*

Si adoptamos una buena estrategia, podemos cambiar. También podemos copiar el modo que tiene otra persona de hacer bien las cosas, para incorporar luego este comportamiento. Eso es lo que en PNL denominamos «modelar»: averiguamos cómo logra otra persona resultados apetecibles, analizamos qué hace para conseguirlos y después utilizamos su misma estrategia. En realidad, no es tan fácil como parece. Requiere un buen conocimiento de esas estrategias y del contexto en que ocurren. Para alcanzar resultados parecidos, deberás saber en qué modalidad de realidad está esa persona, así como qué creencias, verdades, lógica y valores son necesarios para incorporar *su* forma de ser a *tu* sistema cuerpo-mente. El modelado requiere habilidad y práctica, particularmente cuando el experto no es consciente de cómo hace lo que hace. Es posible que goce de una «competencia inconsciente» de nivel III, que no sea susceptible de ser expresada por medio del lenguaje.

Disponer de un esbozo de modelo te permitirá formular las preguntas necesarias para confirmar y afinar tu comprensión. Necesitarás algunos «fracasos» interesantes, que te permitan identificar cualquier diferencia significativa entre tu modelo de trabajo provisional y lo que realmente está haciendo esa persona, e introducir los ajustes oportunos.

Un modo más sencillo de hacerlo consiste en actuar «como si» fueses esa persona. De niños, jugábamos a menudo a «Imagina que...». Utiliza estas mismas capacidades para «ser» esa persona. Es lo que en PNL se conoce como «colocarse en la segunda posición». Adopta la forma de estar de pie, de moverse, de hablar, etc. de esa persona cuando lleva a cabo el comportamiento que quieres incorporar. Adoptando su postura y siguiendo su misma estrategia, podrás hacerte una buena idea de cuál es su estrategia. En esta versión holística, algunas partes serán más relevantes que otras. Tu tarea consiste en descubrir los elementos esenciales y asimilarlos en tu forma de ser.

Problemas y soluciones lingüísticos

> «¡Agujero!», proclamó el Sr. Polly, y para cambiar repitió, con redoblado énfasis, «*¡Bujero!*». Tras una pausa volvió a la carga, con uno de sus peculiares idiomas privados: «¡Oh! ¡Maldita tontería bestial y resollante de agujero!»
>
> H. G. WELLS,
> *The History of Mr Polly* (1910)

Es lógico que, cuando escuchamos a alguien maldecir su vida, supongamos que está teniendo algún problema y sintamos curiosidad por averiguar de qué clase de problema se trata. Modelando al Doctor de *Star Trek Voyager* (programado para preguntar: «¿Cuál es la naturaleza de la urgencia médica?»), presuponemos la existencia de un problema y queremos conocer los detalles del mismo. Lo más probable es que, si preguntamos directamente: «¿Tienes algún problema?», se nos saquen de encima con una respuesta educada: «No. Estoy bien», aun cuando sea evidente que la persona está mal. Si no quiere hablar de ello, respétala.

Dependiendo de si vemos los retos que se nos presentan como «problemas» o como «oportunidades», seremos más o menos negativos o positivos, pesimistas u optimistas. El «lenguajeo» marca la diferencia: es posible sentirse estimulado o disgustado por el lenguaje imaginando una realidad alternativa con sus sentimientos, consecuencias, etcétera.

Ejercicio 13.2: Imagina un concepto

Este es un ejercicio que hay que realizar internamente:

- Quédate quieto, cierra los ojos y concéntrate en la palabra «problema». Observa qué imagen acude a tu mente en cualquier modalidad sensorial (ver, oír, tocar, gustar, oler) y qué características tiene (en color o en blanco y negro, brillante u opaca, fija o en movimiento, cercana o alejada, etc.). Tal vez se active alguna historia.
- Borra ahora esta imagen de tu mente y repite el mismo proceso, pero con la palabra «oportunidad». Observa qué es lo que acude a tu mente, así como qué características tiene.
- Ahora compara ambas imágenes. ¿En qué difieren? ¿Están en la misma modalidad (visual, auditiva, cinestésica)? ¿Difieren en determinadas características dentro de la misma modalidad? ¿Se siente tu cuerpo diferente con cada una de ellas?

Representamos cada concepto y cada palabra de forma diferente en nuestra mente. Podrías hacer el mismo ejercicio con cualesquiera palabras. En el capítulo anterior observaste lo que puede acudir a la mente con palabras muy ricas en asociaciones. En esta ocasión, en lugar del contenido de la representación, estás observando sus características.

Ejercicio 13.3: Viajes lingüísticos
Cualquier palabra, cualquier preposición, cualquier artículo, tiene su correspondiente contrapartida mental. Por ejemplo:

- Observa si hay alguna diferencia entre «viaje», «el viaje» y «mi viaje».
- Ahora observa qué sucede con cualquiera de esas imágenes cuando piensas en: «Viajar...», «Después del viaje...», «Aparte de mi viaje...» o «Simplemente un viaje».

Si hay alguna diferencia, ¿qué indica eso? Que las palabras que utilizas, que te dices a ti mismo, afectan a tus imágenes internas. Y si esto te pasa a ti, ¿por qué no iba a pasarles también a los demás? Pero hasta que preguntes, no sabrás realmente cómo es para ellos.

Si no estás todavía en condiciones de ser consciente de tus representaciones internas, sigue con ello y practica. No esperes que las imágenes o los sonidos internos sean tan vívidos o presentes como los que proceden del mundo físico exterior. Cierra simplemente los ojos y observa lo que pasa visual, auditiva y cinestésicamente. Si no estás acostumbrado a hacerlo, tal vez te sorprenda agradablemente la riqueza de tu actividad mental.

Metáforas para problemas

Conviene observar las descripciones metafóricas que la persona emplea para hablar de sus problemas. Podremos entonces trabajar con ella y estimularla adecuadamente. En el capítulo 12 hemos revisado algunos equívocos lingüísticos. Reconocer las metáforas nos ayudará a descubrir formas de resolver los problemas. Hay numerosos modos de quedarse atascado, pero también los hay de ponerse de nuevo en movimiento. Sólo hace falta un poco de imaginación.

Utiliza las metáforas que escuches como pistas acerca de la modalidad de realidad en la que se encuentra quien las utiliza, así como para diseñar los cambios posibles dentro de esas metáforas. Por ejemplo, podemos modificar el significado del proceso de aprendizaje planteando una metáfora para un cambio sistémico. Es como…

- Arrojar un guijarro a un estanque y observar cómo se esparcen las ondas…
- Plantar una semilla y verla crecer…
- Cargar un nuevo programa en tu ordenador.

Modalidades de «lenguajeo»

Hay un par de metáforas que parecen abarcar muchas clases distintas de problemas: «estar atascado» y «sentirse confundido». Ambas se relacionan con el modo en que utilizamos el lenguaje para definir o crear posibilidades.

Metáforas para problemas

Atascado: Las plantas están fijas en el suelo, pero crecen hacia la luz y hunden su raíces en la tierra.

Fijado: Las flores se abren y utilizan su color y su aroma para atraer a los insectos.

Bloqueado: Vuela, crea un camino alternativo, haz un agujero en la pared, abre una puerta o una ventana.

Confundido: Aléjate lo suficiente como para perder de vista los detalles. Observa el patrón. Despierta.

Impotente: Poción mágica. Conéctate a la Fuente de Poder. ¿Quién maneja los hilos de la marioneta?

Asustado: Enciende la luz. Mira detrás de la cortina. Acorrala al miedo.

Débil: Construye cimientos sólidos. Crea una estructura que te apoye.

Roto: Utiliza el pegamento o tira a la basura el objeto roto y crea o compra otro nuevo.

Seco: Ve a la fuente, al manantial, al pozo. Vendrán las lluvias y llenarán de nuevo las fuentes.

Aburrido: Expande tu atención a todo lo que te rodea. Obsérvate a ti mismo con gran curiosidad.

Perdido: Busca tu camino. Piensa que estás en algún lugar útil desde el que puedes progresar.

Cuello de botella: Estás en un atasco. Deja el coche y sigue a pie. Retira lo que crea el atasco.

Utilizamos el lenguaje de forma convergente para definir la realidad, reducir las opciones y «fijar el mundo». Acabamos con una declaración cristalizada de «lo que es». Utilizamos el lenguaje de forma divergente para imaginar lo que podría ser, para construir realidades del tipo «¿Y si...?». Además de todo eso, utilizamos la negación rehusando reconocer otros puntos de vista distintos a los nuestros: «¡Eso no es cierto!», «¡Eso no es lo que sucede!», «¡Eso no importa!», «¡Eso no tiene sentido!». Rechazamos todas las proposiciones, no estamos «abiertos a la duda», creemos únicamente nuestra propia verdad del momento y tratamos de mantener la diferencia y la separación.

Atasco

Quedarse atascado significa quedarse sin opciones. El atasco parece ser de aplicación principalmente a la dimensión unitaria-sensorial, a nuestras verdades y a nuestra toma de decisiones. Estar atascado conduce a la pasividad, a la indefensión, a la frustración o a sentirse una víctima.

Metafóricamente hablando, en la realidad unitaria no hay

movimiento posible, no hay salida, no hay camino. Nos quedamos encasillados en nuestras creencias limitadoras, incapacitados para considerar acciones o movimientos legítimos, debido a las restricciones impuestas por el sistema: «Eso va contra las reglas. No tengo derecho a hacer X».

En la realidad social, nos sentimos impotentes para tomar decisiones, priorizar, elegir entre alternativas o decidir qué hacer. En un contexto grupal no logramos conseguir que los miembros se pongan de acuerdo. Una de las consecuencias de salirse de la fila consiste en perder estatus.

Metáforas para los atascos

Detenido:	Un palo en la rueda significa que ya no te mueves, que te has quedado bloqueado, inmovilizado, anclado, incapaz de moverte, sin vapor.
Encerrado:	En un contenedor: el problema te está encasillando, te impone sus restricciones y sus límites, no hay espacio para moverse, para respirar. Estás atrapado en un rincón minúsculo y oscuro, sin salida posible. Todos los cerrojos están echados y las llaves se han perdido.
Atolladero:	Acorralado contra la pared, frente a una Cortina de Hierro. No hay forma de rodearla ni de traspasarla. Es demasiado alta, gruesa, segura. No sabes adónde ir, te das de cabeza contra el muro. Un obstáculo bloquea tu camino y no te permite avanzar.
Perdido:	Has perdido la pista. No hay camino que seguir. El paso está interrumpido. No hay puente para pasar al otro lado. Un callejón sin salida. Has quemado los puentes y no hay forma de volver atrás.
Temperatura:	Helado. Rígido. «Así es como es y me conformo con ello.»

Guerra: Cuando nuestra verdad colisiona con la de otro, acuden a nuestra mente numerosas metáforas militares. Al negarnos a rendirnos, nos atrincheramos, rehusamos cruzar las líneas enemigas. Tal vez haya una tregua o, por el contrario, haya que recurrir al armamento pesado.

Metáforas para la indecisión

Cruce de caminos: En la encrucijada. No hay indicadores ni guía para saber qué camino elegir. El río se bifurca.

Dilemas: Ambas opciones disponibles son dolorosas o indeseables. Entre la espada y la pared. Escila y Caribdis. Huir del fuego para caer en las brasas.

Salir del atasco

Cualquier cambio requiere pasar a una modalidad de realidad distinta. Podemos hacerlo momentáneamente para darnos cuenta de dónde estamos, y regresar luego al pensamiento unitario para renombrar o redefinir el modo en que la verdad ha sido codificada. Por ejemplo: concebir el estado actual no como un «problema», sino como una «oportunidad» o un «reto»; ver la copa medio llena en lugar de medio vacía. Redefinir el papel o la verdad en vigor se conoce en PNL como «reencuadrar». Véase a ese respecto Watzlawick y cols. (1974, cap. 8) y Bandler y Grinder (1982).

Si las reglas proceden de una fuente desconocida y generan una situación sin opciones o alternativas, inquiere: «¿Quién dice que puedes (o no puedes) hacer eso?». En el caso de que la persona no esté segura de qué principios la guían, pídele que cree una regla: «Si hubiera una norma para eso, ¿cómo sería?», «¿Qué pautas o principios encajarían con tus creencias?». Introduce un factor temporal: «¿Siempre ha sido así?». Las creencias y verdades suelen cambiar con el tiempo.

Pasar del atasco a las alternativas constituye un proceso divergente. Cambia de posición perceptiva para explorar la naturaleza del atasco. Identifica las creencias limitadoras y los factores de «lenguajeo». Analiza los detalles y el contexto: «¿Cómo exactamente...?», «¿Dónde exactamente...?», etc. Disponer de diversas perspectivas te permite diferenciar, categorizar y percatarte de las disparidades, y crear luego alternativas aceptando la nueva información y la nueva comprensión. En la práctica, haz cualquier cosa, física o mentalmente, para lograr un cambio de perspectiva. Si se trata de alguien familiarizado con las cuatro realidades, puedes preguntarle: «¿Cómo sería esto visto desde una perspectiva unitaria (o sensorial, social o mítica)?».

Si la causa del atasco es determinado comportamiento, «distánciate» para identificar la estrategia o la secuencia de pasos, y explora acto seguido diferentes formas de reestructurar esa secuencia: elimina algunas partes, añade otras, cambia el orden, juega con los elementos, invierte el flujo...

Utilizando la metáfora del camino, podemos rodear el obstáculo o imaginar que ya estamos al otro lado, para analizarlo desde esa perspectiva: «Imagina que dispones de un artefacto mágico que te transporta misteriosamente al otro lado del obstáculo. ¿Cómo lo ves ahora?».

Al definir un objetivo, pasamos a la realidad social, nos implicamos en una cruzada y buscamos la forma de seguir adelante, de reemprender el camino hacia ese objetivo.

En la realidad social, refiérete a los valores del grupo: «Si tuvieras que tener en cuenta X [algún grupo, organización o sociedad de estatus superior], ¿qué crees que querrían *ellos* que hicieras tú?», «¿Qué convendría más hacer?». A nivel individual, afirma determinados valores: «Así pues, ¿qué es lo realmente importante de X?». Si no hay nada que sea prioritario o suficientemente importante, haz que esa persona asuma su responsabilidad: «Muy bien, o sea que estás decidiendo que nada de todo eso es importante». Colócala en el contexto: «¿Quién dice que no es importante?».

En la realidad mítica, puedes pedirle que invente una metáfora: «Así pues, X es como...» (véase el ejercicio 5.1). Pide ideas: «Si tuvieras que empezar de cero, ¿qué es lo que harías de forma diferente?».

A nivel metafórico, se trata de *desplegar* o *expandir*.

Confusión

Sentirse confundido consiste en disponer de información sin forma ni estructura: no podemos sacarle sentido ni basar en ella decisiones racionales. Carecemos de una teoría o unos principios por los que guiarnos. Rebosamos de información, tenemos demasiadas opciones, que superan nuestra capacidad de procesado. No podemos seguir razonando porque resulta ilógico; lo que queda fuera o lo que hay que suponer (presuposiciones, información no contrastada, etc.) es demasiado. ¡La ignorancia no es lo mismo que la confusión! La confusión está más relacionada con la dimensión sensorial-mítica.

Metáforas para la confusión

Montón: Estamos desbordados por la cantidad de datos sin procesar ni digerir. La información no está clasificada; no hay sistema, teoría, modelo ni paradigma.

Naturaleza salvaje: En el desierto, en la jungla o en la inmensidad ártica. Extraños en una tierra extraña. Los árboles no nos permiten ver el bosque.

Camino: Imposible seguir el camino, la secuencia, el flujo de ideas. La guía no nos dice nada sobre lo que hay que hacer ahora. Hay demasiadas distracciones. Muchos caminos posibles, pero ninguna indicación sobre cuál es el bueno.

Frenético: La confusión conduce a menudo a más *actividad*, a correr sin dirección como una galli-

	na sin cabeza. Volverse loco, perder la razón. En nuestra confusión, nos perdemos por un laberinto de callejones sin salida.
Historia:	No la vemos. Hemos perdido el hilo. No sabemos por dónde empezar y eso nos hace sentir frustrados. No hay trama, no hay tema. No podemos ver el patrón o la estructura subyacente a toda esa información. No hay manera de unirla en un todo. Imposible leer entre líneas. No sabemos adónde vamos.
Humedad:	Nos sentimos secos, estériles, en oposición a cuando disfrutamos del flujo de la savia creativa y nos sentimos llenos hasta el borde con ideas, repletos.

Salir de la confusión

El objetivo consiste aquí en encontrar un principio guía, un patrón o una teoría que dé sentido a esa masa informe de datos. Tenemos que buscar lugares comunes, características compartidas por las piezas individuales de toda esa información. Hay que «fragmentar hacia arriba» el patrón, llevarlo a un nivel superior de percepción abstracta. Podemos preguntar: «¿De qué va *realmente* todo eso?» considerando para ello *lo que sucede* —las actividades— más que las características o los detalles superficiales. Analiza la *intención* de los comportamientos:

> «¿Cuál es la intención positiva de este comportamiento?»
> «¿Está diseñado para que logres algo?»

Cuidado con pedir aún más información, porque existe el riesgo de parálisis por análisis.

Ejercicio 13.4: Confusión en tu vida

Piensa en algunos ejemplos de confusión en tu propia vida. Evoca algún momento en que te hayas sentido confundido (es lo que en hipnosis y en PNL se denomina «búsqueda transderivativa»). Pídele a tu subconsciente que encuentre ejemplos de «confusión», «atasco» o «flujo». Permanece tranquilamente sentado y sólo pronuncia la palabra. Eso activará un proceso interno de búsqueda que sacará a la luz algunos recuerdos pertinentes. Acepta lo que tu subconsciente te ofrezca, aun cuando al principio te parezca irrelevante.

Cuando ya dispongas de algunos ejemplos, considera lo siguiente:

- ¿Qué sentías al estar confundido? ¿Cuáles eran tus pensamientos y sentimientos?
- ¿Cuánto tiempo duró esa confusión?
- ¿Qué fue lo que la disolvió? ¿Qué hiciste tú para cambiar ese estado?
- ¿Hacia qué otra modalidad de realidad tiendes?

Ahora considera lo siguiente:

- ¿Con respecto a qué te sientes todavía confundido?

Ahora que ya sabes lo que ocurrió en el pasado, cuando desapareció la confusión...

Ir de la confusión a la comprensión constituye un proceso convergente. Generalizando, llegamos a la descripción de un principio, una teoría o un patrón, de modo que ya podemos decir que sabemos «de qué va todo eso». A nivel metafórico se trata de *pautar*, de llegar al *corazón* o la *esencia*.

Tres opciones

Como sucede con muchas de las interpretaciones del comportamiento humano, esta forma de pensar va siendo reinventada de vez en cuando. Por ejemplo, Russel Ackoff (1981) propone tres planteamientos posibles para tratar con problemas: resolución, solución y disolución. Vistas sus descripciones a la luz de los modelos que estamos utilizando aquí, podemos percatarnos de que Ackoff denomina «problema» a lo que yo llamo «atasco» en la realidad unitaria. Hay tres cambios posibles desde el estado atascado (figura 13.1):

Figura 13.1: Las soluciones de Ackoff

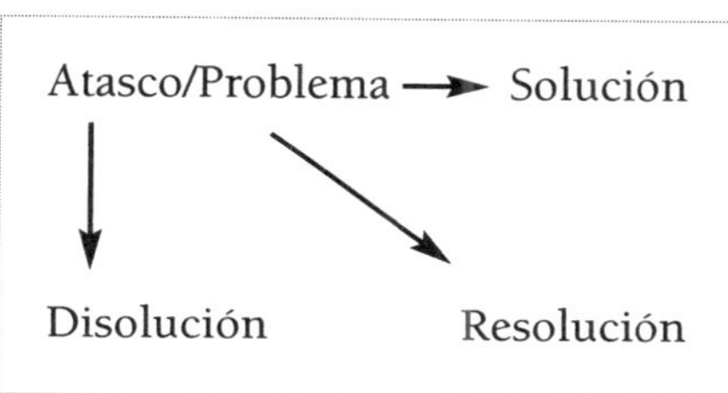

Ackoff sugiere que la mayoría de gerentes empresariales *resuelven* los problemas, en la medida en que eligen una línea de acción que conduce a un resultado «suficientemente bueno», definido por el término «satisficiente» (satisfactorio + suficiente). En esencia, toman decisiones más cualitativas que cuantitativas, que de hecho son juicios de valor subjetivos en la realidad social. La justificación para ello consiste en que los problemas suelen ser tan «enmarañados» (complejos, sistémicos) que no se pueden analizar fácilmente, por lo que las decisiones se toman en base a la experiencia pasada y al sentido común. Lamentablemente, también suelen desarrollar cierta resistencia a pensar en la forma de solucionar problemas lógica, científica y basada en la evidencia.

Solucionar problemas significa utilizar métodos analíticos para producir el mejor desenlace *posible*, aquel que *optimice* los resultados. Este planteamiento de la realidad sensorial, basado en la investigación, utiliza metodología y técnicas científicas.

Disolver un problema se parece a reencuadrarlo. El nuevo marco modifica nuestra comprensión. En esta perspectiva mítica, el problema ya ha dejado de existir, no era más que una creación de nuestra imaginación, una consecuencia de nuestro «lenguajeo». Disolver un problema mediante el «relenguajeo» y la reconceptualización constituye un cambio sistémico, en el que nos incluimos a nosotros mismos en el sistema mayor.

Motivación para el cambio

En cualquier proceso de cambio, la primera etapa consiste en saber de dónde partimos, en conocer la verdad vigente en la situación. Sólo entonces podremos trasladarnos a otra parte con cierta seguridad de ir en la buena dirección. El desafío consiste en encontrar el modo de trabajar con todo tipo de personas, así como en desarrollar estrategias que impliquen cambios deseados y apropiados. Pensando en tu mejor práctica, tal vez te convenga analizar tu motivación. ¿Es alguna de las siguientes?

- ¿Cómo podría lograr realizar ese cambio eficazmente?
- ¿Qué es lo que podría funcionar? ¿Dispongo de una buena estrategia?
- ¿Cómo puedo estar seguro de que todos saldrán beneficiados?
- ¿Cómo podría conseguir que ese proceso fuera más elegante?

El cambio más fácil consiste en pasar de una realidad a otra. Al advertir que alguien está atascado, decidimos qué otra realidad es la más adecuada para ayudarle a desatascarse. Esta forma de pensar constituye un buen punto de partida para comprender el cambio y la resolución de problemas. Aunque en la mayoría de las ocasiones la vida es mucho más compleja que todo eso, necesitamos partir de algún punto, reconociendo de dónde viene esa persona en base al modo en que ha codificado la experiencia en su mente. Disponer de una forma sistemática de pensar nos pondrá a salvo de la tentación de seguir recetas para el cambio, de hacer lo que siempre hemos hecho o de actuar simplemente al azar, guiándonos «por el instinto».

Como con las instrucciones de los envoltorios de cereales o galletas, no trates lo que sigue como técnicas para el cambio garantizadas al ciento por ciento, sino como «sugerencias que te pueden servir». Cuando una persona está fuertemente apegada a su forma de ser —y reconozcámoslo, la mayoría lo estamos—, no es fácil ejercer cambios de importancia en su vida diciendo unas cuantas palabras y moviéndonos un poco por la sala. Para que el proceso funcione, esa persona tiene que sentir la necesidad de cambiar y estar suficientemente motivada para hacerlo. Como profesores, terapeutas, practicantes de PNL o consultores de empresas, no tenemos derecho a imponer el cambio a nadie. Los publicistas, consultores de *marketing*, creadores de opinión, etc., toman sus deseos por realidades.

Las preferencias personales nacen de la experiencia de toda una vida. Cambiar de posición perceptiva es una cuestión de aprendizaje y de práctica; modificar creencias profundas sobre los modelos del mundo es mucho más complejo. Es más, la búsqueda de modos de hacerlo con mayor eficacia plantea cuestiones éticas. El conocimiento existente de estas técnicas tiende hacia lo primitivo: lavado de cerebro, tortura, etc., ¡todo lo cual no garantiza precisamente que vayamos a ganarnos las mentes y los corazones! Unas técnicas sofisticadas podrían violar derechos humanos. Cualquiera que se plantee trabajar con el cambio de creencias, debería hacerlo dentro del marco de un código ético profesional. De momento, es importante saber que no disponemos de todas las respuestas. Estar en condiciones de reconocer diferentes visiones del mundo no equivale a decir que podamos o debamos implementar cambios fundamentales. En lugar de eso podemos utilizar el mundo a modo de espejo, tanto para que nos revele nuestro propio atasco, como para que nos sirva de indicador de nuestra evolución personal. Reflexionar desde más allá de las cuatro realidades sobre nuestros puntos de fricción, nos proporcionará sin duda alternativas para expandir nuestra visión y nuestros recursos.

Cambios entre dos realidades

Esta sección analiza cambios sencillos para cuando la gente se queda atascada en el sentido «cotidiano» de la palabra, y no para cuando se sufren graves traumas o problemas mentales. Damos por sentado que hay una única realidad en acción, aunque podamos también tener en cuenta preferencias secundarias y terciarias.

La siguiente revisión sistemática de cambios entre dos realidades nos ofrece algunos buenos ejemplos de la utilización de habilidades de «lenguajeo» para desatascar a alguien. No es obligatorio responder a todas. Una respuesta en blanco indica: «He aquí un camino por explorar».

El paradigma básico de cambio:

1. Identificar la modalidad de realidad en que surge el problema.
   Es importante saber dónde se encuentra la persona antes de plantearse ningún cambio.
2. Declarar, en esa misma modalidad, la verdad de la situación presente.
   Identificar lo que es actualmente verdadero con respecto al problema significa que estamos acompañando la realidad presente y enfatizando su verdad.
3. Crear cambio pasando a otra modalidad de realidad. Partiendo de cualquier posición inicial, podemos elegir entre las otras tres direcciones para producir un cambio eficaz.

Realidad unitaria: Atasco

La persona está cerrada a las alternativas, bloqueada en una forma fija de pensar, conformada con el dogma, con las verdades y los principios impuestos.

U→U Invocar los principios. Recordar a la persona sus votos de obediencia. Señalar las paradojas o la incompatibilidad de las normas. Buscar el propósito de las reglas. Declarar nuevos principios o reglas.

En los negocios, invocar los principios fundamentales de la empresa: la «declaración de su misión».

U→Se Verificar la generalidad de la verdad: «¿Es eso cierto para todos?», «¿Ha sido eso siempre cierto?».

Reunir información. Buscar detalles. Descubrir la estructura y las características («submodalidades») de la experiencia. Indagar qué estrategia usan los demás con respecto a su comportamiento.

Crear una categoría implica su negación: «Sea lo que sea lo que digas que una cosa es, es más que eso». Utilizar el modelo de lenguaje para desplegar iconos y descubrir el material «suprimido» y las generalizaciones creadas por sus patrones de causa y efecto y sus equivalencias complejas.

U→So Verificar qué sentirían otras personas o la sociedad en general en relación con esa verdad: «¿Qué pasaría si todos pensaran así?», «¿Por qué es esto importante para ti (o para otras personas?»

Examinar las consideraciones éticas y los sentimientos personales: «¿Qué sientes personalmente sobre esto?». Una respuesta posible sería: «Esa no es una decisión que me corresponda tomar a mí». (Rechazo a aceptar el libre albedrío, la responsabilidad personal.)

U→M Explorar el principio fundamental para descubrir por qué tiene sentido para la persona: «¿Qué significa esa verdad para ti?», «¿De qué modo te confiere poder?», «¿Hasta qué punto te inspira?».

Indagando en busca de metáforas comunes, descubre semejanzas con otras verdades, patrones, etc.

Realidad sensorial: Confusión

Si surgen problemas por falta de suficiente información, identifica qué hace falta y cómo conseguirlo. Si los datos no están disponibles o la investigación todavía no ha sido realizada, tal vez tengas que ocuparte tú mismo de ello, si lo consideras suficientemente importante. En caso contrario, admite: «No lo sé».

Se→Se Con alguien abierto a nuevos datos, proporciónale más información, cifras y estadísticas: «Esto es lo que necesitas saber». Ofrécele procedimientos y estrategias que funcionen: «Un modo mejor de hacerlo sería...».

Se→So Evalúa la información. Prioriza lo que hay que hacer, lo que necesita cambios: «Dado el estado actual, ¿qué es lo más importante por hacer?», «¿Por qué hacer esto?». Establece una cruzada o un objetivo: «¿Qué es lo que quieres?».

Se→M Utiliza técnicas creativas: tormentas de ideas, mapas mentales, etc., para encontrar nuevas soluciones. (Véase más adelante el modelo creativo de Disney.)

Se→U Analiza la información, desarrolla una teoría y pon a prueba las hipótesis. «Da un paso atrás» para obtener la «gran imagen» y distinguir los patrones subyacentes. Diseña una solución aplicable y comprueba la teoría o proceso del modo más lógico y eficiente.

Realidad social: Indecisión

La persona no puede decidir ni priorizar, tal vez por falta de criterios y de valores éticos, o por no tener conciencia de las costumbres morales. Tal vez se sienta desconectada de la sociedad, o no pueda ver de qué modo encajan sus opiniones o valores en el marco más amplio.

So→So Ante la incapacidad para elegir entre opciones, enumera las alternativas y luego ordénalas según su grado de importancia. Decide cuál tiene la mayor prioridad y así sucesivamente.

Descubre valores y opiniones grupales mediante una encuesta. Asegúrate de las normas del grupo. Considera los valores grupales: «¿Qué decidirían ellos?», «¿Qué sentirían en relación con esta cuestión?».

So→M Decide la prioridad y analiza lo siguiente: «¿Adónde me conduce esto?». Imagina un escenario: «¿Cuál es la historia?», «¿Cuáles son las consecuencias y ramificaciones de esto?», «¿Qué pasaría si el mundo fuera así?». Estamos hablando de crear una historia y colocarte a ti mismo en el «futuro» para averiguar cómo te sientes en él: «¿Es eso realmente para mí?». En caso contrario: «¿Qué hay que cambiar?».

So→U Averiguar el precepto moral implícito: «¿Cuál es tu principio guía?», «¿Qué deberías hacer?».

So→Se Inquirir por qué algo es importante: «¿Por qué me cuentas esto?». Dilucidar la base factual de las decisiones: «¿Cuál es la evidencia en que se basan estas impresiones (o estos juicios)?», «¿Podrías explicar la lógica de tu conclusión?», «¿Cómo lo demostrarías científicamente?», «¿Podrías añadir algunos datos?», «¿Cómo funciona esto en la práctica?».

Realidad mítica: Ni idea

No hay una historia o una metáfora que ayuden a la comprensión. Se vive en un mundo de ensueño, disociado de la «realidad». Generalmente la persona está confusa o falta de alternativas, pero abierta a nuevas ideas.

M→M Reencuadra la cuestión: «¿Qué más podría significar esto?».

Toda descripción metafórica es buena hasta cierto punto. Explora esa metáfora hasta donde llegue, para determinar en qué punto se hacen evidentes sus limitaciones. Intercambia metáforas para conseguir perspectivas diferentes sobre el asunto.

M→U Ratifica ideas esenciales declarando verdades nuevas: «¿Qué idea no quieres que prospere?», «¿Cómo vas a centrar tu atención y convencer de esto al mundo?», «¿Cómo encaja esto en tu misión personal?».

M→Se Busca formas de anclar las fantasías y los sueños de la persona en la realidad física: «¿Y cómo vas a llevarlo a la práctica?», «¿Qué vería, escucharía y sentiría yo si esto estuviera implementado?».

M→So Las ideas también tienen que evocar buenos sentimientos en los demás: «¿Cómo convencerías a otras personas de la validez de esta idea?», «¿Qué sentirían los demás con respecto a esto?», «¿Cuáles son los beneficios?», «¿Cómo añade eso valor a la vida de la gente?».

Ejercicio 13.5: Aburrimiento

¿Cómo es posible estar aburrido cuando se siente fascinación y curiosidad por el mundo? Recuerda algunas ocasiones en las que te hayas sentido realmente aburrido, o presta atención la próxima vez que lo estés. Siente curiosidad por averiguar cómo lo logras.

- Adopta la postura corporal que necesitas para sentirte aburrido.

Si tienes cerca a adolescentes, que a menudo aseguran que se sienten aburridos, observa qué hacen cuando lo están e imita su lenguaje corporal. ¡Igual disfrutas quedándote un rato tumbado y despatarrado!

- ¿Qué estás pensando? ¿A qué prestas atención? ¿Cómo ves el mundo en ese estado?
- ¿Qué haces para pasar del aburrimiento a otro estado más implicado?

Seguro que es algo que ya has hecho antes, de modo que, ¿qué es lo que haces, exactamente?

Puede que eso incluya cambiar de estado físico mediante

el ejercicio, conseguir que la sangre circule, respirar más profundamente, prestar más atención a lo externo que a lo interno.

- Imagina estar aburrido en el futuro. ¿Qué harías para cambiar eso?

«Desconectar» es una buena metáfora para el aburrimiento. No hay ideas, nada fluye, ninguna alternativa, ningún recurso. Tal vez un modo de reconectar consistiría en preguntarse: «¿De qué va esto realmente?», «¿Qué está sucediendo que normalmente yo no perciba?», «¿Cuál es aquí el patrón subyacente? ¿Algo que yo pueda reconocer? ¿Algún guión básico?». Descubrir la historia significa cartografiar territorios mentalmente, proporcionar un paradigma para cambiar de foco de atención, sentir curiosidad de nuevo.

Viajes por las cuatro realidades

Hay procesos de cambio que atraviesan las cuatro realidades, como el metaespejo y la creación de un «objetivo bien formado». Estos recorridos van en el sentido de las agujas del reloj (cuadro 13.2):

Cuadro 13.2: Recorridos en el sentido de las agujas del reloj

Proceso	*Se mueve en el sentido de las agujas del reloj desde la realidad*
Metaespejo Objetivo bien formado Estrategia creativa de Disney	Unitaria Sensorial/Social Mítica

Hablando en términos generales, cuando la intención consiste en abrirse a más opciones, el itinerario gira en el sentido de las agujas del reloj. Cuando la intención consiste en definir, organizar o desarrollar una comprensión teórica, el recorrido va en el sentido contrario al de las agujas del reloj (cuadro 13.3).

Cuadro 13.3: Recorridos en sentido contrario al de las agujas del reloj

Proceso	*Se mueve en sentido contrario al de las agujas del reloj desde la realidad*
Alineamiento personal Modelado	Mítica Unitaria

Pasemos a continuación a observar con mayor detalle estos procesos.

El recorrido del metaespejo

El metaespejo recorre las cuatro realidades:

1ª Posición: Unitaria – Modalidad de verdad: Define cómo estás en esta relación.

2ª Posición: Sensorial – Modalidad analítica: Sé la otra persona. Pasa de monista a pluralista expandiendo el marco.

3ª Posición: Social – Modalidad de evaluación: Retírate de la relación en el nivel I y considera la relación que tienes contigo mismo: ¿Cómo respondes a ese tú de allí? ¿Qué sientes hacia él?

4ª Posición: Mítica – Modalidad creativa: Intercambia la primera posición y la tercera, pase lo que pase. Se trata de una posición de poder personal, desde la que podrás reordenar la representación interna de esa relación cambiando su estructura.

Llegados a este punto, se han producido ya tres cambios de importancia. El trabajo está hecho.

5. Vuelve a la primera posición y observa desde allí la nueva verdad.
6. En la segunda posición, comprueba la relación desde el punto de vista de la otra persona.
7. Completa el recorrido reintegrándote a ti mismo.

De nada sirve preguntarse: «¿Dónde ocurre el cambio?», porque éste sucede en cada etapa del proceso. Cada vez que pasas de una realidad a otra se produce algún tipo de cambio interno. A menudo basta con el primer paso a la realidad sensorial. Esta técnica básica se utiliza en numerosas variantes de trabajo de cambio analítico: PNL, trabajo con dos sillas de Gestalt, etc. La técnica del encuentro intrapersonal de la Gestalt (véase Naranjo, 1993, cap. 6) utiliza principalmente las posiciones primera y tercera. El cliente mantiene el diálogo entre estas dos posiciones completando el ciclo tantas veces como sea necesario para ir aumentando su comprensión.

La estrategia creativa de Disney

Este proceso fue descrito por Robert Dilts y cols. (1991), modelando a Walt Disney como líder de la industria de los dibujos animados. Disney murió en el año 1996, pero afortunadamente dejó tras él numerosos colaboradores familiarizados con sus técnicas. Dilts propuso un paradigma para la creatividad que, en su versión original, utiliza tres posiciones: Soñador, Realista y Crítico (a este último Disney lo denominaba «Aguafiestas»). En estas tres posiciones se entremezclan diversas características de las cuatro realidades.

Disney fue un líder innovador. Aunque no es apreciado de forma universal por sus actitudes, es digno de estudio, en la medida en que animaba a los miembros de su equipo a resolver la mayor parte de sus propios problemas en lugar de recurrir a él continuamente. Solía decirles: «No esperéis de mí respuestas, sino la aprobación de vuestras soluciones» (Bennis y Biederman, 1997: 50).

Ejercicio 13.6: La estrategia creativa de Disney

Este itinerario constituye un proceso de producción de la imaginación: tener un sueño, llevarlo a la realidad, modificarlo y reciclarlo hasta lograr una visión clara y, finalmente, materializarlo. Estos son los cuatro cuadrantes del periplo. Los tres papeles explícitos que interpretamos en el proceso son el Soñador [M], el Realista [U] y el Crítico [Se-So]. El Soñador necesita tener ideas que quiera ver convertidas en realidad. El Realista tiene que ocuparse de que esas ideas funcionen y sean eficaces. El Crítico verifica el progreso, señala los defectos y las consecuencias indeseables, y le devuelve el proyecto al Soñador para que lo revise. Es aconsejable dar la vuelta completa al recorrido al menos tres veces.

Ronda preliminar

- Vas a tener que dar vueltas físicamente, de modo que tendrás que definir tres espacios en el suelo para el Soñador, el Realista y el Crítico. Asegúrate de que estén claramente separados, y que desde cada una de las posiciones puedas ver bien las otras dos.
- Colócate en la posición del Soñador y sitúa tu cuerpo-mente en el estado óptimo para generar ideas. Recuerda o imagina algún momento de tu vida en el que te hayas sentido realmente creativo. Luego asóciate por completo a ese recuerdo. Normalmente suele estar presente un fuerte componente *visual*.
- Pasa a la posición del Realista y recuerda alguna ocasión en la que hayas materializado realmente alguna idea o visión en su totalidad. Es probable que esta actividad sea más bien *cinestésica*. El Realista es un Guerrero asertivo que consigue que las cosas se hagan.
- Pasa a la posición del Crítico para reunir información sobre lo que has hecho y sobre lo que necesita ser modifi-

cado. Recuerda alguna ocasión en que hayas hecho lo mismo eficazmente.

Observa el tono de tu voz de Crítico. A menudo llevamos dentro un Crítico negativo, de modo que es necesario que te asegures de que tus comentarios en ese papel son positivos y constructivos. A pocos les gusta que les lleven la contraria, de modo que pregúntate: «¿Cómo me sentaría *a mí* que me dieran esta clase de consejos?». ¿Conoces a alguien que haya comentado tus capacidades de forma agradable, suave y humorística? Haz que la voz del Crítico sea la de ese apreciado amigo, capaz de enriquecer tu sueño. Que su voz transmita apoyo, ¡que sea casi seductora! Altera su velocidad o su volumen, según lo que ya vimos en el capítulo 3 al hablar de imitar la voz. Observa qué combinación te funciona mejor para generar ideas.

El Crítico es en parte el Académico, que observa lo que ya se ha conseguido y lo compara con lo planeado, y en parte el Héroe, que juzga la calidad del producto y decide cómo mejorarlo. Toda esta actividad será más bien como un *diálogo interno,* atemperado por los *sentimientos.*

Primera ronda

Aplica este proceso a tu proyecto en curso:

[S] Colócate en la posición del Soñador y sueña tu sueño.
[R] Pasa a la posición del Realista y materializa ese sueño.
[C] En la posición del Crítico, evalúa el «producto» y fíjate en lo que hay que mejorar.

Segunda y tercera rondas

[S] Vuelve a la posición del Soñador y sueña un nuevo sueño en base a lo que has aprendido del Crítico.
[R] Pasa a la posición del Realista para hacer las modificaciones.

[C] Comprueba el progreso con el Crítico. Si fuera necesario algún cambio, realiza de nuevo el ciclo completo.

Compleción

Completa el proceso reintegrando todas las partes del modo que estimes más indicado. Algunas personas no sentirán la necesidad de hacerlo; a otras les gustará reunir toda la experiencia e interiorizarla.

Ejercicio 13.7: Empleo de submodalidades

Pedirle a alguien que preste atención a las características de su experiencia (a las «submodalidades») constituye una excelente técnica para cambiar su percepción, para pasarla a la modalidad sensorial.

Para demostrar este proceso, los pasos siguientes están relacionados como si fuesen secuenciales. Dada la rapidez del pensamiento, en la realidad puede resulta difícil distinguir los pasos o la secuencia. La cuestión estriba en que, como instructor o terapeuta, puedas identificar en otra persona qué parte del proceso tiene que realizar a continuación.

[U] Percátate de la «verdad» de la situación. En este caso, de la imagen mental, del modo en que representas esto en tu mente.

[Se] Presta atención a los detalles. Analiza la «gestalt» en sus cualidades. Observa lo que normalmente no observarías: cómo se construye esa representación.

[So] Observa qué sientes al respecto. A menudo son tus sentimientos los que desencadenan la acción; ya te has dado cuenta de que, de algún modo, te sientes incómodo con este asunto. En rondas sucesivas, observa cómo va cambiando ese sentimiento a medida que alteras la estructura de la representación.

[M] Permítete cambiar creativamente tu construcción mental. Por ejemplo, si la imagen parece «amenazadora», aléjala de ti, pásala a blanco y negro, reduce su brillo, ponle un marco, etc. Tienes completa libertad para cambiar el modo en que te representas a ti mismo esa experiencia, su posición respecto a ti, la forma en que cambia con el tiempo, etc. No hay más limites que tu propia imaginación.

También puedes cambiar su contenido. Por ejemplo, en lugar de ver a alguien como un jefe gruñón, imagina a esa persona como un niño que gimotea, o como un osito de peluche que pide que le abraces. ¡Seguro que eso cambia la relación!

- Verifica la nueva verdad: ¿Es así como lo quieres? Recicla y observa cómo al cambiar los detalles de la representación, cambian también tus sentimientos hacia ella. Sigue ajustando hasta que te sientas bien, cómodo o directamente genial con la versión revisada.
- Una vez que te sientas plenamente satisfecho, puedes pasar al nivel III, dedicar un tiempo a darle las gracias a tu subconsciente por ser tan creativo, y luego centrar de nuevo tu atención en seguir con tu vida.

Este último paso (aceptar la nueva representación y luego dejar de aferrarse a ella) suele ocurrir de forma «automática». Aceptamos que fuimos nosotros mismos quienes creamos en su momento el problema o la dificultad, y que podemos ser también nosotros mismos quienes cambiemos nuestra percepción de determinada situación, persona, etc., que tenemos la capacidad de cambiar en cualquier momento nuestra percepción de la realidad.

Ejercicio 13.8: Alineamiento de «niveles lógicos»

Utilizando los formatos básicos de preguntas (cuándo, dónde, qué, cómo, por qué y quién), Robert Dilts creó una metáfora que denominó «niveles lógicos», expresión engañosa, porque ni son lógicos ni están organizados en niveles (véase a este respecto Woodsmall, 1999). Salen en la mayoría de textos de

PNL, por ejemplo en Dilts (1990: 56). Podemos encuadrarlos en los paradigmas de las cinco posiciones perceptivas y las cuatro realidades como sigue:

1. [U] Cuándo, dónde, qué (entorno y comportamiento): Lo que hago en este contexto.
2. [Se] Cómo (capacidades): Dispongo de estas estrategias.
3. [So] Por qué (valores): Estos son los valores que mueven mi comportamiento.
4. [M] Quién (creencias, identidad): Éste soy yo, éste es el concepto que tengo de mí mismo.
5. [III] Más allá de la identidad; lo espiritual, la misión. Quinta posición, conciencia universal.

El propósito de este ejercicio de alineamiento consiste en explorar una verdad presente perteneciente a uno de los roles de las cinco posiciones perceptivas, por ejemplo como líder, padre, maestro, terapeuta, etc. El proceso consiste en moverse físicamente sobre un espacio o una línea metafórica, formulando en cada posición sus correspondientes preguntas acerca de determinados aspectos de una creencia o una cuestión. Por ejemplo, en la realidad sensorial podríamos preguntar: «Como padre, ¿qué estrategias tienes?».

Se trata, en esencia, de tomar conciencia de lo que es verdad en el presente. Una sofisticación consistiría en sugerirle al cliente: «Eres más que tu comportamiento», etc. Es algo parecido a proyectar cada verdad limitadora en su polaridad opuesta, para ver así qué más puede ser cierto. Se trata de una variante del ejercicio «Más grande que». A cualquier cosa que la persona nos diga que es, responderemos con: «Tú eres más que eso».

Místico: «Más grande»

- Sea lo que fuere lo que crees que eres o haces..., eres o haces mucho más que eso.

- Sea lo que fuere lo que crees que eres en términos de las cuatro realidades, eres siempre más que eso. Eso que dices que eres es tan sólo una descripción, una metáfora, útil hasta donde lo es. Somos más que nuestras metáforas.

Sea lo que fuere lo que hayas conseguido con este libro, en términos de comprenderte a ti mismo y a los demás, así como de disponer de formas más eficaces para cambiar, recuerda siempre que eres más que todo eso, que continuará desarrollándose en tu comunicación con los demás. Y si sientes alguna limitación, averigua qué es y pregúntate: «¿Voy a seguir aceptando estas limitaciones?».

Al ir más allá de las cuatro realidades, el cliente accede a una sabiduría superior sobre la situación, que puede entonces «irradiar» sobre las percepciones de las otras cuatro posiciones. Se trata de un proceso parecido al del metaespejo modificado, consistente en añadir pasos adicionales para atender sucesivamente a todas las modalidades de pregunta. Es igualmente posible «irradiar» recursos sobre otras personas implicadas en la cuestión, así como sobre quien esté en primera posición viviendo el papel del Guerrero. Hay muchas formas de construir a partir del paradigma básico del metaespejo añadiendo sutilezas, enfatizando diferentes aspectos, fragmentando cada posición en partes más pequeñas, etc. Tu imaginación es el único límite.

Sintonía y modelado

Tanto el establecimiento de sintonía como el modelado de la experticia* de otra persona reducen el número de opciones y emulan la esencia del comportamiento o la forma de ser de esa otra persona. Partiendo de un punto de vista global, la percepción se va centrando cada vez más, hasta llegar a algún tipo de comprensión definitiva. Aprendemos a ser como esa otra persona. Inspirados por la constatación de su excelencia, descubrimos:

* Término empleado en psicología que define el buen hacer del experto, fruto de la experiencia y la pericia. *(N. del T.)*

(1) el modelo del mundo en el que se da ese comportamiento; (2) lo que le interesa a esa persona; (3) lo que considera importante; (4) lo que hace; (5) las estrategias que utiliza; (6) cómo procesa la información, y (7) qué hace con su postura corporal y sus gestos.

Una vez abstraída una «verdad», necesitas ponerla a prueba en tiempo real, ajustando tu comportamiento para que se aproxime aún más al suyo: ¿Estoy consiguiendo resultados iguales o similares? El paso final consiste en convertir esa verdad en tu propia realidad (poseer tú mismo ese comportamiento), de modo que pase a formar parte de quien tú eres. ¡No vas a ser un clon más que de ti mismo!

La opción de quedarse atascado

> Los hombres no van a creerse aquello que no encaje con sus planes o no se corresponda con sus previsiones.
>
> BARBARA TUCHMAN,
> *Practising History* (1981)

A menudo las personas se conforman con lo que les resulta familiar. No todos quieren cambiar, explorar las consecuencias de su actual forma de ser o resolver lo que los demás ven como «problemas». Puede haber temor a lo que pudiera suceder, aunque esas supuestas «consecuencias» no sean más que fantasías. Si nos percatamos de esta situación, podemos tratar de conseguir cierta perspectiva sobre estos temores preguntando: «¿Qué esperas que suceda?» o «¿Qué es lo peor que podría pasar?». Sea cual fuere la respuesta, una pregunta pertinente sería: «¿Quieres cambiar eso?». Y si la respuesta es: «No», ¡deja de perder el tiempo y dedícalo a otra cosa!

Veamos algunos ejemplos de atasco.

Reduccionismo

El practicante hábil puede explicarlo todo. Si vas sacando capas de la cebolla, al final te quedas con nada. Es lo que en ciencia se conoce como «reduccionismo»: *reduce* la comprensión humana o, como dicen Ian Stewart y Jack Cohen (1997: 304): «En otro grupo más bien escuálido, dio lugar a una curiosa criatura simiesca, de ideas fijas, que gustaba de reducir las cosas a un montón de piezas sueltas para ver cómo dejaban de funcionar».

Negativa a elegir

En algunos círculos sigue aún vivo el debate sobre si la vida está predeterminada o si, por el contrario, gozamos de libre albedrío. Al final de *Forrest Gump* (1997), Forrest trata de explicar así la vida: «No sé si tenemos todos un destino, o si sólo flotamos accidentalmente, como llevados por la brisa. Aunque... tal vez sean ambas cosas. Quizá las dos suceden al mismo tiempo». Paradójicamente, ¡tenemos libre albedrío para decidir si queremos o no tener libre albedrío!

Hay también ocasiones en las que somos conscientes de las opciones disponibles, pero rehusamos comprometernos. En la realidad social, eso podría deberse a que el individuo se considera carente de poder, en cuyo caso argumenta: «No me corresponde a mí decidir» o «Rehuso asumir la responsabilidad personal». En un sentido mítico, tener que elegir puede ser visto como una limitación de las propias opciones. Hay temor a poner límites, se pretende dejar todas las opciones abiertas cuanto más tiempo mejor.

Grandes conflictos vitales «irresolubles»

No todos los problemas tienen solución. Tanto a nivel histórico como en nuestros días, somos conscientes de ello. Gran parte de los conflictos se producen entre diferentes combinaciones de modalidades de realidad, que McWhinney (1995) denomina «plataformas». Este trabajo de negociación sigue en marcha. Me limitaré aquí a mencionar tres problemas graves que no suelen tener solución, al menos en la historia de la sociedad occidental. Hay escasa evidencia de técnicas estructuradas de resolución de ciertas clases de problemas que involucran todas las realidades, pero que se resumen en dos contra dos. Tal podría ser [U]+[Se] contra [M]+[So], en cuyo caso nos encontramos de nuevo con el dilema de Forrest Gump entre determinismo y libre albedrío. Al encarar las modalidades dos a dos nos enfrentamos a un patrón «irresoluble». Ello se debe a que se pone en liza a las cuatro modalidades, por lo que no queda ningún terreno común ni ninguna creencia compartida sobre la naturaleza de la realidad, ninguna posición «neutral» a la que retirarse.

Estos tres conflictos mayores son:

- Lo sagrado frente a lo secular.
- Lo científico frente a lo humanístico.
- Lo artístico frente a lo moral.

Lo sagrado frente a lo secular

Conflicto entre las plataformas *sagrada* [U-M] y *secular* [Se-So]. A menos que ambas puedan evitarse, o que se imponga una separación forzosa, el conflicto se «resuelve» por aniquilación mutua, como en los casos de Irlanda del Norte y Oriente Medio.

Lo científico frente a lo humanístico

Conflicto entre las plataformas *científica* [U-Se] y *humanística* [So-M]. Es la clase de conflicto con que nos encontramos en cuestiones como los cultivos transgénicos, la clonación de seres humanos o cualquier otra intervención que afecte a la ética. Generalmente, ninguna de las dos partes interfiere en lo que hace la otra. Es la clase de división ya comentada por C. P. Snow en su conferencia de Rede de 1959, titulada *Las dos culturas*. También hay algún conflicto similar en marcha entre la medicina oficial y las prácticas alternativas.

Lo artístico frente a lo moral

El tercer conflicto se da entre el *artista* [M-Se] y el *moralista* [U-So]. Los artistas empujan constantemente las fronteras de la expresión humana, mientras que los moralistas tratan de establecer normas de comportamiento aceptable. Son estos últimos quienes imponen la censura a las artes, mientras que el artista creativo contraataca con la burla y la parodia. Es un enfrentamiento que subsiste desde antiguo, y que expresa el temor que sienten los políticos conservadores por la libertad de expresión.

Si bien existen muchos intentos de reunir a ambas partes, eso parece estar ocurriendo sin la base sólida de una comprensión de las distintas visiones del mundo en liza. Hay, pues, mucho trabajo por hacer aún en este ámbito de resolución de conflictos y mediación.

¿Y ahora qué pasa?

Mientras que obligar a otros a decidirse o comprometerse puede no resultar ético, nadie te impide elegir por ti mismo. La forma en que codificas la realidad está abierta a tu curiosidad. Esa es la clase de pensamiento que subyace en el metaespejo. No necesitas la presencia de la otra persona para sentirte mal. Tú solo te bastas y te sobras. Por consiguiente, también tú solo puedes cambiar el modo en que codificaste esa relación. Puedes confiar en que tu subconsciente trabajará exclusivamente por tus mejores intereses. No sabemos de antemano en qué serán diferentes las cosas, pero sabemos que lo serán. Podemos practicar el cambio ensayando mentalmente diversos escenarios. Las dificultades vienen de no haber ensayado suficientes alternativas, o de no haberlas proyectado lo bastante en el futuro. Explorar cualquier escenario en detalle requiere un gran esfuerzo. Si el hecho de tratar de mantenerlo todo en la mente complica las cosas, hazlo sobre el papel.

Continuamente imaginamos el futuro. Únicamente cuando algo o alguien nos sorprende nos sentimos confusos o «decepcionados». (Ahora ya sabes cómo tratar mejor con eso.) Si supiéramos de antemano cómo iban a ser exactamente las cosas, nos sentiríamos frustrados y bien pronto aburridos; lo cierto es que nos hace falta un toque de incertidumbre y de sorpresa, pero «no demasiado».

Cada escenario tiene puntos de elección, encrucijadas en las que los acontecimientos pueden tomar diferentes direcciones. Metafóricamente hablando, llegamos a un cruce de caminos y tenemos que optar por uno de ellos. En cada punto de elección nos enfrentamos con decisiones sobre qué hacer, qué sentir y cómo interpretar los acontecimientos. Elegimos finalmente un camino, conscientes de que podríamos haber tomado cualquier otro, pero que sólo podemos tomar uno. Por ejemplo, estamos esperando a la persona amada, que llega con retraso sin haber avisado. Cuando por fin llega:

- Podemos mostrarnos enfadados porque no nos ha advertido del retraso.
- Podemos mostrar nuestra alegría por poder estar por fin con ella.

Existen otras respuestas, pero esas dos son típicas. Sea lo que fuere lo que pensáramos antes de que llegara, en el mismo momento de su llegada todas las posibilidades se funden y nos encontramos de nuevo en la realidad de nivel I.

Repaso general

Hasta aquí esta breve y limitada, pero espero que innovadora, exploración de técnicas de cambio sencillas que utilizan el modelo de las cuatro realidades, acompañada de un reencuadre de varias técnicas de PNL dentro de este planteamiento. Mi objetivo con ella consiste en demostrar la existencia de unos patrones subyacentes comunes, relativamente fáciles de utilizar, así como en proporcionar un modelo básico para producir cambios en ti mismo y en los demás. Tu reto consiste en completar los detalles, en adaptar tu «lenguajeo» y todo lo demás a esa persona que tienes frente a ti. Todas las técnicas de cambio se basan en el reconocimiento de patrones, en la comprensión de los principios básicos que te permiten ser innovador en tus propios viajes. Tu pericia consistirá en realizar los movimientos adecuados y utilizar las metáforas que tu cliente te ofrece. Aceptando sus proposiciones, podréis disfrutar juntos del camino hacia el cambio.

14

Un modelo de modelos

La teoría es lo que determina lo que podemos observar.
Comentario de Einstein a Heisenberg

La utilización de la teoría

A lo largo de este libro hemos estado analizando tres modelos: el de las cuatro realidades, el de los tres niveles y el de las tres fases, que yo denomino «modelo del reflejo». Necesitamos modelos generalizados que condensen o codifiquen un cuerpo de conocimiento, como el de la PNL, en una teoría o paradigma más fácil de comprender que un montón de «datos» independientes.

A veces parece que «teoría» se considerase una palabra «sucia» en PNL. Di en una ocasión con un folleto de presentación de cursos prácticos de PNL en el que se evitaba deliberadamente citar el término «teoría». «Una verdadera lástima», me dije, imaginándome a los hipotéticos participantes ¡perdiéndose precisamente la parte del asunto que podía ser más importante!

Necesitamos teorías para comprender la experiencia en curso, para poder distinguir los puntos comunes entre experiencias superficialmente distintas, y para estar en condiciones de explorar hipótesis del tipo «¿Y si...?» sobre el futuro. En esencia, las teorías son las reglas que formulamos sobre el funcionamiento del mundo, reglas que van más allá de los acontecimientos específicos, para revelar patrones de relación. Reconocer los patrones más profundos de la vida nos capacita para crear historias sobre *lo que sucede cuando...*

Necesitamos saber qué es lo que está sucediendo, así como qué es probable que suceda. Valoramos la regularidad y la previsibilidad. La vida no está llena de sorpresas; la mayor parte del tiempo tenemos una idea bastante aproximada de lo que va a pasar a continuación. Modificamos a menudo nuestra comprensión en base al conocimiento de los resultados reales, y actualizamos nuestras teorías adecuándolas a lo «inesperado». Así es como aprendemos a mejorar nuestras previsiones. Se trata de algo que hacemos constantemente, aunque no siempre seamos conscientes de estarlo haciendo. Sin embargo, a pesar de que nuestras teorías tal vez no sean conscientes, actuamos como si las del momento fueran ciertas.

Una buena teoría:

- Nos capacita para percibir patrones y para predecir con fiabilidad. Por ejemplo, el modelo de las cuatro realidades describe modelos del mundo. Una vez que hayamos averiguado de dónde procede alguien, sabremos cómo establecer sintonía y comunicarnos mejor con esa persona, de modo que ambos salgamos beneficiados.
- Es ampliamente general, aplicable a múltiples situaciones. Por ejemplo, podemos adaptar la técnica del metaespejo para tratar con numerosas clases de cambio personal.
- Es generativa; la familiaridad con el patrón nos permite descubrir nuevas aplicaciones. Por ejemplo, podemos crear interpretaciones alternativas de la experiencia, inventar nuevas técnicas y disponer de mayor flexibilidad para trabajar con otras.

Como sugiere Einstein, percibimos el mundo a la luz de las teorías que utilizamos, en cada momento, para comprender nuestra experiencia. Estas teorías determinan realmente lo que vemos y lo que no vemos. Así pues, ¿no es cierto que resultaría útil disponer de una comprensión teórica de la PNL que nos permitiera ver más, así como ser más creativos en la generación de ideas, técnicas y procesos novedosos?

Los modelos no son verdades absolutas y eternas, sino metáforas que nos proporcionan formas de comprender nuestra experiencia. Son inevitablemente «incompletos». Lo que importa es la utilidad que puedan tener para incrementar nuestra comprensión: «¿Contribuye esta metáfora a aumentar nuestra sabiduría?».

El modelo del reflejo

Allí donde resultaba oportuno, he ido presentando ideas a lo largo de este libro en términos del modelo del reflejo. Fue de donde partí al iniciar este trabajo, destinado a tratar de explicar cómo funcionan el cambio y la PNL. Sin embargo, al toparme con el modelo de las cuatro realidades me di cuenta de que la fase descriptiva tenía que pasar delante. El modelo del reflejo es un modelo de modelos y, por consiguiente, de índole más general. Consta de tres partes (cuadro 14.1):

Cuadro 14.1: El modelo reflejo

	–formar	*Actividad*
I	Informar	**Descripción, categorización, reconocimiento**: Identificar «lo que es»: partes separadas, tipos y estilos diferentes, modelos del mundo. Estado, contexto, cuando las cosas no necesitan tiempo.
R	Reformar	**Acción, cambio**: Identificar «lo que sucede» en el tiempo. Procesos, intervenciones que cambian el orden establecido, resolución de problemas. Comportamiento, cuando las cosas se toman su tiempo para suceder.
T	Transformar	**Construcción de significado, asimilación, aprendizaje**: Aceptar y asimilar nuevas experiencias, de modo que generen «sabiduría». Creación de significado, comprensión.

Distinción entre las tres fases

La diferencia fundamental entre [I] y [R] consiste en que la información no necesita «tiempo». Un conjunto de distinciones es «atemporal», constituye una descripción de cómo es el mundo en cualquier momento. El modelo de las cuatro realidades es una descripción «estática». Simplemente, es. No «sucede» nada. Cada categoría tiene que ser del mismo tipo lógico. Cualquier reforma precisa del paso del tiempo. El cambio es un proceso que ocurre en el tiempo. Pasar de una realidad a otra constituye un ejemplo de «reforma».

Aunque esto pueda parecer una distinción «obvia», no suele hacerse. Cualquier «mezcla» de tipos, estados y acciones causará seguramente confusión. Woodsmall y James (1988, cap. 2) establecieron como sigue la distinción entre «estados» y «resultados»: El estado es algo que puedes tener ahora, no hace falta que esperes. El resultado, en cambio, ocurre en el tiempo y funciona mejor si ha sido previamente «bien definido» (véase el capítulo 10). Un factor crucial para clasificar conceptos es el siguiente: ¿Está o no implicado el tiempo? Los estados o las descripciones (lo que eres) no necesitan al tiempo, mientras que las acciones (lo que haces) sí que precisan de él. Se trata de una distinción que está presente en el modelo de lenguaje: ¿Cuál es la diferencia entre la equivalencia compleja y el patrón de causa y efecto? El segundo requiere tiempo, mientras que la primera no.

No obstante, la mente también necesita verse implicada. Cualquier ordenador puede distinguir un acto. Para que el aprendizaje tenga lugar, debe darse una fase de transformación: aceptar y asimilar la experiencia, transformándola luego en «sabiduría», algo que los ordenadores no saben hacer.

El patrón de tres

Descubrí este patrón en *Powershift,* de Alvin Toffler (1990). En este libro, el autor utiliza el mito japonés de la creación (la historia de Amaterasu) para demostrar cómo ha cambiado el poder en la sociedad occidental a lo largo de los siglos pasados. Toffler se sirve de esta historia mítica sobre tres objetos mágicos para simbolizar tres clases de poder:

- La Joya – Los bienes: lo que tienes.
- La Espada – La agresividad: lo que haces.
- El Espejo – El conocimiento: lo que sabes.

Este paradigma subyace en su trilogía: *Future Shock* (1970), *The Third Wave* (1980) y *Powershift* (1990). (Hay también constancia del mito japonés de Amaterasu en Grimal, 1973, *Larousse World Mythology*).

El modelo del Reflejo se sitúa «por encima» de los demás que he estado utilizando. Podemos ahora comprobar que el modelo de las cuatro realidades encaja en la primera fase, informándonos de cómo «es» el mundo, simbolizado por las múltiples facetas de la Joya.

El cambio ocurre por medio de la reforma del mundo. En este libro nos hemos encontrado ya con la fase de acción, simbolizada por la Espada, al movernos de modalidad en modalidad creando cambio. Todos los procesos de PNL utilizan algún tipo de traslado de una realidad a otra. En el capítulo anterior examinamos algunos de estos modelos para el cambio, pero existen muchos más.

Finalmente, transformamos nuestra comprensión del mundo mediante la aceptación y la asimilación. Adoptamos una posición separada, desde la que pueden ser comprendidos los dos elementos anteriores. El Espejo, el tercero de los símbolos, representa otra clase más de concepto, relacionada con el modo en que reflexionamos sobre nuestra experiencia para comprenderla. La naturaleza de la actividad dista mucho de estar clara. A pesar de toda la tecnología de «escaneo» cerebral, lo que sucede en nuestra mente no es accesible al escrutinio de la ciencia. No comprendemos aún plenamente cómo aprende la mente a partir de la experiencia. Para hacernos una idea aproximada pensemos en una flecha en bucle, que gira sobre sí misma hacia la siguiente experiencia de aprendizaje. Imagínate esto sucediendo una y otra vez. Se trata de un patrón dinámico, que opera de forma recurrente: cada vez que aprendemos algo nuevo, este aprendizaje afecta a lo que vaya a suceder después.

Ponerle delante un espejo a la vida nos permite extraer sentido por medio de la relación entre la experiencia presente, los recuerdos del pasado y los escenarios futuros. Se trata de algo que sucede continuamente dentro de nosotros. Estamos programados para eso; no necesitamos hacerlo de forma consciente. Algunos dirán que esa es una de las funciones de los sueños.

La mayor parte del tiempo en que estamos aprendiendo, basta con prestar atención a la experiencia, formular algunas preguntas y dejar luego que el subconsciente «haga el resto».

Como sucede con otros modelos extremadamente generales, existen numerosas formas de reconocerlo e interpretarlo (véase el cuadro 14.2). Lo interesante de este modelo es que se incluye a sí mismo.

Cuadro 14.2: Patrones de tres fases

-formar	*Modelo*	*Amaterasu*	*Acción*	*Patrones alternativos*	
I	Cuatro realidades	La Joya	Categorizar Concienciar	Metonimia Patrón, partes	Objetivo Escenas
R	Caminos de cambio	La Espada	Cambiar Interpretar	Metáfora Programación	Juego Escenarios
T	Reflejo	El Espejo	Conceptualizar Simbolizar	Moral Trama	Crecimiento Historia

Al igual que sucede con el modelo de las cuatro realidades, este patrón de tres fases es también común a nuestra cultura y está siendo constantemente reinventado. Dado que se trata de una enorme generalización, la conexión entre sus variantes no se establece con frecuencia. Consideremos, por ejemplo, los tres elementos de la Programación Neurolingüística. ¿Encajan en el modelo del reflejo? Esos tres elementos son diferentes clases de conceptos:

- «Programación» se refiere al comportamiento, a lo que hacemos a lo largo del tiempo.
- «Neuro» trata de nuestro cuerpo físico, de lo que es.
- «Lingüística» se refiere al modo en que interpretamos el mundo, en que extraemos significado de él.

Las tres distinciones principales del modelo de lenguaje de la PNL (supresión, generalización y distorsión) encajan asimismo en este patrón.

Distinción de modelos

Todos estos modelos constituyen patrones o arquetipos profundamente incrustados en nuestra cultura. Aunque estén en uso constantemente, no solemos ser conscientes de su presencia. Al analizarlos encontramos «semejanzas» entre ellos a un nivel muy abstracto y, por consiguiente, descubrimos variantes de los temas básicos. Algunos modelos tienen tres elementos; otros, cuatro, y muchos, más que eso. Consecuentemente, necesitamos comprender los principios para poder decidir con qué tipo de patrón estamos tratando: ¿Se parece al modelo de las cuatro realidades, al patrón de tres fases del modelo del reflejo o a otra cosa?

Hay algunos criterios bien definidos para decidirlo. ¿Para qué sirve ese paradigma?

- ¿Para describir una tipología?
- ¿Para esbozar un proceso de cambio?
- ¿Para crear un sistema de comprensión?

Al aplicarlos a los modelos existentes, el paradigma indica los elementos que hay que buscar, así como si falta o no alguno.

Los tres niveles

En el capítulo 8 presenté el modelo de tres niveles (otro modelo compuesto de tres partes), derivado del trabajo de Gregory Bateson sobre los niveles de aprendizaje. Cada uno de los niveles tiene que «trascender e incluir» a los anteriores. No pueden ser de la misma clase. Difiere del modelo del reflejo en que el primero es jerárquico, mientras que el del reflejo no puede serlo, dado que sus elementos son de distintos tipos. Hay numerosas formas de crear jerarquías: podemos «fragmentar hacia arriba y hacia abajo» hasta casi tantos niveles como queramos, aunque en la realidad exista un límite de capacidad numérica de manejo cognitivo.

Los tres niveles tratan también de lo siguiente:

[I] Asociado, en el momento, fluyendo con la vida.
[II] Disociado, pensando en la vida.
[III] El estado del «testigo», «por encima de todo», viviendo.

Hay que tener cuidado con no confundirse al hablar de «niveles» en PNL, particularmente con los llamados «niveles neurológicos» de Dilts. Resultan útiles como medio para formular preguntas acerca de la experiencia, pero lo que confunde es la explicación del propio Dilts, puesto que los trata como si fueran jerárquicos, cuando en realidad no lo son (véase el artículo de Woodsmall de 1999 a la luz de los modelos que aquí presento). Explorar diferentes puntos de vista contribuye a arrojar luz sobre el modo en que construimos paradigmas y los reinventamos constantemente, para que se adapten a las nuevas circunstancias.

Las cuatro realidades

Existe un criterio sencillo para reconocer un modelo de cuatro partes basado en las cuatro realidades: ¿Constituye ese modelo una *descripción* de diversos tipos, dentro de una categoría más amplia? Si es así, hay una gran probabilidad de que existan cuatro partes (o un múltiplo de 4: 8, 16, 64, etc.) Podríamos encontrarnos con muchas más subdivisiones, pero 4 queda dentro de nuestra capacidad de procesado de 7±2 bits de información. Podemos recordar fácilmente cuatro cosas.

Tendemos a clasificar las cosas en pares de opuestos o dualidades. Cuando las combinamos, nos encontramos con un conjunto bidimensional, que incluirá como mínimo cuatro tipos o subcategorías. Por ejemplo, la motivación puede ser *hacia* o *lejos de*; la orientación puede ser hacia *uno mismo* o hacia *los demás*; la preferencia de trabajo puede ser por la *tarea* o por las *personas*; preferimos *opciones* o *procedimientos*, etc. En el modelo de las cuatro realidades, las polaridades son creencias acerca de la acción (*determinismo* o *libre albedrío*) y preferencias por *uno* o *muchos*. Combinando estas dos dimensiones, nos encontramos con las cuatro modalidades de realidad que McWhinney denomina: unitaria, sensorial, social y mítica.

Si los elementos en juego constituyen diferentes clases de conceptos, unos «estáticos» y los otros «dinámicos», es probable que nos encontremos ante un modelo parecido al del reflejo.

Gran parte de este libro trata de cómo aprender a reconocer las diferentes manifestaciones del modelo de las cuatro realidades. Reconocer patrones abstractos no le resulta fácil a todo el mundo. No es algo que se nos enseñe a hacer habitualmente. Debo sentirme agradecido por haberme visto obligado a ello al estudiar Arte Escénico en la universidad, para «desconstruir» obras teatrales. Fue un aprendizaje arduo, sin garantía de «respuestas correctas», donde había que conformarse con «los mejores intentos hasta la fecha». En el capítulo 6 he incluido una relación de diferentes encarnaciones. Continuamente se inventan nuevas variantes. Veamos a continuación un par de ellas de reciente factura:

Los dioses de la empresa de Handy

Charles Handy ha identificado cuatro culturas empresariales diferentes, a las que ha puesto los nombres de los dioses griegos Zeus, Apolo, Atenea y Dionisio. Este cuarteto de dioses constituye una metáfora deliciosa para reconocer estilos de dirección empresarial. Veamos a continuación una breve descripción de cada una de ellas, en palabras del propio Handy (1976, cap. 7; 1978, 1985, 1991):

1. La cultura de Zeus (poder/club)

Esta cultura, junto con su fuente central de poder, se encuentra principalmente en empresas pequeñas. El poder procede de los recursos, de la información y posiblemente del carisma. Está simbolizada por la tela de araña. El dios patrón es Zeus, que reinaba según sus caprichos e impulsos, por medio del rayo cuando se irritaba, o de una lluvia de oro cuando quería mostrarse seductor. Es temido, respetado y ocasionalmente amado, un patriarca irracional pero benévolo, impulsivo y sin embargo no carente de carisma.

2. La cultura de Apolo (rol)

El poder proviene en este caso de la posición y el proceder. Está simbolizada por el templo con sus sólidos pilares. El dios patrón es Apolo, dios de la razón. Esta cultura funciona en base a la lógica y la racionalidad, el orden y las reglas. Da por sentado que el ser humano es racional y que no hay nada que no pueda ser analizado por medio de la lógica. La fuerza de esta clase de empresa reside en sus pilares, sus funciones y sus especialidades, a menudo estereotipadas como burocráticas. Lo importante no son las individualidades, sino que se haga el trabajo.

3. La cultura de Atenea (tarea)

Esta cultura está orientada al trabajo o los proyectos. Está simbolizada por una red, con algunas hebras más gruesas que otras. Es la cultura característica del grupo de expertos que busca una solución a un problema. Los demócratas se precian de ser «meritócratas»: el éxito se gana a pulso y, por consiguiente, la cultura de Zeus es particularmente rechazada. Quienes pertenecen a la cultura de Atenea hablan de equipos más que de comités. El poder viene de la mano de la experticia, el talento y la creatividad. Esta cultura tiende a reunir los recursos apropiados y las personas adecuadas en el nivel óptimo de la organización, y les deja libertad para ponerse manos a la obra.

4. *La cultura de Dionisio (existencial/persona)*
En esta cultura el individuo constituye el punto central. Clasificar a alguien que pertenece a ella es anatema. Cualquier tipo de estructura u organización existe única y exclusivamente para servir y asistir a las personas que forman parte de ella. En esta clase de cultura, cualquier grupo de gente puede decidir unirse para seguir mejor sus respectivas vocaciones, para hacer lo suyo. Su dios patrón es Dionisio, dios del individuo autoorientado, el primer existencialista de la historia. La estructura es mínima. Esta cultura está simbolizada por una agrupación o tal vez una galaxia de estrellas.

Hablando en términos generales, la familiarización con las cuatro realidades nos ayudará a comprender el contenido de cada nueva versión, como sucede con los modelos aquí comentados. Comprender cualquier modelo será una tarea más rápida cuando hayamos percibido el patrón subyacente.

Ejercicio 14.1: ¿Encajan?

A guisa de ejercicio, tal vez desees considerar algunos de los numerosos modelos en circulación, para decidir si se corresponden o no con el patrón. Por ejemplo:

- El ciclo de aprendizaje de David Kolb: experiencia concreta, observación reflexiva, conceptualización abstracta y experimentación activa. Véase David Kolb (1970).
- Los cuatro tipos de Honey y Mumford: Activista, Reflexivo, Pragmático y Teórico. Véase Peter Honey y Alan Mumford (1986).
- Los estilos de liderazgo de Hersey y Blanchard: dirigir, entrenar, apoyar y delegar. Véase Kenneth Blanchard y cols. (1985).
- Sistema 4MAT de Bernice McCarthy: por qué, qué, cómo, ¿y si...? Véase Susan Morris y Bernice McCarthy (1999).

No hay respuestas definitivas para todo eso. Tal vez te parezca que X «debería» adaptarse al patrón, pero las descripciones no acaban de encajar del todo. Depende de cómo lo comprendas y lo interpretes. Puede que algunas partes encajen, pero otras no. Eso ocurre porque los elementos son, de hecho, combinaciones de las cuatro realidades. En ocasiones, el patrón subyacente se basa en otras dimensiones. Si estas dimensiones son explícitas, la tarea resulta más fácil.

Cada modelo debería ser evaluado en base a su utilidad real, aunque ninguno de ellos es inútil; simplemente son diferentes, con aplicaciones distintas. Tampoco es que los creadores de estos modelos deban necesariamente tener conciencia del modelo de las cuatro realidades (que yo trato como el patrón descriptivo «básico») ni de ningún otro modelo, patrón o arquetipo.

¿Tres cuartos?

Te encontrarás con algunos ejemplos de modelos de cuatro partes con tan sólo tres de ellas relacionadas. Verás que esas partes pertenecen a la misma clase de elemento, con lo cual sabrás que se trata en realidad de un modelo descriptivo de cuatro partes. Da por sentado que falta una de ellas y busca en el modelo algo que pueda llenar el cuadrante vacío. Utiliza cualquiera de las metáforas (categorías de Satir, arquetipos, cuatro realidades) para ayudarte a encuadrar lo mejor posible en este paradigma las tres partes de las que dispones. Entonces podrás ver más claramente cuál te falta. Esa pieza que falta estará semioculta en algún lugar; algo de nuestra cultura encajará. Probablemente se tratará de algo conocido, pero colocado fuera de lugar o simplemente ignorado. No es probable que sea algo inaudito.

Creencias limitadoras

En el contexto de sanar una enfermedad, Robert Dilts (1990: 22) enumera algunas creencias limitadoras:

- *Desesperanza* – «Algunos objetivos simplemente no son posibles.»
- *Impotencia* – «Yo no soy capaz de cambiar.»
- *Carencia de valor* – «Yo no me merezco ese cambio.»

Todas ellas pertenecen a la misma clase, de modo que vamos a suponer que encajan en el modelo de las cuatro realidades:

- La *impotencia* trata de lo siguiente: «No hay nada que hacer. Soy una víctima del destino, incapaz de cualquier acción autónoma». La persona está «atascada» o «fijada», y se siente incapaz de cambiar las cosas. Todo ello está relacionado con la realidad unitaria.
- La *carencia de valor* trata de lo siguiente: «No valgo nada. No merezco cambiar». Está relacionada con la realidad social, con tener escaso o nulo valor a los ojos de los demás.
- La *desesperanza* trata de lo siguiente: «No tengo ni idea sobre qué hacer. Haga lo que haga fracasaré». Aun cuando hubiera opciones, el individuo carece de visión del éxito. Es el lado negativo del existencialismo, uno de los aspectos de la realidad mítica.

Así pues, echamos en falta una creencia negativa en la realidad sensorial. Una expresión obvia es «sin sentido». Significaría percibir el mundo como una serie de «datos», sin ser capaces de ordenarlos ni de extraer significado de ellos. Trata asimismo de la incapacidad para discernir el objetivo de la información recibida, o del hecho de encontrarla ilógica en términos de causa y efecto. Permíteme, pues, sugerir también «sin objetivo», para indicar que no se logra percibir una finalidad para esa masa de datos. El cuadro 14.3 muestra un conjunto de términos abstractos, aplicables de forma más general.

Factores de motivación de McClelland

Los elementos correspondientes a la realidad mítica son los que suelen estar ausentes con mayor frecuencia y los más difíciles de identificar. Veamos algunos ejemplos. David McClelland y cols. (1953) sugirieron tres factores para la motivación, que denominaron «necesidades»: necesidad de logro, necesidad de poder y necesidad de pertenencia. Dado que se trata de descripciones de

Cuadro 14.3: Creencias limitadoras

Realidad	*Sensación*	*Percepción del problema*
Unitaria	Impotencia Sin poder	Atasco Bloqueo
Sensorial	Sin sentido Sin objetivo	Confusión Desbordamiento
Social	Carente de valor Insignificante	Injusticia, abuso Prejuicio
Mítica	Desesperanza Carente de significado	Aburrimiento «Ni idea»

tipos «estáticas», parece razonable pensar que puedan ser, en realidad, elementos de un sistema de cuatro partes. Por consiguiente, al trasladar estos factores a las cuatro realidades descubrimos que:

- El poder se relaciona con la realidad unitaria, con el Guerrero, con conseguir que las cosas se hagan, con vivir la propia verdad, con imponer las reglas.
- El logro necesita tiempo y estrategia, por lo que está relacionado con la realidad sensorial.
- La pertenencia se relaciona con la realidad social, con querer formar parte del grupo, con tener en cuenta los sentimientos de los demás, con tomar decisiones de forma democrática.

Por consiguiente, nos falta un aspecto de la motivación que encaje en la realidad mítica: sentirse motivado por las ideas. Algunos ejemplos serían: necesidad de creatividad, de expresión, de inspiración o de aserción. Todas ellas parecen indiscutiblemente válidas, y encajan con la jerarquía de necesidades de Maslow, en el nivel más alto o autorrealización (cuadro 14.4).

Cuadro 14.4: Estilos de motivación

Realidad	*Necesidades de McClelland*	*Tipo de pensamiento*
Unitaria	Poder	Analítico. Pensamiento convergente
Sensorial	Logro	Lógico. Categorización, fragmentación
Social	Pertenencia	Evaluador. Juzgar, priorizar
Mítica	Creatividad	Creativo. Pensamiento lateral, divergente

El modelo «Mercedes» de PNL

Figura 14.5: El modelo Mercedes

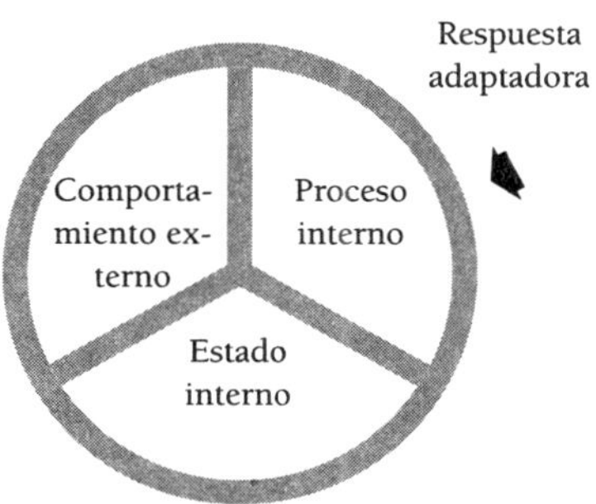

Este modelo se refiere a la descripción de cuatro tipos de pensamiento de la PNL. Se describe como un círculo dividido en tres segmentos, con un área adicional circundante (figura 14.5).

Las tres partes no están coherentemente etiquetadas. En la versión de James y Woodsmall (1988, cap. 13), los tres sectores son: proceso interno, estado interno y comportamiento externo. Alrededor del círculo se encuentra la respuesta adaptadora.

Wyatt Woodsmall (1999) analiza esta «antigua división» relacionándola con *Star Trek*, pero incluyendo tan sólo los tres elementos.

> La escuela liderada por John Grinder y Tony Robbins afirma la primacía de la postura corporal, los gestos y el comportamiento. Declara también que, cambiando primero todo eso, lo demás viene solo. Esta es la «escuela Klingon», que se rige por el principio de que «una vez que los tengas cogidos por las pelotas, su corazón y su mente irán detrás». Otra escuela, patrocinada por Leslie Cameron-Bandler y más recientemente por Michael Hall, defiende la primacía de los estados internos. Recomiendan cambiar primero el estado emocional, para que todo lo demás cambie a continuación. Se trata de los corazones y las flores de la «escuela del Dr. *Bones* McCoy». La tercera escuela, postulada por Bandler y Dilts, afirma la primacía del proceso interno. «Cambia primero tus estrategias, submodalidades, creencias e identidades —dicen— y todo lo demás cambiará a su vez.» Es la «escuela de Mr Spock o de Vulcano».
>
> WOODSMALL (1999: 69)

Este análisis nos proporciona pistas adicionales para clasificar estos tres tipos. Una vez más falta el elemento mítico, lo cual no deja de resultar sorprendente, habida cuenta de la gran cantidad de textos de PNL que contienen la palabra «mágico» en sus títulos. Así pues, ¿cuál puede ser el cuarto tipo? Tiene que ser una clase de PNL que use la metáfora, que se guíe por las imágenes, las historias terapéuticas y la narración de relatos. El primer ejemplo lo encontramos en Milton Erikson. Otros son aquellos que se han formado en una PNL que utilice la hipnosis, como David Gordon (1978) y Tad James y cols. (2000), así como quienes practican primordialmente la hipnoterapia, como Rubin Battino (Battino y South, 1999; Battino, 2000). La escuela de cambio basada en la «narración» ha estado siempre presente, por ejemplo en las parábolas de Jesús del Nuevo Testamento o las historias con enseñanza de la tradición sufí, como las del Mullah Nasrudin, narradas por Idris Shah (1996).

Podemos por consiguiente postular una cuarta categoría imaginativa. En el capítulo 9 ya hemos analizado las equivalencias de *Star Trek*. Los títulos tradicionales no nos proporcionan los indicios más adecuados acerca del tipo de realidad subyacente. En el caso de la realidad mítica, permítaseme sugerir como título el de «visión del mundo» (cuadro 14.6).

Cuadro 14.6: Versiones de PNL

Realidad Arquetipo	*Modelo de PNL*	*Personaje de* Star Trek	*Ejemplos de PNL y su énfasis*
Unitario Guerrero	***Comportamiento Externo*** (Conativo)	Klingon	John Grinder, Tony Robbins *Fisiología y comportamiento*
Sensorial Académico	***Proceso interno*** (cognitivo)	Vulcano	Richard Bandler, Robert Dilts, Steve Andreas *Estrategias, submodalidades (características, distinciones)*
Social Héroe	**Estado Interno** (afectivo)	McCoy	Leslie Cameron-Bandler, L. Michael Hall *Emociones, sentimientos*
Mítica Mago	**Visión del mundo** (imaginativo)	Q	Milton Erickson, David Gordon *Hipnosis, metáforas, historias, imágenes*

Números mágicos

Existen, por supuesto, otros sistemas de pensamiento con números completamente diferentes:

5: Los cinco elementos chinos: Fuego, Agua, Madera/Viento, Oro/Metal, Tierra.

7: Todos los sietes: los días de la semana, los chakras del yoga, los pecados capitales, las maravillas del mundo.
9: Las nueve personalidades características del eneagrama.
12: Todos los doces: los meses, los signos del zodíaco, los tipos de desarrollo de Clare Graves.

Llevar el viaje a término

Resumamos a continuación algunos de los temas de este libro.

En el capítulo 5, el ejercicio «La vida es como...» te pedía que completaras la frase varias veces. Ahora, a la luz de lo que has ido descubriendo en este viaje, ha llegado la hora de jugar a nuevos juegos, de crear nuevas metáforas.

La vida es en general compleja. Comprenderla se parece bastante a presenciar la actuación de un grupo de danzas folclóricas foráneas. Al principio, el espectáculo —la música, los trajes, los movimientos— nos resulta desconocido, tal vez incluso abrumador. Gradualmente comenzamos a percibir secuencias repetitivas, tanto en la música como en los pasos de baile, entramos en el ritmo de la danza y nos movemos con él. Con tiempo y práctica tal vez aprendamos a fraccionar un baile complejo en pequeñas series o secuencias de pasos. Con perseverancia, en lugar de limitarnos a copiar, tal vez permitamos que nuestro talento y nuestra creatividad florezcan, y podamos llegar a bailar nuestra propia danza.

Reconocimiento de patrones

El arte consiste en aprender a reconocer los patrones subyacentes. Para comprendernos mejor a nosotros mismos y a nuestro mundo, necesitamos teorías que enfoquen nuestra atención y nos ayuden a asimilar la nueva información, que codificaremos utilizando metáforas y «empaquetando» significados en iconos verbales. Necesitamos saber...

- cómo construir modelos que expliquen cómo funcionan las cosas, cómo ocurre el cambio;

- cómo lograr lo que deseamos;
- cómo relacionarnos con los demás de forma satisfactoria, y
- cómo afirmar nuestra individualidad, nuestra propia interpretación del mundo.

Formas de cambiar

Identificando qué modelo o teoría general es más apropiado, podemos desarrollar algunas formas eficaces y positivas de cambio. Aunque los procesos de cambio pueden ser complejos, doy por sentado que podemos utilizar una combinación de algunos modelos cognitivos sencillos para ayudarnos a decidir qué hacer. Estos modelos han formado siempre parte de nuestra cultura, e incluso es posible que sean universales. A pesar de ser sumamente generales, no siempre son reconocidos.

Aceptación

En nuestro comportamiento siempre está presente un elemento «desconocido», nunca podemos saber con exactitud qué sucede en nuestra mente: cómo percibimos, cómo elegimos, cómo cambiamos y cómo aprendemos. La aceptación consiste en vivir con aquello que es «suficientemente bueno... por ahora». La curiosidad es buscar más y mejores cosas en nuestra cruzada por descubrir qué significa ser humano.

Confianza

Necesitamos adoptar la creencia de que disponemos ya de acceso a toda la información que necesitamos. El universo nos devuelve información sobre nuestros pensamientos y nuestras acciones; lo único que tenemos que hacer es prestar atención. En la práctica, ¡eso puede no resultar fácil! Aunque estemos rodeados de información, no siempre sabemos a qué conviene prestar atención, o cómo interpretarla e integrarla en nuestra vida.

Limitaciones

En ocasiones, nuestras costumbres y nuestros hábitos de percepción se interponen en el camino:

- No nos creemos que dispongamos de toda la información.
- No nos permitimos el tiempo necesario para aprender de nuestra experiencia previa.
- No reconocemos patrones arquetípicos, por ser éstos demasiado vagos y generales.
- No encontramos metáforas adecuadas para comprender la nueva información.
- No sabemos cómo interpretar patrones abstractos o subyacentes porque carecemos de modelos, de teorías o de paradigmas adecuados para ello.
- Creemos que diseñar teorías nos distrae de utilizar el conocimiento de forma práctica.
- No conceptualizamos diferentes niveles y lo tratamos todo como si perteneciese a un mismo nivel.
- Nuestra preferencia por determinada modalidad de realidad hace que nos resulte difícil comprender otros puntos de vista.
- Insistimos en que nuestra realidad es suprema (o la única que existe) e ignoramos, descartamos o ridiculizamos cualquier alternativa, por ejemplo, exigiendo «pruebas científicas» antes de creernos nada.
- Vivimos en una cultura predominantemente determinista, regida por la ley, la religión y la ciencia. La discusión y el debate racional dependen a menudo de la obediencia y la racionalidad, lo cual frustra frecuentemente nuestro libre albedrío.
- A la vista de los horrores que tanto individuos como sociedades han perpetrado en el pasado, tendemos a tratar el libre albedrío con precaución.

La vida es un reto. Necesitamos practicar el equilibrio entre nuestras necesidades, nuestros deseos y nuestros caprichos. No hay sociedades perfectas. ¿Para qué servirían? ¡No nos quedaría nada por aprender!

Ejercicio 14.2: Comprueba dónde estás ahora mismo

Al aproximarnos al final de este viaje, llega la hora de comprobar hasta dónde has llegado. Siempre que hablo con alguien de estas ideas, le prevengo: «Asegúrate de que te sientes bien con el hecho de que nunca volverás a ser el mismo. Estas ideas cambiarán tu forma de pensar sobre la PNL y sobre la vida en general. Una vez que hayas aprendido todo esto, no hay vuelta atrás».

Es muy probable que, a estas alturas, tu conocimiento de los modelos que hemos estado estudiando te permita ya percibir el mundo de forma diferente, así como revisar tus conocimientos bajo esa nueva luz. Vamos a comprobarlo. Observa:

- ¿En qué ha cambiado tu vida?
- ¿Qué has aprendido?
- ¿Cómo lo estás aplicando a tu vida?
- ¿En qué será el mundo diferente en el futuro?

¿Cómo quieres utilizar toda esta información?

- ¿Cómo puede eso pasar a convertirse en parte de tu forma de ser? ¿Cómo puedes utilizarlo en tu vida cotidiana, en tu vida personal y profesional, para cambiarte a ti mismo y cambiar tu forma de relacionarte y comunicarte con los demás?

Hay unas cuantas consecuencias posibles:

- Autodesarrollo: más curiosidad, aprendizaje y comprensión.
- Vivir más «ligero»: más feliz, con más humor y risa.
- Resolver conflictos: examinar propósitos, valores y prioridades; negociar y solucionar problemas.

Tal vez te resulte interesante comparar tus respuestas con lo que aseguraste querer en el ejercicio 2.2.

Avanza

Estas metáforas y estos modelos proporcionan una base para comprender y simplificar una enorme cantidad de información. Generalizamos, condensamos y codificamos los «datos» en una teoría coherente. Transformamos la experiencia en historias que tengan sentido para nosotros, que nos proporcionen comprensión y sensación de integridad. Estas historias nos permiten generar aplicaciones prácticas: procesos, técnicas y formas de pensar. Pero no te lo creas tan sólo porque te lo digo yo; comprueba cualquiera de esos modelos con tu propia experiencia. Pregúntate:

- ¿Encaja?
- ¿Funciona?
- ¿Lo comprendo?

Si tu respuesta es afirmativa en los tres casos, has dado realmente un paso, has conseguido condensar un gran volumen de información en unos pocos «iconos» nuevos, en los tres modelos que he estado explicando. Ahora ha llegado el momento de que avances hacia la siguiente etapa de tu viaje y consideres cómo vas a utilizar este material que ya posees.

Modelar la excelencia

> Toda teoría se basa en alguna analogía. Más pronto o más tarde la teoría fallará, porque la analogía resultará ser falsa. Las teorías de hoy sirven para los problemas de hoy.
>
> JACOB BRONOWSKI,
> *The Ascent of Man* (1973: 140)

El objetivo inicial de la PNL consistía en modelar la excelencia allí donde se encontrara. Eso es algo que ha conseguido en un gran número de ámbitos de cambio personal. Pero el logro real de la excelencia en todas sus manifestaciones está aún muy lejos.

Las ideas que he expuesto aquí son las mejores que he encontrado hasta el momento. No son más que un paso, pero revolucionario, que podríamos incluso considerar un «cambio de paradigma». Este es otro término posible para denominar a un modelo y sus implicaciones, al modo en que comprendemos determinado aspecto del universo. La historia de la humanidad registra numerosos cambios de paradigma: la teoría cuántica de Niels Bohr en física, la deriva continental y la tectónica de placas, el descubrimiento de la estructura del ADN y el subsiguiente proyecto genoma, etc.

La PNL fue en sí misma un cambio de paradigma, con su idea de que el comportamiento humano podía ser analizado y emulado, modelando lo que los expertos hacían con su lenguaje y demás. Hasta los años setenta, muchas formas de terapia eran ejercicios de «prueba y error», basados en anécdotas y en teorías inestables. La base analítica de la PNL abrió una nueva vía a la comprensión de cómo hace la gente lo que hace.

Todo sistema de cambio, así como toda persona, tiene sus tendencias y sus preferencias. Utilizando el modelo de las cuatro realidades es posible identificar esas tendencias y buscar el equilibrio entre las cuatro. La PNL tiene una fuerte inclinación por lo sensorial, basando sus principales técnicas para el cambio en la evidencia de los sentidos y en la «estructura» de la experiencia. Esta es su fuerza. Otros sistemas de cambio y terapéuticos se basan menos en la evidencia y más en los sentimientos o las intuiciones.

Por supuesto, puedes optar por rechazar o cuestionar por cualquier razón estos modelos. Estás en tu derecho. ¡Tal vez te sientas inspirado a encontrar un modelo aún mejor! Si es así, en esa aventura te deseo ¡buena suerte! No hay una única respuesta correcta. Tenemos todos que encontrar lo que más nos convenga.

15

Una pausa antes de iniciar el siguiente viaje

En un viaje de cien leguas, la legua noventa y nueve debería ser considerada como la mitad del camino.

Proverbio chino

¿Dónde acaba un viaje? Podríamos extender el presente viaje hasta el infinito. ¡Hay tantos aspectos de la experiencia humana que no hemos tocado, tantos conceptos de PNL que no he mencionado! Pero llega un momento en el que es necesario decir: «Ya es suficiente. Tiempo para una pausa».

Recordemos por qué realizamos este viaje.

Tal como yo lo veo, el propósito principal consistía en tomar conciencia de quiénes somos realmente. Todas nuestras elucubraciones se resumen en unas cuantas preguntas: ¿Cuál es la verdad de mi existencia?, ¿Quién soy?, ¿Qué estoy haciendo?, ¿Cuál es mi propósito? Y lo paradójico es que, cuanto más utilizamos el lenguaje para definir quiénes somos, más tenemos que decir: Soy más que todo eso. Soy más grande de lo que pienso, incluso de lo que pienso cuando pienso que soy más grande de lo que pienso.

Esta paradoja consiste en que buscamos la verdad, pero es en esa misma verdad donde nos quedamos varados. Cuando tratamos la verdad como un lugar hacia el que dirigirnos, cambiamos. Sin embargo, el cambio nos parece inquietante, a menudo anhelamos un poco más de certidumbre, de predecibilidad para nuestra vida. Así pues, más que algo absoluto y definitivo, lo que necesitamos encontrar es cierta forma de equilibrio. Hemos de aceptar que vivimos en un estado de perpetuo desequilibrio, de inmovilidad fluyente en el momento eterno.

«Lenguajear» el mundo

> El lenguaje humano es una vasija agrietada, sobre la que tamborileamos nuestras tonadillas para que bailen los osos cuando, en realidad, lo que anhelamos es suscitar la compasión de las estrellas.
>
> GUSTAVE FLAUBERT

En todos nuestros intentos por «lenguajear» nuestra experiencia, estamos condenados a éxitos pequeños momentáneos y a un fracaso final inevitable. El lenguaje es una herramienta, no una respuesta. Es nuestra forma de reflexionar sobre nuestras propias acciones. Disponemos del don de la conciencia, que nos permite ser conscientes de lo que hacemos. Nos implicamos en la entretenida habilidad de asignar arbitrariamente códigos a algunos comportamientos y algunas relaciones, para olvidar acto seguido que no son más que construcciones nuestras. La parte positiva consiste en que si no nos gusta lo que hemos construido, podemos construirlo de nuevo, podemos reescribir la historia, cambiar el lenguaje que utilizamos para representarnos la experiencia, y crear de este modo una nueva interpretación de la vida. Nuestra vida consiste en aprender una y otra vez un modo mejor, en mil viajes a través de la experiencia en busca de la sabiduría.

Ya hemos visto en este libro que el lenguaje es icónico, que condensa las ideas en verdades. Funciona en una serie de niveles: para describir el mundo físico que percibimos a nuestro alrededor, para imaginar las conexiones invisibles entre las cosas que hemos identificado, y para expresar lo inexpresable, lo que hay más allá de la humanidad. Somos todos poetas y artistas que trabajamos con símbolos, formas y metáforas.

Vivimos en un mundo «lenguajeado», que nos sirve bien... hasta que nos damos cuenta de que no nos estamos comunicando. El lenguaje es reduccionista y simplista. Cuando decimos que algo «es», sabemos que es más que eso, que nuestras palabras son simplemente una forma de expresarlo. Si sólo prestamos atención a la parte superficial de la vida, nuestras palabras dicen bien poco, como gotas de agua resbalando sobre el lomo de una avoceta. Necesitamos leer entre líneas para revelar la verdad que hay detrás del lenguaje. Se trata de un arte para cuya práctica disponemos de toda una vida.

Cada una de las cuatro realidades tiene su forma particular de «lenguajeo». El objetivo final es describir la Verdad —esa verdad en lo que hemos denominado nivel III— para la cual no sirven las palabras. Por consiguiente, nos tenemos que arreglar con una verdad unitaria. Las palabras se convierten en un pobre substitutivo de lo que realmente queremos decir, de modo que nos conviene utilizarlas con cuidado y desapego, descartándolas cuando no resultan adecuadas y amontonando más y más significado en nuestras representaciones icónicas o simbólicas.

En la realidad sensorial nos ocupamos de los datos. Tratamos de dar cuenta de cómo suceden las cosas explicando el mundo de forma causal. Simplificamos nuestra comprensión tratando de buscar una única causa, una lógica simple. Aun así, es mucho más probable que el mundo opere como un sistema y que, por consiguiente, no sea posible determinar el origen de las cosas. Cualquier explicación dejará fuera demasiado.

En la realidad social asignamos valores a diferentes aspectos del mundo, encontrando formas de decirnos: «A es mejor que B» o «C es más importante que D». Es un aspecto de nuestra necesidad de reducir la incertidumbre. Necesitamos saber qué es lo mejor para poder decidir qué hacer. Necesitamos saber que estamos bien y aceptar el vaivén del estatus, sabiendo que todos somos iguales, pero dinámicamente desiguales en nuestras interacciones mutuas.

Y finalmente, podemos utilizar el lenguaje para descubrir capa tras capa de verdad. Cada vez nuestras palabras se reflejan a un nivel más profundo. «Tócala otra vez, Sam.»

Aspiramos a poder tener el mundo en la palma de la mano, a poseer una joya de significado única, a desplegar mágicamente la realidad para revelar el Universo. Cada icono, cada «nominalización» es una historia para ser contada, una semilla del universo, un indicador en el camino que apunta a una riqueza infinita.

Esta es la razón de nuestro viaje. Este es el motivo para pararse un momento y prestar atención a dónde estábamos, dónde estamos y quiénes somos, en este punto intermedio del camino.

¿Y ahora qué?

Terminas de leer la última página y cierras el libro. ¿Y ahora qué? ¿Qué suele suceder a continuación según tu propia experiencia? ¿Te dices: «Muy interesante...» mientras colocas el libro junto a otros en una estantería? Tal vez estés pensando: «Me gustó X, pero no entendí Y, de modo que, ¿cómo podría descubrir algo más sobre Z, para entenderlo mejor?».

Un poco más tarde estarás reflexionando sobre aspectos de tu propia vida: «¡Ah! De modo que eso es lo que está pasando en esa relación (conflicto, debate...) con esa persona (grupos, empresa...)», sea cual fuere el asunto en cuestión. «Ahora lo entiendo y además sé qué hacer. Tengo un punto de partida.»

Elige tu siguiente viaje. ¿Cómo vas a utilizar lo que has aprendido aquí? ¿Qué te gustaría hacer? ¿Dispones de información suficiente como para planear los próximos pasos, o necesitas más tiempo o más ayuda para asimilar el material que contiene este libro? ¿Buscas algunos compañeros que piensen como tú para ese otro viaje, personas con las que compartir tus experiencias?

He creado este libro a partir de lo que conozco de la PNL y de sus diferentes modelos. Reunir toda esa información ha constituido una experiencia fascinante e interesante. En ocasiones el propio libro me ha mostrado el camino. Veo este trabajo como un primer paso para proporcionar una nueva conciencia y una nueva comprensión de los patrones de la existencia humana, así como una sugerencia sobre el modo de aprender a tratar con el flujo creciente de información con que el mundo nos inunda.

Algunos viajes son aventuras. Otros se parecen más a viajes organizados, en los que percibes atisbos de culturas diversas a través de las ventanillas del autocar. Algunos lugares se ponen «de moda» y se convierten en el destino del momento. Hacer de turista puede resultar una tarea ardua, habida cuenta de que nunca llegamos a comprender lo que vemos. Si no hablamos la lengua del lugar, nunca conseguiremos comprender realmente cómo viven sus habitantes. Cuando viajamos realizamos una actividad, siempre ocupados en la nueva experiencia. Al final acabamos con un montón de fotografías, sin datos ni fechas, de personas de lugares remotos...

Podemos tomárnoslo con calma, sentarnos en el café de la plaza para ver pasar a la gente, dejando que el mundo fluya a nuestro alrededor. O sentarnos plácidamente en la soledad de una iglesia o de otro lugar sagrado, o contemplar la belleza del paisaje, de un río, un bosque, una montaña...

¿De veras necesitas estar siempre ocupado, abarrotar tu vida de experiencias? ¿O puedes permitirte el lujo de observar simplemente? ¿Aceptarías la idea de que el turismo pudiera consistir en descubrir quién eres, qué es lo que permanece constante en ti mientras todo lo demás cambia?

En ocasiones, un contexto nuevo nos permite reflexionar sobre quiénes somos, sobre la esencia del ser que llevamos con nosotros a todas las experiencias nuevas. Pero para que eso funcione, no hace falta que ese contexto sea exótico. Podemos hacer esos descubrimientos en los mismos lugares de siempre, a condición de detenernos..., quedarnos tranquilos, dejar que todo siga a nuestro alrededor y preguntarnos: «¿Qué debería estar observando (aprendiendo, descubriendo...) aquí y ahora?».

Un programa de formación en PNL tal vez pueda parecerte un viaje organizado por tu mente, tu experiencia, tus relaciones y tu historia personal. Dada su estructura, quizá no constituya un viaje completo de autodescubrimiento, a menos que se dé la circunstancia de que pienses exactamente igual que quien diseñó el curso. En una instrucción formal, las cosas suceden más o menos según un plan o un programa, a menudo con escaso o ningún tiempo para contemplar, asimilar e interiorizar la experiencia. El viaje organizado es una buena opción para comenzar a viajar cuando todo es nuevo.

Por otro lado, si decidieras organizar tú mismo tu aprendizaje, ¿cómo te motivarías para seguir?, ¿cómo sabrías si estás llegando a alguna parte? Por supuesto, si sigues avanzando, llegarás a algún sitio; pero ¿es ése un lugar reconocido, que pueda ofrecerte un certificado que acredite tus logros? (¿Es eso lo que realmente quieres?)

Seguir tu propio camino requiere autodisciplina y compromiso: el espíritu del Guerrero. Hace falta un Nivelador para reflexionar sobre los misterios de la humanidad.

¿Mil viajes?

> En la penumbra del anochecer, el pájaro de alguna otra alborada regresa al nido de mi silencio.
>
> TAGORE,
> *Los pájaros perdidos* (1916)

Si la vida estuviera diseñada para ser rápida y fácil, no sería necesaria una media de vida tan elevada como la nuestra. Reflexiona sobre dónde estás en tu vida ahora mismo. ¿Qué te llevó hasta aquí? ¿Qué cantidad de tu experiencia pasada es relevante para tu posición actual? Creo que si eres sincero contigo mismo, responderás que todo ello ha desempeñado su papel. Una creencia fundamental de la PNL consiste en que el pasado nunca es «desperdiciado». Sea lo que fuere lo sucedido, siempre hay más por aprender. En palabras de Virginia Satir: «Tu pasado se convierte en una luz cuando te ayuda a darte cuenta de lo que ocurre en tu presente». Es tu pasado el que te ha llevado hasta donde ahora estás. No es posible determinar qué partes de él fueron esenciales y cuáles meras distracciones. Se trata de algo parecido a lo que les sucede a los publicistas. Saben que la mitad del anuncio es en vano, pero no saben cuál.

La fase final de cualquier aprendizaje es: ¿Qué vas a hacer con lo que has aprendido? Si toda esta información, esta forma de pensar, ha significado alguna diferencia en tu comprensión de ti mismo, del modo en que funciona el cambio y de aquello de lo que la PNL trata, ¿cómo va eso a manifestarse en tu futuro?

Una vida larga nos proporciona tiempo para aprender por nosotros mismos. Demos gracias por el hecho de que otros hayan recorrido el camino antes que nosotros, creando mapas interesantes y contándonos historias imaginativas. Sólo cuando dejamos de ser turistas y nos convertimos en exploradores, comenzamos a dar nuestros primeros pasos verdaderos.

El universo entero es nuestro proveedor de recursos. De vez en cuando necesitamos recordar que somos siempre más de lo que creíamos ser. Es cierto que nuestra forma de pensar y «lenguajear» puede limitarnos, pero también lo es que podemos elegir estar por encima de todo eso.

Cada paso que das es una inspiración para los demás. Enseña siempre con el ejemplo, nunca predicando. Vive tu vida como creas que tienes que vivirla, e influirás sobre los demás. Si sientes que necesitas hablar a otras personas de aquello que has hecho —como hago yo de vez en cuando—, cuenta tu historia. En caso contrario, el silencio es una opción igualmente válida.

En este libro he presentado algunas metáforas que espero que te faciliten la comprensión del viaje. Existen unos pocos modelos básicos, con muchas variantes. Nos han acompañado durante milenios, y siguen sirviéndonos bien. Estas metáforas están siendo continuamente reinventadas y reinterpretadas, como parte de la evolución del espíritu humano. Es mi esperanza que te sientas inspirado y retado a comenzar a aplicar estos modelos a tu propia comprensión de la realidad, a tu forma de percibir y cambiar el mundo.

Todo pasa, y esto también pasará. Cada paso abre un nuevo horizonte, ilumina misterios por explorar y explicar. Ahora ya dispones de algunos nuevos mapas para guiarte. Vislumbro ya los próximos pasos, caminos de cambio para la terapia, la negociación y la empresa. Queda mucho trabajo por hacer y eso va a requerir compromiso, ensayos y evaluaciones a quienes se impliquen en ello. Juntos creamos la historia.

Somos narradores. Luchamos por la excelencia en nuestras historias personales, por saber que nuestra vida tiene sentido. Buscamos belleza, armonía y elegancia, porque se trata de la historia de nuestra vida. El final no es ni evidente ni predecible, sino que está abierto a todas las posibilidades. En última instancia, somos nosotros mismos quienes lo escribimos. Elige cuidadosamente.

> No trates de seguir los pasos de los sabios. Busca lo que ellos buscaron.
>
> BASHO

Apéndice A
Un poco más allá

El próximo paso

Se ha dado un paso. Los modelos descritos en este libro proporcionan una nueva manera de comprender la PNL. También alteran nuestro concepto de «lo que sucede después», en la medida en que nos facilitan otra forma de explorar el territorio que la psique humana abarca. Hay mucho por hacer en el desarrollo de aplicaciones concretas para este material. Por consiguiente, si esta forma de pensar armoniza realmente contigo y deseas utilizar este planteamiento en tu trabajo, tal vez desees ponerte en contacto conmigo y pasar a formar parte de la red de practicantes de la PNL que están explorando esos pasos siguientes.

Para más información sobre las ideas contenidas en este libro, así como para estar al corriente de las oportunidades de formación y seminarios, puedes contactarme en:

peter.young10@virgin.net
www.understandingnlp.com

O escribirme a Crown House Publishing:

Crown Buildings
Bancyfelin
Carmarthen
SA33 5ND Reino Unido

Su página electrónica es:

www.crownhouse.co.uk

Direcciones de contacto

La página electrónica de Patrick Merlevede contiene una relación de páginas electrónicas de PNL, junto con informes de lectura sobre textos dedicados a ella:

www.7EQ.com/nlp

Muchas de las personas mencionadas en este libro tienen su propia página electrónica, con información de cursos y artículos sobre diversos aspectos de la PNL:

Robert Dilts

www.nlpu.com

L. Michael Hall y Bob Bodenhamer

www.neurosemantics.com

Wyatt Woodsmall

www.peoplepatterns.com

Apéndice B
Cómo sacar el máximo partido a tus ejercicios

Preparación

Gran parte de los ejercicios de PNL se realizan con tres personas, que van asumiendo de modo rotatorio los roles de:

A: Cliente o sujeto
B: Instructor u operador
C: Observador, entrenador («metapersona» en la terminología de PNL)

Cuestiones generales

- «Menos es más»
  Las técnicas de PNL son generalmente bastante rápidas; no necesitan encuentros semanales durante meses o años, sino que suelen bastar unos minutos. Una de las explicaciones para ello consiste en que operan «libres de contexto», lo cual significa que no es necesario conocer los detalles del problema del cliente. La habilidad del practicante consiste en observar desde el exterior los cambios en el aspecto, la postura y los gestos de su cliente (color de la piel, expresión facial, lenguaje corporal), lo cual le permite confirmar que se están logrando resultados.

- Un consejo fundamental consiste en que «sigas las instrucciones», en lugar de fabricar tu propia versión. Los patrones de lenguaje indicados son importantes y su eficacia ha sido comprobada. Si improvisas, tal vez dejes de lado algo de lo que no eres consciente... todavía.
- Decide un tiempo para cada ejercicio y ajústate a él. Pocos ejercicios ganan algo siendo más largos.
- Céntrate en realizar el ejercicio y evita distracciones como el chismorreo.
- Al final de cada ejercicio dedica un tiempo a observar qué ha sucedido. Tal vez quieras considerar lo siguiente: «¿Qué podría hacer mejor la próxima vez?».
- Recuerda que todos estáis aprendiendo. Nada tiene por qué ser «perfecto». Permitiros «equivocaciones interesantes», porque así es como aprenderéis.

Como A: Cliente o sujeto

- Trata el ejercicio con seriedad y utiliza algún asunto que sea real para ti, en lugar de algún «problema» hipotético. Cuanto más te impliques en el asunto, más saldrás ganando con el ejercicio.
- Respeta tus sentimientos. Muchas de las cosas que se te pedirá que hagas no te resultarán familiares, precisamente porque gran parte del trabajo consiste en «romper el patrón» y hacer algo distinto. Por consiguiente, es probable que al principio te sientas incómodo. Si, a pesar de todo, experimentaras un fuerte rechazo a hacer cualquier cosa, respeta tu propio sistema de autopreservación y no lo hagas. Confía en que tu subconsciente cuida de ti y te protege del peligro.

Como B: Instructor u operador

- Adopta una actitud de curiosidad desapasionada: estás ahí para ser testigo de cómo se convierte la otra persona en «más de quien realmente es».
- No estás ahí para demostrar lo listo que eres. Piensa en ti

mismo como un «catalizador» que ayuda al cliente a cambiar. Tu función consiste en mantener el proceso en el buen camino.

- Antes de comenzar, lee atentamente las instrucciones. Luego presta toda tu atención al cliente.
- La habilidad primordial consiste en establecer y mantener la sintonía con el cliente. Repasa el modo de hacerlo en el capítulo 3.
- Durante el proceso, manténte fuera del espacio de trabajo del cliente y de su campo de visión. Cuando resulte apropiado, ponte «a su lado» (= de su parte) al realizar juntos el ejercicio.
- No te apresures. Deja que el cliente marque su ritmo; dale tiempo para procesar la información. Observa qué va sucediendo en su exterior como resultado de su proceso interior.
- Adopta la actitud de que las palabras del cliente no tienen significado más que para él. Si presupones que no sabes lo que significan, podrás utilizar simplemente sus mismas palabras, sin provocar ningún conflicto al no imponerles tu propio significado. (Véase más al respecto en el capítulo 11.)
- Si te quedas atascado, no pasa nada por decirle al cliente, por ejemplo: «Espera un momento. Quiero consultar con el observador. Estaré contigo enseguida». Sal «de escena» para ver qué está sucediendo, solicita la ayuda del observador o revisa las instrucciones. Al cliente no va a pasarle nada. Lleva mucho tiempo con ese problema, ¡unos minutos más no van a perjudicarle!
- Muévete únicamente cuando sepas qué vas a hacer. Antes de reincorporarte a escena, asegúrate de que lo haces en un estado positivo y dotado de recursos. (Véase cómo hacerlo en el capítulo 2.)

Como C: Observador o entrenador

- Asegúrate de que conoces las instrucciones y el propósito del ejercicio.

- Manténte a una distancia suficiente como para poder observar a A y a B. En ocasiones es recomendable «quitar el sonido» para observar mejor el lenguaje corporal.
- Observa lo que sucede no solamente con A, sino también con B. Tal vez te convenga tomar notas.
- Si ves que el instructor tiene dificultades, tendrás que decidir si intervenir o esperar a que te pida ayuda.
- Al final de cada ronda o del ejercicio, tal vez quieras expresar tus opiniones sobre lo sucedido. La única forma útil de hacerlo es diciendo: «Eso es lo que hicisteis bien, y eso lo que podría mejorar». No des consejos del tipo: «En tu lugar, yo...» porque resultan irrespetuosos. La información negativa carece de valor; ¡de nada sirve llamar la atención sobre lo que no quieres! (Véase el capítulo 10.)

Bibliografía

Ackoff, Russell L. (1981), «The Art and Science of Mess Management», *Interfaces* Vol. 11 #1, pp. 20-26. The Institute of Management Sciences, reimpreso en C. Mabey y Mayon White (eds), 2ª edición revisada (1993), *Managing Change*, P. Chapman.

Bandler, Richard, y John Grinder (1975), *The Structure of Magic I: A Book About Language & Therapy*, Science and Behaviour Books, Palo Alto.

Bandler, Richard, y John Grinder (1982), *Reframing: Neuro-Linguistic Programming and the Transformation of Meaning*, Real People Press, Moab, Utah.

Bandler, Richard, y John Grinder, *De sapos y príncipes: transcripción del seminario de los creadores de la PNL*, Gaia Ediciones, Madrid, 1992.

Bateson, Gregory (1972), «The Logical Categories of Learning and Communication», en *Steps to an Ecology of Mind: A Revolutionary Approach to Man's Understanding of Himself*, Chandler Publishing Company, Ballantine Books, Nueva York.

Battino, Rubin, y T. L. South (1999), *Ericksonian Approaches: A Comprehensive Manual*, Crown House Publishing, Carmarthen.

Battino, Rubin (2000), *Guided Imagery and Other Approaches to Healing*, Crown House Publishing, Carmarthen.

Belbin, R. Meredith (2000), *Beyond the Team*, Butterworth Heinemann, Oxford.

Bennis, Warren, y Patricia Ward Biederman (1979), *Organizing Genius: The Secrets of Creative Collaboration*, Nicholas Brealey Publishing, Londres.

Berne, Eric (1964, 1968), *Games People Play: The Psychology of Human Relationships*, Andre Deutsch, Penguin Books, Harmondsworth. (*Juegos en que participamos*, Diana, México, 1966).

Blanchard, Kenneth, y cols. (1985), *Leadership and the One Minute*

Manager, Fontana/Collins. (*El líder ejecutivo al minuto*, Grijalbo Mondadori, Barcelona, 1990).

Blanchard, Kenneth; William Oncken Jr., y Hal Borrows (1989), *The One Minute Manager Meets the Monkey*, Quill, Nueva York.

Bodenhamer, Bob, y L. Michael Hall (1999), *The User's Manual for the Brain: The Complete Manual for Neuro-Linguistic Programming Practitioner Certification*, Crown House Publishing, Carmarthen.

Boldt, Lawrence G. (1992), *Zen and the Art of Making A Living: A Practical Guide to Creative Career Design*, Penguin Arkana, Harmondsworth.

Campbell, Joseph (1949), *The Hero with A Thousand Faces*, Fontana, Harper Collins Publishers, Londres.

Crystal, David (1987), *The Cambridge Encyclopedia of Language*, Cambridge University Press, Cambridge.

Crystal, David (1998), *Language Play*, Penguin Books, Harmondsworth.

Dilts, Robert (1990), *Changing Belief Systems with NLP*, Meta Publications, Cupertino, California. (*Cómo cambiar creencias con la PNL*, Sirio, Málaga, 1997).

Dilts, Robert (1997a), transcripción sin publicar, ITS Master Practitioner Training, Londres.

Dilts, Robert (1999), *Sleight of Mouth: The Magic of Conversational Belief Change*, Meta Publications, Capitola, California. (De próxima aparición en Urano).

Dilts, Robert (1997b), *Visionary Leadership Skills*, NLP University, Santa Cruz, California. (*Liderazgo creativo*, Ediciones Urano, Barcelona, 1998).

Dilts, Robert; Todd Epstein, y Robert W. Dilts (1991), *Tools for Dreamers: Strategies for Creativity and the Structure of Innovation*, Meta Publications, Cupertino, California.

Dixon, Norman (1976), *On The Psychology of Military Incompetence*, Pimlico, Random House, Londres.

Elgin, Suzette Haden (1980), *The Gentle Art of Verbal Self Defense*, Dorset Press, Prentice-Hall.

Garvin, David A. (1993), «Building a Learning Organization», *Harvard Business Review*, julio/agosto de 1993, p. 78.

Geus, Arie de (1997), *The Living Company: Growth, Learning and Longevity in Business*, Nicholas Brealey Publishing, Londres.

Gordon, David (1978), *Therapeutic Metaphors: Helping Others Trough the Looking Glass*, Meta Publications, Cupertino, California.

Gowers, Sir Ernest (1954, 1962, 1973), *The Complete Plain Words*, 2ª ed., Penguin Books, Harmondsworth.

Grimal, Pierre, ed. (1973), *Larousse World Mythology*, Hamlyn.

Hall, L. Michael (1996), *Metastates, A Domain of Logical Levels*, CO Grand Junction, Empowerment Technologies

Hall, L. Michael (2000), *The Spirit of NLP: The Process, Meaning and Criteria for Mastering NLP*, 2ª ed., Crown House Publishing, Carmarthen.

Hall, L. Michael, y Barbara Belnap (1999), *The Sourcebook of Magic: A Comprehensive Guide to the Technology of NLP*, Crown House Publishing, Carmarthen.

Hall, L. Michael, y Bob Bodenhamer (1996), *Figuring Out People: Design Engineering with Meta-Programs*, Crown House Publishing, Carmarthen.

Handy, Charles (1976, 1981, 1986), *Understanding Organizations*, Penguin Books, Harmondsworth.

Handy, Charles (1978, 1985, 1991), *The Gods of Management: The Changing Work of Organizations*, 3ª ed., Business Books, Random Century Limited, Londres.

Hanley, Richard (1997), *Is Data Human?: The Metaphysics of Star Trek*, Basic Books, Londres.

Honey, Peter, y Alan Mumford (1986), *Using Your Learning Styles*, Peter Honey, Maidenhead.

Houston, Gaie (1976), *All in the Mind*, BBC Publications, Londres.

Huang, Al Chung-Liang (1973), *Embrace Tiger, Return to Mountain: the essence of T'ai Chi*, Real People Press, Moab, Utah.

James, Tad, y David Shephard (2000), *Presenting Magically: Transforming Your Stage Presence With NLP*, Crown House Publishing, Carmarthen.

James, Tad, y Wyatt Woodsmall (1988), *Time Line Therapy and the Basis of Personality*, Meta Publications, Cupertino, California.

James, Tad; Lorraine Flores, y Jack Schober (2000), *Hypnosis: A Comprehensive Guide, Producing Deep Trance Phenomena*, Crown House Publishing, Carmarthen.

Johnstone, Keith (1979), *Impro: Improvisation and the Theatre*, Methuen Drama, Londres.

Johnstone, Keith (1999), *Impro for Storytellers: Theatresports and the Art of Making Things Happen*, Faber & Faber, Londres.

Johnson, Mark (1987), *The Body in the Mind: The Bodily Basis of Meaning, Imagination, and Reason*, University of Chicago Press, Chicago.

Kolb, David (1970), *Organizational Psychology: An Experimental Approach*, Prentice Hall, Engelwood Cliffs.

Korzybski, Alfred (1933), *Science and Sanity: An Introduction to Non-Aristotelian Systems and General Semantics*, International Non-Aristotelian Library Publishing Company.

Korzybski, Alfred (1943), *General Semantics, Psychiatry, Psychotherapy and Prevention*, Papers from the Second American Congress on General Semantics, M. Kending, ed., Institute of General Semantics, Chicago.

Kuhn, Thomas S. (1970), *The Structure of Scientific Revolutions*, 2ª ed. ampliada, University of Chicago Press, Chicago. (*La estructura de las revoluciones científicas*, Fondo de Cultura Económica de España, Madrid, 2000).

Lakoff, George, y Mark Johnson (1980), *Metaphors We Live By*, University of Chicago Press, Chicago. (*Metáforas de la vida cotidiana*, Cátedra, Madrid, 1986).

Lakoff, George, y Mark Turner (1989), *More Than Cool Reason: A Field Guide to Poetic Metaphor,* University of Chicago Press, Chicago.

Maslow, Abraham (1954, 1970), *Motivaton and Personality*, Harper & Brothers, Nueva York. (*Motivación y personalidad*, Díaz de Santos, Madrid, 1991).

McClelland, David; J. W. Atkinson; R. A. Clark, y E. L. Lowell (1953), *The Achievement Motive*, Appleton-Century-Crofts, Nueva York.

McWninney, Will (1995), «The Matter of Einstein Square Dancing with Magritte», *Cybernetics and Human Knowing*, vol. 3, núm. 3.

McWninney, Will (1997), *Paths of Change: Strategic Choices for Organizations and Society*, Sage Publications, Londres,.

McWninney, Will; James Webber; Douglas Smith, y Bernie Novokowsky (1997), *Creating Paths of Change: Managing Issues and Resolving in Organizations*, Sage Publications, Londres.

Miller, George A. (1956), «The Magic Number 7±2: Some Limits on

Our Capacity to Process Information», *Psychological Review* (63), pp. 81-97.

Morgan, Gareth (1986), *Images of Organization*, Sage Publications, Newbury Park, California. (*Imágenes de la organización*, Librería y Editorial Microinformática, Madrid, 1990).

Morgan, Gareth (1993), *Imaginization: the Art of Creative Management*, Sage Publications, Londres.

Morris, Susan, y Bernice McCarthy (1999), *4MAT in Action*, 4ª ed., Excel, Incorporated, Illinois.

Naranjo, Claudio (1993), *Gestalt Therapy: The Attitude and Practice of an Atheoretical Experientialism*, Gateways/IDHHB. Reimpreso (2000), Crown House Publishing, Carmarthen.

Pinker, Steven (2000), hablando en *The Routes of English: A 1.000 Years of Spoken English, (6) A World of Many Englishes*, BBC Radio 4.

Randall-Page, Peter (2000), *Form, Transformation and a Common Humanity,* en Ivo Mosley (ed.), *Dumbing Down: Culture, Politics and the Mass Media*, Imprint Academic, Devon, pp. 217-228.

Roberts, Martin (1999), *Change Management Excellence: Putting NLP to Work in the 21st Century,* Crown House Publishing, Carmarthen.

Rosen, Michael (1999), *Word of Mouth*, BBC Radio 4, emisión del 30 de septiembre de 1999.

Satir, Virginia (1972), *Peoplemaking*, Science & Behaviour Books, Palo Alto.

Satir, Virginia (1988), *The New Peoplemaking*, Science & Behaviour Books, Palo Alto.

Senge, Peter (1990), *The Fifth Discipline: The Art & Practice of the Learning Organization*, Century Business, Londres.(*La quinta disciplina en la práctica*, Granica, Barcelona, 1995).

Schwartz, Peter (1991), *The Art of the Long View: Scenario Planning – Protecting your Company Against an Uncertain World*, Century Business, Londres.

Shah, Idries (1966), *The Exploits of the Incomparable Mullah Nasrudin*, Pan Books.(*Las hazañas del incomparable Mula Nasrudín*, Paidós, Barcelona, 1997).

Stewart, Ian, y Jack Cohen (1997), *Figments of Reality: The Evolution of the Curious Mind*, Cambridge University Press, Cambridge.

Swift, Jonathan (1726), *Gulliver's Travels: The Voyage to Laputa*, Penguin Books, Harmondsworth. (*Los viajes de Guilliver*, Espasa Calpe, Madrid, 1999).

Toffler, Alvin (1970), *Future Shock*. (*El shock del futuro*, Plaza & Janés, Barcelona, 1990).

Toffler, Alvin (1980), *The Third Wave*. (*La tercera ola*, Plaza & Janés, Barcelona, 1989).

Toffler, Alvin (1990), *Powershift: Knowledge, Wealth and Violence at the Edge of the 21st Century*, Bantam. (*El cambio del poder*, Plaza & Janés, Barcelona, 1992).

Watzlawick, Paul; John Weakland, y Richard Fisch (1974), *Change: Principles of Problem Formation and Problem Resolution,* W. W. Norton & Co. (*Cambio*, Herder, Barcelona, 1999).

Woodsmall, Wyatt (1988), *Beyond Self Awareness*, Wyatt Woodsmall.

Woodsmall, Wyatt (1999), «Logical Levels» and Systemic NLP», en *NLP World*, vol. 6, #1, marzo de 1999, pp. 51-78.

Woodsmall, Wyatt, y Tad, James (1988), *Language Patterns and Time Line Therapy*, Wyatt Woodsmall.

Young, Peter (2000), «Satir Types on Taransay», *Rapport* #50, pp. 39-42.

Otros títulos de PNL en Urano

ROBERT DILTS

LIDERAZGO CREATIVO

Liderar significa dirigir una empresa, una organización o un grupo social hacia una meta determinada. Y eso equivale a:

- saber definir la propia misión, la "visión" que todos tenemos de un futuro mejor
- desarrollar y mantener estados de excelencia personal, en uno mismo y en los demás
- aceptar maneras de pensar distintas
- ser eficaz en la comunicación
- saber ofrecer información útil

Esta obra ofrece las herramientas para que un grupo, una empresa o una organización alcancen sus metas. En ella, Robert Dilts define liderazgo como la capacidad de crear un mundo (un entorno, una organización, una empresa) al que las personas deseen pertenecer, y aunque centra su trabajo en el ámbito de la empresa y en el de las organizaciones, constituye asimismo un instrumento de primer orden para personas comprometidas en trabajos en grupo.

EQUIPO DE FORMADORES DE NLP COMPREHENSIVE

PNL, LA NUEVA TECNOLOGÍA DEL ÉXITO

Tal vez nunca un tratado sobre Programación Neurolingüística se ha presentado de forma tan clara y didáctica, tan asequible, como *PNL, la nueva tecnología del éxito*. En este libro se estructuran las ya clásicas estrategias de PNL en más de cuarenta ejercicios que inciden en tres aspectos básicos: el personal —superación de fobias y miedos, generación de autoconfianza, desarrollo de una actitud mental positiva—, el social —acabar con la timidez y el miedo a la crítica de los demás, fomentar las relaciones y crear sintonía— y el profesional —motivación, definición de objetivos y su consecución.

Asimismo, los autores nos presentan un programa específico de tres semanas de duración, diseñado día a día, que permitirá al lector definir y alcanzar sus objetivos y conseguir de sí mismo el máximo rendimiento.

Este es un libro para hombres y mujeres que aspiran a la plenitud, a realizarse personal, profesional y socialmente. Para gente dispuesta a acceder a una actitud mental positiva, a desarrollar al máximo su autoestima, a vencer miedos y fobias, a pasar a la acción. *PNL, la nueva tecnología del éxito* es ese "empujón" que todos, en un momento u otro de nuestra vida, necesitamos para alcanzar, definitivamente, nuestras metas más ambiciosas.

JOSEPH O'CONNOR & JOHN SEYMOUR

INTRODUCCION A LA PNL

Prefacio de John Grinder
Edición revisada y ampliada

¿Por qué unas personas parecen más dotadas que otras? La Programación Neurolingüística le enseña a comprender los éxitos propios y ajenos de modo que pueda obtenerlos cada vez que se lo proponga.